汉译世界学术名著丛书

语言政策

——社会语言学中的重要论题

〔以〕博纳德·斯波斯基 著

张治国 译

赵守辉 审订

商务印书馆
创于1897 The Commercial Press

Bernard Spolsky

LANGUAGE POLICY

Published in United Kingdom by

Cambridge University Press, Cambridge

First published 2004

汉译世界学术名著丛书
出 版 说 明

我馆历来重视移译世界各国学术名著。从20世纪50年代起，更致力于翻译出版马克思主义诞生以前的古典学术著作，同时适当介绍当代具有定评的各派代表作品。我们确信只有用人类创造的全部知识财富来丰富自己的头脑，才能够建成现代化的社会主义社会。这些书籍所蕴藏的思想财富和学术价值，为学人所熟悉，无须赘述。这些译本过去以单行本印行，难见系统，汇编为丛书，才能相得益彰，蔚为大观，既便于研读查考，又利于文化积累。为此，我们从1981年着手分辑刊行，至2024年已先后分二十二辑印行名著1000种。现继续编印第二十三辑，到2025年出版至1050种。今后在积累单本著作的基础上仍将陆续以名著版印行。希望海内外读书界、著译界给我们批评、建议，帮助我们把这套丛书出得更好。

商务印书馆编辑部

2024年12月

本书献给艾莉歇瓦（Elisheva）、约那坦（Yonatan）、艾利亚胡（Eliahu）（一位语言管理者）、大卫（David）和耶尔（Yair）！因为他们都与我讨论过他们自己的家庭语言政策。

中文版前言[①]

中国具有广袤的领土和复杂的社会语言生态，这为中国语言政策的研究提供了"肥沃的土壤"。中国的语言管理历史悠久，近些年来，中国对许多涉及大众利益的重大语言问题都进行了广泛的研究。其中的一个核心课题就是研究汉语书写系统的本质。汉语的书写系统是统一各种汉语变体之基础，当中国把提高人们的读写能力作为一个主要问题来对待时，简化复杂的汉语书写系统就成了一个漫长的过程。在西方人当中，德范克（DeFrancis 1977；1984）是这一领域的研究先驱。最近，华裔学者赵守辉和澳大利亚学者小巴尔道夫（Zhao & Baldauf Jr. 2008）进行了该领域的合作研究。另一个在该领域研究的华裔学者是周明朗（Zhou 2004），他与人合作编著了《中国语言政策：1949 年以来的理论与实践》一书。该书从理论和实践的角度追溯了中华人民共和国自 1949 年以来的语言政策，论述了以下三个主要问题：改革汉语书写系统的问题，为方便中国广大地区间的信息交流而推广一种全国通用语（即普通话）的问题，以及提高少数民族语言地位的问题。

无论从哪个角度来看，世界各地有关语言政策的正式研究都

① 本书的全部脚注均由译者所加，书中不另外注出，特此说明。

还相当年轻。豪根(Haugen 1966)对挪威语书写系统的开创性研究是语言政策研究的经典之作,该研究往往被视为语言政策研究新趋势之滥觞。同时,该研究还与20世纪60年代世界各地新独立国家所积极开展的语言规划活动齐头并进。也就是在这个时期,世界各地开始出现了众多至今依然重要的研究热点:如何处理语言地位和相关语言的培育(或现代化)之间存在的多重复杂关系问题(Kloss 1966);语言少数族群的命运和待遇问题以及弱势语言的保持问题(Fishman 1966);语言多样性与国家发展的关系问题(Fishman,Ferguson & Das Gupta 1968);语言书写系统的管理问题(Fishman 1978)和语言教育政策的重要性问题(Cooper 1989)。随着岁月的流逝,人们认为,"语言规划"收效甚微,大家对语言规划行为的评价众说纷纭,而且这些评价还难以说清道明(Rubin,Jernudd,Das Gupta,Fishman & Ferguson 1977)。鉴于此因,近来的一些研究成果,尤其是奈科瓦皮尔(Nekvapil 2006)之后的研究成果,以及我在拙作中,都更喜欢使用"语言政策"这个大众化术语。其他人也都跟着使用这个术语,这种现象使我想起了一位教授,确切地说,是一位研究企业管理的教授,他在一个有关语言政策的大会上致开幕词时指出,我们是在讨论"策略"而不是在讨论"规划"。

语言政策领域依然发展迅猛:超国家组织(例如,欧共体)变得更加复杂(Nic Shuibhne 2008);扭转语言转用的努力(Fishman 1991),尤其是扭转濒危语言转用的努力在不断加强(Fishman 2001);由人口迁徙而导致的多语现象日益增多(Extra & Yağmur 2004);语言权实施的可能性不断加大,人们对语言权本质的探索更加深入(Kymlicka & Patten 2003;Lutz 2007);科技发展对社会语言的影响效果越发显著——人们曾经认为互联网将会是英语的天下,可是,现在我们终于明白互联网对语言的多样性具有支持性作用(Danet & Herring 2007),而且,当下人们正在利用互联网来激活受到生存威胁的弱小语言。所以,现在许多国家都出版发行了不少有关语言政策的学术书刊,并组织召开了有关语言政策的学术会议。

研究社会语言学的中国学者已经关注到西方的这些发展潮流,但是他们只关注到其中的一部分,还有一些发展潮流尚未被关注到。这本书是我首次尝试总结和介绍当代语言政策研究的成果,我很高兴听说它要被翻译成中文。在此,我对所有做出这个翻译决定的有关人员表示感谢。

随着中国对语言政策研究兴趣的日益加大,两年前中国相继成立了两个语言政策研究中心。一个是南京大学的中国语言战略研究中心,另一个是上海外国语大学的外语战略研究中心。前者的主要研究对象是汉语和中国少数民族语言的政策,后者的主要研究对象则是外语的政策。拙作的中文翻译受到南京大学中国语言战略研究中心,尤其是该中心的主任徐大明教授的大力支持。该中心目前正在研究几个重要课题,这些课题清楚地反映了该中心的初步研究目标。这些课题有:中国语言普查的研究、语言变异与语言变化的研究、方言接触和共同语的研究、城市农民工语言问题和语言适应的调查研究、就中欧在工业化和城市化进程中出现的社会语言问题与欧盟多语事务委员会合作进行的系列研究、中国语言政策和语言管理的历史研究以及中国少数民族语言保护的试点研究。

另外,中国国家语言文字工作委员会和南京大学中国语言战略研究中心决定出版语言规划经典著作系列丛书。在上海海事大学张治国博士的建议下,《语言政策》被纳入了这套丛书。他也在华盛顿的美国国家外语研究中心进行过一段时间的语言政策研究,在经过竞争筛选后成为本书的翻译。我衷心地感谢南京大学中国语言战略研究中心、商务印书馆、本书的译者和审订者,他们的这个决定使得本书得以被更多的中国人所了解。同时,我衷心地感谢他们对本书的认可,本人对此深感荣幸。

此书的写作改变了我的研究兴趣,我从此开始思索语言管理和语言政策方面的问题。尽管我第一篇有关语言管理和语言政策方面的论文早在 1971 年就发表了(Spolsky 1971),但是直到 20 年后我在华盛顿的美国国家外语研究中心拜访了许多研究员后才开始弄清楚该领域的研究现状。在那里,我与美国国家外语研究中心的首位主任理查德·兰博特(Richard E. Lambert),该中心的行政和管理人员以及其他研究员,例如理查德·布莱希特(Richard Brecht)、罗纳德·沃尔顿(Ronald Walton)、凯瑟琳·英格尔德(Catherine Ingold)、约翰·特瑞姆(John Trim)、伊兰娜·肖哈米(Elana Shohamy)等都进行过交流。他们的言谈都有助于我提高对语言政策的理解。在我的学术论文中,第一篇在论文题目中包含了"语言政策"术语的论文是 1996 年发表的(Spolsky 1996)。之后,我与伊兰娜·肖哈米共同研究了以色列的主要语言政策(Spolsky & Shohamy 1999)。后来,我利用学术假以高级访问研究员的身份去了美国马里兰大学(科里奇—帕克分校)的高级语言研究中心[①]。在此,我有机会竭尽全力地整理本人在语言政策领域的研究思绪。经过出版社编辑的精心编审,书稿内容有所削减,定稿于2004年在剑桥大学出版社出版。

《语言政策》一书提出了语言政策的三个成分,它们各不相同,但又相互联系。第一个成分是关于言语社区的社会语言生态:什么人在什么场合为什么目的实际上使用什么语言。这一成分或多或少地相当于已故戴尔·海姆斯(Hymes 1974)所指出的言语交际民族学的特点,即语言的使用和语言使用者都不能脱离社会语言生态这一环境。第二个成分是言语社区成员的语言信仰或语言意识形态(Silverstein 1998):言语社区的成员是如何珍惜这些语言的以及他们认为大家应该怎样做才是恰当的。第三个成分是从活动者的维度来考虑的,即人们为语言管理而付出的努力以及为了修改别人的言语和语言信仰而付出的努力。最近,我写了一本书——《语言管理》,该书详细地论述了语言政策的第三个成分(Spolsky 2009)。《语言政策》一书从国家和社区的广大范围分析和描述了语言政策这一模式的各个方面,并且从家庭到民族国家甚至到更大的层面描述了个人、群体和机构(这些机构的目的是为了修改语言的使用和改变语言的价值)对于语言使用的目的和技能。语言政策日益重要,本书提出的模式为语言政策领域的进一步发展提供了一种框架。尽管我已经从活跃的教学岗位上退下来

① 美国国家外语研究中心和美国高级语言研究中心都在马里兰大学科里奇—帕克分校,这两个中心都属于美国联邦政府资助的中心,它们的研究成果为美国联邦政府服务。由于马里兰大学科里奇—帕克分校离美国首都华盛顿很近,仅几站地铁之遥,该大学在许多方面与华盛顿联系密切。

了，但是我还在继续研究语言政策领域中的相关问题。例如，我正在为剑桥大学出版社主编《语言政策大全》一书，该书将由40多章构成，各章的撰稿人都是世界各地在语言政策领域的领军人物，这本书将有助于我们进一步阐述语言政策领域的状况。

我希望《语言政策》一书的中文译本也将是语言政策研究进程中一个有价值的台阶。中译本可以把该书的思想展现给中国的社会语言学家，以便他们能够把该书的思想应用到中国复杂的语言实践中去，并且通过与中国思维和中国学术研究的融合能够对该书的思想加以完善并提出挑战，我允许并鼓励中国的社会语言学家这样做。科学知识的发展在很大程度上依赖于国际合作的培养以及跨越学术门第之见和地理空间之隔而进行的自由的思想交流。我能参与这个过程感到非常荣幸。

博纳德·斯波斯基

2009年11月于耶路撒冷

参考文献

Cooper, Robert L. (1989). *Language planning and social change*. Cambridge: Cambridge University Press.

Danet, Brenda, & Herring, Susan C. (Eds.). (2007). *The Multilingual Internet: Language, culture and communication online*. Oxford England: Oxford University Press.

DeFrancis, John. (1977). Language and script reform in China. In Joshua A. Fishman (Ed.), *Advances in the creation and revision of writing systems* (Reprinted from Current Trends in Linguistics ed., pp. 122—148). The Hague & Paris: Mouton.

DeFrancis, John. (1984). *The Chinese language: Fact and fantasy*. Honolulu: University of Hawaii Press.

Extra, Guus, & Yağmur, Kutlay (Eds.). (2004). *Urban multilingualism in Europe: Immigrant minority languages at home and school*. Clevedon England: Multilingual Matters Ltd.

Fishman, Joshua A. (1991). *Reversing language shift: Theoretical and empirical foundations of assistance to threatened languages*. Clevedon, England: Multilingual Matters Ltd.

Fishman, Joshua A. (Ed.). (1966). *Language loyalty in the United States: The maintenance and perpetuation of non-English mother tongues by American ethnic and religious groups*. The Hague: Mouton.

Fishman, Joshua A. (Ed.). (1978). *Advances in the creation and revision of writing systems*. The Hague & Paris: Mouton.

Fishman, Joshua A. (Ed.). (2001). *Can threatened languages be saved? Reversing language shift, Revisited: A 21st century perspective*. Clevedon, Avon: Multilingual Matters Ltd.

Fishman, Joshua A., Ferguson, Charles A., & Das Gupta, Jyotirinda. (1968). *Language problems of developing nations*. New York: Wiley.

Haugen, Einar. (1966). *Language conflict and language planning: The case of Modern Norwegian*. Cambridge, MA.: Harvard University Press.

Hymes, Dell. (1974). *Foundations in sociolinguistics: An ethnographic approach*. Philadelphia: University of Pennsylvania Press.

Kloss, Heinz. (1966). German—American language maintenance efforts. In Joshua Fishman (Ed.), *Language loyalty in the United States* (pp. 206—252). The Hague: Mouton.

Kymlicka, Will, & Patten, Alan (Eds.). (2003). *Language rights and political theory*. Oxford UK: Oxford University Press.

Lutz, Ellen. (2007). Recognizing indigenous peoples' human rights. *Cultural Survival Voices*, 5.

Nekvapil, Jiri. (2006). From language planning to language management.

Sociolinguistica, 20, pp. 92—104.

Nic Shuibhne, Niamh. (2008). EC law and minority language policy: Some recent developments. In Xabier Arzoz (Ed.), *Respecting linguistic diversity in the European Union* (pp. 123—143): John Benjamins Publishing Company.

Rubin, Joan, Jernudd, Bjorn, Das Gupta, Jyotirindra, Fishman, Joshua A., & Ferguson, Charles A. (1977). *Language planning processes*. Mouton Publishers, The Hague.

Silverstein, Michael. (1998). The uses and utility of ideology: A commentary. In Bambi B. Schieffelin, Kathryn A. Woolard & Paul V. Kroskrity (Eds.), *Language ideologies: Practice and theory* (pp. 123—145). New York & Oxford: Oxford University Press.

Spolsky, Bernard. (1971). The language barrier to education. In George E. Perren (Ed.), *Interdisciplinary approaches to language* (pp. 8—17). London: CILT.

Spolsky, Bernard. (1996). Prologemena to an Israeli Language Policy. In Tina Hickey & Jenny Williams (Eds.), *Language, Education and Society in a Changing World* (pp. 45—53). Dublin and Clevedon: IRAAL/Multilingual Matters Ltd.

Spolsky, Bernard. (2009). *Language management*. Cambridge UK: Cambridge University Press.

Spolsky, Bernard, & Shohamy, Elana. (1999). *The languages of Israel: Policy, ideology and practice*. Clevedon: Multilingual Matters.

Zhao, Shouhui, & Baldauf Jr., Richard B. (2008). *Planning Chinese characters: Reaction, evolution or revolution?* Dordrecht, The Netherlands: Springer.

Zhou, Minglang (Ed.). (2004). *Language Policy in the People's Republic of China: Theory and Practice since 1949*. Dordrecht: Kluwer Academic Publishers; Springer Science.

前　言

在一个相对陌生的领域里进行笔耕，这可谓是一种特别的挑战。语言政策的研究至少有 50 年的历史，特别是近 20 年来，人们对语言政策的兴趣日益加大，研究成果也越来越多。但是学界对该领域的研究范畴、研究性质、理论基础和专业术语等均尚无定论。于是，我将在拙作中斗胆地界定某些术语、回顾性地陈述早期理论研究、公平地对待不同观点，并在需要的地方引入本人自己的专业术语。

在此，我首先想提及两件事。最起码从托马斯·库恩（Thomas Kuhn）提出科学家的个人观点应该得到广泛的认可以来，这种情况有了很大的改观。很难想象一个学者，特别是在社会科学领域的学者，能够保持绝对的中立态度。当一个人在撰写经济学方面的书籍时，他或她对资源分配的道德观和日益加大的贫富差距现象能不发表个人的观点吗？当一个人在撰写政治结构方面的书籍时，他或她对民主的价值观和极权主义的危险性能不表明自己的立场吗？当一个人在撰写语言政策方面的书籍时，他或她对语言多样性的理想状态能不表明个人的态度吗？然而，作为一本语言政策的入门书，我的任务不是去宣扬语言政策，而是尽量去理解并诠释语言政策。作为一个实用派的自由主义者，我承认我们有必要区分“宣扬”和“中立”两种态度。同时，我相信通过这种方式获得的知识将有利于社会的各个方面，我也可以从中获益。有关这方面的详情可参见肯尼斯·普莱维特（Kenneth Prewitt）写的论文《社会科学课题的昨天、今天和明天》，该论文刊登在《事件与问题》（*Items and Issues*）[①]简讯2002年（春季）第3卷第1—2期上。

语言政策研究领域存在一个关键的局限性，那就是我们都有语言中心论（linguicentrism）的倾向。“语言中心论”是我杜撰的一个词条，意思是“以语言为中心”，即“仅从一种语言的视角来看待事物”。由于这是一本有关语言政策的书，因此，我把注意力聚焦在语言和语言的多样性两方面实不为过。同时，语言政策的存在离不开社会、政治、经济、宗教、人口结构、教育和文化等复杂因素。这些因素构成了人类生活的方方面面，从而形成了一个生态体。尽管许多学者现在开始认识到经济、政治以及其他因素与语言之间的相互关系，但是当我们把注意力集中在语言问题上时，我们很容易受其他因素干扰而忽视了这些因素。我曾经研究过一些国家的语言政策，在寻找这些国家的基本资料时，我忽然对一条不断出现的信息吃惊不已。《世界概况》[②]（*The CIA World Fact-*

① 《事件与问题》是美国社会科学研究委员会（SSRC）的一份简讯，它报道该委员会最近的活动，刊登一些关注全球社会科学方面的重要事件和热点问题。详情见其网页 http://www.ssrc.org。

② 《世界概况》（又译作《世界各国纪实年鉴》）是由美国中央情报局出版的调查报告，发布世界各国及地区的概况，例如人口、地理、政治及经济等各方面的统计数据。其资料格式、体例、内容皆力求配合美国政府的官方需要及立场，资料则是由美国国务院、人口调查局、国防部等部门及其下辖的相关单位提供，如同其他美国联邦政府作品一样，该报告内容均属公有领域资源。

book)(该书每年更新内容,在以下网址可获得相关资料:http://www. cia. gov/cia/publications/factbook/index. html)公布了最近的全球人口数字。但是在极其庞大的人口案例中,有一条信息指出我们在估计人口数字时必须考虑到“大量的艾滋病死亡人数”。我们是否想知道,在一个具有大量艾滋病死亡人数的国家(如非洲某法语国家)其官方语言法语和当地语言在防治艾滋病的过程中所担当的社会角色?或者说我们是否想知道,许多波斯尼亚语(Bosnian)使用者最近被杀戮后波斯尼亚语的未来将会怎样?由于我的研究领域既不是句法学或语义学,也不是艾滋病或者种族清洗,而是语言政策,因此,我不断地提醒自己要在这些方面有所作为,我想要关注语言之外的因素对语言政策影响的分量,并认识到我们对人类社会了解的局限性。

于是,我的观点是:语言是重要的,任何排除语言的社会研究都是不完善的(不少社会研究往往就是如此);而且,我们需要从最广阔视野下来看待语言和语言政策,而不要把语言和语言政策视为一个封闭的世界。尽管语言是语言政策中的一个核心因素,但是在通常意义上说,语言中心论正像民族中心论(ethnocentrism)和言语中心论(linguacentrism)一样,过分强调了语言的有限愿景。

第二件事就是,感谢该研究领域的前辈与同行。由于语言政策是一个新领域以及我是在职业生涯的晚期撰写拙作的,所以,我结识了该领域的许多专家学者,并把他们看作是自己的良师益友。我引用了不少他们的观点,甚至还与他们争辩过。例如,尽管我与朵芙·斯古纳伯—康格斯(Tove Skutnabb-Kangas)和罗伯特·菲利普森(Robert Phillipson)有过不同的看法,但是这并不能掩饰我对他们的研究成果以及他们在本学科提出的重大问题的钦佩。拙作中的引文和参考书目代表了我对具体作者的感谢。但是还有许多时候，我在拙作中无意识地吸收了一些人的观点、借用了他们的术语甚至短语，而又未把它们视为是别人首创，倘若书中有此现象，我在此预致歉意。

尽管这是我首次总体论述语言政策问题，但是由于我过去经常与罗伯特·库帕(Robert Cooper)会面，那时他正在撰写现在看来已是经典的《语言规划与社会变革》一书(1989年由剑桥大学出版社出版)，我在此对他表示特别的感谢。

这些年来我与约书亚·费什曼(Joshua Fishman)和吉拉·费什曼(Gella Fishman)一直有学术联系和私人往来，这种接触使我在语言政策领域受益匪浅。此外，还有其他学者也经常给予鼓励和纠正，他们是：理查德·兰博特(Richard Lambert)，他邀请我到美国马里兰大学国家外语研究中心做研究，我在这里接触到了语言政策这一概念；伊兰娜·肖哈米(Elana Shohamy)，她与我共同规划以色列的语言政策；理查德·布莱希特(Richard Brecht)以及已故的罗纳德·沃尔顿(Ronald Walton)，他们经常与我进行有关语言政策的精彩讨论，特别是有关美国语言政策的讨论；克里斯蒂娜·B.波尔斯顿(Christina Bratt Paulston)，她不断地向我提出一些有关语言政策的根本性问题；约翰·特瑞姆(John Trim)，他对于我提出的大多数有关语言政策的问题都做过思考；艾伦·斯波斯基(Ellen Spolsky)，她结合认知论、怀疑论和文论所进行的开创性研究也促使我思考自己领域中的跨学科研究，她还为我的跨学科研究提供了根本性的支持，这使我的研究得以继续下去。另外，我还想借此机会感谢我的学生，感谢他们在我首次教授语言政策这门课程时所表现出来的热情，这种热情激励着我对语言政策的继续研究。

最后，我要感谢安德鲁·维纳德(Andrew Winnard)，他建议我撰写此书；还要感谢海伦·巴顿(Helen Barton)，她为此书的出版做了准备工作。此外，也要感谢剑桥大学出版社的匿名审稿人，他指出了该书的不少缺点和不妥之处。

2003 年 4 月于耶路撒冷

目　录

第 1 章　语言实践、语言意识形态(或语言信仰)和语言管理(或语言规划) …… 1
第 2 章　去芜存菁 …… 30
第 3 章　追求美文和处理新词 …… 49
第 4 章　语言政策的本质及其应用领域 …… 74
第 5 章　两个单语制政体:冰岛和法国 …… 103
第 6 章　英语是如何传播的? …… 137
第 7 章　美国是有语言政策还是仅仅有民权? …… 164
第 8 章　语言权 …… 199
第 9 章　单语制政体面临压力 …… 233
第 10 章　单语制政体对语言少数民族的认可 …… 250
第 11 章　划分语言空间:两个、三个或多个 …… 279
第 12 章　阻止语言转用 …… 324
第 13 章　结论 …… 382

参考书目 …… 394
索引 …… 423
专有名词及术语翻译表 …… 435

译后记 …… 455

第1章　语言实践、语言意识形态（或语言信仰）和语言管理（或语言规划）

1.1　新闻中的语言政策

在德国汉诺威的一家医院，一位56岁的土耳其妇女由于不懂德语（这在德国的客籍工人①当中是常见的事）而被拒绝进行心脏移植。医院对该决定的解释是：患者听不懂医嘱，就可能会吃错药，而且，术后一旦病情恶化也无法获得及时帮助，这些因素都增加了术后恢复过程的危险性。德国卫生部长说，他们将来遇到类似病例时必须找到一个更实际的解决办法（《星期天电讯报》，2000年8月27日）。当医院和医生在决定如何处理语言的多样性时，他们就是在制定语言政策。

类似的故事还有很多。其中有些故事涉及公共标牌（public signs），公共标牌是对外体现语言政策的一种方式。在以色列的

---

① 德国的客籍工人（Gastarbeiter），就是指获得许可并已经在德国工作的外国人，这些外国人一般都只能获得短期工作的许可。

耶路撒冷老城，路牌都使用三种语言（即英语、阿拉伯语和希伯来语）来表示。这些语言中哪种排在最上面呢？它们的顺序在不停地变化着，这反映了这座城市近代史上的三个发展阶段——英国托管阶段、约旦统治阶段和以色列统治阶段。然而，以色列其他城市的路牌只用希伯来语和英语来标记。经过多年的争讼后，以色列法院最近做出裁决：在有犹太人和阿拉伯人混居的城市，路牌应该增加阿拉伯语。现在让我们把目光转向地球的另一端——新西兰。新西兰全顺公路局（Transit New Zealand）同意在英语路牌和英语地名上增加毛利语（Maori）（《自治月报》，2000 年 3 月 2 日。有关新西兰和毛利语的详情见本书边码 199 页及以后几页）。加拿大魁北克法律要求所有的公共标牌都用法语书写，同时，还可以增加其他语言。但是，这些语言的字体要小于法语。在英国威尔士的卡马森郡（Carmarthenshire），县委员会规定这里的地名和路名只能使用威尔士语。可是，斯旺西市（Swansea）①委员会不同意上述观点，他们认为："我市委员会已经制定了双语路标的语言政策……假如我们想把斯旺西变成一个旅游中心，我们就必须吸引各国游客。"（《南威尔士邮政晚报》，2000 年 3 月 3 日。有关威尔士语的详情见本书边码 82 页及以后几页）

公共标牌的语言问题似乎是地方性的区区小事，但是，这些语言问题可能引发重大冲突。2001 年 6 月底，当马其顿的战争还在
2 延续之时②，欧盟委员会就敦促马其顿政府允许阿尔巴尼亚少数

---

① 斯旺西是英国威尔士第二大城市，也是重工业中心。由于该城临海，风景优美，历史悠久，近来旅游业蓬勃发展。

② 1999 年，南联盟爆发科索沃战争，近 40 万阿尔巴尼亚族难民从科索沃涌入马其顿，致使马境内阿尔巴尼亚族分离倾向不断加剧，民族问题日益突出。

民族"在马其顿的法院、学校和行政机关使用阿尔巴尼亚语"(法新社,2001 年 6 月 28 日)。一场真正的语言战争一触即发。

或许语言不会经常引发战争,但是,霍洛维茨(Horowitz 2001:1)认为,在引起重大伤亡的民族暴乱中,语言肯定是一个主要因素。他把民族暴乱解释为一个民族群体向另一个民族群体所发起的袭击。这些暴乱可能涉及以下因素:社区、种族、宗教、语言或部落。霍洛维茨列举了许多发生在当代的语言暴乱事件。例如,发生在 1960 年和 1972 年的阿萨姆(Assam)[①]事件、发生在 1956 年和 1958 年的斯里兰卡事件、发生在 1967 年的兰契(Ranchi)[②]事件、发生在 1966 年的毛里塔尼亚(Mauritania)事件、发生在 1972 年的卡拉奇—海得拉巴(Hyderabad)[③]事件以及发生在 1944 年的班加罗尔(Bangalore)事件。印度东北部的阿萨姆邦发动过语言运动,试图把阿萨姆语作为当地的官方语言,并希望以此来帮助当地人获得更多的工作机会(Horowitz 2001:边码 208 页及以后几页)。1960 年的阿萨姆暴乱就发生在这次运动的中期。最终,《阿萨姆语言法》(*The Assam Language Act*)使得阿萨姆语成为当地人的必修语言。然而,来自孟加拉的穆斯林移民却不愿

① 阿萨姆是印度最东北部的一个邦,与中国、不丹、孟加拉国和缅甸等相邻。该邦以产茶著称,官方语言是阿萨姆语(Assamese)。人口种族在文化和语言等方面明显与印度其他地区不同。

② 兰契曾是印度东北部比哈尔邦(Jharkhand)的首府,是印度东北部政治、商业、工业和教育中心,以瀑布众多而闻名。1967 年 8 月兰契因语言、宗教等原因发生了社群间的暴乱。

③ 叫海得拉巴的城市有两个:一个是印度特伦甘纳邦首府海得拉巴,另一个是位于印度河东岸的巴基斯坦南部城市海得拉巴。本书此处的海得拉巴是指后者。

意学习阿萨姆语，这在一定程度上使该法有其名而无其实。于是，民族间的紧张气氛与暴力事件持续不断(Misra 2000)。

国家的语言政策是一个常见的话题。中国最近通过了一部新的语言法①，该法禁止人们在使用汉语时使用外语词汇和滥用汉语②。根据该语言法，普通话是中国合法的官方语言，中国所有的电台播音员、教师和公务员都必须掌握和使用标准的汉语书写系统和发音体系③(新加坡《海峡时报》，2000 年 11 月 17 日)。为了申请加入欧盟，土耳其议会于 2002 年 8 月通过了几部法律以便废除死刑以及允许在广播和教育中使用库尔德语(Kurdish)④。也就在这年的同一个月，美国最高法院同意对一部法律做出裁决，因为该法律要求凡接受过美国联邦基金援助的图书馆都必须使用相关软件过滤掉书刊中的黄色内容和污言秽语。2002 年 11 月 15 日，俄罗斯杜马(即下议院)轻而易举地通过了一部法律，规定“俄罗斯联邦的国家语言以及俄罗斯联邦各自治共和国⑤的官方语言

---

① 该语言法指 2000 年我国通过的《中华人民共和国国家通用语言文字法》。

② 此处本书作者误解了《中华人民共和国国家通用语言文字法》的内容。该法根本没有这样的规定，相关的条款是第十一条：“汉语文出版物中需要使用外国语言文字的，应当用国家通用语言文字做必要的注释。”以及第十三条：“公共服务行业以规范汉字为基本的服务用字。因公共服务需要，招牌、广告、告示、标志牌等使用外国文字并同时使用中文的，应当使用规范汉字。”

③ “国家推广全国通用的普通话”早在 1982 年颁布的《中华人民共和国宪法》(第十九条第五款)就有了规定，而非始于《中华人民共和国国家通用语言文字法》。

④ 库尔德语是主要在土耳其、叙利亚、伊朗和伊拉克一带使用的一种语言。

⑤ 俄罗斯联邦由 85 个联邦主体(federal subjects)构成，包括 22 个自治共和国、9 个边疆区、46 个州、3 个联邦直辖市、1 个自治州和 4 个民族自治区。各自治共和国有自己的宪法，有权规定自己的官方语言，该官方语言可在该共和国境内与俄语一起使用。这项权利是边疆区、州、直辖市和自治区所没有的。

都必须以西里尔字母(Cyrillic alphabet)①为基础”(路透社)。2002 年 11 月 14 日,南斯拉夫下议院通过了一项决议——敦促所有的本国国营机构和地方自治机构、上市公司以及教育、文化和媒体单位一律使用西里尔字母(塞尔维亚通讯社)。2002 年 11 月 21 日,美联社报道说,土耳其广播主管部门批准该国的电台每天用库尔德语或其他地方语言广播至少 45 分钟。

由于语言在教育中具有核心的地位,所以学校经常遇到用什么语言作为教学媒介语②的问题。2000 年 11 月,美国亚利桑那州 3
投票通过了“203 号提案”(Proposition 203),这是根据加利福尼亚州早些时候用英语浸没法教育(immersion English education)③代替双语教育计划而提出来的。在马来西亚,人们对以下四个问题争论不已:第一个是现有的华语学校所面临的威胁问题(法新社,2001 年 6 月 23 日);第二个是马来西亚教育部为了提高本国的英语教学水平而颁布的一个新计划问题(马新社,2001 年 5 月 17 日);第三个是马来西亚一家新成立的伊斯兰教电台问题,该电台打算每天 24 小时用英语、马来语(Bahasa Melayu)和阿拉伯语

---

① 西里尔字母主要由历史上皈依东正教的斯拉夫民族使用,源自希腊安色尔字体(Uncial),现用于俄语、保加利亚语、塞尔维亚语、乌克兰语和某些斯拉夫语。西里尔字母又称斯拉夫字母。

② 教学媒介语,也称教学语言,是指课堂教学中所使用的语言,教学媒介语未必就是官方语言或国语。联合国教科文组织提倡教育初期使用学生的母语作为教学媒介语,这有利于教育质量的提高。

③ 中国大陆一般把“immersion”译为“浸没”,有学者也将它译为“浸濡”、“浸泡”、“浸入”、“浸润”、“沉浸”、“濡染”。浸没式语言教育是指所有的教学语言和生活语言都使用目标语的一种外语教学方法。

广播(《新海峡时报》,2001 年 7 月 7 日);第四个是民众对马来西亚政府的一个决定所引起的激烈争议问题,该决定要求 20 年后马来西亚的所有学校都用英语教授数学和科学两门课程,而在此之前都是用马来语作为教学媒介语的,最后,马来西亚政府做出了一个妥协性的决定,在华语学校可以使用英语和华语作为这些课程的教学媒介语(《马来西亚通报》,2002 年 10 月 29 日)。在加纳,教育部长决定,取消在小学三年级之前用地方话作为教学媒介语的惯例,改用英语作为教学媒介语(《非洲新闻》,2002 年 8 月 16 日)。在坦桑尼亚,经过 30 年的争论后,坦桑尼亚议会决定把中学使用英语作为教学媒介语的做法改为使用斯瓦希里语(Kiswahili)①作为教学媒介语(新华通讯社,2001 年 1 月 16 日)。在南非,有一个省的教育部门规定,该省的任何学校不得拒收讲英语的学生,因为他们的到来可以打破由阿非利堪斯语(Afrikaans)②一统天下的语言不平衡现象(《南非每日 24 小时新闻》,2003 年 1 月 15 日)。

商业也涉及语言政策。东非和南非的共同市场支持津巴布韦的语言政策,即从赞比亚进口的乳制品必须在包装上标有用津巴

---

① 斯瓦希里语有两种英语表达方式:Kiswahili 和 Swahili。该语言属于班图语族,是非洲语言当中使用人口最多的一种(约有 5500 万人),主要用于非洲东部国家:坦桑尼亚(作为官方语言)、肯尼亚、刚果(金)、赞比亚、马拉维、布隆迪、卢旺达、乌干达、莫桑比克等。

② 阿非利堪斯语也可译为南非荷兰语,由 17 世纪新教移民带到南非好望角的荷兰语转变而来,主要分布在南非(作为其中一种官方语言)和纳米比亚。该语言属于日耳曼语族,使用人口大约 500 多万。

布韦的官方语言绍纳语(Shona)[1]和恩德贝勒语(Ndebele)[2]书写的使用说明书(《赞比亚时报》,2001 年 7 月 10 日)。随着全球化的升温,宣称能够提供多语的网络翻译引擎与日俱增。例如,一个名叫普罗利费克(Prolyphic)的平台,能更迅速地把网络内容从一种语言翻译成另一种语言(《商业电信报》,2001 年 7 月 10 日)。再如,一家网络平台最初的工作语言是法语,现在却可以提供英语版的内容,而且,该平台目前正在计划增加德语版、西班牙语版以及其他语言版的内容(《蒙特利尔报》,2001 年 7 月 9 日)。

语言政策问题随处可遇,教堂也不例外。一位罗马天主教牧师在布鲁塞尔附近的一个小镇上工作,该小镇名叫威正比克—欧派姆(Wezembeek-Oppem)。它属于比利时佛兰德斯地区(Flanders),讲荷兰语。可是,这里还有人口不少的法语社区,他们有使用法语的特权(详见本书边码 164 页及以后几页)。由于这位牧师拒绝让法语使用者在其教堂使用法语做弥撒而被红衣主教调离了该教区(美联社,2002 年 12 月 30 日)。

尽管语言政策当下相当时髦,但是,语言政策当然不算是什么新话题。早在《圣经》的《创世记》中就有两个故事恰当地反映了语
言政策之定义。我们回忆一下,一是亚当在伊甸园承担给动物命 4
名的任务,现在,这个角色往往是由各个国家的国家语言研究院来扮演。二是上帝看见人们在建造巴别塔(Babel)[3]时采取了“乱其

① 绍纳语是非洲南部,主要是津巴布韦和赞比亚国内使用的一种语言,属于班图语族,其使用人口大约有 2000 万。

② 恩德贝勒语是津巴布韦和南非东北部一带使用的一种语言,属于班图语族。

③ 巴别塔也叫通天塔。人们企图通天而修建塔,上帝使建塔者操不同语言,互不理解,从而挫败了建塔计划,源自《圣经・创世记》11:1—9。

所言”的措施，并颁布和实施了个人语言多元化(plurilingualism)和社会语言多语制(multilingualism)的圣旨。通常，本人用“多语制”(multilingual)一词，是指一个社会中并存的多种语言，而用“语言多元化”(plurilingual)一词，是指多语社区中社员所掌握的水平各不相同的几门语言。

1.2 何为数据?

现在，全世界并不缺乏有关语言政策的故事。但是，如何使这些故事成为构建语言政策理论的数据呢？最近，本人与一位邻居聊到了我们各自领域的数据问题。他是一位考古学家，他的工作就是挖掘文物现场，并关注他发现的每一块陶瓷碎片所处的位置。经过对这些碎片进行化学分析后，他利用统计技术来判断这些陶瓷土的原产地。他用这些量化的实证数据与《塔木德经》(*The Talmud*)①所记载的有关加利利人(Galilean)村庄的信息进行比较。然后，他就着手总结出当时犹太人村庄和非犹太人村庄之间的贸易关系。本人试图解释我们在语言政策方面所面临的各种难题：有些国家在宪法或法律中记载了各自的语言政策，有些国家则没有；有些国家能够按照记载的语言政策办事，有些国家则明显无法实施；有些国家能提供各种语言使用人口的数据，而有些国家甚

① 《塔木德经》是犹太教法典，是犹太教律法、思想和传统的集大成之作。分散于世界各地的犹太人，跨越距离、风俗和语言的差异，通过《塔木德经》紧紧地联系在一起。他们从《塔木德经》中寻求解答，获得灵感并看到希望。

至在全国人口普查中都没有涉及这个问项。即使在人口普查中有关于语言的问项，各个国家的提问方式也各不相同。例如，在美国，普查员问：有多少人是在非英语的家庭中长大的？而加拿大的提问方式是：家中有多少人会英语？假如连这些基本数据都具有不确定因素，那么，我们怎样才能得出具有像我的那位考古学家朋友所期望的那样的可靠结论呢？

虽然在社会语言学发展的最初阶段，学者们在处理有关语言政策和语言规划问题时常被上述问题所困扰，但是，他们更关注解决发展中国家的语言问题。他们的部分工作就是设法建立语言数据库，例如，他们对东非语言状况进行了开创性研究。在社会语言学发展的第二阶段，学者们则更强调开发语言人权的理论模式，并且，他们可以以此为基础去鼓励国际组织采纳某些具体的语言政策。然而，他们并没有进行全方位的尝试来收集各个层次的有关语言政策的有用数据。所幸这种努力正在进行，这使得本书可以 5
吸取前车之鉴，进行全方位的、多层次的尝试。

1.3　何为语言政策？

在 20 世纪 60 年代初，去过加拿大蒙特利尔参观的人或许都会感到迷惑：一方面，这里的各种公共标牌和大型商场都大量地使用英语。另一方面，该地区 80% 的人却说法语。显然，这两者显得很不协调。然而，40 多年后，法语在蒙特利尔公共场合的使用已经取得了与之更加相称的地位，这是有目共睹的。现在蒙特利尔的语言状况是法语占绝对优势。在公共语言实践改变的背后，是因为出台了意志坚定、内容显性的语言政策，即实施了一系列管理有方、规划在先的干预措施，而且，这些干预措施得到了法律上的支持，并由政府的某一机构来执行。

在语言选择的实践中，要解释其他方面的改变就更难了。在巴布亚新几内亚，有一个与外界隔绝的小村庄，这里有 90 个村民说泰艾普语（Taiap），这是一种与其他语言毫无关系的语言。库里克（Kulick 1992）发现，尽管该村庄依然与外界没有往来，但是，这里 10 岁以下的儿童就不再使用这种地方语言了，取而代之的是托克皮辛语（Tok Pisin）①。这是一种从新几内亚英语演变而来的克里奥尔语（creole），儿童是从他们使用双语的父母那里习得托克皮辛语的。成年人没有意识到，他们自己的语言使用模式在过去就已经发生了改变，即从单一的泰艾普语转变为经常性的双语——他们在泰艾普语和托克皮辛语之间进行语码转换（code switching）。托克皮辛语是由年轻人带回到这个村庄的，因为他们曾在遥远的种植园工作过。库里克还发现，在成人的语言实践中，他们只用托克皮辛语跟儿童进行有意义的交流，而泰艾普语只用于跟儿童进行无意义的抚慰式谈话（baby-comforting talk）。这种现象似乎只是语言实践中的一个变化，它不是由任何显性的政策或决定所导致的，而是由于人们所处的情景、环境和压力的改变所引起的，这种改变甚至连当事人自己也没有意识到。当这些父母们发现自己的小孩发生这些语言变化时都感到吃惊不已。

① 托克皮辛语是巴布亚新几内亚三种官方语言之一，另外两种是西里莫托语（Hiri Motu）和英语。

为了弄清这些或类似这些的语言现象，一种有效的方法是先要区分言语社区（speech community）中语言政策的三个组成部分：语言实践，即对语言库（linguistic repertoire）①中各种语言变体（variety）②所做的习惯性的选择模式；语言信仰或语言意识形态（language beliefs or ideology），即对语言本身和语言使用的信念；语言规划或语言管理，即通过各种语言干预、规划或管理的方法来改变或影响语言实践的具体行为。

豪根（Haugen 1966b）认为，语言政策的制定过程可以分为以下四个阶段。前两个阶段是标准的选择（selection of a norm）（即 6
某人发现"语言问题"）和标准的制定（codification）（即语言的书面或口头形式、语法和词汇的标准制定）。克洛斯（Kloss 1969）则把标准的选择叫作"地位规划"（status planning），把标准的制定叫作"本体规划"（corpus planning）。豪根提出的后两个阶段是标准的实施（implementation）（即确保政策受到目标人群的接受和执行）和标准的扩建（elaboration）③（即不断修改已经制定的标准，以满足现代化发展的需要）。

从语言实践中可以看出，在 20 世纪 50 年代，魁北克的语言问

① 语言库（简称语库）可以指社会语言库和个人语言库。前者是指某一社会中所使用的各种语言及其变体的总和，后者是指个人所掌握的各种语言及其变体的总和。

② 语言变体是具有相似社会分布的一组语言项，即具有相似特征的人在相同的社会环境中所普遍使用的某种语言表现形式。它可以指语言、方言或语体，也可以指单个的语音、语法或词汇项。

③ 这几个术语在国内的译法有几种。例如，elaboration 可译为"标准的扩建"、"功能完善"和"细化"等。本书的翻译是根据徐大明等（1997）的《当代社会语言学》的译法。

题是:那里大多数人说法语,政府却要求他们学英语。这种做法的目的是为了让大部分法语使用者可以跟少部分只会说英语的人进行交流,因为这些人有效地控制着魁北克省的商业命脉。法语使用者利用他们的政治权力着手改变这种语言政策。于是,魁北克出台了一系列法律以限制进入英语学校的人数,并要求人们在许多公共场合使用法语。经过魁北克一些政治机构和政府部门的共同努力,当地语言实践中的变化通过各种人为干预而得到控制,这些干预主要是指对语言事务的干预,但与经济、政治、社会和文化等因素也有较大的因果关系(详见本书边码 195 页及以后几页)。

然而,甘帕恩(Gapun)认为,显性的语言管理未必引发语言政策的改变。确切地说,上文提到的巴布亚新几内亚村庄的语言变化是与该村庄年轻人外出后的返乡有关,他们回到与外界隔绝的村庄时从种植园带回了两件有价值的东西:一件是装满了有形物体的"货物箱",另一件是无形的语言能力——他们学会了一种新的语言,而且,这种语言能力标志着他们地位的提升。他们就是通过这种新的语言可以更便利地与其他村庄的人们进行交流。因为语言具有一种特别的经济优势,它是一种任何人只要接触它就可以学习的东西。而且,一个人越与别人分享其语言,他就越能获得而不是丢失该语言的价值(详见本书边码 88 页及以后几页)。

从这些例子我们可以看出,语言和语言政策都存在于极其复杂的、相互作用的和动态变化的环境中。语言管理必须与这种环境做斗争。改变环境中的任何一个因素都可能会对其余因素产生相关的因果影响。许多非语言因素(如政治、人口、社会、宗教、文化、心理、官方系统等等)都会促使某些个人或团体干预另一些个人或团体的语言实践和语言信仰,从而可能引发连锁变化。费什曼、索拉诺和麦克康耐尔(Fishman, Solano and McConnell 1991: 28)指出:“只研究一小部分的变项而得出的结论容易误导人们,并使人们感到智力贫乏。而现实世界的实际情况却是变项众多,它们之间的关系错综复杂。”企图只利用与语言相关的数据 7
和采用简单的因果方法就能阐明有效的语言政策,这是不太可能的。因为语言政策事实上是处在充满各种环境变项的“现实世界”里的。

1.3.1　语言生态

把语言环境看作是语言生态(linguistic ecology),这是一个不错的比喻。豪根(Haugen 1971)把语言生态学看作是“对任何一种语言及其所处的环境所产生的各种相互影响的研究”。豪根注意到,在更早的时候 C. 弗格林、M. 弗格林和舒兹(Voegelin, C., Voegelin, M. and Schutz 1967)以及 C. 弗格林和 M. 弗格林(Voegelin, C., Voegelin, M. 1964)就在他们的文章中使用了这一术语。他们认为:“在语言生态领域,人们的思维不是从某一特定的语言开始,而是从某一特定的区域开始。”语言生态这一概念早在特瑞姆(Trim 1959)的大作中就出现了。特瑞姆指出,语言生态术语的使用可以追溯到布龙菲尔德(Bloomfield 1935:345)和保罗(Paul 1909:37—45)时代。人与社会共同构成了语言的环境。不过,迈克尔·韩礼德(Michael Halliday)于 2002 年 12 月 16 日在新加坡获“国际应用语言学协会”(AILA)金奖时发言说:我们必须慎重地使用语言生态的比喻,因为人类对构成语言生态的组成部分尚不清楚，而且，我们没有理由从保护生物多样性的必要性隐喻到保护某些语言多样性的必要性。

我们需要用后基因组(post-genome)方法[①]来看待语言生态，即不再人为地把天性(nature)与教养(nurture)两部分隔离开来(Spolsky 2001)。语言构成文化体系，其形成原理与某些基本生物成分(例如，根据生物的体形而产生的设计特征(design features)和由生物体大脑结构所决定的结构特征)的形成原理是一样的，文化体系具有令人难以置信的复杂性和难以言状的灵活性(例如，任何东西都可能有或者已经有多种解读和误解，但是我们都得在不同程度上接受它们)。在我们所处的社会环境(包括人文环境和自然环境)中，我们在不断地通过"结构性互动"(constructive interaction)(该术语来自 Oyama 2000)来进行语言实践。所以，语言变项与非语言变项之间很可能存在某种联系。

特瑞姆(Trim 2002)提醒我们，在语言社区中人们的日常活动有多种动态力量在起作用，而且这些力量比有目的并受意识形态驱动而制定的语言政策的力量还要更强大。在解释语言的演变过程时，我们不但要考虑到由于地理位置的隔离而导致的微小的和任意的语言变异(variation)，而且还要考虑到语言的功能选择与社会选择等因素。奈特尔(Nettle 1999:79) 认为，不同的"生态政体(ecological regime)推崇不同的社会体系，而不同的社会体系又

① 基因组(genome)一词，最早出现于1920年，是基因(gene)和染色体(chromosome)的缩合。对于细菌等低等的简单生物而言，它们的基因组就是指其单个染色体上所含的全部基因，而复杂生物的基因组是指维持正常的遗传生殖功能的最基本的一套染色体及其所携带的全部基因。

形成各种大小不一的语言群体”。在他的这种模式中,一个活跃因素就是语言的“生态风险”(ecological risk)。在非工业化社会,人们通过建立各种社会体系来控制着语言的“生态风险”因素,而社会体系的建立会减少人们在相互交流时所遇到的语言多样性。如果一个国家的面积和人口保持不变,那么,该国语言的“生态风险”越大,就意味着该国人们的互动性就越多,该国语言的种类就会越 8
少。人类的生活发生了变化——从游牧民变为农民或畜牧民,这一变化减少了语言的多样性。同样,欧洲的扩张和工业化也减少了语言的多样性。影响语言多样性的因素就是社会变化,所以,要维持语言的多样性不是靠语言政策,而是要靠社会政策。为了强调这一点,马福威(Mufwene 2001:17)使用了一个非常引人注目的比喻:语言被看作是一种寄生的物种,“一种语言的生命与活力取决于其寄主(即该语言的使用者)的行为和性情,以及其寄主所形成的社会和其寄主所处的文化背景”。

1.3.2　语言干预、语言管理和语言规划

在研究语言政策的时候,我们往往都想知道究竟哪些语言变项与非语言变项会同时发生变化。世界上也不乏通过直接干预来控制语言状况的案例。当有一个人或一群人在对这种语言干预进行指导时,我们就称之为语言管理(比起“语言规划”、“语言工程”或“语言治理”等术语来,本人更愿意使用“语言管理”一词)。语言管理者可能是起草国家宪法的两院制议会。世界上,大约125个国家的宪法提到了本国的语言问题(Jones 2001),其中约100个

国家指定了一种或多种语言为本国的官方语言或国语,官方语言和国语在使用方面都享有特权。语言管理者也可能是国家的立法机关,由立法机关制定法律并确定官方语言。语言管理者还可能是一个国家的州级(或省级)或其他地方政府机关,例如,由它们来决定当地公共标牌的语言。此外,语言管理者还可能是以下几种情况:第一,是某个特别的利益集团,因为集团成员可以通过某些手段来影响立法机关,从而使立法机关修改宪法或制定新的法律;第二,是法院或行政官员,因为法院有权解释何为语言法,行政官员有权决定是否实施有关语言的法律;第三,是某个机构或企业,因为它们要决定使用或教授哪种语言、用哪种语言出版书籍、为哪种语言提供翻译;第四,甚至是家庭成员,因为他或她可以尽力说服其他家庭成员一起来使用自己的祖裔语言(heritage language)①。

在某些国家或领域,其相关的权威机构虽然没有颁布显性的语言政策,甚至根本就没有制定过语言政策,但是,语言政策的精神依然存在。众多国家、单位和社会团体并没有制定正式的或书面的语言政策,所以,要探知它们的语言政策之本质,就必须从研究它们的语言实践或语言信仰着手。即使它们有正式的书面语言政策,其对语言实践的影响却未必有效,也未必前后一致。

综上所述,本人认为语言政策不但要解决某些特定语言和语言变体的宏观问题,而且,也要处理构成语言内容的微观问题。所

① 祖裔语言就是指移民的祖祖辈辈在母国所使用的语言。例如,美国的华人华侨(汉族)的祖裔语言就是汉语,日裔美国人的祖裔语言就是日语。

以，语言政策还包含：限制不良语言的出现和鼓励规范语言的使用（详见本书第 2、3 两章的内容）。

1.3.3　语言与语言实践 9

语言实践这一专业术语包含了海姆斯（Hymes 1967；1974）所称的“言语民族学”（ethnography of speaking）①中的大部分范畴。口语是由一系列相关的声音组成的，这些声音构成有意义的单位，然后再把这些有意义的单位组合起来，这样就产生了有意义的言语。语言系统中的语言变异可能不会改变语言的意义，但是，听话人会把这种变异当成是判断说话人的出生背景和社会地位的标志来理解（Labov 1966）。自古以来，人们就认识到，这种变异在词汇当中表现明显。例如，500 年前，第一位英国印刷工人不知道如何拼写“eggs”（蛋）这个单词，因为他不知道他是该采用英国南方的“eggys”拼法，还是采用英国北方的“eyren”拼法（Caxton 1490）。再如，美国人不知道为什么英国人把医生办公室叫作“surgery”，而英国人则笑话美国人为什么在“sidewalk”上走路②。

那么，本人认为，语言实践就是每位个体说话者对语音、词汇和语法所做出的选择之总和，这种选择有时是有意识的，有时则是

---

① “言语民族学”也有人译为“言语民俗学”或“言语民族志”，也叫“言语交际民族学”（ethnography/ethnology of communication），就是把言语看作是一种社会习俗，不同的群体、机构、集团和社会所实际使用的语言是有差异的。

② surgery 在美式英语中仅表示“外科手术”之义，而在英式英语中，还可表示“医生办公室”，即诊所。sidewalk 就是“人行道”之义，这是美国人的用法，而英国称人行道为 pavement。

下意识的。同时,这些选择形成了一种语言中约定俗成的无标记模式(unmarked pattern)①。我们可以对各种语言变体进行归类并赋予名称。在语言变体的归类中,其最高层次就是语言。也就是说,每种语言都有一组被人类所认知的语言变体。我们对这些语言进行命名,如英语、法语或纳瓦霍语(Navajo)②。为了更加准确,我们可以把美国英语与英国英语和牙买加英语区别开来,甚至把纽约英语和波士顿英语也区别开来。归类的过程并不简单,例如,所有格莱姆斯(Grimes 2000)命名的语言和语言变体几乎都有几个名称。但是,归类的过程与其所处的社会环境有密切关系。语言实践不仅仅是指语言的语音、词汇和语法,还包括言语形式的层次和其他公认的语言规则之间的习惯差异,这些规则告诉人们在什么样的场合下使用什么样的语言变体是得体的。在多语社会,语言实践还包括为了某种语言的规范化而制定的规则。

同一言语社区的成员具有一套共同的语言实践和语言信仰。当社区成员在听到用自己的社区语言说的一段话语时,或者当社会语言学家在对这一段话语进行分析时,他们不但能识别其意义,而且还能发现说话者在说话时所表现出来的细微语言差异。这些细微差异反映了说话者的以下特征:年龄、性别、社会阶层、大概的

① 无标记模式就是指大多数人经常使用的模式。这是根据布拉格学派提出的标记理论(markedness theory)而类推出来的。该理论认为语言特征包括两个对立体:有标记项和无标记项。无标记项是指那些常见的、分布较广的语言成分,而有标记项正好相反。类似的用法还有本书 2.3 节中提到的"无标记词",即使用范围更广而且具有中性色彩的词。

② 纳瓦霍语是美国几个最大的印第安语之一,主要在美国西部的新墨西哥、亚利桑那和犹他等州使用。

出生地和受教育地、受教育程度和观点等等。此外,他们还能以自己听到的这段话语为线索判断话语所发生的场合和上下文背景。这些细微语言差异受到规约性规则的控制,就像言语社区的成员在成长的过程中习得语法规则一样,说话者在说话时所体现出来的这些个人语言差异也是在习惯中逐渐形成的。

语言政策可以是一个社区或政体中所有的语言实践、语言信仰以及语言管理。我们试想一下发生在一个西化的小学课堂上的 10
情景:小学生很快就能发现什么样的语言选择(其中也包括语言项①的选择)是合适的;什么样的语言选择是不受鼓励的,甚至是要受罚的。他们知道,教师享有让谁说以及何时说的特权,同时,教师还有权判断学生所使用的言语形式以及所选话题是否恰当。当某些外界的权威人物把这些语言实践陈述出来时,或者当教师把这些语言实践作为教学内容清楚地讲授出来时,这就成为一个语言管理的例子。

1.3.4　语言政策的使用层面

语言政策可以应用于各种不同的一般层面。这些层面可以是单个的语言单位(linguistic unit)②(例如,“别发那个难听的鼻元音!”“请勿用下流词汇!”“跟我说话时,要用完整的句子!”),也可以是由一组语言单位所构成的具有不同社会地位的语言变体(例

① 语言项(linguistic items),也有的译成语言项目,这是一个笼统的概念,包括语言中的语音、词汇、短语、语法、句子种类和话题等。

② 语言单位用英语表达可以是 language unit 或 unit of language,就是指构成语言的各个成分:词素、音节、单词和短语等。

如，“请勿使用方言！”“请使用英语！”)。

语言管理可以应用于微观的个体语言单位(例如，一个音素、一个单词的拼写或一个字母的形状)，也可以应用于中观的一组语言单位的集合(例如，发音、词汇或文字)，还可以应用于宏观的某一特定的或具体的语言变体(例如，一种语言或方言)。倘若语言及其变体就是从语言单位中做出一系列符合语言习惯的选择，那么，语言政策的实施就会改变语言使用的某个层面，而且，一个层面的改变必然会影响到所有的其他层面。例如，一个词汇项(lexical item)①的转变可能就是为语言变体的转向迈出了一小步。所以，许多语言纯粹主义者(language purists)认为，从别的语言中借用词汇是语言消亡的第一阶段。当然，这并不是必然的现象，例如，像英语这样的接受性和开放性语言，它也许从外来词的借用中获益匪浅②。

一般来说，邻近的不同方言有许多相似之处，因此，居住在临近方言区的人能够相互理解对方所说的话。但是，有时候出于政治原因，一条边界就把这种联系割裂开来了。于是，本来互相可理解的边境方言可能就被划分为两种不同的语言，例如，法语和意大利语。同样，政治问题往往会引发语言划分的争议——一种语言变体是隶属于某一种语言还是被划分为单独的一种语言。如果单纯根据语言标准和可相互理解性来判断，语言学家认为塞尔维

① 词汇项(或词项)是指单个的单词或词组，例如，“cat”、“traffic light”都属于词汇项。

② 英语以大量吸收外来词而著称，英语中有大约70%—80%的词汇是外来词。这些外来词不但没有降低英语的地位，反而大大地丰富了英语的词汇。

亚—克罗地亚语(Serbo-Croatian)是一种语言。但是,普拉基克维奇(Pranjković 2001)和其他克罗地亚语言学家都坚信,塞尔维亚语和克罗地亚语是两种不同的语言,而且,它们之间的差别就像它们和斯堪的纳维亚语的差别一样大。尽管乌尔都语(Urdu)从阿拉伯语和波斯语中吸收了正式词汇,而印地语则从梵语(Sanskrit)中借用了词汇,但是,懂得印地语(Hindi)的人都能理解乌尔都语。由此可见,政治对于如何给语言变体进行归类也是一个关键因素。

一方面,倘若我们选择一种在名称上大家都认可的语言作为语言政策研究的基本对象,那么,我们就不得不对该语言的许多核心问题做出预判。另一方面,假如我们认为语言政策研究的基本 11
对象就是从已有的几个语言成分候选项中做出选择,那么,我们就没有必要人为地区分地位规划和本体规划。当然,语言政策所处理的大量问题都是有关某些具体语言变体的,不过,这些语言变体问题最终还是转到众多的语言成分问题上。例如,找出区分印地语和乌尔都语,或者美国英语和英国英语的语言特征。另外,语言政策现在也常常把研究重点放在一些更具体的语言成分上。例如,“Ms.”(女士)一词和具有泛指作用的第三人称代词的使用都是女权主义运动对语言管理提出的关键问题。奈特尔(Nettle 1999)认为,体现语言演变过程的不是语言本身而是语言项。

从语言项着手的研究可以避免由于过度谨慎地区分地位规划和本体规划所引发的各种问题。地位规划就是指选择一种语言的某一种具体变体作为常用语言,而本体规划是指在同一语言使用过程中对具体语言成分的选择。比如，若塞尔维亚人要剔除塞尔维亚语中的克罗地亚语成分，这就是本体规划。但是，很显然，正如开普兰和巴尔道夫(Kaplan and Baldauf 1997)所指出的那样，地位规划和本体规划两项活动实际上是难以分开的，他们说："语言特点上的任何变化都可能导致语言使用环境上的变化，反之，任何语言使用环境上的变化也可能引起语言特点上的变化。"

1.3.5 语言政策与其他各种政策

语言管理，就是针对语言的使用问题制定出一个显性的语言计划或语言政策，并做出声明，而且通常是以正式的文件形式出现，但也有例外。众所周知，这种显性政策的出台并不能保证政策的实施，而且，政策的实施也不能保证政策的成功。

在美国国会图书馆，书名中出现"语言政策"的第一本书是由一个叫 P. A. 塞博勒柔(P. A. Cebollero)的人于 1945 年出版的。语言政策是个新领域，它与社会语言学同步发展。随着时间的推移，人们逐渐认识到，语言政策与政治科学、公共管理学和教育学(尤其是教育语言学)之间出现了自然的重叠现象。

何为语言政策？面对语言政策时又如何识别它？最容易识别的就是出现在官方政策中并一清二楚标明的文件。例如，它们以条款的形式出现在国家宪法、语言法、内阁文件或者行政条例中。
12 世界上有大约 125 个国家的宪法涉及一些语言政策；有大约 100 个国家指明了一种或一种以上的语言为本国的官方语言或国语，这些语言都享有使用特权；有接近一半多的国家(确切地说是 78 个国家)确定了一种官方语言或国语。例如：

“阿尔巴尼亚共和国的官方语言是阿尔巴尼亚语。”(《阿尔巴尼亚宪法》,1998年修订版)

“伊斯兰教是国家的宗教;伊斯兰教教法(Islamic Sharia,即伊斯兰教规法律)是国家立法的主要根源;阿拉伯语是巴林的官方语言。”(《巴林宪法》,1973年)

“法兰西共和国的国语是法语。”(《法国宪法》,1999年修订版)

在78个确定了一种官方语言或国语的国家中,有32个国家修改了本国宪法中原先措辞强硬的申明,增加了保护本国其他少数民族语言、原住民语言或土著语言的条款。例如:

“加蓬共和国以法语作为官方语言。此外,本国还努力保护和提倡其他本国民族语言的使用。”(《加蓬宪法》,1997年)

“危地马拉的官方语言是西班牙语。本国的各种地方语言是国家文化遗产的一部分。”(《危地马拉宪法》,1985年)

“印度尼西亚的国语为印度尼西亚语(Bahasa Indonesia/Indonesian language)。受到当地人们,如爪哇人(Javanese)、巽他人(Sundanese)和马都拉人(Madurese)很好保护的地方语言以及其他语言也都将得到国家的尊重和保护。”(《印度尼西亚宪法》,1945年)

有18个国家确定了两种官方语言或国语(其中一半是为了保

护其他少数民族语言)，5 个国家确定了 3 种官方语言或国语，4 个国家确定了 4 种官方语言或国语。

> “普什图语(Pashtu)和达里语(Dari)是阿富汗的官方语言。”(《阿富汗宪法》，1963 年。该宪法实际上一直执行到新宪法的问世)

> “白俄罗斯语(Belarusian)和俄罗斯语是白俄罗斯共和国的官方语言。人人有权使用自己的民族语言和选择自己的交际语言。根据法律，国家要保证学校选择教育语言和教学语言的自由。”(《白俄罗斯宪法》，1996 年)

> “比利时有四个语言区：法语区、荷兰语区、首都布鲁塞尔双语区和德语区。”(《比利时宪法》，1970 年)

13 > “喀麦隆共和国的官方语言是英语和法语。这两种语言享有同样的地位……国家要努力保护和推广国语。”(《喀麦隆宪法》，1996 年)

刚果民主共和国于 1997 年颁布的《宪法》确定了 4 种国语和两种官方语言。4 种国语是刚果语(Kikongo)、林加拉语(Lingala)、斯瓦希里语和奇卢伯语(Tshiluba)①，两种官方语言是法语和英语。南非新《宪法》则列出了 11 种官方语言。

① 奇卢伯语在刚果广大地区是被当作混合语使用的一种班图语。

许多国家尚未制定书面宪法。在制定了书面宪法的国家中，有许多宪法除了涉及一些人权条款外没有提及任何语言问题。不过，这些人权条款或多或少地包含了一些语言内容。例如，当一个人被拘留或被审判时，如果需要的话，他或她有权得到语言翻译的服务。再如，社会不能因某些与众不同的特点(其中包括语言)而产生歧视行为。在这些国家当中，有些国家颁布了具体的语言法，例如，印度的《阿萨姆语言法》，新西兰的《毛利语官方语言法》。法国的国语政策是世界上最复杂和最严格的国语政策之一，自 1539 年以来法国制定的众多法律都记载了这些国语政策。

有些国家(例如，澳大利亚)把语言政策写进了内阁文件，并打算让语言政策在资金使用方面享有优先权。所以，要确定这种国家的语言政策是非常困难的。而有些国家(如印度)则存在着联邦政府制定的语言政策与地方政府制定的语言政策相互矛盾的现象。在这种情况下，要说明什么是国家的语言政策似乎更难。还有些国家(例如，英国或美国)根本就没有任何明确的有关语言政策的文件，要寻找、描述和理解这些国家的语言政策是最难的。在这种情况下，人们必须从这些国家迷宫般的惯例、法律、法规和法院裁决中寻找出一些有关语言实践和语言信仰的隐含内容。

世界各国的语言政策如此的复杂多样，其根本原因是各国的语言实践和语言政策往往就像托普西(Topsy)①一样，是在没有过

① 托普西(Topsy)是《汤姆叔叔的小屋》中一个被卖作奴隶的小女孩的名字，Topsy 说她不是“被制造出来的”(made)，而是“自然成长起来的”(grow)，很多人都觉得她这种说法很有意思。于是，“像托普西一样长大”(grow like Topsy)，表示一种不需要设计、不需要协助、自生自长、放任自流的生存方式。

多的官方干预下成长发展的。只有在特殊情况下，国家才需要制定显性的语言政策。尽管美国的制宪大会（American Constitutional Congress）在制定宪法时设法避免触及语言这个问题，但是，一般而言，新独立的国家在制定宪法时往往不得不阐明几种竞争语言各自所扮演的角色。在这种情况下，语言管理过程由隐性变成了显性，语言管理的研究工作也就变得容易了。通常，任何现有的国家或地方语言实践都是通过与法律、法规以及习俗相结合而逐渐发展起来的。一般来说，任何一项新语言政策的宣布都是政治协商的结果。语言政策可以是一部法律，例如，1975 年的《法国语言法》；语言政策也可以是一个动议，例如，美国“唯英语”运动（the English Only Movement）所提倡的动议；语言政策还可以是一份政府文件，例如，澳大利亚国家语言政策的各种文件；当一个
14 国家的教育部着手重新界定本国语言政策中有关语言教育的各项内容时，该国的语言政策也会从中体现出来，例如，荷兰的《国家外语行动计划》或以色列的语言教育政策。除此之外，其余的具体事务（例如，决定一个国家是否应该制定语言政策以及应该制定什么样的语言政策），则往往都是首先由社会语言学家来处理，其处理结果一般都会发表在某一学术刊物上。

1.3.6 语言意识形态或语言信仰

同一言语社区的成员对于什么是得体的语言实践也具有大致相同的一套语言信仰。有时他们会形成一种公认的语言意识形态，把语言的价值和声望应用于他们所使用的各种语言变体的各

个方面。这些信仰均来自语言实践,同时,它们又影响着语言实践。语言信仰可以成为语言管理的基础,或者说,语言管理政策可以用来确保或修改语言信仰。

相同的语言意识形态或语言信仰决定了同一言语社区的人们对以下问题会形成共同的看法:使用什么样的价值观来对待每一个语言变项或构成社区语言库的某些语言变体。正如大多数国家都有众多的言语社区或族群社区一样,大多数国家也都有众多的语言意识形态。通常,其中只有一种语言意识形态具有主导的地位。简单地说,一方面,语言意识形态就是没有管理者的语言政策,是人们认为在语言方面自己应该做的事情。另一方面,语言实践就是人们在语言方面实际上所做的事情。

语言信仰和语言价值观是言语社区中语言使用的理想情况和语言使用的实际情况的基础。但是,语言管理者所付出的努力也许会超越这种语言信仰和语言价值观,甚至还会与它们产生矛盾。为了更好地描述语言管理状况,我们可以采用一种语言分类法(taxonomy)。这一分类法是根据库帕(Cooper 1989:31)在着手调查语言传播和语言变化时所提出的问题而产生的。库帕提出的这些问题是:“语言规划是谁制定的?制定的内容是什么?是为谁而制定的?是如何制定的?(who plans what for whom and how)”思考这些问题有助于我们对语言管理的本质形成更加完整的概念,同时,它还有助于我们更好地理解语言管理是如何不同于一般的语言实践和语言信仰的,语言实践和语言信仰通常是因语言管理而改变的。

1.3.7 语言政策制定的条件

艾哲①(Ager 1996:11)注意到,政治学家都认为政策的制定系统、决策的运作系统和组织的网状系统都与物质因素(或地理因素)、政治因素和社会经济因素休戚相关,政策发展的相关条件就蕴涵在这些因素之中。任何对所考虑到的因素进行限制性的尝试,都可能在不久的将来受到新情况或某些意料之外变化的挑战。为了不错过任何重要因素,我们需要从尽可能广的视角来考虑问题。例如,斯波斯基(1974b)对纳瓦霍语的语言维持(language maintenance)进行了大量的研究后,半开玩笑地建议说,在美国印第安人保留地内教授英语的最好方法就是修筑更多的公路。事实上,当时美国人在对纳瓦霍人语言转用(language shift)的现象进行解释时,并没有考虑到当地的电视转播站在后来几年中的迅猛发展这一因素。

语言政策会受到方方面面条件的影响。正如弗格森(Ferguson 1977:9)所说,"所有的语言规划活动都发生在特定的社会语言环境之中,只有考虑到当时的环境才能彻底地理解这些语言规划的性质和范围。""社会语言环境"应该被理解为包括任何影响语言实践和语言信仰的东西,或者说是任何导致语言干预行为的东西。1960年,印度阿萨姆邦发生了由语言而引发的暴乱,暴乱的焦点是语言,这是事实,但是,阿萨姆邦在此之前出现的以及后来发生的民族问题和民族暴力,都与大量的其他因素有关系。

---

① 艾哲(Dennis Ager)是英国阿斯顿(Aston)大学荣休教授,主要是从政治和社会的角度来研究语言。

一个国家的政府结构与官方制度对该国的语言政策影响重大。黎塞留(Richelieu)[①]一生追求严密的中央集权制,拿破仑发动的革命让法国的中央集权制得到完善。法国实行的中央集权制使得它有可能制定出其所追求的严厉的语言政策。刘易斯(Lewis 1972)曾经探究过苏联语言政策的变革,他认为苏联语言政策的变革取决于以下两个因素的平衡关系的变化:一个是核心规则(该规则主张把俄语作为苏联的通用语),另一个是对地方多元化和地方语言的鼓励。在后佛朗哥(post-Franco)[②]时代,西班牙实行地方自治,国家允许当地政府改变语言政策。同样,英国政府也同意地方自治,这一行为支持着威尔士语和苏格兰盖尔语(Gaelic)的发展。在美国,各州负责自己的教育,其由宪法赋予的权威阻止了全国性语言政策的制定(Lambert 1994)。上述的每个例子都说明,一个国家的政治组织结构有助于决定该国语言政策的制定和实施。

社会语言学现状、对社会语言学现状的看法和政治组织的性质等主要因素均有助于人们理解语言政策的大概情形,而许多其他的具体原因和动机则有助于人们理解语言政策的复杂性。本人将遵循从语言单位开始而不是从语言开始的原则,来论述语言政策。下面两章将探讨有关不良语言、优美语言以及语言净化和语言培育等语言政策的相关话题。

---

① 黎塞留(1585—1642 年)是法国贵族,法国枢机主教,路易十三时代的法国首相。他还是法兰西学术院的创始人。

② 佛朗哥(Franco)是西班牙国家元首,统治时期为 1939 年到 1975 年。他成立独裁政权,以法西斯主义统治西班牙。后佛朗哥时代是指西班牙从独裁者佛朗哥于 1975 年去世到 20 世纪 80 年代走向民主统治的时期。

第 2 章　去芜存菁

2.1　猥亵话、辱骂语、亵渎词以及其他禁忌语言

限制不良语言的使用是语言政策中的一个典型内容。妈妈常常会对小孩说:“别让我再听见你说那个词了!”酒吧服务生往往会带着责备的口吻对顾客说:“请注意您的用语！有女士在场。”教师经常不厌其烦地对学生说:“你们不要使用‘ain't’①一词了!”议院议长则时常对议员提出忠告:“在议院使用这种语言是不可接受的!”现在大家都接受了这样一种语言信仰,那就是,父母或其他儿童监护人有责任保证他们的后代将来能够成功地进行社交活动。保证的方法就是成人要帮助小孩习得一种有利于交际的语言;帮助他们学会用语言表达自己,这有助于他们将来在各种所希望的社交场合中被大家所接受;帮助他们避免使用具有伤害性的语言。这一语言信仰是儿童的语言纠错过程或者设法改正儿童语言使用

① ain't 是 am not、are not、is not、has not 和 have not 的缩写形式,但是,它属于非标准用语,在正式场合最好不用。

过程的立足之本。一般而言，儿童监护人都会承担这个责任——帮助小孩学习掌握一种得体的或优美的语言变体。

2.2　管理不良语言的责任

一般来说，在谈话中，一方不会去纠正另一方的言语错误。但是，当谈话双方的社会关系不平等时，如在成人与儿童的对话中，就可以不必遵守这一原则（Schegloff，Jefferson and Sacks 1977：381）。这种现象还可延伸到师生的对话情景中去，教师纠正学生不光是为了处理学生当时对某些词语的误解，而且，还是为了避免学生今后使用这些词语时再次发生类似的误解，或是为了使某一语言"在一定的言语社区中保持其良好的应用状态"（Jernudd and Thuan 1983：80）。

何为规范语言？这一概念一直是语言意识形态辩论的核心。尤其是在单语制社会，这一辩论时有发生，因为单语制社会非常关注公认的标准语言的形式。一方面，语言保守主义者要求得到一种神圣的权利来保护规范的语言形式，不管这种语言形式是用什么方式建立起来的。另一方面，语言自由主义者则认为，尽管有些 17
语言形式是为了保护某些精英群体的权利而具有某些特别的社会价值，但是所有的语言形式都具有同等的效度（validity）。

有多少人相信规范语言的存在呢？许多人都会对自己言语的标准性以及儿童接受规范语言教育的好处做出判断（Niedzielski and Preston 2000）。在大多数社会中，儿童监护人都会纠正儿童的错误言语（Ochs 1986：5）。虽然不同的言语社区对于儿童言语错误如何纠正以及何时纠正的处理方法不相同，但是，大家普遍认为“让儿童尽早培养交际能力和学习成人的行为标准”是合适的(Watson-Gegeo and Gegeo 1986:19)。语言标准的基础是可理解性(intelligibility)：“没有语言的可理解性就根本谈不上人类的交流和理解。”(Bartsch 1987:140)

大家普遍认为，要控制不良语言的使用是可能的。有关儿童发展的书籍都会给出一些儿童教育方面的忠告，例如：“告诉儿童，家里不准使用诅咒语或粗话。”现在你只要花130美元就能购买到一种电视语言过滤设备，它能过滤掉电影里出现的下流词汇(foul words)。全社会都希望学校能行使父母之权来阻止学生使用不良语言。英国前教育大臣戴维·布兰凯特(David Blunkett)曾经敦促英国的学校和学生家长，“要从学校和家庭开始消除下流话和骂詈语”(《泰晤士报》，2000年4月28日)。

对于不良语言的管理，各国政府也责无旁贷。在美国，《宪法》规定猥亵语的管理是州政府或地方政府的责任。但是，美国联邦政府颁布了一部法律，规定如何处理已经出现或将来可能会出现的跨州猥亵语问题。不过，该法不界定猥亵语或色情语的定义，这些要根据当地的“社区标准”来做出判断。

关于不良语言的管理，美国许多州政府和地方政府都有它们自己的法律和规定。例如，佐治亚州把猥亵语和容易引起事端的词语归为不端行为，内华达州的梅斯基特市(Mesquite)禁止人们在公共场合使用污言秽语。这些法律都有一个预设：语言和行为是相互联系的。布兰凯特认为不良语言容易导致恶劣行为，佐治亚州坚信不良语言会引发打架斗殴事件，而梅斯基特市则把猥亵语言与猥亵行为联系起来。他们都不赞同谚语“语不伤人”(Words will never hurt me)的观点。相反,他们似乎都认为语言就像“棍棒和石头”一样具有杀伤力,都对语言的巨大力量以及不良语言的危险性深信不疑。

冰球比赛中有这样一条规则——严禁使用猥亵语。在审查或检查影视作品时,工作人员要尽量排除影视作品中出现的不适合 18
家庭观众的不良语言。伴随互联网的迅猛发展,网络服务商着手制定他们自己的语言使用规则,一方面是为了避免某些语言伤害别人,另一方面是为了避免触犯有关猥亵语的法律。

上述事例均属于语言管理的范畴。语言管理就是某些拥有或者要求拥有特权的人经过努力来改变其他人所使用的不良语言的行为。语言管理的基础是以下两个基本语言信仰,这两个语言信仰,如果说不是所有社会,最起码也是许多社会普遍存在的语言信仰的组成部分。第一个语言信仰是,法律就像克努特(Canute)①能够阻止浪潮的前进一样,可以迫使人们避免使用某些特定的语言。尽管这一语言信仰的真实性往往难以得到事实的佐证,但是,这毕竟是语言管理行为中的一种先验知识(priori assumption)。第二个语言信仰涉及以下两点:语言管理的本质和不良语言的成分。一套界定不良语言的普通标准就是检查言语中是否存在猥亵话(obscenity)、亵渎词(blasphemy)、辱骂语(profanity)、容易引起

① 11 世纪丹麦人,英格兰国王,因其在佞臣面前无力阻止日益紧张的局势而载入史册。有一次他坐在海滩的椅子上,潮水打在他脚上,身边的人为了奉承他,说他可以把潮水退走,结果未能。

事端的言语或色情语。

像其他宗教文本一样,《圣经》对于语言力量是极为强调的。《创世记》中的"万物之创造"就是上帝一句话的结果;在《十诫》里,其中一诫跟语言有特别的关系:"不可妄称耶和华尔主的名;因为妄称耶和华名的,耶和华必不以他为无罪。"(《出埃及记》20:7)《新约全书》中的《约翰福音》以万物创造之主题为开始:词是世界之源。此外,在《塔木德经》中,有多处指责人们语言使用不当,并鼓励人们使用委婉语。

亵渎词,就是指"在语言方面对上帝、圣人或圣物的不敬"。它只用于宗教方面,特别是犹太教、基督教和伊斯兰教。因为这些宗教都把神祇视为一种具有个人品性的精神存在(Pickering 2001)。在英国,使用亵渎词历来被看作违法行为,但这仅限于英国国教会的范围内(Kermode 2002)。在美国,由于没有国教,而且,国会又通过了《宪法第一修正案》①,这些因素都减轻了宗教迫害的严厉性。在法国大革命以前,法国对使用亵渎词的惩罚是严厉的(Cabantous 2002)。伊斯兰教国家之所以封杀了萨尔曼·拉什迪(Salman Rushdie)②和一些埃及当代作家,是因为这些作家在自己的作品中使用了亵渎词。

自古以来,各地社会就已经认识到语言的危害性和影响力。因此,各地语言都有禁忌词(taboo),即某些被限制使用的词汇。

① 美国《宪法第一修正案》(*The First Amendment*)的内容之一就是保护人们的宗教自由权、言论自由权以及和平集会权。该法于1791年开始实施。

② 萨尔曼·拉什迪,男,生于1947年6月19日,印度裔英国作家,因小说《撒旦诗篇》涉及亵渎伊斯兰教教义而招来穆斯林的强烈抗议。

传统的纳瓦霍人(Navajo)忌讳叫死人的名字，唯恐“说曹操，曹操到”。同样，他们还有一个禁忌，就是不能大声地说出“bear”(熊)一词，尤其是在冬天更不能说出来。中国人非常忌讳提到“死亡”，于是，汉语中有许多关于“死亡”的委婉语(Hongxu and Guisen① 1990)。在表达某些人体器官和人体行为时，使用委婉语是司空见
惯的。委婉语也许是人类语言中的一种共性，但是，具体的委婉语 19
与其所处文化有关，并随时代的推移而变化。

还有些人持相反的语言意识形态，即认为世上根本不存在不良语言这种东西。这一观点是在 20 世纪 50 年代由一些美国语言学家提出来的，而且，他们态度坚决。用霍尔(Hall 1950)的话来说，我们应该“让语言走自己的路”。《韦氏词典》(*Webster's Dictionary*)第 5 版不给词汇定性，他们不做任何判断，只是告诉词典读者英语使用者实际上是如何使用这些词汇的。《韦氏词典》第 5 版的这种做法引起了社会上的许多争议。归结起来，这些争议主要有两派：一派认为语言的标准不是来自语言的实际使用，而是来自专家的标准；另一派则主张使用即标准。

2.3　管理和减少种族歧视语言

20 世纪后半叶，许多西方国家的自由意识日益高涨，随之出

---

① 作者由于不了解中国人姓前名后的习惯而在本书的夹注和书后的参考文献中误用好几处，这里本应该是(Huang and Tian 1990)。类似的错误还出现在下文 3.2 的“Peicheng”，11.3.2 的“Youguang”、“Hongkai”、“Yaowen”和书后的参考文献。特此提醒读者。

现了语言管理的模式。语言管理显得有些微妙敏感,因为它被贴上了“为政治服务”的标签。到了20世纪60年代,美国词典在处理有关种族歧视和民族歧视的词汇(例如,“nigger”黑鬼)时,已经变得谨小慎微。美国人迫于压力开始使用“Black”(黑人)以及后来的“Afro-American”(非裔美国人)来代替以前的“negro”(黑人,带贬义)一词,但是“negro”一词那时在美国依然是个无标记词。大约过了40年,这个词在美国才渐趋于消失。一位83岁的美国前参议院议员于2001年谈论“white nigger”(白鬼)[①]时,很自然地提到了过去他领导“三K党”(Ku Klux Klan)的背景。两年后,另一位参议院议员因表达了他对其他种族忍无可忍的态度而失去了领导职务。

在此,问题的关键是如何使用能被大家所接受的词语。例如,“印第安人”(Indians)一词曾经变成了“美国原住民”(Native Americans),现在似乎又回到了“美国印第安人”(American Indians)。美国心理学协会(American Psychological Association,简称APA)(见《种族歧视和民族歧视语言忌讳指南》,可参看以下网站:http://www.apastyle.org/race.html)认为:“各种族或民族的名称使用会随时间的变化而变化,其成员可能在某一具体时间段不赞同大家对其所使用的名称。”该协会还制定了一些语言使用风格的具体规则。例如,“Black”(黑人)和“White”(白人)两个单词的首字母都要大写;复合词“Mexican American”(墨西哥裔美国人)中间不用连字符;所有的种族名称都要首字母大写。在使用形

① 白鬼是指那些因为迷恋说唱乐而模仿黑人口音和打扮的白人。

容词时也要注意其应用规则，例如，“一位聪明的黑人学生”(an intelligent Black student)这种写法似乎表明，黑人学生聪明是一个例外。

在地名以及科学术语中都存在着许多种族主义词汇。为此，人们也正在努力寻找替代词。1997 年，据美国土地管理局报告说，加利福尼亚州地理名称管理局早已着手处理含有贬义的印第安语地名问题。植物名中也存在这方面的问题。亨特(Hunter 20
1991)深表遗憾地说：“许多常用的植物名自古以来就含有种族歧视之意，这些名称已经渗透到了园林业的行话里，其中一些已经出现在园艺界最重要的参考书目中。”他列举了以下单词：“Nigerhead”(沼泽里突出的盘根腐草)、“Pope's Nose”(煮熟家禽的屁股)、“Jew Bush”(一种具有强烈气味的热带灌木)和“Digger Pine”(澳洲黑松)。① 此外，他还列举了 75 种含有“Kaffir”(黑鬼)一词的南非常用植物名。

2.3.1　控制个人姓名

乍一看，个人名字似乎是一个私人问题。我们当中许多人都拥有几个名字：在政府部门登记的正式名字、在宗教仪式上使用的宗教名字、供兄弟姐妹使用的家庭名字、在学校或部队使用的通信名字、配偶或其他所爱之人为我们所选用的亲昵名字以及只有我们自己才知道的秘密名字。所有这些名字似乎都属于语言实践范

① 这些植物名中含有“Nigger”、“Pope”、“Jew”、“Digger”，它们分别是“黑鬼”、“教皇”、“犹太人”、“美国印第安人”或“澳洲人”之义，皆有歧视之嫌。

畴，但是颜诺(Jernudd 1995)注意到，它们往往都处在政府语言政策的控制之中。在1989年之前，居住在保加利亚的土耳其人因为是少数族群，他们不准使用听上去具有土耳其风格的名字，而要使用保加利亚式的名字。在印度尼西亚，华人曾经不许使用华语式的名字。在日本，对于人名用汉字有一定的限制。在新加坡，华人父母在给小孩取名时，汉语的罗马字母拼写必须以普通话为基准，而不是以福建话或广东话为基准，尽管他们多数人都使用这两种方言①。在瑞典，政府自从20世纪初就开始规劝百姓取名时要沿用家族姓，停止使用过去陈旧的做法，即在父亲名后面加一个后缀“-son”②。

2.3.2 剔除性别歧视语言

在20世纪60年代，美国针对语言中的传统大男子主义现象，发起了一场英语净化活动，该活动取得了一定的成功。贝蒂·弗里丹(Betty Friedan)于1963年出版了《女性的奥妙》(*The Feminine Mystique*)一书，该书标志着女权行动主义运动进入了一个新阶段，她们的运动内容开始包含了语言政策(Cooper 1989)，其中心是抨击语言使用中有关性别的思维定势。泛男性中心论成了她

① 新加坡在1979年开展“讲华语运动”后，于20世纪80年代初曾号召家长用普通话和汉语拼音拼写孩子姓名(这一倡议也扩大到其他专有名词，如地名、食品名等)，但后来官方在实践中逐渐放弃了这一政策。目前虽然相当一部分家长在孩子出生登记名字时使用普通话和汉语拼音，但却很少有改变姓氏传统拼法的。

② 后缀“-son”表示“……之子”的含义，例如，Johnason，Tomson，Edison，这是西方人取名时的一种常用方法。

们主要的攻击目标：用“man”（男人）代指所有的“人”，用“he”（他）代指男性或女性。当看到这样一个短语“a poet who wants to reach his audience”（一位想要贴近他自己读者的诗人）时，人们就会以为诗人都是男的。此外，还有一些词汇，如“chairman”（主席），也意味着只有男人才能担当此任。吹响语言管理之号角的是莱考夫（Lakoff 1973）①的一篇文章，她在该文中列举了英语里存在的性别歧视现象。

正像黑人在早期寻找“Negro”的替代词“Black”一样，女权主
义者也在寻找中性词以便取代男性味十足的词。例如，用“per-
son”（人）来代替“man”（男人）。而且，他们还编写小册子，告诉人
们如何避免使用伤害性别尊严的歧视性语言；敦促专业协会和出 21
版商要求投稿者不要使用性别歧视语言；制定并实施语言使用指
南，例如，美国心理学协会开始拒收违背其语言使用指南的稿件。
库帕（Cooper 1984）发现，现在美国报纸杂志上含有性别歧视语言
的稿件剧减，男性中心论词汇由 1971 年的每 5000 字 12.3 个下降
到 1979 年的 4.3 个。但是，库帕质疑语言上的改变是否也会引起
人们在观点和行为上的改变。

20 年后，鲍威尔斯（Pauwels 1998）从语言政策的视角分析了女权主义者发起的语言改革运动。该运动的最初规划者都只是散兵游勇，后来，一些妇女团体、女权主义者组织和一些特别机构紧

---

① 此处是指女性语言研究教授 Robin Lakoff，她曾经嫁给认知语言学教授 George Lakoff，后离婚，两人都是美国加州大学伯克利分校语言学教授。此处的文章是指她写的《语言与女性地位》一文，该文指出，女性语言和男性语言在许多方面有差异，特别是性别歧视方面有差异。

随其后，并试图向出版社和专业协会施压。在许多国家，政府部门或相关机构也开始实行把性别歧视作为非法行为的司法制度。这些语言改革者记录了语言中存在的种种性别歧视现象：男性的表征成为了人类男女两性的标准，而女性则以隐性和附庸的形式存在，女性的表征显得固定、僵化；男性词汇在用法上具有统称遍指的含义，而女性词汇甚至出现空缺，例如，意大利语中没有表示女医生的单词；性别名词在用于不同性别时所蕴涵的意思也不同，例如，在希伯来语中，男性形式的“ozer”是表示助手，但是女性形式的“ozeret”则表示家庭清洁工。头衔和称谓也存在性别歧视：在英语单词“Ms.”（女士）一词发明以前，女性的婚姻状况在其英语称谓中暴露无遗，而男性的婚姻状况则藏而不露。实验数据表明，使用这些不同的术语会让人们产生不同的感知印象。

鲍威尔斯认为，无性别歧视的语言改革活动主要是在基层进行。有人用英语、西班牙语和德语三种语言印制有关语体文风的小册子，告诫人们如何避免语言中的性别歧视。跟库帕一样，鲍威尔斯也发现，语言的性别歧视现象正在发生变化，这种变化影响到政府文件、出版教育、女性杂志、词典辞书、语言文法等领域。但是，鲍威尔斯（1998：221）却得出了悲观的结论：“尽管人们做了一些研究……但是到目前为止，这些研究的结果前途暗淡。”性别歧视语言的使用习惯依然难以改变。

旋即，攻击语言歧视的新目标就出现了。美国心理学协会为了避免语言中出现异性偏见而制定了语言使用指南。与“同性恋”一词相比，现在，人们更喜欢使用“性别倾向”（sexual orientation）（不是“性别偏好”（sexual preference），因为“性别偏好”就意味着可以选择)、“女同性恋者”(lesbian)和“男同性恋者”(gay)等词汇。另外,还有“两性恋者”(bisexual persons)一词也是人们更喜欢使用的词汇之一。最新的发展是,语言歧视的研究开始攻击人们对动物所使用的歧视性语言(Dunayer 2001)。

从语言政策的观点来看,有些意识形态和人类行为在文化上 22
被认为是难以接受的。上述团体组织所付出的努力,旨在减少这些语言意识形态和人类行为在语言上的反映。可是,严禁使用暴力语言的地方从外表上看似乎并没有减少暴力行为;对语言中男性中心论的改革仿佛与女性地位的明显提高也毫无关系;避免使用种族歧视语言(racist language)好像并没有减少种族仇恨;当深究“女同性恋者”、“男同性恋者”和“两性恋者”词汇的含义时,这些词汇也可能被认为是难以接受的。不过,语言改革旨在提高人们的意识,而且,它能够促使人们采取一些必要的行动。

2.4 语言纯粹主义

不良语言被认为是肮脏的和不洁的。人们在语言意识形态上高度重视干净的、未受腐化的和纯洁的语言。一般来说,在对待语言问题上,人们会认为过去的语言才是纯洁的,创新的语言往往被怀疑是腐化的。以前,美国祖尼(Zuni)印第安人[1]不许在任何仪式上使用外来词,这是他们反对仪式创新的一个组成部分(New-

① 祖尼人是居住在美国新墨西哥州西部的印第安人。

man 1955:349)。亚利桑那的特瓦人(Tewa)①过去也有类似的禁忌(Kroskrity 1998),他们也严禁语言中出现外来词与本土词混杂的现象。在巴西,有大约 100 名塔里阿那语(Tariana)和葡萄牙语的双语使用者,塔里阿那语是巴西亚马孙地区使用的一种阿拉瓦克语(Arawak)②,他们认为词汇借用是"无能和懒惰"的表现(Aikhenvald 2001)。

语言的纯洁性在语言培育(cultivation)和现代化时代显得尤其重要(详见本书第 4 章),因为它为新词的遴选提供了标准。语言的纯洁性提倡语言的本族来源,并设法切断语言的非本族来源(Annamalai 1989)。语言的纯洁性与民族感情密切相关(Haugen 1987:87)。同样,人们也关注本国的音乐、文学和建筑免遭外来影响。

在 17 和 18 世纪,欧洲国家的语言管理工作主要是排除本国语言中的外语元素,以便保持本国语言的纯洁性。而且,这也是以法兰西学术院(the French Academy)③为代表的欧洲各国语言学院的中心任务:"学术院的主要任务是竭尽全力地制定明晰的本国

---

① 特瓦人是美国普布罗印第安人的后代,居住在亚利桑那霍丕语保护区。

② 阿拉瓦克是大安的列斯群岛和南美北部与西部土著民族中的一个分支,后被加勒比族人逐出安的列斯群岛。

③ 法兰西学术院是法国的一所学术机构,是法兰西学会(Institute of France)下属的五个学术院之一(其他四个是法兰西文学院、法兰西科学院、法兰西美术院和法兰西人文院),是五个学术院中历史最悠久、名气最大的学术权威机构。法兰西学术院的任务是规范法国语言和保护各种艺术。另外,有人把"French Academy"译成"法兰西学院",因此,这容易与"Institute of France"(有人也译成"法兰西学院")混淆。因此,本书依据维基百科,把"French Academy"译成"法兰西学术院"。详见本书 5.3.1 法兰西学术院的建立。

语言使用规则，并使语言保持其纯洁性。”（《法兰西学术院章程》，1735 年 2 月 22 日，第 16 页）西班牙皇家学院（Real Academia Español）[1]成立于 1713 年，它的院训是“纯洁、稳定和华丽”。这些语言学院都具有相同的语言信仰，即人们能够而且应该使语言具有纯洁性，并保持这种纯洁性。

在各种语言的改革运动中，大家往往都有一个共同的目标——保持语言的纯洁性。在现代希伯来语的复活过程中，“纯洁语言学会”（the Pure Language Society）于 1889 年问世，其宗旨是“为所有国民恢复一种单一且纯洁的语言——这是一种我们祖先使用过的语言，是一种‘最神圣’的语言，而不是现在人们所使用的腐化了的语言”（Saulson 1979）。在此，“腐化了的语言”是指依地 23
语（Yiddish）[2]，这个单词是对依地语的直接攻击，因为依地语往往被称为是“Zhargon”（不正规的语言）[3]，这是一种由德语、希伯来语和斯拉夫语构成的非法混合体。由于以色列特拉维夫市（Tel-Aviv）的缔造者们注意到，语言的纯洁性（purity）与语言的清洁性（cleanliness）有联系，于是，他们在 1906 年起草的城市规划书中声称：该座新城将建成百分之百的希伯来语城。“此城将使用希伯来语，并将保持希伯来语的纯洁性和清洁性”（转引自 Harshav

① 西班牙皇家学院负责西班牙语的管理和传播等工作，该学院译成英语就是“Royal Spanish Academy”。

② 依地语是由一种德语方言外加其他语言词汇综合发展而来的，其使用者主要是居住在中欧和东欧的犹太人。在犹太人遭到屠杀（Holocaust）后，依地语的使用状况日渐萎缩，现在主要用于以色列、俄罗斯和美国犹太人之间的交流中。

③ 这是对依地语的嘲弄，意思是不正规的语言，与“jargon”（难懂的话，行话，黑话）同义。

1993：143）。

当语言带有性暗示或者受到猥亵话的污染时，此时的语言就被认为是不良语言。但是，除此之外，还有其他评判不良语言的标准——由于外国元素而导致本国语言出现的任何改变和腐化也属于不良语言。有人认为，语言不断变化是很糟糕的，由于外国元素的入侵而导致的语言变化就更糟糕了。19世纪，哥伦比亚在保护语言的纯洁性方面是走在前面的（Niño-Murcia 2001）。与任何其他拉丁美洲国家的西班牙语相比，哥伦比亚的西班牙语被认为是最少受到本土语言“污染”的。哥伦比亚的语言纯洁性是指哥伦比亚的西班牙语没有被美洲化，这里的西班牙语既没有受到本土语言词汇的影响，也没有受到伊比利亚半岛①后来增加的新语义指称词汇的影响。语言的威胁来源因不同的时代以及不同的语言而不同：对于比利时的荷兰语使用者来说，法语就是荷兰语的敌人；而对于法语来说，英语就是它的对手；对于韩语来说，汉语和日语都是它的威胁；对于标准语言来说，它的威胁就是非标准的语言变体，例如，阿拉伯语的口语变体、海地的法语克里奥尔语、英国的地区方言以及魁北克的若阿尔语（joual）②都属于非标准的语言变体（Weinstein 1989）。最近，巴西发动了一场旨在净化巴西葡萄牙语的运动，以阻止外来词的借用。该运动激发了巴西许多人的民族沙文主义情绪。当下，运动的目标就是阻止美国英语词汇的入

① 伊比利亚半岛是西班牙和葡萄牙所处的半岛。此处的意思是指该半岛的西班牙语与南美的西班牙语由于地域相隔遥远各自会产生一些词汇上的差异。

② 若阿尔语是一种非标准的加拿大法语，深受英语词汇和句法的影响。

侵；巴西在 100 年前也发起过一场类似的运动，那时是为了阻止来自法语的借词（Rajagopalan 2002）。

语言的纯洁性往往容易与群体身份联系在一起，用一句更加强烈的话来说，语言的纯洁性是与民族身份（ethnic identity）联系在一起的。一个人在使用语言时尽量避免使用猥亵话或者避免借用草根阶层所使用的当地词汇，以证明这个人是一个有修养或者有绅士风度的人。一个国家避免使用外国腔语言（foreignism）则表明了该国语言的纯洁性和民族的纯洁性。

2.4.1　土耳其语的净化运动

凯末尔·阿塔图尔克（Kemal Atatürk）[①]领导下的土耳其语言运动是一个语言净化方面富有戏剧性的例子（Lewis 1999：2）。其语言改革之目的是要消除土耳其语中成千上万的阿拉伯语和波斯语借词。这些外来词都是在许多土耳其人成为穆斯林后入侵到土耳其语里面的，从而使土耳其语成了一种多语共存的混合体，英语叫作“奥托曼土耳其语”（Ottoman）[②]。这种多语混合体是当时土耳其的行政语言和书面语言，它与土耳其普通人使用的口头语相差甚远。在民族主义者的压力下，1876 年的土耳其宪法把本国 24

① 全名是穆斯塔法·凯末尔·阿塔图尔克（Mustafa Kemal Atatürk，1881—1938 年），土耳其将军和政治家，1923 年当选土耳其第一任总统，被称为土耳其之父（Atatürk，ata 在土耳其语中是“父亲”之义，Türk 是土耳其），后来 Atatürk 就成了他的姓。小的时候，因学业卓著，他的数学老师给他取了 Kemal 的名，意思是“完美”或“成熟”。

② 奥托曼土耳其语，又叫奥斯曼土耳其语（Ottoman Turkish language），是土耳其语的变体，深受波斯语及阿拉伯语的影响。其特点是使用土耳其语的文法，借用波斯语及阿拉伯语的词汇。

的官方语言命名为土耳其语，而不是“奥托曼”(Lewis 1999:16)。1908年的“土耳其青年组织”(Young Turks)①的政治纲领确认了这一事实。在完成土耳其语的字母改革后，阿塔图尔克从1928年开始了一场剔除土耳其语中波斯语和阿拉伯语元素的运动。

刘易斯(Lewis)把后来土耳其语净化运动中出现的问题归咎于改革者缺乏相关知识。他们匆匆忙忙地把波斯语和阿拉伯语词汇清扫出去，然后四处寻找替代词。此时，尤其是土耳其的方言词汇成为了香饽饽。改革者要求全国各地的部队军官、学校教师和政府官员都把他们群体中所使用的方言词汇寄到语言改革管理中心去，以便为语言净化工作添砖加瓦。“太阳语言理论”(Sun-Language theory)②对部分语言净化工作进行了解释。该理论认为土耳其语是最早的人类语言，并支持土耳其语从欧洲语言中借用词汇，其理由是这些欧洲语言的词汇原先是从土耳其语中借用过去的。在穆斯塔法·凯末尔去世之前，他已经认识到这次语言运动是失败的。尽管如此，土耳其的语言协会仍然继续其语言净化工作(Lewis 1999:70)。最近，土耳其语净化工作的新敌是英语词汇的入侵。自1983年以来，清除土耳其语中的英语借词就成了语言协会的主要目标。刘易斯在他书中的副标题里把这次改革的特点描述为“灾难性的成功”(catastrophic success)。因为这次运动使

① 这是奥斯曼帝国时期几个组织的联合体，要求奥斯曼帝国进行改革。

② 该语言理论认为，人类所有的语言都源自中亚的一种语言母体，而土耳其语是唯一与最初的语言母体还保持联系的语言，因此，土耳其语被认为是世界各种语言的母体。这种语言母体就像太阳一样发出光芒，产生出许许多多的语言。现在，土耳其借用其他语言的词汇实际上是取回原本来自土耳其语的词汇。

得土耳其的大众言语与书面语言之间形成了一道鸿沟，而且，还增加了把传统作者撰写的书籍翻译成现代土耳其语的必要性。尽管并不是所有的人都同意刘易斯的观点（Laut 2000），可是，刘易斯把语言政策实施的难度和难以预料但又可能出现并需要考虑的后果描述得一清二楚。

2.5　结论：语言的净化

许多其他语言也都经历了语言的净化过程，其中包括爱沙尼亚语（Estonian）的去德语化过程（Hennoste, Keevallik and Pajusalu 1999），菲律宾语（Pilipino）（Sibayan 1974）和泰米尔语（Tamil）的去梵语化过程（Schiffman 1996）。语言的纯粹主义可以作为一条理由用于许多不同的目标：宗教、族群、古典主义，特别是民族主义。语言的净化过程还在继续：据塔斯社报道，2003 年 2 月 5 日，俄罗斯议会的下议院通过了一项法律——宣布俄语为俄罗斯联邦的国语。该法律还不只是这些内容，它还禁止针对种族、国籍、职业、社会地位、语言、性别或宗教等方面公开使用骂詈语和猥亵词；当俄语中有相应的词汇时，禁止使用外国词汇。

虽然对何为不良语言的定义众说纷纭，但通过观察不良语言， 25
我们已经明白了语言政策模式中的重要组成成分。在不同的社会情景中，语言实践是不同的。而且，由于人们对语言的要求在不断更新以及交际网络在不断地变化，语言实践也会发生相应的变化。因此，人们对不良语言的语言信仰和语言意识形态是不断变化发展的，同时，它们都是语言实践和语言管理的基础。语言管理可以在各个层级的社会组织中进行——从家庭到民族国家。尽管在大多数情况下，各种界定不良语言的标准都会受到语言净化论意识形态的影响，但是，这些标准的界定还与众多的其他动机有关：例如，从道义上或宗教上对暴力行为和对公众场合下与性有关的不雅举止的抵制，以及宗教上讲究遵从和反对亵渎的教义；众多人士对种族主义和性别主义的极力反对；保守派对革新现象的阻止；民族中心主义者（ethnocentric）对外语腔语言的恐惧；受到国家支持的民族认同运动。即使是从单个语言项的层面上来确定不良语言的标准，在制定语言政策时，其系统性和复杂性也是显而易见的。

第3章　追求美文和处理新词 26

3.1　语言培育

有些语言政策旨在阻止人们使用不良语言，以及促使人们避免使用对别人有伤害的词汇或短语。因为这些词汇或短语在意义上、形式上或联想上带有侮辱性，或者夹杂着洋腔土调，或者是属于语言的变体。如果说这些语言政策构成了硬币的正面的话，那么本章论述的语言政策就形成了硬币的反面——这些语言政策的目的是通过语言培育或语言现代化的渠道来改善语言本身的功能。

为了把德语词汇“Sprachkultur”（语言文化）翻译成英语，加文（Garvin 1973）杜撰了“cultivation”（培育）一词，其意思就是要建立并完善书面语言或标准语言的规范性。该规范性必须以“过去50年常用书面语言的实践情况”为基础。它反映了已有的以及正在使用的书面语言的精华，这些精华包含了大家都能接受的标准语言。加文还认识到其他的语言规范性问题。标准语言就是“一种规范化的语言形式，它能被广大的言语社区公众所接受、并能作为一种交际模式为言语社区的人们提供服务”。“官方语言”

就是一种得到政府的正式认可，并获得相应地位的语言。“国语”这个词汇可以被看作是个中性词，是指在某一国家领土范围内使用最广泛的语言；“国语”这个词还可以被视为是个情感词，它是一个国家的象征，为国民提供服务。在语言实践中（例如，在宪法上），这些术语的使用方法是由地方决定的，所以，在解释这些术语的含义时我们需要谨慎从事。

关于标准语言的理解，众说纷纭。第一种观点认为，标准语言是一种层次更高的语言，人们赋予它理想价值和情感价值，并视其为人类精神的象征，使其实质上带有了神圣的光环。宗教文本中使用的语言，例如，圣经希伯来语（biblical Hebrew）①、拉丁语、梵语、古阿拉伯语、古教会斯拉夫语（Old Church Slavonic）②，它们都因与宗教有关而获得了标准语言的地位。为了支持国语作为一个国家的象征地位，国语（譬如，法语、英语、以色列的希伯来语、马来语和印度尼西亚语）都与费什曼所称的“大传统”（Great Tradition）③有联系。所谓“大传统”就是指涉及语言与人类历史之间密
27 切关系的一套语言信仰。这些作为国语的语言在政治和意识形态上都获得了大众的鼎力支持。第二种观点则把标准语言看成是

① 圣经希伯来语也叫古希伯来语（Classical Hebrew），是现代希伯来语的一种古体，现只有在希伯来语版本的《圣经》和以色列的各种碑文中还可以看到这种语言。

② 古教会斯拉夫语是最古老的斯拉夫语抄本上所用的文言文，约写于公元10世纪或11世纪。例如，古保加利亚语和古马其顿语都属于古教会斯拉夫语。

③ 大传统是指一个社会中占优势的文化模式，是某种优势文明的文化形态表现于宗教、文学、艺术等的传承规模，是与地方性社区的小传统相对而言的。美国华盛顿大学语言学教授Eastman（1983：13）认为大传统是“长久存在的文学传统，被当地人视为伟大，并被当作文化传统的一部分”。

"受过教育的人所公认的正确语言"(Quirk and Stern 1990)。第三种观点认为,所有的语言及其变体都同样地可以被接受。第四种观点就是,承认标准语言享有更高的地位,原因很简单,就是因为它被人们如此广泛地接受。第五种观点与自称是用批判方法进行研究的人有关,他们认为,标准语言享有更高地位是权势精英集团为了维护其权利而共谋的结果。

本章的重点是论述语言的形式。试想,要从众多的语言变体中选择一种,并使其成为标准语言(不管人们是如何选择的),那么选择的标准是什么?标准语言必须具备以下明确的特点:具备大家一致公认的书写系统和正字法(orthography);具备一种记载和推广正确语法形式的习惯方法;具备一套被大家所接受的,并且行之有效的词汇系统,以便能满足所有现代社会的表达需求;具备各种文体模式,以便适合各种不同的语言形式功能;以及具备各种语言工具和语言机构,以便使该语言的使用者掌握上述语言特点。语言标准化的根本动机是人们对语言正确性的语言信仰,即人们认为语言中存在着一种正确的和理想的语言形式,这种形式不同于一般的语言实践。语言并非是完美无缺的工具,因为每个人在学习和使用语言时都具有不完善性,于是,在人类交际中最成功的语言变体就成了人们的首选。诺瓦克、科马洛瓦和尼尧基(Nowak, Komarova and Niyogi 2002)提出了一个"交际效果"(communicative pay-off)的概念,即语言使用者能被别人所理解的程度。标准语言具有最高的交际效果。

尽管发展一套容易被大家所理解的语音系统是至关重要的,但是在语言标准化的过程中,最迫切的需求是语言的书写系统。

对于没有文字的语言来说，人们在处理用这种语言表达的宗教经文或者具有较高文化价值的资料（例如，一套家谱或者一部野史）时，首先采取的措施就是按照习惯做法让某些人（例如，记忆力好的人或诗人）来记载这些资料的口头版本，而且，这是一种能保证资料准确传递的方法。

3.2 语言书写系统的采纳、借鉴乃至创造

语言的演变和语言书写系统的发明都是人类社会发展中的里程碑。语言的演变形成了一套完整的系统，该系统“使得我们能够相互之间传播无限的非遗传性信息（non-genetic information）”[①]，然后，这一行为又“促进了文化的发展”（Nowak et al. 2002:611）。而语言书写系统的发明则为人类提供了书面交际的方法，使得人
28 类可以用语言做记录和进行跨越时空的语言交流。

发明一套语言的书写系统是罕见的，而采纳或借鉴语言的书写系统则是常见的。大多数的语言书写系统或文字书写系统都不能归类为“创新”范畴，而只属于“借鉴”类别。把语言的书写作为一个独立的系统发明出来，这种情形在人类历史上似乎也只有以下寥寥几个地区或国家：美索不达米亚（Mesopotamia）[②]及其周围一带、埃及、中国和中美洲国家（Mesoamerica）（Coulmas 2003）。当今所有

① 遗传性信息（genetic information）是指生物为复制与自己相同的东西由亲代传递给子代，或各细胞每次分裂时由细胞传递给细胞的信息。非遗传性信息就是与基因遗传无关的信息，即没有生物关系的信息。

② 美索不达米亚是古希腊对两河流域的称谓，位于古西亚一带。

其他的语言书写系统都采纳或借鉴了这些最原始的语言书写系统。

了解许多特殊的语言书写革新案例，将有助于我们理解有关语言书写系统的创造过程或选择过程。14世纪俄国彼尔姆(Perm)①东正教的大主教圣斯蒂芬(St Stefan)②，为新近皈依东正教的科米人(Komi)③开发了一种字母表(Ferguson 1968)。由于当时俄国人开始控制了这一地区，而科米人又反对俄国人的控制。基于这一情况，圣斯蒂芬选择了以前没有书写系统的科米语作为他在这里进行传教事业所使用的语言，并为科米语设计了一套崭新的书写系统。

在这样的案例中，选择是显而易见的，其中包括：是选择音节文字(syllabary)还是字母文字(alphabet)④；是利用现有的语言书写系统还是利用另外特别新建的语言书写系统；是采用变音符号(diacritics)还是不采用变音符号。此外，选择的内容还包括符号序列(symbol sequences)的先后、标点符号的取舍以及形态音位信息(morphophonemic information)的多少。在许多语言中，即使其音位发生了变化，但是其词素信息(morpheme information)还是要得到保护。当代传教士组织，例如，暑期语言学院(the

---

① 彼尔姆是俄罗斯西部的一个城市。

② 圣斯蒂芬(1340—1396年)的贡献主要有三个：帮助科米人皈依基督、在彼尔姆建立主教辖区和创建了科米语的文字系统。

③ 科米人是乌拉尔山以西的俄罗斯西北部土著人。

④ 世界上主要的文字书写系统有：(1)意音文字(logogram)，或语素文字，或表意文字，或象形文字，是表示词或语素的文字。例如，汉字。(2)音节文字，是表音文字的一种，以音节为单位的文字。例如，日语的假名。(3)字母文字，或拼音文字，是表音文字的一种，以多个单音字母合并而成。例如，英语。

Summer Institute of Linguistics)①，它们更喜欢使用当地国家的国语字母表作为基础，并采纳该语言的拼写习俗，以便当地人可以更容易地习得国语的读写能力。相比之下，在苏联的语言少数民族和伊斯兰教国家的语言实践中，它们分别使用西里尔字母（Cyrillic）和阿拉伯语字母的书写系统，但是，它们在记录外来词时都保留了这些词各自的原始拼写方法。在斯蒂芬到来之前，使用哥特语和斯拉夫语的东正教对于语言书写体系的通常做法是：开始时使用希腊字母，然后根据需要增加新字母。尽管斯蒂芬为科米人设计的字母表结合了科米人传统的装饰图案，但对于科米人来说，这个字母表还是陌生的。虽然斯蒂芬并没有重新创造新的语言书写系统，但是，他着手设计了一套新的语言书写体系以便辅助他的传教目的，这样便使科米人能对此书写体系享有专有权益。

类似例子还可以举出一些（Cooper 1991）：为土著语创造书写系统的例子大约有 21 个，其中 14 个是在西非。例如，为利比里亚的崴语（Vai）②创建的字音表，为塞拉利昂的基卡奎语（Kikakui）③开发的文字书写系统，塞拉利昂的洛马语（Loma）也采用这种文字书写系统。由于语言的文字书写系统往往与宗教经文关系密切，所

① 暑期语言学院现改名为“国际语言暑期学院”（SIL International），是以美国为基地的非营利的福音基督徒组织，其宗旨是研究、开发和记录小语种，推广语言知识，扫除文盲，促进小语种的发展，并培养用这些小语种翻译《圣经》的人才。

② 崴语（Vai）现有使用人口大约 10.5 万，主要分布在利比里亚，还有少部分在塞拉利昂。这是撒哈拉沙漠以南非洲几种有书写系统的语言之一，而且其书写系统不同于拉丁语体系。

③ 一个叫土瑞（Turay）的伊斯兰教学者为该种语言设计了一套书写系统。该语言主要用于西非的塞拉利昂，现在使用人口不到 500 人。

以，在这21个例子中，有12个都与“超自然的灵感或启示”有关。

由于传教活动的影响，语言书写系统或语言文字化（graphization）的选择已经成为语言标准化过程中的一个主要内容。暑期语言学院已经开始对1320种语言的文字表达功能进行研究和开 29
发。在过去的50多年里，他们应用的原则都包含了对语言书写体系和正字法的选择，而书写体系和正字法的应用为当地人从使用土著语过渡到使用本国国语铺平了道路。

人们对于语言书写系统效率的评判标准争执不已。其中一派是从文字处理技术和心理学的角度进行考虑的，其评判标准包含印刷的便利（现在由于有了电脑，已算不上是一个问题了）、学习的便利、读写的便利以及与其他语言的可转换性。当一个人掌握了第一语言的读写能力后要转向国语或官方语言的学习时，最后一个评判标准就显得尤其重要。在语言书写系统评判标准的争执中，语音或语义的重要程度往往是一个主要的焦点。长期以来，美国语言学家普遍认为，语言中最好的书写系统应该是一个能最大限度地表现语言口语形式的书写系统（Berry 1958）。但是，这一观点后来发生了改变。原因是由于转换—生成语法（transformational-generative grammar）的影响，特别是乔姆斯基和霍尔（Chomsky and Halle 1968）在《英语的语音模式》一书中所陈述的观点的影响。他们认为，语言中本来有一个抽象的词汇表征层，但是语法使得这个表征层由词汇转向了语音。书面语言中存在着大量的语言冗余现象（redundancy），因此，要对不同语言书写系统的效率进行实证研究是很难的。另外，一个地方人们的阅读能力与其社会经济背景密切相关，社会经济背景可以掩盖其他影响因素

(Venezky 1970)。所以,政治因素和经济因素往往比语言因素和心理因素更加重要。

鉴于上述原因,基于心理语言学和技术层面的论点,往往被基于社会语言学的论点所淹没。当杨(Young 1977)和他的合作者决定研究纳瓦霍语的正字法时,他们提出以英语字母表作为基础,并决定标出纳瓦霍语的元音长度、音调和鼻化现象。然而,这一方法有效果吗?霍尔姆(Holm 1972)证实说,不需要通过增加变音符号来标明纳瓦霍语的上述语音特点,纳瓦霍语本族语使用者也能够轻而易举地阅读纳瓦霍语。而且,对于本族语使用者来说,学会纳瓦霍语的书写便更加容易了。因此,杨提出修改正字法的建议遭到众人的公开反对。纳瓦霍语教师断然拒绝考虑改变他们语言的书写系统。另外,在某种程度上,由于纳瓦霍语用于《圣经》的翻译,30 年来这种书写系统已经取得了非常神圣的地位。

由此,我们想到了有关语言正字法标准的第二派观点,即从社会语言状况和语言态度视角所进行的分析,这种语言态度包括宗教语言态度、政治语言态度和民族语言态度。宗教是影响语言书写系统选择的最大社会因素之一。历史上,犹太人不仅利用希伯来语字母书写希伯来文,也利用希伯来语字母书写依地语、拉地诺语(Ladino)[①]以及其他犹太语言。非阿拉伯穆斯林使用波斯语和阿拉伯语[②]的混合书写体系来书写他们的语言。信奉罗马天主教

① 拉地诺语是地中海国家西班牙系犹太人的语言,它以中世纪西班牙语为基础,加入希伯来语、希腊语和土耳其语词汇,文字为希伯来文变种。

② 波斯语—阿拉伯语(Perso-Arabic)的混合书写体系是以阿拉伯语的字母为主,但另外增加了四个字母的一种文字。主要用于乌尔都语、库尔德语、土耳其语等。

的斯拉夫人利用拉丁文来书写斯拉夫语，而信奉东正教的斯拉夫人则利用西里尔字母来书写斯拉夫语。政治动机也是影响语言书写系统选择的常见因素。采用不同的语言书写体系反映了决策者支持某地区或国家独立的观念，例如，上文提到的西非人为许多语言创建的书写体系以及圣斯蒂芬为科米语创建的书写系统都属于这种现象。尽管印地语和乌尔都语关系密切，但是印地语采用印 30
度教梵文字母（Hindu Devanagari）[①]的书写系统，而乌尔都语则使用波斯语和阿拉伯语的混合书写体系，这使得它们似乎相差更远了。印地语和乌尔都语的口语变体是如此接近，以至于被认为是两种相近的方言。但是，一旦它们分别采用不同的书写体系时，它们似乎成了两种完全不同的语言。苏联曾经主动地采取行动劝说本国的语言少数民族选择西里尔字母的书写方式。但是，随着苏联的解体，中亚各共和国纷纷颁布法律，以便提高它们本土语言的地位，并且着手字母表的改革（Schlyter 2001）。乌兹别克斯坦同意本国使用一种经过修改的乌兹别克拉丁字母表。哈萨克斯坦和吉尔吉斯斯坦两国正在讨论转向使用拉丁字母的方案。塔吉克斯坦就拉丁语书写体系和阿拉伯语书写体系的选择问题一直争论不休，终于在 1993 年决定选用土库曼语（Turkmen）拉丁字母，另外还增加了一些特殊字母。

在本书上一章描述的土耳其语言改革中，其中一个关键成分就是正字法的改革。1928 年，穆斯塔法·凯末尔·阿塔图尔克同意土耳其语改用拉丁语字母。学校不再使用旧字体印刷的书本。

---

① 梵文字母是梵语、印地语和其他大部分印度语言所使用的字母。

自1928年年末起，土耳其全国不再用旧字体印刷新书。政府各部门的书信文件都必须在六个月内全部改用新的字母书写。

日本在明治维新时期进行了日语的书写体系改革（Coulmas 1990）。汉字本身蕴涵了许多有趣的现象。每个汉字代表一个音节和一个词素，一个人只要掌握了几千个汉字，就可能认识并看懂由这些汉字组成的新词。汉语词汇都是用汉字书写的，朝鲜语和日语在若干世纪前就开始借用汉语词汇。日本人通过组合这些基本的汉字产生了一些新的日本汉语词汇，中国人又逐渐地把这些新词汇借回来使用（Coulmas 1991）。但是这些词汇在汉语和日语中的读音是不一样的。

中国一直努力进行汉语书写体系的改革，从汉语罗马化运动开始，后来在一个改革运动中建立了一套使用拉丁字母书写的实用正字法——汉语拼音。从1954年开始，新中国提出过多种有关文字书写的改革方案并对这些方案进行过辩论。最后，中国国家语委于1986年制定了一个使用范围受到一定限制的汉语双体书写（digraphia）①政策，即传统的汉字作为“合法的书写系统”予以保留，而“汉语拼音方案”作为一种学习辅助手段予以推广

① 双体书写是指一种文字两种书写系统。这是德范克（John DeFrancis，1911—2009年）在其1984年发表在*Word*期刊上的一篇文章中模仿Ferguson的diglossia一词所创，专门用来指中国汉字和拼音并行现象。德范克是专门研究中国文字改革的美国夏威夷大学教授。为消除人们的误解，他在2000年的一篇题为《中国文字改革的前途》的文章中声明，最早使用这个词汇的实际上是Ian R. Dole发表在1980年的*International Journal of the Sociology of Language*上的一篇文章，但该文章基本没有用这一词语讨论亚洲的语言情况。

(Peicheng 2001)[1]。为了使用汉语拼音作为电脑的汉字输入工具，每个人都需要懂得普通话，即标准的汉语发音。因此，汉语拼音方案的完全实施取决于当前中国开展的全国推广普通话运动的 31
成功。

3.2.1　拼写的定形

对于我们这些用电脑进行书写的人来说，每当电脑上的单词下面出现红线条时，那就提醒我们，可能在哪方面违背了电脑的拼写检测系统。这些时不时带有红色线条的页面使我们想起了以前教师发回来的作文本。面对这种情况，我们现在依然像以前一样，有时会感到莫名其妙："单词拼写为什么这么重要?"电脑过于死板，但它很少让错字逃过。而教师，不管是刻板的还是懒惰的，都有可能让错字逃过。鉴于一般的言语中都存在不少语言冗余现象，有人就会问：为什么要指望我们在拼写单词时达到如此准确的程度呢？在测绘方面要求这种精确程度是合情合理的，但是把这种方法移用于库帕(Cooper 1989:131)提议的语言标准化就让人难以理解了。当语言仅用于面对面的交际场景时，人们可以通过非言语交际手段来辅助信息的传达，有机会当场消除误解，而且还

---

① 中国国家语委于 1986 年 5 月 25 日提出《关于废止〈第二次汉字简化方案(草案)〉和纠正社会用字混乱现象的请示》，国务院在 1986 年 6 月 24 日的有关批示中指出："为便利人们正确使用简化字，请《人民日报》、《光明日报》以及其他有关报刊重新发布《简化汉字表》。"根据国家的这些规定，繁体字虽然还可以使用，但已有范围上的限制，除非是专业人员，已没有必要专门学习它。1958 年，中国通过了《汉语拼音方案》。"Peicheng"应为"Su"。

可以轻而易举地随机应变。但是，当听话者不在现场时，我们就更需要注意语言的准确性和一致性。

宗教文本的传播就属于这样一种情况，它需要准确的语言。在没有文字记载之前，宗教文本是利用口耳相传的方法来进行传播的。公元前4世纪，帕尼尼(Panini)[①]提出了梵语语音理论，该理论的发展基础就是关注语言的准确性。当人类开始用文字记载宗教文本后，人类就开发了复杂的记录程序以便保证宗教文本传播的准确性。犹太誊写员在为犹太教堂的诵读而抄写《圣经》卷轴时，还需要遵守复杂的抄写规则，这些规则对笔、墨水和羊皮纸的准备工作，以及字形和文字的排版都有要求。毫无疑问，文字拼写的标准化受到誊写学校的鼓励，而这些誊写学校与古代王国都有联系。对于现代语言来说，其语言实践的发展是通过以下三个机构的活动来进行的：政府的文书、出版的书刊和学校的教育。

英国迈向标准正字法的第一步，是酿酒行会在15世纪开始用英语做记录。10年后，威斯敏斯特皇家大法官法庭(the Royal Chancery)的抄写员着手分发用英语书写的官方文件(Salman 1999:15)。在抄写员中出现了越来越多有文化但不了解抄写行业的外行，这些人比原先的抄写员更不在乎语言的标准化。当英国出现印刷业时，该国有两种正字法：一是具有全国性标准的正字法，该正字法固定不变，而且合情合理。它起源于大法官法庭，并为职业代笔人所遵循。二是具有地方性或地区性标准的私人正字法。印刷商一般都遵循第一种正字法，而受教育较少的人，不管男

① 帕尼尼是公元前印度语法学家，以梵文语法书《八章书》而闻名。

女，都更倾向于使用个性化的书写。到 16 世纪末，地方正字法受
地方非标准言语的影响，产生了诸多问题，英国作家开始对此现象 32
抱怨不已。小学校长认为，儿童应该接受正确的英语发音教育，以便他们能够正确地拼写单词。到 1660 年，印刷商所遵循的传统正字法与绅士学者们所推崇的较随意的书写法之间出现了鸿沟。于是，英国出版了越来越多的语言教材和词汇表。1775 年，约翰逊博士(Dr. Johnson)编撰的词典问世，该词典为英语标准化的最终确定提供了一个权威模式，但是，约翰逊博士并不期望该词典会使"语言一成不变"。

由于语言的口语体总是由大量的语言变异所构成，而且也总是处于不断变化中，因此，任何试图一劳永逸地解决语言拼写定形问题的想法都是注定要失败的。文字拼写越接近真实发音，文字变化频率就越大。倘若语言拼写系统是基于词素或词源的体系，那么该系统无需改变。但是，毫无疑问，要掌握这样一种系统需要花费大量的精力。这是一个零和游戏(zero-sum game)[①]：简化的拼写系统易学(假如该系统是以您的方言为基础的话，那么就更容易了)，但是，这种系统会经常变化，而这种变化会给人们带来不少麻烦，以致人们难以理解用先前拼写系统书写的各种材料；虽然基于词素或词源的拼写系统难学，但是这种拼写系统的稳定性更好。这些矛盾不断产生张力，从而使语言文字的拼写改革成了一个永无止境的问题。因此，当语言政策成为公众的关注点时，大家就时常会把语言的拼写问题提出来。

① 零和游戏(也叫零和博弈)，就是一方所得为另一方所失，得失之和为零。

3.2.2 拼写系统定形的恒与变

语言拼写系统定形的关键不是如何开发标准的语言拼写系统，而是如何处理尚未解决的语言拼写问题。过去，由于希伯来语没有元音，于是，人们在《圣经》读本、字典辞书、祷告手册以及儿童书籍中，把变音符号标注在希伯来语辅音的上面、下面或两侧以便标明发音。这样，阅读标有元音的希伯来语就变成了轻而易举的事，但是，要学会如何正确地标注元音却不容易。它需要人们对希伯来语语法有详细的了解。这些年来，人们提出了许多希伯来语拼写系统的改革方案，其中包括希伯来语字母拉丁化的方案。1948 年，以色列语言委员会推出了一系列语言改革方案。但是，直到 20 年后，希伯来语语言学院（Hebrew Language Academy）才接受这些方案。平民百姓和报纸杂志则经历了 20 年都尚未接受这些改革方案。因此，以色列目前有 3 套希伯来语拼写检测系统。

基尔兹、范德博和弗都特（Geerts，Van den Broeck and Verdoodt 1997）认为，荷兰人在语言拼写系统定形方面表现出色。1864 年，比利时王室颁布指令，接受一套语言拼写系统。但是，荷兰人却拒绝接受这套系统。于是，荷兰在 1954 年提出了一个折中
33 的语言拼写方案，以便消解文化精英与平民百姓间的分歧。1963 年荷兰新成立的语言委员会带着一系列崭新的语言拼写方案走马上任。但是，荷兰政党和宗教团体双方各持己见，难于统一。最终，他们于 1994 年共同接受了一项新的拼写改革。

如果说荷兰是一个典型的为了语言拼写系统而进行过长期斗争的国家，那么，挪威为了摆脱丹麦的统治并争取独立而同样进行

了长达百年的斗争，其间历经数次拼写系统的改革，其中两套系统保留并使用至今。这两套拼写系统的风格大相径庭，但都是为了把挪威语与丹麦语区分开来。豪根（Haugen 1966a）对这两套拼写系统的发展历程进行了考究，一个系统是以受过教育的城市居民所使用的言语作为新国语的基础，另一个则是把农村的民间言语作为新国语的基础。国家要求教师在教授书面语言的标准时，不要干预学生使用挪威语的各种口语变体。自 1885 年起，挪威有两个官方的书面语言标准：一个叫"Bokmal"（博克马尔语）[①]，即"书面语言"标准，另一个称"Nynorsk"（尼诺斯克语），即"新挪威语"标准。挪威对每个标准的正字法都会进行定期的改革，其中一个原因是为了缩小两个标准间的差距。不过，这两个标准的实施仅限于学校和官方机构。

公元 6 世纪末，爱尔兰借助拉丁语对本国的语言书写系统进行了修改，但是，改革也带来了许多语言异常现象。例如，辅音在不同的位置有不同的发音，语音中出现了双字母单音[②]现象，以及元音用于标明硬腭音化（palatalization）和软腭音化（velarization）（O Murchu 1977）。不过，这套系统非常固定，并应用于 1904 年出版的丁尼词典（Dinneen's dictionary）[③]中。当"爱尔兰自由之

---

① Bokmal 和 Nynorsk 是两个挪威语单词，它们的词义见正文。前者词汇更混合，使用人数更多；后者词汇更纯洁，使用人数更少。

② 双字母单音（digraph）是指两个字母构成一个音，如 sh（两个字母）发/ʃ/（一个音），类似的还有 ch、ph、ea、ie 等。

③ 这里的词典是指帕特里克·丁尼（Patrick Dinneen）于 1904 年发表的《爱尔兰语—英语词典》。丁尼是爱尔兰词典编纂家和历史学家，该词典在爱尔兰影响巨大。

国”(Irish Free State)于 1922 年成立时,爱尔兰语成了学校的必修课,正字法标准化的运动也得到恢复。新正字法于 1947 年发行,尽管遭到保守派和改革派的反对,但是新正字法已在爱尔兰的词典编纂和教育领域得到普遍的认可。现在,爱尔兰的罗马字母字体/字型(Roman font)一般已经代替了以前使用的爱尔兰语字母字体/字型 (Irish font)。

苏联的少数民族语言政策也涉及语言的拼写问题。在 20 世纪 40 年代,苏联颁布了《少数民族语言政策通用规则》,该规则要求所有借用到少数民族语言中的俄语词汇必须使用俄语字母拼写,这一规则使得少数民族语言的拼写与发音之间产生了巨大差异(Grenoble 2003)。1950 年,该规则被取消。

德国在 1901 年召开的全国正字法大会上,正式公布了德语拼写规则。1955 年,德国教育部长宣布“杜登出版物”(the Duden Publication)①是德语拼写和德语标点符号使用的正式参考标准。1986 年,奥地利、德国、列支敦士登、瑞士以及其他一些有德语少数民族的国家共同建立了一个正式的语言委员会,该委员会提出了一些谨慎的变革,在这些变革中仅有 185 个基本词汇受到影响。德国石勒苏益格—荷尔斯泰因州(Schleswig-Holstein)曾经进行
34 过全民公决,反对拼写系统的改革,但是德国法院推翻了这一结果。到 1999 年为止,大多数的德国出版商、印刷商和媒体工作者都开始遵守新规则。然而,一年以后,《法兰克福广讯报》又恢复使

① 这里的杜登出版物是指《杜登德语词典》,该词典最早是康拉德·杜登(Konrad Duden)编纂,首次发行于 1880 年。现在该词典发行到第 24 版,共 12 卷。

用以前的语言拼写系统。

历史上曾付出过许多努力来改革英语的拼写系统，其中三次特别有趣。第一次是 19 世纪至 20 世纪掀起的系列运动，但均以失败告终。其中一次运动是依靠或应用作家乔治·萧伯纳遗留下来的资产而发起的，以简化英语的拼写和改变字母的形状。要求简化英语拼写的论调至今没有停止过。第二次是美国为研制一种简化的独特美式英语拼写系统而发起的运动，这次运动的效果比以前的略胜一筹。在这次运动中，人们提出了许多建议，其中一些被广泛接受。这意味着英语词汇处理器需要有英国英语和美国英语两种不同的拼写检测系统。其中许多创新思想都是由诺亚·韦伯斯特(Noah Webster)提出来的，他在 1828 年出版了《美国英语语言词典》。第三次运动是通过开发一套崭新的教学字母表来简化英语拼写的学习，也就是一个字母只代表一个音标，一个音标只用一个字母来表示(Pitman and St. John 1969)。尽管这次运动在 20 世纪 60 年代轰动一时，但是改革英语拼写的尝试并没有赢得大众的支持。不过，英国、美国和澳大利亚的一些学校依然在进行这种尝试。

一般来说，语言拼写定形似乎是语言管理的一个理想任务。没有语言规则，语言实践就会轻而易举地产生无尽的语言变异，这正如作家在写作时都试图掺入自己的方言特点一样，或者如作家记错了构成词素系统生成的词源一样。教育系统已经准备就绪并且愿意教授语言拼写体系，包括新的语言拼写体系。出版商和印刷商都非常乐意纠正别人的拼写错误，同时也愿意得到别人的指正。乍一看，语言拼写问题似乎是一个现实问题，它可以通过对客体标准(例如,使用效率、学习难度和转换程度)的实证检测来得到解决。但是甚至在当下,人们也往往会从语言意识形态的角度来考虑语言的拼写问题。像语言变异的其他方面一样,语言拼写要有益于人们对它的识别。语言书写和语言字母的改变可能联系到政治立场方面的重大变化。任何政治变化都会威胁到传统的保持,甚至最近的传统也不例外。语言拼写的变化会筑起层层围墙,这些围墙不但会隔断受过教育的人和没有受过教育的人之间的联系,而且也会隔断以前和现在使用同一语言的人之间的关系。

总之,语言管理者为了规范语言的产生而付出了种种努力,尽管他们最初的出发点似乎是在语言的实用性上,但是,语言意识形态的考虑在此也逐渐成为了一个重要的因素。美好语言少不了美好的书写体系和拼写体系,其标准一方面涉及制定公认的语言规范的必要性,因为语言交际效率需要一种公认的语言规范来做保
35 证。另一方面,美好语言的标准还涉及那些包括民族主义在内的族群认同感问题,这个问题已成为美好语言选择标准的基础。在实际环境中,语言政策,甚至是本体规划层面上的语言政策,都少不了政治因素。

3.3 新词的处理:词汇作为文化的附庸

语言政策的革新问题通常不是由语言的实用性决定的,而是由语言的纯洁性和政治性决定的。何况大多数语言为了表达新思想或新事物,似乎都能寻找到简单易行的方法来创造或借用相应的词汇。正如当某一特定领域的专业人员为了某一新开发的科学

领域，着手创造能被大家所接受的专业词汇时，他们在正式的语言管理上也许是讲究实用性的。然而，倘若语言意识形态因素决定着新专业术语的标准时，那么为了达到该标准，国家的语言规划机构往往就会试图对专业术语的创建工作进行管理。

纳瓦霍语的例子就说明了许多词汇发展的关键特点（Spolsky 2002b；Young 1977）。首先，当一种文化引进一些新概念时，人们就有必要对这些新概念进行阐述。尤其是当这些新概念中还夹杂着外语词汇时，人们就会想借用这些外语词汇，借用时只是对某些不适合本国语言音位的地方做些修改。然而，如果语言水平高的话，有些人自己通常都会杜撰新词或者扩大旧词的词义。随着时间的推移，这些词汇就会流传开来，而且往往还会有自己的缩略形式。这些词汇将逐渐地从下里巴人的茅茨之屋走向阳春白雪的殿堂，随之，有些团体或组织就会试图对这些词汇进行管理。此时，人们就会考虑到语言意识形态因素，例如，如何保持语言的纯洁性或本土化。人们对语言意识形态因素的考虑，一方面会影响到词汇的创造，另一方面还会影响到语言标准的制定。但是正式的语言管理活动未必是成功的。

3.3.1　词汇发展：是有序规划还是自由放任？

在20世纪70年代，众多语言学家都认为，试图控制词汇发展的做法是错误的（Fishman 1983）。10年后，许多语言学家似乎都相信，为了创造一个能被大家所接受的新词汇，人们需要做的一切只是掌握简单的技能而已。费什曼（Fishman 1983：109）曾经抱怨说，成功的语言管理取决于管理者对“微妙而复杂的社会环境”的

理解。杜撰一个化学术语也许仅凭化学专业技术水平就足够了，但是，要让这些新术语得到人们的接受、喜爱、学习和使用，仅凭专
36 业技术水平肯定是不够的。新词汇的诞生往往是出现在这样的社会文化环境中：一方面，语言的现代化与传统性形成对比，各自都保留着独特的语言意识形态；另一方面，外来的概念和词汇与本土的概念和词汇之间又存在竞争关系。

一般来说，社会的发展不仅需要拥有足够数量的专业术语，而且还需要拥有与社会发展同步的专业术语。费什曼曾提到，以色列人要求他们的化学专业术语能够保留希伯来语中的东方特性；印度人要求他们的化学专业术语能够反映出梵语的特点；菲律宾人要求他们的化学专业术语一目了然，并且在这些术语中使用普通老百姓能够理解的语素；阿拉伯人则要求他们的化学专业术语中具有《古兰经》语言的元素；而依地语支持者就指望他们的化学专业术语不要有任何德语痕迹，等等。因此，成功的语言现代化，不仅要符合语言效率的普遍需求，也应满足当地语言意识形态的特别需要。实际上，想要杜撰新词汇的人往往是受过教育的社会精英，或是积极倡导国家语言改革运动的领导。前者对大众的语言情感未必敏感，后者同样远离了大众的语言情感。结果，这样的语言改革往往都是失败的，落个臭名昭著的下场。

为了完成给新概念寻觅新词汇的任务，相关的个人也好，集体也罢，都要面临对各种选择进行考虑的问题。由于引进的任何概念或物件都拥有一个名称或标签，所以，在用另一种语言来表达这个概念或物件时，简单地借用外来词显然是第一选择。倘若有必要或者有需求的话，可以对这些外来词进行修改，以便使之符合目

的语的音位正字法模式。苏联的语言政策规定，本国的少数民族语言要依照俄语的正字法规则来拼写从俄语借来的词汇，这是一个由于受语言意识形态影响而拒绝修改外来词的例子。

第二种可能性是利用现有的词汇来增加新词义。查阅过去的词典，你会发现英语单词“计算机”的最初意思是指“会计算的人”。后来，该单词的词义扩展了，也指具有同样功能的机器。现在要列出一大串计算机领域出现的词义扩展的新词汇，简直俯拾即是，例如，病毒、视窗、光标、应用、存储器、硬盘、鼠标垫、粘贴和备份[①]。

第三种可能性是利用接受语的构词法杜撰新词汇。英国人自从英法双语时期就乐于采用这种方法。他们不光使用英语本族语的词根，而且，也常常借用拉丁语和希腊语的构词法来处理专业术语。因此，没有接受过古典语言知识教育的人往往难以看懂这些英语新词汇。德语单词“telephone”（电话，其字面意思是“远处的说话者”）中使用了两个常用的日耳曼语词缀，即 tele-和-phone[②]。 37
英语使用者必须懂得希腊语，或者知晓“<u>tele</u>scope”（望远镜）和“gramo<u>phone</u>”（留声机）两个单词中所蕴涵的派生性词根。

“国际语言规划进程研究项目”始于 1968 年，1972 年结束（Fishman 1977）。这是语言政策领域第一次对语言规划机构的工作进行描述和评价的大型活动。该项研究分别由以下人员在下列国家进行：达斯—顾普塔（Das Gupta）在印度、费什曼（Fishman）

---

① 这些词的原意分别是：virus—疾病病毒、window—窗户、cursor—游标、application—申请、memory—记忆、(hard) drive—驱动、mouse (pad)—老鼠、paste—糨糊、backup—支持。

② tele-作为前缀具有“远”的意思，-phone 作为后缀具有“声音”的含义。

在以色列、鲁宾(Rubin)在印度尼西亚、颜诺(Jernudd)在瑞典。他们都研究专业术语发展的具体问题。该项目采集了来自印度、印度尼西亚和以色列三个国家的比较评价数据。结果发现,教师、学生和成人对于新术语发展的学习是不同的,而且人群间(即教师、学生和成人)的差异要大于国家间的差异。

在苏联的语言规划中,词汇发展也是个核心问题。一是因为它能提供经济发展和社会变化所需要的新词汇,二是因为它能清除苏联各种语言中的外来词汇,这些外来词汇都是在十月革命前从阿拉伯语和波斯语等语言中遗留下来的。苏联是一个中央集权制国家,它可以把整个社会彻底动员起来,使得所有的社会、政治和经济活动都协调运作以便满足国家计划的需要(Lewis 1972)。因此,苏联的语言管理也必须符合国家的现代化计划,该国的城市化、扫盲运动和学校发展都是携手并进的。苏联的许多语言都尽量使用本土词汇,剔除不理想的外来词汇。例如,为了摆脱阿拉伯语、土耳其语和波斯语对亚美尼亚语(Armenian)的影响,亚美尼亚采取了一些措施。20 世纪 20 年代,亚美尼亚人尽量避免在亚美尼亚语中借用俄语词汇。但是后来这种情况逐渐发生了改变,以至于到了 20 世纪 70 年代,亚美尼亚语中大多数的新词汇都是从俄语中借用过来的。而且,俄语成了英语词汇、法语词汇或德语词汇进入亚美尼亚语的中介。另外,俄语仿造词(calquing)[①]在亚美尼亚广为流传,并且,在亚美尼亚语言中出现了许多结合本族语

① 仿造词,是词汇借用的一种,即把借用词的语素成分逐项译成新语言中相对应的语素,也称作借译(loan translation)。

词缀和俄语词根而产生的派生词。奥佐林斯(Ozolins 1996:187)指出了该加盟共和国随后出现的语言衰竭情况:“由于过度采用了来自俄语的借词、短语以及其他语言项,以至于该共和国诸语言的句法构造都开始发生了变化……”

几乎没有哪个国家的国语不进行语言现代化的改革。阿拉伯语支配波斯语长达两个世纪,但是在公元 10 世纪,波斯语开始了自己的语言现代化进程(Sadeghi 2001)。波斯语的外来词起初来自俄语和土耳其语,后来则来自法语。1935 年新成立的“伊朗语言学院”(Iranian Academy)设立了 8 个委员会,它们的职责就是寻找波斯语词汇以便取代借词。1968 年,沙(the Shah)①恢复了由伊朗语言学院主持的该项活动。这次,伊朗语言学院按学科下设了 20 个委员会,1976 年这些委员会提出了 3.5 万个新波斯语
词汇。1979 年,伊朗发生了伊斯兰教革命,伊朗语言学院暂停了 38
该项活动。1991 年,伊朗成立了一个新的机构——波斯语语言与文学学院,该学院中一个委员会的任务就是积极地进行词汇遴选。

两次世界大战期间是爱沙尼亚(Estonia)进行语言现代化的繁忙时期(Raag 1999)。爱沙尼亚设立了两个机构:爱沙尼亚语文社(the Estonian Literary Society)和母语学术研究社(the Academic Mother-Tongue Society)。前者旨在支持词典的编纂,后者则负责近 20 万个新词条的管理。在苏联统治期间,俄语成了爱沙

① 卡里姆·侯赛因·沙,生于 1937 年,1957 年继承阿迦汗称号,即阿迦汗四世。阿迦汗是伊斯兰教伊斯玛仪派尼查尔支派精神领袖称号,1818 年波斯国王授予阿迦汗一世称号。

尼亚语词汇发展的主要源泉,尽管有人试图阻止过这种势头,但也无济于事。此外,爱沙尼亚还出版过100种专业术语词典。

3.4 现代化对语言的污染

以上例子说明,语言意识形态是语言培育标准之基础。崇古守旧的人一般都反对引进任何形式的新文化,更不用说给这些新文化命名。语言纯粹主义者往往在其他方面(例如,服装、食品、机构和技术)也表现出其保守性。为了保护自己免遭革新带来的影响,这些人采取自保的唯一办法就是从物质上和精神上形成一个自我封闭的圈子,这也是某些宗教集团和意识形态组织惯用的方法。阿曼门诺派教徒(the Amish)①试图把电、引擎和外来教育都排除在生活之外。他们这样做,或许能够成功地避免语言中出现对新专业术语的强烈需求。但是,上述例子都属于例外现象。从更广泛的角度来说,随着全球化程度的日益加大,世界上几乎没有哪个社会可以逃脱这种境况——起初是被迫接受技术革新、经济革命和文化变革,最后就不得不接受语言革新。

确保语言革新不失控,而且不引进外来词,这只是语言革新的一小步,然而是令传统主义者满意的一小步。正如杜绝猥亵语至少可以在表面上给人一种纯洁的印象一样,避免使用外来词也可

① 阿曼门诺派教徒属于起源于基督教新派教徒的门诺教派(Mennonite),1720年后在美国宾夕法尼亚州、俄亥俄州及北美其他地方建立了主要居住点。他们主张成人洗礼,反对天主教等级制度、服兵役和担任公职等。

以让人觉得一切都正常。

纯粹主义的语言信仰是可以理解的，但是最终是有害的。原因是他们总认为自己的传统、国家、宗教或族群优越于别的传统、国家、宗教或族群。一方面，这是可以理解的，因为没有这些，一个人就缺乏自己的价值体系，缺乏价值体系的人就像飘在空中的东西一样没有着落感。另一方面，这又是有害的，因为每当这种信仰转化为行动时，人们就会把自己社会中的外来元素全部清理掉。尽管保持语言的纯洁性并不一定就会走向族群的排他性，但遗憾的是，这两者同时纠缠在一起的现象却非常普遍。

第4章 语言政策的本质及其应用领域

4.1 语言政策理论的形成

由于语言政策会影响语言项（例如，语音和词汇），因此，对语言政策的分析可以为人们理解语言项打下良好基础。语言政策都是以语言信仰为基础，并在不同的社会群体中得到发展的，另外，语言政策往往促使人们做出努力来管理其他人的语言实践。当语言中出现猥亵语、亵渎语、暴力语、混杂语、外来语、另类语和摩登语时，人们就会从语言的发音、拼写、词汇使用或种类划分等方面提出要求或进行规劝、禁止、惩罚。我们不难发现，任何针对某种具体语言变体而制定的语言政策都蕴涵着许多诸如此类的动因。

语言政策理论有四大特点，本章将逐一阐述。语言政策理论的第一大特点是语言政策成分的三位一体性，即语言实践、语言信仰或语言意识形态、显性的语言政策或语言规划。所谓显性的语言政策或语言规划是指为了试图修改某一言语社区的语言实践和语言意识形态而进行的语言管理或语言规划活动。

语言政策也可能是隐性的，在这种情况下，人们对于什么是真正的言语社区的语言政策可能会有实实在在的分歧。例如，有人认为，美国的语言政策在本质上是单语制，证据是他们发现美国对英语之外语言的认可度不高。但是也有人认为，很多英语之外的语言在美国得到了广泛的使用，而且，美国从法律上和行政上支持该国的多语服务，这些就是美国实行真正多语制的证据（详见本书第 7 章）。显性的书面语言政策有时也得不到实施，目前世界上对于什么是某一具体国家的语言政策尚无明确答案。有些社会群体具备易于被观察到的显性语言管理行为，有些社会群体则不具备。不管这些社会群体的语言管理行为是显性还是隐性，就语言使用或语言行为的标准来讲，任何社会群体总体上都会有一个或多个意识形态观（ideological views）。倘若语言实践不合常规或变化无常，那么语言实践的模式就一定会引起大家的关注。只研究语言政策的一个方面，而忽略其他两个方面，这样的研究非常不全 40
面，其结果会使人形成带有偏见的观点。

本书提出的第二个基本特点是语言政策不仅与某一特定的语言变体有关，还与语言各个层面的个体成分有关。语言政策可以应用于语言的各个方面，例如，语音、拼写、词汇选择、语法或文体、不良语言、种族歧视语言、猥亵语言或标准语言；语言政策也可应用于非自立语言（non-autonomous language）[1]，例如，像纽约英语、非洲裔美国英语[2]这样的方言；语言政策还可应用于得到认可

---

① 自立语言通常是一种标准语言，建立了自己的语言规范，有自己的语法书、词典和用这种语言书写的文学作品。非自立语言指非标准的语言，通常被视为标准语言的一种变体或方言。

② 非洲裔美国英语也就是美国黑人英语。

的自立语言(autonomous language),例如,法语和俄语。如何处理语言变异(variation)以及如何对语言变体(variety)进行分类成为了语言政策研究的中心内容。

语言政策理论的第三个基本特点是语言政策运行于各种大小不一的言语社区中。语言政策的使用领域可以是任何已指定的或将来可以指定的社会、政治或宗教团体或社区,应用范围可以是家庭、运动队、居住小区、村庄、工作单位、组织机构、城市、民族国家或地区联盟。

不可否认,把语言政策的关注焦点放在政治单位(political units)上是理所当然的,因为语言政策与权力和权威密切相关。在当今世界,国家是权力彰显的地方,政府机构是依靠宪法建立起来的,它拥有公民管理权。任何政府原则上都能够依照宪法、法律或规章来制定语言政策,并且有办法实施或执行这些语言政策。事实上,各个国家往往也都是这样做的。在联邦制国家(例如,印度和美国),由于政府机构的权力被分解,所以政策的制定与实施就变得更加扑朔迷离。在某些从属国家(例如,殖民国或其他属国),由于政府机构的授权来自上级政府,政府机构的政策决定往往取决于上级政府的态度。

事实上,语言政策与权力的关系是双向的,语言政策的实施离不开权力。但是正如库帕(Cooper 1989)在解读法国语言政策情况时所明确描述的那样:枢机主教黎塞留(Cardinal Richelieu)为启动法国语言政策而建立法兰西学术院,他的最终目的是再寻找一种方法来支持法国的中央集权制。正如斯大林所认识到的那样,一个强有力的中央语言政策可以提高中央政府的权力,但一旦中央权力分崩离析，维持先前帝国语言正常运行的动力只能来自语言实践和语言信仰。这在苏联解体后彰显无遗。

语言政策理论的第四个基本特点是语言政策在复杂的语言生 41
态关系中所发挥的作用。这种复杂的生态关系包括大量语言和非语言的成分、变项和因素。这一特点在本书第 1 章已经提到过，并将在接下来的两章中进行详细阐述。另外，这种关系的存在大都有因可循。但是事实证明，要建立这种关系绝非易事。甚至在当我们研究某些语言管理决定的具体实施情况时，常会发现这些决定要么毫无结果（例如，倡导语言纯洁者无法根除语言中的亵渎语，语言教师无法确保学生的语言在语法上正确无误），要么产生意外结果（例如，扭转语言转用的方法或语言的复兴活动导致一些别出心裁的非理想的语言形式出现）。

正如社会科学中众多的其他概念一样，语言政策的概念也是模糊不清的，人们对它的理解见仁见智。鉴于此状，西利和卡特（Sealey and Carter 2001）提出了一些社会类属中所固有的问题，例如，性别、年龄、阶层和民族。这些社会类属通常是社会语言学家研究的着眼点。塞尔（Searle 1995）认为，这些社会类属并不是“不容分辩的事实”，而是绝对因人而异的归类问题。例如，虽然人们可以从实践和生理两个维度来划分年龄——儿童、少年、成年和老年，但是任何划分都会因社会的不同而不同，甚至因人而异。

像“族群”（ethnic group）这样的概念就更难界定了。因为它不但包含了“社会群体”（social aggregates）的意思，还蕴涵了“社会集体”（social collectives）的内容。“社会群体”一词是格林伍德（Greenwood）于 1994 年提出的，意思是具有某一共同特点的社会群体，如失业人群。而“社会集体”一词则指接受共同社会习俗和社会标准的群体。正因为相关分类和分类过程中产生的成分存在模糊性，因此，希望用数学描述自然科学时所使用的精确、单纯的方法来描述社会科学的发展过程和组织结构的想法是不明智的。不但这些成分本身，就连它们之间的相互关系都可能是模糊不清的。它们之间的因果关系变幻无常，难以确认。我们可能会注意到语言中某一发音与社会的某一阶层有关，但此时要断定是谁影响谁却并非易事。女性按自己的方式说话是因为她们的性别使然吗？或者说我们判断她们是女性全因她们的说话方式吗？

尽管影响语言政策的因素与政策之间的关系经常被说成是因果关系，但是把它们之间的关系视为一种可能存在的联系或者一种结构性的互动关系，可能更明智。我们并不是说某一因素会催生一个具体政策的诞生，但是最好把它们之间的关系看作是形式上的概率关系(probability relation)：“假如情形 A 属实，那么语言政策 B 就更有可能出现。”这些情景，或者说这些条件(例如，参见 Jackendoff 1983；Spolsky and Schauber 1986；Spolsky 1989)会同
42 时出现，而且相互影响，从而增加或减少某些语言政策出现的可能性。在通常情况下，语言政策中的条件是指语言成分或语言变体选择的条件(参见 Spolsky and Cooper 1991)。

4.2 探索语言政策的应用领域

本章将把语言政策的关注焦点从语言项或语言变体转移到社会群体上。尽管大多数对语言规划和语言政策的研究都是从国家

层面上开展的，但在此我们将接受库帕(Cooper 1989：37—38)的忠告，从家庭单位开始研究。他的忠告是："在我看来，国家所做的语言决定与包括教堂和学校这样的机构所做出的语言决定在道理上似乎是一样的，也就是说，宏观语言规划和微观语言规划在操作过程方面是相同的。"

事实上，我们现在所做的就是在应用费什曼的观点——语言选择(language choice)是语言政策的基本核心，它是社会语言学领域视角下研究得最好的一部分(Fishman，Cooper and Ma 1971)。费什曼认为，这里的领域就是指社会语言使用的场所，我们可以通过以下三个重要维度来阐释存在于任何社会中的此类场所：地点、参与者和话题。费什曼在对美国新泽西州的波多黎各人社区(barrio)进行研究时，主要划分了以下有显著特色的区域：家庭、教堂、居住小区、学校和工作单位。家庭一般都位于公寓楼或独立的房子里；若根据他们相关的社会关系来界定，参与者往往都是家庭成员；合适的或常规的话题则是家庭活动。当把外人带到家里来时，情况则会发生变化。例如，倘若这位外人是位牧师，那么全家人的角色就可能转变为宗教集会成员，谈论的话题或许也会发生转变。费什曼等(Fishman et al. 1971)指出了语言政策的应用领域与语言选择之间的相互关系。对于美国新泽西州的波多黎各人来说，西班牙语通常是他们在家庭、教堂和居住小区所使用的语言，但他们在学校和工作单位则往往改用英语。费什曼(1972)认为，语言政策的应用领域能把社会因素(即宏观社会语言因素)与语言应用(即微观社会语言因素)联系起来，而且，这是一个行之有效的方法。

4.2.1 家庭

实践表明，任何社会都必须建立供人类活动的各种领域。同样命名为“家庭”的领域在很大程度上存在着差异：一般来讲，由父母双亲及平均2.5个小孩构成的中产阶级家庭和数百万从农村迁移到城市新区的移民所组成的家庭相比，有着天壤之别，后者生活在贫困线上，他们居住在临时搭建起来的贫民窟中，勉强度日糊
43 口。然而，以我们对正常家庭考量的标准为出发点，则能使我们考虑到语言变体的潜在相关性。

首先，正如社会其他领域的语言政策一样，家庭领域的语言政策也可以从语言实践、语言意识形态和语言管理三方面来进行分析。其次，这三大因素影响到语言选择：一是说话者的语言能力，因为对其他语言一无所知的人(zero proficiency)往往谈不上语言的选择；二是说话者为自己而做出语言选择的愿望，因为说话者在交流时选择自己擅长的语言更有优势；三是说话者为听众而做出语言选择的愿望，因为只有满足了听众的语言需求才能达到成功的交流。

根据上述理论假设，我们不难发现，众多的家庭实行单语制语言政策(这在语言实践中可以观察到)，是由于家庭成员只会一种语言而导致的结果。即使在这样的家庭，语言政策也会影响个别语言项(例如，避免使用猥亵语)和语言风格(例如，“别把街头语言带到餐桌上来！”)的选择。由于跨种族、跨阶层、跨宗教等形式的通婚、移居海外或外国征服等原因，使得家庭中出现了第二语言，这样，家庭语言政策的情况就变得更复杂了。

像许多其他社会领域一样，很多家庭可能根本就没有显性的语言管理，只有一些根据语言实践和语言意识形态而做出的简单的语言选择。不过，偶尔也能发现某些家庭存在明显的语言管理的例子。其中我最喜欢的例子是一位熟人讲述的有关他祖父的故事。当他们全家人居住在摩洛哥时，这位祖父在正式的家庭聚会和就餐时一直坚持使用希伯来语。然而，当全家人移居到以色列以后不久，大家都转用希伯来语时，他却坚持在全家相聚时说阿拉伯语（更确切地说是犹太人和摩洛哥人使用的混杂阿拉伯语）。我们对家庭语言政策的了解大多来自以下两个方面：一是逸事趣闻，二是对多语社区中有趣现象的民族志研究（ethnographies）。

民族志研究的不少事实表明，男性与女性在语言上的差异产生于最初的双语制。巴布亚新几内亚有个名叫加普（Gapun）的村庄（本书第 1 章讨论过），那里的居民在成人间的正式会话中以及在抚慰婴儿而喃喃自语时，使用自己的土著语言——泰艾普语；而在休闲会话以及偶尔教育儿童时，则使用托克皮辛语。

有些家庭出现双语制是由于跨族婚姻而导致的结果，这种家庭显然是研究家庭语言政策的好地方。有些逸事趣闻反映出某些家庭的语言政策是经过精心考虑的。例如，一位美国语言学家娶了一位塞尔维亚女子（她的母语是塞尔维亚语），他们居住在加拿大的一个法语城市，夫妻俩同意在与孩子交流时使用德语。显然，他们的小孩在北美可以学好英语，同样，这些小孩从身边的环境中 44
也可以习得法语（其实，他们习得了三种不同的法语变体——在学校接受教育时习得的是加拿大法语，在与邻居交流时习得的是魁北克地方法语（即若阿尔语），在与法国领事馆职员的孩子玩耍时习得的是标准的法国法语)。在以色列,我们对夫妻两人操不同语言的家庭进行过小型试点研究,结果发现这些夫妻婚后通常继续使用他们首次见面时所使用的语言。最近,一项对居住在加拿大多伦多的双语夫妻(其中一个为日本裔)家庭进行的研究(Noro 1990)表明,父母使用的语言、家庭的社会地位以及儿童接受的教育程度都对他们在家庭内部继续使用日语的情况有影响。

除了跨族婚姻外,影响家庭语言政策的另一个主要原因是移民,不管是国家间的移民还是本国城市间的移民。移民家庭的语言政策基本上按以下简单模式变化(Fishman 1966):第一代移民开始在家庭之外学习新语言,但是他们通常要到自己的小孩开始接受学校教育并使用新语言时,或者跟其他同龄孩子充分接触时才经历语言转变。第二代移民就变成了双语人。第三代移民则趋向于完全转向了新语言,除非他们一直保持与只会一种语言的第一代移民的接触。在对以色列的苏联移民进行研究时,我们发现通常大多使用希伯来语的场所都与儿童有关(Dittmar, Spolsky and Walters 2002)。其他研究表明,如果家中有祖父母或其他重要老人,那么儿童往往更容易保持其移民语言。由于缺乏实证资料,我们尚无法断定这种现象纯粹是持续的语言实践的原因,还是显性的家庭语言管理的结果(例如,父母常对孩子说:"祖父在家时要说他懂得的……语。")。

作为毛利语复兴运动的一部分,新西兰毛利人事务部(the New Zealand Ministry of Maori Affairs)就毛利语的掌握水平和使用情况做了大型调查(新西兰统计局 2001),该调查包括了对56个人进行的长时间的系列采访。调查研究发现,影响人们在家是否使用毛利语的因素有四个:知识、场景、动机和危机意识。学生常常是被动地习得毛利语,而且他们在学校还会遭遇一些负面的经历:因为学生的毛利语水平往往还处在初级阶段,他们使用起来常常缺乏自信,尤其是他们经常遭到年纪比他们大,而且毛利语又比他们说得流利的学生的批评(Spolsky 2002a)。一个人是否乐意使用某一语言,并非取决于他或她真正的语言水平,而是取决于他或她对语言水平的感知。与场景因素相关的是语言交流者(interlocutor)。一般情况下,新西兰实行单语制,毛利语的使用仅限于一些仪式上以及年纪较长人群的内部交流。动机的内容包括认同感、焦虑感(特别是当语言水平力不从心时)以及年轻人刚开始 45
成家立业时需要的但又缺乏的时间和情感责任。所谓危机意识(critical awareness),就是指人们了解到第二语言学习的本质,意识到自然的语言代际传承(natural intergenerational transmission)对语言保护或语言复兴的重要性,以及认识到有必要制定实用且操作性强的语言管理政策。

毛利语案例可以与希伯来语的复兴运动相提并论。19 世纪 90 年代,巴勒斯坦的一些小农庄里,居住着第一代希伯来语使用者。尽管那时的希伯来语仅用于阅读和写作,但这些熟知希伯来语的村民,已开始教自己的孩子说希伯来语。他们的子女长大后延续了这种做法,从而使自己的子女成为当地最早会说本族语的一代。因为这里其他的希伯来本族语使用者的希伯来语水平有限,所以没有人会对这些年轻人的希伯来语说三道四。另一个重要原因是那一代人具有强烈的语言意识形态,因为他们生活在一片新的土地上,需要学习新技能,从事新职业,接受新的社会和文化模式，同时还要鼓励自己的孩子使用这种古老的“新”语言。[①] 最后，他们显然“深刻意识”到这些行为所蕴涵的意义。而且，在出现上述行为的各个社区里，人们经常会公开辩论语言意识形态问题，这已成为了这些社区的一个显著特点。

托米奈恩(Tuominen 1999)发现，在美国西雅图及其周边地区的移民家庭里，尽管家庭的语言构成预示着父母对语言的选择，但是“孩子通常决定了全家人的家庭语言”(Tuominen 1999:68)。虽然这些移民家庭制定了“语言使用条例”，但是孩子们不时地挑战这些条例；许多孩子都对被迫上祖裔语言学校(heritage language school)表示抗议，并反对在公共场合使用家庭语言。结果，很多父母都做出了妥协，最后也就放弃了祖裔语言学习的计划。

在移民家庭，孩子通常是参与社会化进程的排头兵。哈里斯(Harris 1995)声称，在传承社会价值观方面，儿童的同龄伙伴比家庭更具有影响力。为此，她列举了许多重要证据，其中一个就是，移民儿童具有独立的语言发展能力。例如，移民儿童在学习祖裔语言时有一个共同趋势：他们都用英语中的音位学知识来对待祖裔语言的发音。

为了解语言政策如何反映外部压力，也是因为语言政策与家庭内部有关孩子在成长过程中应该使用哪种或哪些语言的决定密切相关，所以家庭是研究语言政策的重要领域。家庭要做出决定

① 从公元500年起，希伯来语几乎只限于在犹太人的宗教仪式上使用。但是，19世纪，希伯来语逐渐复活，它从许多其他当代语言中吸收了大量词汇，从而成为了犹太人的日常语言，现在是以色列的官方语言。复活前的希伯来语叫作古希伯来语，现在的希伯来语属于现代希伯来语。

是否给后代传承祖裔语言。这个决定极大地影响着家庭的语言转 46
用和语言保持。在对扭转语言转用(reversing language shift)效果的研究中(详见本书第 12 章),人们通常把这个决定看作是影响家庭语言政策成败的关键措施。

走出家庭范围,还有许多其他场所都非常适合我们探讨语言政策的应用领域。这些场所既包括许多中型的社会团体,如教堂、宗教组织、村庄、居住小区、各种市场和商业机构,也包括人口数量庞大的场所,如城镇、都市、综合办公场所、学校或其他教育系统、社交俱乐部、体育俱乐部、族群俱乐部或文化俱乐部、组织机构、政党团体以及与地方、地区和国家各级政府有接触的机构。

4.2.2 学校

在语言政策所涉及的所有领域中,学校是最重要的领域之一。库帕(Cooper 1989:33)在地位规划和本体规划的基础上增加了习得规划(acquisition planning),三者便构成了语言政策的三大焦点。语言习得政策(language acquisition policy),就是大家通常所说的语言教育政策(language education policy),在本书中是个关键性的问题。不管任何时候,只要有学校存在,它们都会把学生社会化的培养任务从家庭中接管过来,该任务的中心特点就是培养年轻学生的语言能力。

在语言教育政策中经常会遇到许多根本性的问题。首先是决定何种语言为教学媒介语的问题。根据学校规定,学生要掌握一门或一门以上的语言。可是,在上学之前就达到此项要求的学生可谓凤毛麟角(Spolsky 1974a)。通常,儿童在家里已经掌握了众多本地语变体或方言中的一种(或一种以上)。但是他们在学校期间需要掌握一门指定的语言,该语言一般是本国的官方语言、国语[1]、宗教语、古典语或标准语。于是,家庭语言和学校语言之间就会产生鸿沟。导致这种鸿沟的因素很多。家庭使用的语言通常都是口语化的,而几乎所有学校的语言教育都旨在提高学生书面语言的读写能力。母语教育的提倡者很少考虑到这一事实。他们认为,家庭语言的变体既然与书面语言具有同样的名称,它们事实上就是一样的。家庭使用的语言可能是某种语言在当地的变体,而学校语言一般是地区性语言或者是全国性语言。特别是由于受
47 到城市化和移民潮的影响,上学的孩子可能操各种不同的方言或语言,而学校通常只能选择一种语言作为应完成的教学目标。

鉴于此状,语言教育政策的首要任务应该是(但事实上却很少)寻找方法来克服家庭语言和学校语言间的这种鸿沟。首先,学校要解决的是教学媒介语问题:教师到底该用学生的家庭语言授课,还是用学校提倡的语言授课?同样,教师该期望学生用哪种语言来回答问题,是学生自己的家庭语言还是学校提倡的语言?语言教育政策争论的焦点是何为母语教育的问题。母语教育专家认为,不管学校最终的语言目标是什么,儿童的启蒙教学应该尽可能地用儿童在家里掌握的语言或语言变体来进行。显然,要采用这种方法有许多难处:任课教师可能不懂学生使用的语言变体;同一

---

① 官方语言和国语在有些国家是对等的,在有些国家则不同。例如,中国的官方语和国语都是汉语,而新加坡的官方语是英语、华语、马来语和泰米尔语,但是,新加坡的国语只是马来语。国语是国家身份的象征,所以,国语一般是本土语言。

所学校或同一个班级的学生可能操持多种不同的语言或语言变体；有些语言变体没有文字；有些语言即使有文字体系，但学校没有用这种文字印刷的教学材料或阅读材料(Khubchandani 2003)。

其次，学校要解决的相关问题是：何时开始教授儿童学校指定的语言，以及何时开始把学校语言作为教学用语。关于这些问题，目前已有许多不同的模式。第一类教育模式(原英国殖民地国家通常采用这种教育模式)要求在最开始就使用儿童的家庭语言教学，在入学的最初几年开始引入标准语言或官方语言，然后在不同的阶段(通常是在中级阶段或第二阶段)逐渐过渡到用标准语言或官方语言进行教学。第二类教育模式(原法国和葡萄牙殖民地国家的城市学校往往采用这种教育模式，美国学校在“唯英语运动”期间为了推广英语也采用这种教育模式)要求从上学的第一天就开始用殖民国的标准语言或官方语言上课。该模式的观点是，学生在简单的浸没式环境中就可以学会学校语言。第三类教育模式介于上述两种极端模式之间。该模式的实际应用可能是多种多样的：有些学校声称用标准语言教学，但实际上，师生继续用当地话交流，不过他们只使用用标准语印刷的教学材料；有些学校采用混合模式，从而达到从家庭语言过渡到标准语言的目的；有些学校在把学生从使用家庭语言过渡到使用标准语言后，还试图保持其家庭语言的能力。

语言习得政策的第二个基本问题涉及母语和学校语言之外的语言教学。实行双语制政策的国家还要培养学生的其他语言能力。例如，在瑞士，你会发现法语区要教德语，德语区要教法语。
在大多数教育体系中，学校开设至少一门外语课是常见之事。这 48
些外语往往都是主要的国际性语言、重要的邻国语言或者英语。

在全球化浪潮中,英语作为一门主要语言越来越成为许多国家的首选外语。有时候,如果学生还要学习一门外语,他们会选择一门古典语言(classical language)①,不过这种状况今不如昔。有时候,学生会选择一种与少数民族的文化传统有关的语言,而且,这种趋势势不可挡。在选好一种或多种语言后,下一步就是决定何时开始教授这些语言,花多少课时和精力来教授这些语言,以及如何制定合适的语言能力目标。大多数国家都制定了各自的语言教育政策,这些政策则会阐明本国的外语教学情况。

总之,学校是语言政策应用和研究的一个中心领域。正如库帕(Cooper 1989)认为的那样,语言习得政策与地位规划和本体规划一样,其重要性已经得到人们的认可。

4.2.3 宗教与宗教组织

艾森斯达特(Eisenstadt 2000)注意到"在当今世界,时常出现一些影响深远的宗教复兴运动"。但是他并没有把这些运动看成是文明冲突的到来,而是视之为西方现代性的重构,是全球化的组成部分。宗教与语言政策间的相互关系是一个丰富的研究领域,但是该领域的研究至今仍几乎是一片空白(Sawyer 2001)。弗格森(Ferguson 1982)说,宗教已经成为导致语言变革和语言扩散的最强大的力量之一。库帕(Cooper 1989)观察到,有些语言的选择是出于宗教原因。例如,伊斯兰教和犹太教(Judaism)都更喜欢用

---

① 古典语言一般指希腊语和拉丁语。但是,语言学家萨丕尔(E. Sapir)在其大作《语言论》(1921年)中指出,古典语言还包括汉语、阿拉伯语和梵语。

单一的原始语言来保存其宗教文本，并用单一的原始语言进行祷告。开普兰和巴尔道夫（Kaplan & Baldauf 1997）把基督教的传播称为是一种语言帝国主义。在希夫曼（Schiffman 1996）的一本专著①中，有一章专门论述宗教、神话和语言文化，他注意到它们之间存在着许多相互交织的关系。

但是总体而言，学术界很少关注宗教与语言政策（不管是在语言信仰还是在语言实践方面）之间的密切关系。如果说有人为研究这两种现象之间的关系而付出过努力的话，那也是微乎其微的。不过，对过去和现在的语言政策和语言规划案例的描述就是仔细观察语言政策和语言规划的过程，它为我们提供了这方面的原始资料，为该领域的研究奠定了基础。本节的目标就是概述某些具体的宗教与语言政策之间的结构性互动关系。

弗格森（1982）论述过宗教与语言之间的基本关系。他指出，“世界上几种主要的语言书写系统都与几种主要的宗教派系在地理分布上有着密切关系。而且，书写系统与宗教派系之间的关系要比其与语言的谱系分类法（genetic classification）或类型分类法（typological classification）之间的关系更密切。”不管西方基督教 49
被传播到何处，它都会把拉丁语的书写体系引入那些以前没有书写体系的语言中。同样，伊斯兰教在传播过程中也会将阿拉伯语的书写体系引介给当地人。在过去的几个世纪里，当犹太人习得其他各种语言（例如，依地语、拉地诺语、阿拉伯语的各种变体和波

① 希夫曼（Harold Schiffman）于 1996 年写了《语言文化与语言政策》一书，该书第三章的标题就是“宗教、神话和语言文化”。

斯语等)时,他们都使用希伯来语的字母来书写这些语言。

宗教在公共仪式上往往保留了某种语言的早期形式,特别是当宗教文本是用原文保留下来时更是如此,即使是在这些宗教文本的译文中也能找到该语言的早期形式。宗教仪式有助于移民保留他们原有的语言。

弗格森还注意到,传教活动和殖民化密不可分。在世界许多地方,这两种活动往往同时进行,但它们的模式却各不相同:以英国为主的新教徒传教士喜欢把《圣经》翻译成当地语言,并以此提供基本的读写教学;而以法国、西班牙和葡萄牙为主的罗马天主教传教士则往往用当地语言印制教义问答手册,而《圣经》依然用拉丁文书写。

弗格森认为,"所有的宗教信仰体系都或多或少地包含了一些语言信仰。"人们认为,有些宗教(例如,印度教和伊斯兰教)的经文是不可译的。印度教(Hinduism)与梵语关系密切。印度教徒中的民族主义者支持把印地语确立为国语而把梵语用作学术语言的决定。而且,《吠陀》(Veda)①作为南亚最古老的宗教文本是用梵语撰写的。另外,由于曼特罗(mantras)②的神圣性,与之有关的行为都需要用准确的语言来表达。

伊斯兰教与古阿拉伯语(Classical Arabic)之间存在着一种根本和严密的关系。阿拉伯国家的宪法一般都有这样的表述——本国信奉伊斯兰教,使用阿拉伯语。尽管伊斯兰教教徒使用许多不

---

① 《吠陀》是印度最古老的宗教文献和文学作品的总称。

② 曼特罗是指印度教徒和佛教徒作禅时反复念诵以帮助集中精力的词语。

同的语言，但古阿拉伯语却在语言上左右着伊斯兰教。《古兰经》的阅读或诵读必须使用阿拉伯语。对于是否允许使用《古兰经》的译文来诵读，人们争论不休。祷告必须用阿拉伯语进行。在非阿拉伯语社区，只有每星期五的布道可以用当地语进行。公元 7 世纪，伊斯兰教传播至北非。随着西非王国在 13 世纪和 15 世纪的建立，伊斯兰教逐渐传播到撒哈拉沙漠以南的非洲地区（sub-Saharan Africa）。虽然伊斯兰教的传播常常伴随军事活动，但其宗教重点却放在《古兰经》的教义上。这就保证了伊斯兰教中占首要地位的语言不是当地话，而是阿拉伯语。而且，所有的当地话都受阿拉伯语的影响。穆斯林商人很早就出现在东亚，因为早在 16 世纪和 17 世纪，东亚就出现了用汉语解释伊斯兰教的文献。人们通过阿拉伯语或波斯语把伊斯兰教传播到南亚，这是典型的宗教传播例子。在印度，阿拉伯语的使用仅限于宗教领域，而波斯语则依然是穆斯林的教育媒介、政府的工作语言和学者的文献语言。50
但是后来，乌尔都语成为了印度穆斯林的标准语言，从而取代了波斯语的位置。在中亚的领土（原属苏联）上，居住着大约 6000 万的穆斯林。苏联时期，许多当地语言都遭受镇压，被迫统一化。不过，现在，那里的清真寺又重新开放了。而且，最近还发起了一场用阿拉伯语书写系统代替当地语言书写系统的运动。在过去的几个世纪中，伊斯兰教悄悄进入了东南亚。印度尼西亚是目前世界上穆斯林最多的国家，马来语一度是该国的宗教媒介语[①]（Kratz

① 现在印度尼西亚使用的语言叫印度尼西亚语，其实，该语言基本上与马来语一样，但是出于国家意识的考虑，分别取不同的名称。

2001)。

其他宗教(如犹太教)大都认为,宗教文本的语言是神圣不可侵犯的。但是随着时间的推移,犹太教终于接受了译文版的经文,犹太人不再过为“七十子希腊文本圣经”(Septuagint)[①]而设立的斋戒日。在犹太教第二古神殿时期(Second Temple)[②],中东出现了一种犹太人的地方语言——阿拉米语(Aramaic)。当时,许多有关《圣经》的书籍都是用该语言写成的,于是,该语言成了解释《圣经》的主要语言。还有许多宗教著作都是用希腊语撰写或用希腊语翻译的。在犹太人被流放期间,尽管希伯来语作为宗教语言和文献语言依然保持着中心地位,但犹太人还是用当地的社区语言进行宗教传播活动和文字写作。

佛教和基督教也鼓励经文的翻译,但它们的各个支派对具体的翻译有不同的偏好。佛教向来愿意把自己的经文翻译成其他各种语言。那时候的佛教经文是用梵语、普拉克利特语(Prakrit)[③]和中世纪的雅利安语(Middle Aryan)[④]写成的,后来还被译为汉语。公元6世纪,佛教进入日本,当时日本的佛经也是用汉语书写

---

① “七十子希腊文本圣经”是公元前3世纪至公元前2世纪为在埃及讲希腊语的犹太人编写的希腊文本希伯来《圣经·旧约》,包含次经,为早期的基督教会所采用。

② 第二古神殿时期或第二古圣殿时期是指公元前515年至公元70年。神殿或圣殿从公元前20年起由希律大帝扩建,后在一次犹太人起义中被罗马人所毁,遗址仅存哭墙。

③ 普拉克利特语是古代或中世纪印度中北部的白话方言,与梵语共存或从其衍变而来。

④ 雅利安语是雅利安人使用的语言,属于印欧语系的一种。雅利安人是一个外族部落,在公元前2000年入侵印度北部,后定居在那里。

的。而中国西藏和蒙古传诵的佛经则是藏文。同样，基督教的经文也常被翻译成其他语言，而且，还往往允许用本地话举行宗教仪式。在欧洲，基督教早期的强势语言（dominant language）为希腊语。后来，拉丁语成为西方基督教礼拜仪式上唯一使用的语言，这一现象一直持续到基督教改革运动的出现。在罗马天主教堂，拉丁语则继续发挥其霸主地位，直到第二届梵蒂冈委员会（Vatican Council）才结束。东正教教堂有个传统——允许教徒使用古叙利亚语（Syriac）[1]和亚美尼亚语（Armenian），并且允许经文被翻译成哥特语、斯拉夫语以及其他语言。埃及的科普特人（Copt）[2]在改用阿拉伯语后依然视科普特语（Coptic）为礼拜仪式的工作语言。基督教的传播对于非洲语言书写形式的发展影响巨大。19 世纪，新教教徒（Protestant）从语言意识形态上致力于《圣经》的翻译。在非洲，几乎每一种语言的书写系统的产生都是传教士引介的结果。在开发北美印第安语言书写系统的过程中，基督教传教士起了重要的作用。但是在拉丁美洲，天主教传教士却普遍反对
印第安语言。在津巴布韦，新教和天主教教徒的使命很多，其中之 51
一便是使绍纳人（Shona）[3]的各种方言标准化，从而形成许多不同的语言。在南非，教会对聪加语（Tsonga）的发展和推广最终使聪

[1] 古叙利亚语是阿拉米语的一种西部方言，很多重要的基督教早期经文都以这种语言保存，现在一些叙利亚的基督徒仍然把它作为礼拜语言使用。

[2] 科普特人是古希腊和罗马时期的埃及人。科普特语是科普特人的语言，代表了古埃及的最后阶段，现仅用于科普特教会礼拜式中。

[3] 绍纳人现居住在非洲南部，占津巴布韦人口的 3/4，另有少部分生活在南非、赞比亚和莫桑比克。

加语成为了教会通用语，同时还打破了传统的酋长关系网和家族关系网。在马达加斯加，伦敦教士协会（London Missionary Society）用该国的一种主要方言翻译了《圣经》并编纂了《圣经》词典，这些行为对于该方言在全国的推广起到了重要的作用。

与引进国内的宗教（如佛教）相反，日本神道（Shinto）倾向于通过语言的不断净化来强调神道中特有的日本特点。琐罗亚斯德教（Zoroastrianism）①大约于公元前1000年盛行于波斯（现在的伊朗）东北部，至今一些保守教士依然信奉该宗教。该宗教最初的经文用阿维斯陀语（Avestan）②书写，传统上人们用钵罗钵语（Pahlavi）③来解释这些经文。但是公元10世纪后，伊朗的钵罗钵语被采用阿拉伯语书写形式的波斯语所取代，移居到印度西部的琐罗亚斯德人使用的钵罗钵语则被梵语和古吉拉特语（Gujarati）所取代。

由于语言在宗教的诸多方面都起着一定的作用，因此，社会语言可以反映出任何一个有组织的宗教团体的状况和功能。但是这些社会语言的起源实际上是极其复杂的。因为个人的宗教语言实践（例如，独自祷告、忏悔、诵读宗教经文）与集体的宗教语言活动（例如，集体祷告、吟唱圣歌、聆听布道、参与读经班）显然不同，而且，由于各种宗教的内容不同，与之相关的语言实践也就相差甚远。

---

① 琐罗亚斯德教是公元前6世纪由琐罗亚斯德创立的波斯一神教，先于伊斯兰教。

② 阿维斯陀语是琐罗亚斯德教的经典著作——《阿维斯陀》的书写语言。

③ 钵罗钵语是一种阿拉米语文字，公元前2世纪到公元7世纪伊斯兰教创立时用于波斯，也用于记录古波斯琐罗亚斯德教经典著作《阿维斯陀》。

在多语制社区，宗教在语言的选择方面起着特别作用。例如，在西印度群岛的圣路西亚（St. Lucia），英语为官方语言，但是人们却广泛使用一种隶属法语的克里奥尔语（creole）。在利比里亚教堂，人们使用英语和以英语为基础的塞拉利昂克里奥尔语（Krio）两种语言。与年长的宗教界知名前辈相比，人们希望年轻的牧师在布道时多说英语，以便展现他们的语言能力（Breitborde 1983）。在荷兰，人们对于教堂是否使用弗里西亚语（Frisian）[①]一直争论不休（Zondag 1987）。16 世纪，荷兰弗里斯兰省（Friesland）采纳了加尔文主义（Calvinism）[②]，并且在教堂、学校和家庭都使用官方的荷兰语《圣经》。假如牧师力劝当地教会议会（consistory）的话，人们有时也用弗里西亚语来吟诗布道，作为弗里西亚民族主义成长的一部分。

1863 年的波兰起义被镇压后，俄国的西北省份（现在的立陶宛和白俄罗斯）出现了由于宗教、语言和民族的错综交织而导致的复杂现象和相互竞争的状况（Weeks 2002）。俄国政府感觉到该地区受到波兰化（Polonization）进程带来的威胁，比如，罗马天主教在传播过程中感受到来自东正教的竞争压力；非拉丁语教区都在不同程度上使用波兰语。于是，俄国试图把俄语引入天主教的 52
布道仪式中，以消除波兰语在白俄罗斯人中的影响，这还只是俄国计划的一部分。

① 弗里西亚语（又译弗里斯兰语），主要用于荷兰的弗里斯兰省，它与英语和荷兰语关系密切，现在该语言的使用者不足 40 万。

② 加尔文主义是约翰·加尔文及其后继者所提出的新教神学体系，把仅凭信仰即可释罪的路德学说发展成强调上帝之恩，并以得救预定论为中心的学说。

从上述的简略描述中，我们可以发现，有组织的宗教实践是语言政策研究的重要阵地，它的内容既丰富又复杂。在民族国家的语言政策中，宗教和宗教皈依往往是重要的，也是值得研究的。

4.2.4 工作单位

除上述领域外，还有许多其他社会团体也值得探索。每个机构和正规的社会团体都有自己的语言政策，这些语言政策毫无疑问要表现在浅显易懂的语言实践上；有时也会表现在影响语言选择的语言意识形态上；偶尔还表现在显性的语言管理行为上。许多语言管理方面的政策都来自上级部门。例如，加拿大军队要求实行每日交替使用法语和英语的语言政策。该语言政策衍生于加拿大的国家双语政策。此外，马西亚斯（Macias 1997）曾经描述了美国旧金山一家医院不断变化的语言使用规定，因为它要随着“美国联邦公平就业机会委员会”（the US Federal Equal Employment Opportunities Commission）于 1980 年制定的英语语言政策指南的修改而变化。

工作单位的语言政策也可由地方决定。例如，20 世纪 90 年代，有 100 万俄罗斯人移居以色列。格里纳特（Glinert 1995）曾在以色列的一些公立和私立机构做过研究，调查它们对这种移民现象的反应。研究发现，以色列中央政府并没有制定相关的语言政策，而只是由地方政府出台了相应的语言调整计划，其中包含了俄国移民的雇佣问题。计划指出，俄国移民能为不会说希伯来语的顾客提供更有效的服务。面对这种情况，实用性的考虑往往举足轻重。例如，库帕和卡朋特（Cooper and Carpenter 1976）在研究埃塞俄比亚市场时发现，一般是卖方努力学习买方所说的语言。然而，公共部门和政府机构的工作人员通常没有“顾客至上”的观念，而且，他们往往不认为自己有义务为新移民或其他不懂该国官方语言的人降低语言门槛。因此，有必要制定有利于维权的语言渠道政策(language access policies)。

商业机构往往会制定自己的语言政策。有许多报道说，欧洲跨国公司都希望自己的员工使用英语。例如，《洛杉矶时报》(2000 年 4 月 9 日)报道说，法国的通信企业阿尔卡特公司(Alcatel)已把英语作为公司的官方语言。以前，该公司只希望高级经理能够用英语与美国客户进行商谈，但是新的语言政策要求所有雇员都接受英语培训，所有的产品说明书都用英语表达。

4.2.5　地方政府 53

关于地方政府利用法律手段来限制猥亵语的使用问题，本书第 2 章已列举过一些实例。许多情况下，地方政府也要负责公共教育，或许也会制定语言习得政策。地方政府参与制定的语言政策第三个方面与公共标准的语言选择有关。由于缺乏国家层面的相关政策，因此，多语社区的地方城镇委员会或城市委员会可以制定并实施这方面的语言政策。随着威尔士民族主义的发展以及人们对因权力下放而导致的变革所做出的反应，众多威尔士的地方委员会都制定了要求双语标志的语言政策(例子见本书第 1 章)。在联邦制国家，低一级的政治行政单位(例如，州、省或自治区)往往对教育问题和语言问题具有行使权。

4.2.6 超国家组织

尽管从逻辑上说，国家语言政策似乎应该放在超国家组织语言政策之前，但是我们有足够的理由先谈论超国家组织的语言政策。在本节中，我们将探讨形形色色的区域组织（例如，欧共体）和国际机构（例如，联合国）为发挥自己的行政功能而制定的语言政策。至于这些组织机构对其成员国语言政策的影响，本书后面的章节将会详细阐述（详见本书第8章：语言权）。

在超国家组织（supra-national groupings）的语言政策中，内部官僚主义时有存在，语言政策的实用性与象征性之间的冲突导致了组织内部的紧张关系。实用性关注的问题是追求简约，即使用的语言种类越少越好。从国家利益考虑，各国都只有满足了以下条件才会接受上述的简约观念，即本国的国语被列入超国家组织工作语言种类最小化名单中。1995年，“欧洲议会”（European Parliament）通过了一项决议，该决议坚决反对法国提出的计划——把欧盟工作语言的数量从11种减少至5种。需要注意的是，这种变革需要成员国的一致同意才能实现。1999年，欧盟召开了有关欧盟内部语言政策问题的会议。欧盟提倡语言实用性的精神非常明显：许多会议厅都没有设置同声传译室，以免各成员国纷纷要求把发言稿译成本国的国语。随着欧盟成员国数量的成倍增长，面临的一个现实问题就是如何解决所有成员国语言的口译和笔译问题，而且这是一个大问题。德斯万①（de Swaan 1999）指

① 德斯万（Abram de Swaan）是荷兰阿姆斯特丹大学社会学院前院长，荣休教授，语言社会学家。他擅长从社会的角度来研究语言政策，代表作《世界上的语言》（*Words of the World*）。

出，所有成员国都会支持包含本国语言的解决方案，却反对不涉及本国语言的解决计划。

欧盟在扩大之前有 11 种工作语言和官方语言。它们分别为：丹麦语、荷兰语、英语、芬兰语、法语、德语、希腊语、意大利语、葡萄 54
牙语、西班牙语和瑞典语（Nic Shuibhne 2001）。成员国向欧盟写信时可以使用上述任何一种官方语言，并且会收到用同样语言书写的回信。欧盟与任何成员国（或其成员国的公民）的联系都必须用该国的官方语言进行。欧盟制定的任何规则和发行的官方文件都必须有欧盟所有官方语言的版本。实际上欧盟最核心的工作涉及的语言要少得多，主要是英语和法语，有时还有德语。扩大欧盟成员国的意义以及实施该项政策的成本都是有目共睹的。希望加入欧盟的国家必须满足诸多条件，其中之一就是要把相关的欧盟法律和文件（其中大约有 6 万至 7 万页的基本法规）翻译成该国的语言。2002 年，有如下 13 个候选国：保加利亚、塞浦路斯、捷克、爱沙尼亚、匈牙利、拉脱维亚、立陶宛、马耳他、波兰、罗马尼亚、斯洛伐克、斯洛文尼亚和土耳其。据报道，每个候选国都成立了由 10 人左右组成的翻译队伍，大家日夜兼程地辛勤工作。在欧盟内部的工作事务中，比如每当召开全体会议时，欧盟都要为各国政府首脑提供各语种的口译服务，并尽量为所有工作人员和委员会成员提供已经翻译成各自国家国语的文件。进一步增加欧盟工作语言的数量，显然会让欧盟政策的实施付出更大的代价。

德斯万（de Swaan 2001：171—173）注意到，欧盟的官方机构中，法语早已让位于英语。1991 年，工作应聘者中法语流利者占 90％，英语流利者占 70％，而会德语的只占 16％。就在同一年，欧盟内部的交流有三分之二用法语进行，大约三分之一是用英语进行的。但是德斯万认为，欧盟内部交流语言有转向英语的趋势。1989年，欧共体有2500名笔译人员、570名永久口译人员、2500名合同制临时性口译人员。1999年，欧盟的翻译费用占欧盟内部预算的30%，即3.25亿欧元。实际上，尽管各国都在努力保持本国语言在欧盟的地位，但是不可否认，英语正在成为欧盟的通用语。

欧盟语言政策的第二个挑战是如何提高各成员国的语言能力，以及如何促进各成员国公民跨越语言边界发展合作关系。从实用性的角度来说，选择一种语言作为欧盟的通用语是最有效的方法。实际上，这种可能性正在出现，因为大多数国家都把英语作为自己的第一外语或主要外语。倘若英语被视作中立语言的话，那么，英语就能成为理想的辅助语。然而，由于英语在历史上与欧盟的一个成员国（即英国）纠缠不清，同时又与被视为是阻碍欧洲霸主复兴的主要国家（即美国）关系密切，这就意味着欧盟内部的非实用观（non-pragmatic arguments）将继续占据语言政策的支配地位。

55 为了遏制英语的威胁，欧洲委员会（现在整合为欧盟）的主要活动是努力协调并促进欧洲外语教学的发展。该委员会制定了一个语言教学的统一框架——欧洲语言学习课程和对多语能力（即个人能够恰当地使用多种语言的能力）的综合评价体系。该委员会的工作改革包括以下几个内容：逐渐降低外语学习的初始年龄，强调外语交际能力的培养，鼓励大多数学生学习两门外语（防止学校只把英语作为外语教育的唯一语种），另外，还鼓励学校实施海外访问的外语学习计划。外语教学是欧盟语言政策的重要组成部分。欧盟鼓励新成员国在加入欧盟的过程中加强本国官员和专业人员对欧盟成员国语言的学习。

欧盟语言政策的第三个挑战涉及少数民族的语言权利。欧盟各成员国已经宣称在语言意识形态上接受多语制。虽然它们这样做毫无疑问是为了获得欧盟对各自国语的认可，但它们似乎很难抵制赋予本国的少数民族语言某些权利的主张（就这个问题，本书将有专门一章进行论述，见本书边码 113 页及以后几页）。

其他超国家组织也纷纷制定了自己的语言政策。联合国最初使用两种工作语言——英语和法语，后来增加了俄语、汉语和西班牙语，随后又增加了阿拉伯语。但是出于众多原因的考虑，特别是为了在不影响各国民族身份感的同时实现各成员国大团结的基本目标，欧盟正在制定一项特别复杂但特别有意义的语言政策，其最大的愿望就是采纳“完全的多语制原则”，这在 1990 年的欧洲议会中就已经表现出来了（Fishman 1995：49）。但是实际上该政策的成功实施依然面临相当大的阻力。

4.2.7　民族与国家（或政体）

现在我们应该更加系统地看待国家语言政策。国家层面的语言政策与研究少、隐性大的低于和高于国家层面的语言政策密切相关。家庭层面的语言政策（即低于国家层面的语言政策）最终决定着语言保持和语言消亡（language loss），而欧盟层面的语言政策（即高于国家层面的语言政策）则逐渐成为影响世界语言政策的重要因素。如果语言政策的研究只关注单独的某个民族国家及其 56

主要的语言规划，那么，这种研究很可能会忽略语言政策中的许多重要特点。然而，由于语言政策和语言规划的研究始于对新独立国家或对正在寻求独立的国家的关注，同时，由于民族主义最终左右着语言政策的制定，因此，绝大多数的语言政策研究都在国家层面进行，大多数有关语言政策研究的专著也都仅限于该领域的研究。

第5章　两个单语制政体：冰岛和法国

5.1　走向简约

语言政策的学术研究最初是从国家层面开始的。尤其在早期的学术研究中，研究重点都放在民族国家刚刚独立时所遇到的语言问题上。民族国家的独立包括以下四个时期：首先是19世纪，此时民族自治思想风靡欧洲，豪根（Haugen 1966a）在对挪威国语发展过程的经典研究中论述了该现象；第二是第一次世界大战后，《凡尔赛条约》导致了一些新型欧洲国家的诞生，这些国家都试图通过语言培育的手段来确立本国的标准语言；第三是第二次世界大战后，许多欧洲帝国纷纷败落，世界各地迅速爆发了民族独立运动；第四是近期，由于苏联的解体而产生了一些新国家。

上述每一个时期的语言管理并不相同，而且各有千秋。19世纪语言管理的主要动因是民族主义，此时的民族主义强调寻求民族认同和大传统。法国大革命和德国浪漫主义对民族主义都有同样的看法：认为大一统的语言是对国家的最好定义，也是对国家的最好保护。选择一种合适的国语，并对它进行净化，使其免遭外语的影响，这是这一时期语言管理的主要活动。

第一次世界大战以后，上述思想在语言管理方面仍然大有市场。随着土耳其帝国和奥匈帝国的解体，欧洲出现了一些新独立的国家。但是欧洲的主要列强则认为，这些新独立的国家在注重培育本土语言的同时也会乐于采用国际语言。而且，人们也越来越意识到，有必要为这些少数民族语言提供保护。因为这些语言都是经历了那一时期的人口迁移和领土变化，即我们现在所说的“种族清洗”，而幸存下来的。

第二次世界大战以后，人们对民族主义的悲剧性结果表现出
58 厌恶情绪，并把关注重点转向对个体民权和人权（其中包括语言权）的保护。而且，民权和人权运动开始向还在继续试图利用语言政策来激发人们认同感的民族主义运动发起挑战。苏联的解体为这两股对峙势力的发挥提供了广阔的舞台。新独立出来的国家不管是出于内心自愿，还是迫不得已地重视本国语言少数民族的权利，都想方设法恢复本国的名义语言（titular languages）[①]。在 20 世纪末，由于全球化的影响，英语作为一种全球性的辅助语（auxiliary language），在越来越多的领域显示出它的重要性，从而形成了第三股力量。这股力量影响着世界上几乎所有国家的社会语言面貌。在 21 世纪，所有国家在语言政策上不管会遇到什么问题，都必须处理好英语在本国的地位问题。

① 名义语言就是指一些国家规定某种地方语言为某地区的官方语言，但实际上它们没有起到地区官方语言的作用，而被国家的官方语言或国语所取代。这里是指苏联一些加盟共和国的国语在俄语的强势下显得黯然失色，但是，这些国家独立后，这些语言就成为了这些国家真正的官方语言或国语。

本人不是在撰写语言政策史,而是在介绍语言政策。因此,为了启发读者,下文将尽量把一国的语言政策与该国的语言和民族等复杂因素联系起来进行分析。本人基于兰博特(Lambert 1999)的理论提出这一分析模式,并且在阅读了费什曼著作(Fishman 1969; Fishman, Ferguson and Das Gupta 1968)后对该模式进行了修改。该模式把民族国家分为三种基本类型:单语制(或单民族)国家、双语制(或三语制)国家和多语制(或多民族)国家。兰博特认为,任何事情只要与社会特定的民族成分有关,我们就很有可能在其中发现各种各样的语言管理活动。他根据各国社会语言的总体状况把国家分为以下三类。

第一类是民族语同质性国家(ethnolinguistically homogeneous)。这类国家(例如,日本、中国和美国)虽然有少数民族语言,但是不难看出,这些少数民族语言使用的人数少、社会用途小,而且,在地理位置和社会功能方面都被边缘化了。

第二类是双语制(dyadic)或三语制(triadic)国家。这些国家有两个或三个主要的民族语言群体,而且这些群体在人数和地位上都旗鼓相当。此类国家最典型的有瑞士、比利时、斐济和加拿大。

第三类是多民族多语言混合型国家。这类国家(例如,尼日利亚、印度和巴布亚新几内亚)都是由众多的民族群体所构成。兰博特注意到,世界上一半以上的国家都是由五个或五个以上的重要民族社区所构成。

兰博特认为,一个国家所属的类型与这个国家所采纳的语言政策的类型是相互影响的。民族语言同质性国家通常认为它们的

国语已经选定，所以，语言政策的重点是关注标准语言形式的规范
59 性，同时也适当关注其他语言（如外语）的学习，有时还制定本国语言向国外推广的政策。而第二、三两类国家则往往被困于由官方语言的选择问题而引起的辩论中。

兰博特的国家分类法是根据一个国家内部实际的语言状况来划分的。按照费什曼（Fishman 1968，1969）的观点，在给国家分类时，重点考虑的不是该国复杂的语言状况，而是该国人们对本国语言文化的观念，这种方法似乎会更好些。费什曼根据一个国家所公认的大传统或民族理念认同感的数量来划分国家。于是，费什曼（1971a）提出，发展中国家与语言相关的决策可分为三种基本类型。“A 类决策”出现在缺乏公认的大传统的前殖民地国家，这些国家接受了西方宗主国的语言为本国的官方语言或国语。“B 类决策”就是选择一种本土语言（或已经本土化的语言）为本国的官方语言或国语，但这种语言必须与该国唯一的公认的大传统有联系。坦桑尼亚选择斯瓦希里语为国语就属于这种情况。通常情况下，本土语言要成为国语需要经过语言培育过程，所以，这类国家可能会有一个国语过渡期。上述两类国家的语言状况都是显而易见的。第三类，即费什曼所称的“C 类决策”，它出现在具有以下状况的国家中：大传统错综复杂，语言星罗棋布，而且，它们之间处于相互“冲突或竞争”的关系中。毋庸置疑，印度是典型的这类国家。尽管在这类国家的某个地区范围内，有可能采取“B 类决策”，即选择一种主要的地区语言作为该地区的官方语言，但是在全国范围内，国家很难选择一种本土语言为国语，因为选择一种本土语言为国语会赋予使用该语言的人更多的优势。于是，这类国家往往会

决定保留殖民语言作为本国的工作语言。

费什曼的分类模式与兰博特的分类模式仅有部分重叠（例如，采用 A 类和 B 类决策的国家都是单语制国家，而采用 C 类决策的国家则可能是双语制、三语制或多语制国家），不过，费什曼除了考虑具体的社会语言状况外，还增添了一个非常重要的划分依据，即语言意识形态的共识。表 1 把这两种分类模式综合在一起。

表 1：国家种类与语言政策 60

类型	语言态度	语言意识形态	常见活动
第一类	一种语言与民族身份密切相关；其他语言都被边缘化	单语制	本体规划（语言规范化）、外语习得和语言推广
第二类	两种或三种语言与民族身份密切相关；其他语言都被边缘化	双语制或三语制	地位规划
第三类	没有哪种语言被视为民族身份的代表	多语制，几种较受偏爱、有优势的语言构成了多样的官方语言	本体规划与语言习得规划

我们以这种修改后的分类模式为基础，对国家政体中出现的各种复杂的语言政策模式进行条分缕析，以各国自称的语言政策作为研究的出发点，但并不是说写进宪法或法律文本的语言政策就反映了一个国家实际的语言政策情况。一个国家是否制定了宪法与一个人是否能轻而易举地分辨该国家的语言政策似乎没有关系。事实上，一个民族国家的宪法声明与实际的语言政策内容往往是有区别的。然而，对于制定了宪法的国家来说，如果宪法中包

含了语言条款，就证明语言问题在这个国家具有十分突出的意义或者与政治密切相关，因而才需要政府花时间和精力制定显性的语言政策并载入宪法。

5.2 名不副实的单语制国家

从宪法规定来看，许多国家都是单语制国家。其他国家则在语言实践或语言意识形态上或多或少地属于单语制国家。那些在宪法中声称是单语制，并且对本国的其他语言及其权利只字未提的国家包括(Jones 2001)：阿尔及利亚(阿拉伯语是该国宪法提到的唯一语言)、安道尔(Andorra)(加泰罗尼亚语)、巴林(阿拉伯语)、孟加拉国(孟加拉语)、保加利亚(保加利亚语)、柬埔寨(高棉语)、佛得角(葡萄牙语)、哥斯达黎加(西班牙语)、科特迪瓦(法语)、埃及(阿拉伯语)、法国(法语)、洪都拉斯(西班牙语)、约旦(阿拉伯语)、科威特(阿拉伯语)、老挝(老挝语)、利比亚(阿拉伯语)、列支敦士登(德语)、立陶宛(立陶宛语)、马达加斯加(马达加斯加语)、马尔代夫(马尔代夫语)、摩洛哥(阿拉伯语)、阿曼(阿拉伯语)、葡萄牙(葡萄牙语)、罗马尼亚(罗马尼亚语)、沙特阿拉伯(阿拉伯语)、叙利亚(阿拉伯语)、突尼斯(阿拉伯语)、土耳其(土耳其语)、土库曼斯坦(土库曼语)和也门(阿拉伯语)。

在上述国家中，有三分之一的国家是信奉伊斯兰教的阿拉伯国家，这些国家目前的宪法都规定伊斯兰教为本国国教，阿拉伯语为国语。不过，在中东也有例外，如伊朗(波斯语为官方语言)、伊拉克(库尔德语得到认可)和黎巴嫩(法语具有特殊地位）。三个北非阿拉伯语国家（即阿尔及利亚、摩洛哥和突尼斯）从来没有在国家宪法中提及国语是选择柏柏尔少数民族语言①，还是选择使用范围广泛和使用地位牢固的法语。许多伊斯兰教民 61
族国家（例如，巴基斯坦）或者伊斯兰教占主流的国家（例如，最大的伊斯兰国家印度尼西亚）都没有把阿拉伯语作为它们的主要口头语言。

在上述国家中，有一半是罗曼语族②国家。西班牙要不是在后佛朗哥时期对各自治区所选出的少数民族语言表示认可的话，那么它今天也就会与法国、葡萄牙与罗马尼亚等国家一起出现在这个名单中。事实上，许多类似的国家在宪法中都声称自己是单语制国家，但是它们却掩盖了本国更加复杂的语言实践和语言意识形态，这种宪法声明未必能成为语言管理活动的基础。

不过，如果没有宪法声明这一简单事实，要确定一个国家是否基本上属于单语制国家就更加复杂了。例如，英国最近承认了凯尔特人以前所居住的外缘地区语言③的地位，倘若不考虑这一因素，我们可以认为英国像法国一样是一个单语制国家。再如，尽管美国有许多来自世界各地的移民和土著少数民族，但是

① 柏柏尔人（Berber）是北非的土著民族，使用柏柏尔语。

② 罗曼语族（英语表达可以是 Romance languages，Romanic languages，或 Neo-latin languages）是印欧语系的一个分支，包括从拉丁语派生出的所有语言，如法语、西班牙语、葡萄牙语、意大利语、罗马尼亚语、加泰罗尼亚语、科西嘉语、西西里语、威尼斯语、瓦龙语等。

③ 凯尔特人外缘地区（Celtic periphery 或 Celtic fringe）是指英国周边的苏格兰高地、爱尔兰、威尔士等地区。凯尔特人外缘地区语言则指苏格兰语、爱尔兰语、威尔士语、布列塔尼语等。

人们也可以认为美国具有单语制的特点,因为英语在美国占据霸主的地位。接下来,我们首先对世界上最简单的语言政体进行描述。

5.2.1 冰岛:一个单语制政体

综观世界各地语言实践的真实情况,没有几个国家能完全称得上是单语制国家。冰岛是世界上单语制最明显的国家之一。据报道,冰岛现有人口约 27 万,他们只使用一种语言——冰岛语(Icelandic)。冰岛的宪法根本没有提到语言问题,因此,维克(Vikor 2000:125)说:“冰岛实际上是欧洲乃至世界唯一具有语言同质性的民族国家。全部冰岛人都把冰岛语作为自己的第一语言来使用,冰岛语在他们生活的各个方面都占据强势地位……”但是,冰岛人实际上也使用其他语言。根据《民族语》杂志(Ethnologue)①资料统计,冰岛有 1.6 万名听力障碍者,这些人或许都懂得根据丹麦手语创建的冰岛手语。另外,英语和丹麦语(Danish)在冰岛的使用范围也很广泛。

冰岛曾经被挪威和丹麦统治长达 6 个世纪之久。1874 年,冰岛从丹麦统治者手中获得了有限的本土自治权,但是在遭受一次火山喷发后②,冰岛经济完全崩溃。当时约有 20%的人口移居到

① 《民族语》是基督教以传教为目的的语言研究服务机构,是美国国际语言暑期学院(SIL)的定期出版物或一个语言学的相关网站,为了方便与统一,本书暂且将其译为出版物《民族语》杂志。

② 这里的火山喷发是指 1875 年冰岛阿斯信火山的喷发,它使冰岛 1 万平方公里的领土被火山灰掩埋,迫使许多冰岛人离开祖国前往北美。

北美。之后，冰岛的新经济才缓慢地建立起来。1944 年，冰岛获得完全独立。由于国家政治独立，加上地理位置与外界隔绝，冰岛才能够保持其语言的同质性，只有很少的方言变异现象。现代冰岛语很接近古诺尔斯语（Old Norse）①，所以，懂得冰岛语的现代人能轻而易举地读懂用古诺尔斯语书写的文献。

兰博特认为，单语制国家可能更加关注本国语言的本体而非
地位。显然，冰岛就属于这种情况。早在 17 世纪，冰岛人就开始 62
尝试各种努力来净化语言，排除冰岛语中的外来语元素。不过，这次语言净化运动不是为了净化而净化，而是为了显示与其竞争语言（即丹麦语）的不同，并与之保持距离。当时，丹麦语已经成为冰岛的商界用语，而且，冰岛的上流社会都使用丹麦语。于是，冰岛人把国家独立运动与排除冰岛语中外语（特别是丹麦语）元素的净化运动结合起来。在第二次世界大战期间，英美军队占领了冰岛，于是，冰岛出现了第二个语言敌人——英语。目前冰岛语中大多数常用借词都来自英语。为了支持语言的净化运动，1964 年冰岛成立了冰岛语言委员会（the Icelandic Language Council）。1977 年，冰岛首次建立了冰岛语词库，内含 38 个领域的词汇表、一本拼写词典和一本新词汇词典。该委员会还与其他斯堪的纳维亚语言委员会进行合作。维克（Vikor 2000）认为，冰岛出现“坚持不懈的语言净化运动”的主要原因，是因为那种由语言、传统文学和文化

① 古诺尔斯语也叫古挪威语，是日耳曼语族的一个分支，发展自公元 8 世纪时更古老的原始诺尔斯语，在维京时期至 1300 年左右，通行于斯堪的纳维亚居民以及海外殖民地。

以及与外界隔绝的地理位置所决定的冰岛人的身份受到了丹麦语和英语两大强势语言的威胁。

兰博特认为，单语制民族国家的语言政策也包括外语习得。现代外语是冰岛中小学教育中的必修课。1999年，冰岛进行了教育改革，其主要特点之一是改变了丹麦语和英语在冰岛的地位：学校推迟了丹麦语学习的时间，也减少了丹麦语学习的内容；提前了英语学习的时间，并增加了英语学习的内容。冰岛的这一决定是为了降低丹麦语在冰岛的传统强势地位，并认可英语在全球范围内日益增长的重要性。

冰岛在语言实践、语言意识形态和语言管理方面都属于单语制的民族国家。正如兰博特早先所说的那样，语言管理还涉及语言的形式和语言的纯洁度，但往往是带有宣传某种主张目的的语言纯洁度。好的语言是纯洁的，它清除了外语元素，特别是清除了对冰岛语和冰岛人身份的存在构成威胁的外语元素。所以，本人一直认为，任何把冰岛语言政策的本体规划和地位规划分开来进行的研究往往都忽略了冰岛语言政策的本质及其潜在的动机。1998年，冰岛语言委员会举行了一次活动，成功地劝说了美国微软公司在其Windows操作系统的语言栏里增加冰岛语。一方面，这种行为可以被认为是具有实用目的的语言本体管理行为，另一方面，该行为对于语言地位的象征价值也非常明显。

冰岛在语言实践和语言意识形态上是单语制。但是冰岛在制定语言政策时，一方面受到民族主义的影响，另一方面又受到英语的影响。因为，英语作为一种全球性语言对世界各个非英语国家都是一种挑战。同任何其他民族国家一样，冰岛的语言管理也受

本国民族主义的驱动,因此,冰岛的语言管理旨在净化语言。倘 63
若连冰岛这种典型的单语制民族国家都需要对本国语言的地位表现出如此强烈的关注,那么,我们在现实中发现如下现象也就不必感到大惊小怪了:有些国家在语言意识形态上是单语制,而在语言实践中则是多语制,这些国家语言管理的方法更加复杂多样。

5.3　保护法语的认同感

法国是语言意识形态和语言管理都表现强烈的典型国家。根据路透社(2002 年 4 月 14 日)报道,巴黎的一家主要报纸《世界报》(*Le Monde*)由于开始转发《纽约时报》每周副刊上的英语文章而遭到攻击,被指责为“暗挖法语墙,屈从美国化”。虽然该报社事先对读者进行的调查显示读者喜欢这一想法,但是事后的读者来信都表示了强烈的反对。尽管在早些时候,法国语言管理的主要关注点是法语的净化与推广工作,但是近十年来,法国的语言管理重心一直是与英语(特别是美国英语)做斗争,法兰西学术院的网站也证实了这一点。而且,这场斗争仍将继续,因为英语的影响依然存在。例如,由于受到法国其他主要科学出版物的影响,法兰西学术院于 2002 年 6 月做出决定:其主管的《法兰西学术院学报》(*The Comptes Rendus*)今后将倾向于刊登用英语撰写的文章。

近几个世纪以来,法国已经制定了严厉的语言政策,其语言管理就是要支持人们在法语意识形态上的优越性——光荣的历史和纯洁的语言。乌尔里克·阿蒙(Ulrich Ammon)于 2002 年在新加坡召开的国际应用语言学大会上比较了德法两国的语言政策，分析了法国语言政策的根本动机。德国的语言政策自俾斯麦(Bismarck)政权开始就旨在建立一个包括所有德语使用区在内的统一的政治体系。而法国的语言政策从黎塞留政权开始就试图在所有的法国统治区把法语树立为统一的、唯一的语言。法国语言政策中的这条原则把法国语言政策的目的说得一清二楚，了解法国的语言政策目的将有助于我们更好地理解法国历来就极其严肃认真地对待语言政策的原因。

5.3.1 法兰西学术院的建立

法兰西学术院历史悠久，是语言规划方面公认的典范机构。库帕(Cooper 1989:3)强调了建立该学院时法国的社会状况和政
64 治背景。枢机主教黎塞留于1624年被任命为路易十三的首相。当时，法国正面临着分裂的危险：两大帝国包围着法国，一个是神圣罗马帝国(Holy Roman Empire)①，它包括现在的奥地利、匈牙利和德国。另一个是神圣罗马帝国皇帝的堂兄所统治的帝国，它包括现在的葡萄牙、西班牙、荷兰、意大利的部分地方以及新大陆(the New World)。这两个哈布斯堡王朝(Habsburg)②的统治者

① 神圣罗马帝国，全称为德意志民族神圣罗马帝国或日耳曼民族神圣罗马帝国，是公元962年至1806年在西欧和中欧的一个封建帝国。德国人在论述其帝国历史时，将其定义为“第一帝国”；与后来的德意志帝国(1871—1918年，史称“第二帝国”)与希特勒执政时期(1933—1945年，史称“第三帝国”)加以串连论之。

② 哈布斯堡是欧洲地位最为显赫、统治地域最广、最古老的皇室之一。16世纪中叶，哈布斯堡家族分裂为奥地利和西班牙两个分支，前者占据神圣罗马帝国的帝位，史称奥地利哈布斯堡王朝。后者则为西班牙国王，史称西班牙哈布斯堡王朝。

是法国的外部威胁。同时,法国国王也面临着各种来自法国内部的挑战:20 世纪天主教与新教之间的战争导致法国境内相当数量的新教教徒作为少数者获得了实际的独立;此外,法国的大贵族都有他们自己独立的地盘可以收税养兵,由于这些地方的农民难以忍受不断增加的税收和物价,农民暴乱时有发生;另外,路易国王本人年幼无知、体弱多病,难以成为一名合格有力的统治者。

黎塞留填补了上述不足,他为建立现代的中央集权制国家工作了 18 年,直到生命的最后一刻。他的主要任务是建立秩序,结束混乱,解除来自外部和内部的对王权、国家主权和神权的威胁。为此,他认为国家必须在各个领域(包括艺术领域)控制和影响人们的个人行为。如在艺术领域,他提倡芭蕾、绘画、文学、雕塑和音乐,并期望得到艺术家和文学家对国王和政府的支持。

为了实现上述目的,法国开始了法兰西学术院的筹建工作。随着法国的君主政治中心在巴黎形成,16 世纪晚期,受到国家保护的贵族和艺术家们开始聚居在首都巴黎,他们促进了小型社交团体的发展和艺术精英阶层的形成,并成为这些活动的核心。在 17 世纪初期,法国的儿童开始在学校接受法语阅读的教育;1637 年用法语撰写的第一部重要学术著作问世;黎塞留自己则是神学界用法语写作的第一人;1714 年诞生了第一份用法语书写的条约。由于在法国各种正式场合使用法语的现象越来越多,法国有必要发展和培育法语,于是,法国出现了培育法语和净化法语的运动——删除法语中晦涩难懂的古语和地方词汇。与此同时,为了满足语言纯粹主义者的要求,普通百姓使用的语言也遭到排斥,因为语言纯粹主义者认为普通百姓使用的语言是粗俗的，里面包含许多不体面的成分。因此，法语就成了贵族语言和文学语言，享有很高的地位和权威性。

库帕认为，黎塞留觉得这种语言发展趋势不但在文化知识上是合适的，而且，对于实现他的国家统一的目标也是有利的。为此，黎塞留邀请了一些知识分子来组成一个小规模的私人俱乐部，让他们筹建法兰西学术院。一年后（即 1635 年），巴黎议会认可了法兰西学术院的责任：负责法语的发展以及对法语书籍进行语言方面的审核判断。其职责就是“制定法语使用的明确规则，确保法
65 语语言纯洁、表达力强，并且能够用于表达艺术和科学”。这个学术团体后来得到法国立法机构以及其他部门的支持。法兰西学术院要先在法国建立法语的单语制霸权，然后让法语的影响波及世界各地的法语区。

现在，法兰西学术院有两大任务（详见其网页 http://www.academie-francaise.fr）：第一是保卫法语；第二是利用所收到的大量捐赠钱款来保护艺术，每年颁发大约 80 个艺术奖项。最初，人们期望法兰西学术院能处理以下四个方面的问题：词典、语法、修辞和诗学。但是事实上，法兰西学术院只做了第一项。法兰西学术院现在共有 40 名院士（immortals），他们也被称为“Academician”（院士），这是自法兰西学术院成立之初就这样称呼的。法兰西学术院有权遴选自己的成员，这些成员中有诗人、小说家、剧作家、哲学家、医生、科学家、民族学家、艺术评论家、士兵、政治家和牧师。法兰西学术院的成员来自各行各业，这给法语增添了五彩

缤纷的色彩。现在,法兰西学术院有三名女性院士。在过去的岁月里,法兰西学术院所表现出更加积极主动的管理是遵守法兰西学术院当初创建之时所制定的规则的。

5.3.2　平等抑或自由

法国的中央集权制起始于黎塞留政府,延续到法国大革命之后。加奇(Judge 2000)认为,法国地方语言的命运深受中央集权制的影响。早在1790年召开的法国宪法大会上,法国就接受了双语制,通过了一些法令——支持把法语书写的内容翻译成地方语言以及为双语教师加薪。然而,1791年,雅各宾派(Jacobins)执政,他们要求把国家发展成为中央集权制的统一国家。因为教育至关重要,只有每个人都说同样的语言,才能保证教育的公平。

平等比自由具有更高的价值。雅各宾派确信,只有统一的国家才能提供平等的机会。孔多塞(Condorcet)[①]于1791年写道:一个文盲不能与受过教育的人同日而语,因而他们就不能享有同样的权利。教育是这个国家最重要的责任之一。共同的语言才可能支持全国各地人们之间的交流。由于黎塞留和法兰西学术院的努力,标准法语已经成为法国精英阶层的通用语言。鉴于这一事实,标准法语也就成为了法国通用语言的选择。地方语言开始与封建主义有了瓜葛。法语成了国家的象征,而其他地方语言则被禁止。

---

① 孔多塞是法国18世纪的一位哲学家,也是一位数学家,法国启蒙运动的杰出代表。

法国经历了漫长的时间才完成了重法语禁他语的语言政策。直到 19 世纪 80 年代，法兰西第三共和国[1]才使雅各宾派制定的语言政策生效。第三共和国规定小学教育必须用法语教学，这种教育是免费的，但又是强制的。法语至上的语言信仰必然会导致一个不幸的结果，即人们认为法国的各种地方语言都是低下的
66 (Judge 2000:73)。在法国大革命之初，法国就有人认为使用其他语言是不爱国的行为。这种语言意识形态一直延续着，并在 1994 年颁布的《杜蓬法》(Toubon Act)中得到了重申："根据宪法，法语是法兰西共和国的语言，法语是法兰西共和国身份特点和文化遗产的基本元素。"

由于法语的霸权地位被写进了法国宪法，并通过法律得到实施，所以，法国不愿在《欧洲地区语言或少数民族语言宪章》上签字。法国政府对此行为的解释非常明确：法国不同意把集体权授予少数语言使用者，或者说，法国不想弱化法语在宪法中的地位。当欧洲其他国家签署该宪章七年之后，法国才在 1999 年签署该宪章，并依然表达了上述保守思想。根据"欧盟条约办公室"的网上记载，三年后，法国依然未批准这个宪章。法国不愿意接受语言少数民族提出的权利要求，或者说，法国不愿意为把少数民族语言的地位提升到与法语同等的地位而做出任何努力，法国对这些要求采取敬而远之的态度。

---

① 法兰西第三共和国(The Third Republic)是指从 1870 年拿破仑三世垮台至 1940 年德国入侵法国期间统治法国的共和政府。法兰西第三共和国虽然从未被认为能长期执政，但意外地成为法国第一个长久而稳定的共和国，并赢得法国人对共和政体的支持。

5.3.3 法国的语言管理

法兰西学术院是法国实施语言管理的一个工具,这是国家授权旨在保护法语的一个组织。不难发现,法国许多重要的法律内容构成了法国的语言政策(Ager 1996:40—45)。1539 年法国签订的《维勒斯—考特莱特法令》(*Edict of Villers-Cotteret*)[①]规定:法国的法庭、法律文书和法院裁决只能使用法语。这表示,与英国和其他国家一样,法国开始有了自己的国语,拉丁语作为法国的法律语言和政府语言的地位开始被取代。

在法国大革命期间,法国于 1794 年颁布了一系列进一步强化法语力量的法令。这些法令要求把法国的教会学校转变为公立学校,而公立学校则必须使用法语教学,并禁止在阿尔萨斯(Alsace)[②]地区的公立学校使用德语和阿尔萨斯语教学,也禁止全国各地的公立学校使用其他地方语言作为教学媒介语。同时,法令还要求各地在宣读法庭判决时都要使用法语。但是由于法国缺乏足够的师资,该政策难以生效,也导致了法国建立巴黎高等师范学院(Ecole Normale Supérieure)的第一次尝试的失败。1881 年,法国教育部长重申,法国所有的学校都必须使用法语,而且,法语教育是免费的、非宗教的和强制性的。1925 年,法国教育部长抨击

---

① 这是 1539 年 8 月 10 日在法国城市维勒斯—考特莱特签署的法令,其中不少关于语言的条款。例如,第 110 款和 111 款规定:法国的司法、公证和立法都必须使用法语,以免造成语言混淆。

② 阿尔萨斯是法国的一个行政地区,位于法国东北部,莱茵河西岸,与德国和瑞士接壤。

非宗教学校庇护其他语言的行为。1972 年，蓬皮杜(Pompidou)总统说:“法国注定要在欧洲担当重要角色，因此，法国没有地方语言的位置。”在法兰西帝国不断扩大的过程中，法兰西每征服一个新领地，都要在那里实行同样的单语政策。

除了学校以外，1975 年法国通过了一项法律，规定人们在商
67 业、公共场所、媒体以及公共服务行业都必须使用法语。为了不违背欧盟制定的欧洲法律，法国于 1994 年不得不修改该法律，取而代之的是《杜蓬法》(杜蓬是法国当时的文化部长兼法语事务办公室主任)。该法律规定:在法国的消费市场、职场、教育、音像、通信、学术会议和各种大会上，法语是必备的语言。公务员必须使用规范的法语词汇。

在漫长的法国议会辩论中，不少内容都是聚焦在当有相应的法语词汇时严禁使用外来词的议案上(Ager 1996:161)。法国宪法委员会(the Constitutional Council)认为这样的提案限制了个人自由，但是该委员会却也认可了法国公务员必须使用规范词汇的要求。《杜蓬法》规定，在法国出售的所有产品都必须标注法语说明，所有的法国政府企业都必须使用法语。法国首相告诉本国的公务员，在他们的年度考评中要考虑他们的“法语使用的热情程度”。所有被国家雇用的人员(例如，公务员和教师)都必须按照法国宪法的规定来使用法语，包括他们使用的所有术语必须是他们所在部“术语委员会”所批准的术语。在与外国人接触时，法国人必须遵守在国际交往中要求使用法语的相关规定(Ager 1996)。

法兰西学术院的管理工作在法国其他机构的支持下得到了加强。1937 年“法国语言办公室”成立，20 年后被“法国语言词汇办

公室"所取代。戴高乐(de Gaulle)总统为了表明他的新殖民主义理想,于 1966 年建立了"法语保护与传播高级委员会"和"国际法语委员会",其目的是为了在国内外保护法语,抵制英语。1973 年法国又成立了一家机构——"法语国家委员会",法国政府各个部委的"术语委员会"由于得到了这些中央机构的协调,从而增强了各自的实力。在 1986 年的法国法令中,这些机构重申了它们的使命:解决法国各部委领域中法语词汇的空缺问题,建议合适的法语词汇,并从 1993 年起普及规范的专业术语。

此外,法国至少还有十几个与语言相关的其他机构,它们都处理全球法语社区法语问题。这些机构慢慢淡化了法兰西学术院的语言管理角色。法国法语管理机构的规模和复杂性都是令人难忘的。法国法语管理机构分工精细、财力雄厚,有官方机构也有半官方机构,它们组成了法国语言管理体系。世界上没有哪个国家建立了如此庞大的国语管理机构网。

5.3.4　法国的其他语言

在语言意识形态和语言管理方面,法国是单语制国家。但是在语言实践中,法国却不是这样。《民族语》杂志列出了法国境内使用的 37 种语言。其中有 7 种语言的使用者超过 50 万人。它们是阿尔萨斯语、巴斯克语(Basque)①、布列塔尼语(Breton)②、意大

---

① 巴斯克语区主要分布在西班牙东北部的维斯卡亚省、阿拉瓦省、桂普茨克省和纳瓦拉省,还有一小部分分布在法国的西南部。

② 布列塔尼语是法国西部少数民族布列塔尼人(Brittany)使用的语言,该语言属于印欧语系的凯尔特语族。

68 利语、葡萄牙语、阿尔及利亚的阿拉伯语以及卡拜尔语(Kabyle,即柏柏尔语)[1]。另外,还有 5 种语言的使用者超过 20 万人。它们是科西嘉语(Corsican)、加斯科尼语(Gascon)[2]、普罗旺斯语(Provencal)、摩洛哥阿拉伯语和突尼斯阿拉伯语。据报道,加泰罗尼亚语(Catalan)、柏柏尔语的克里奥尔语以及柏柏尔语的第二大语言变体也分别都有 10 万多的使用者。

尽管上述数字明显地表明了法国语言的多样性,但是加奇(Judge 2000)相信,大多数法国人还是接受"一个国家,一个民族,一种语言"(one state,one nation,one language)的信念。她注意到,在法国的法律中,"国家"(state)和"民族"(nation)是同义词。共同的法律体系、行政制度和语言文化一起形成了民族的"凝聚力"(cement),在法国的各种文件中经常提到"凝聚力"一词,此时,该词就是指法语世界(francophone world)。在《马斯特里赫特条约》(*Maastricht Treaty*)[3]生效前,1992 年的法国宪法中就出现了保护法语的条款。在那之前,法语的核心地位就已经被认为是理所当然的。但是随着欧共体的发展壮大,英语对法语的威胁已经开始显露出来。于是,法国人认为他们需要通过宪法来保护法语。

---

① 卡拜尔语是阿尔及利亚卡拜尔人使用的柏柏尔语,使用人口约 312 万(Ethnologue 1955)。

② 加斯科尼语是奥克西坦语(Occitan)的一种方言。奥克西坦语(也译为欧西坦语)是印欧语系罗曼语族的一种语言,主要通行于法国南部、意大利的阿尔卑斯山山谷以及西班牙的部分地区。

③ 《马斯特里赫特条约》是 1991 年 12 月由 12 个欧洲国家在荷兰马斯特里赫特市所签的有关欧洲经济和货币联盟的条约。1993 年,该条约正式生效,这标志着欧共体正式转变为欧盟。

加奇指出，现在法国尚无有关法国各种地方语言使用者人数的官方统计数字，因为在法国的人口普查中，没有设置有关语言或宗教的问题。通常，人们认为法国现存的地方语言有七种：阿尔萨斯语、巴斯克语、布列塔尼语、加泰罗尼亚语、科西嘉语、佛兰芒语(Flemish)和奥克西坦语。奥克西坦语有时①又可以被分成好几种不同的语言；科西嘉语有时则被认为是意大利语的一种变体；而阿尔萨斯语有时被认为是德语的一种变体。非本土语言(例如，阿拉伯语)往往不被看成是"国家文化遗产"的一部分。但是，一些其他的地方语言也会被提及，它们包括：法国前殖民地的各种克里奥尔语，太平洋殖民地的塔希提语(Tahitian)②和卡纳克语(Kanak)③，以及各种奥依语(langue d'oïl)④，包括皮卡第语(Picard)、高卢语(Gallo)、普瓦图语(Poitevin)、森统基爱斯语(Saintongeais)、诺曼语(Norman)、摩范迪奥语(Morvandiau)和香槟语(Champenois)⑤。

---

① 此处及下文作者使用"有时"一词，是为了表明由于不同的人以及不同的时候人们对语言的划分标准不统一而导致语言的归类和统计也不统一。例如，挪威人、瑞典人和丹麦人彼此用自己的语言交谈，能够互通，但人们通常认为挪威语、瑞典语和丹麦语是三种不同的语言。再如，中国操吴方言和粤方言的人之间互相难以理解，但是，中国人都认为它们是同一种语言(汉语)，而有些外国人则认为是不同的语言。

② 塔希提语是法属波利尼西亚的两种官方语言之一(另一种是法语)。它与新西兰的毛利语和夏威夷语较接近。

③ 卡纳克语是位于太平洋西南部的新喀里多尼亚人(New Caledonia)使用的语言。

④ 奥依语是罗曼语族的一支，源自现在法国卢瓦尔河以北、一部分比利时和海峡群岛的地区。

⑤ 香槟语(又译香巴尼语)，是法国北部香槟省的一个少数民族和比利时南部瓦隆(Wallonia)地区人们的母语，在法国和比利时都被归为地区性语言，属高卢—罗曼语支。

在西班牙，巴斯克语被认可为巴斯克自治地区的官方语言（详见本书边码 197 页及以后几页），而在法国，巴斯克语主要是作为一种口头语言被人们所使用。1969 年，在学生家长的资助下，法国出现了一些巴斯克语浸没学校，但是这些学校却遭到法国政府的反对。直到 1994 年，法国政府才认可巴斯克语（以及其他地区语言）的浸没学校体制，并且给予了一定的支持。

布列塔尼语是一种凯尔特语，它以口语形式保留在法国。以前，布列塔尼人有自己共同的领土、历史、文化和语言。但是在近几个世纪内，布列塔尼人的领土逐渐缩小，布列塔尼语的使用人口也逐渐减少。在 20 世纪 50 年代，大约有 70 万人使用该语言，到了 20 世纪 90 年代，就只有 45 万到 60 万人能听得懂布列塔尼语，25 万到 30 万人会说布列塔尼语。加奇说，过去布列塔尼语得到了教会以及与之相关的教育体制的支持。在第一次世界大战中，有四分之一使用布列塔尼语的男人阵亡。战后，大批布列塔尼人
69 离开了布列塔尼地区（Brittany）（这与 19 世纪大批爱尔兰语使用者移居国外的情形一样），使得布列塔尼语的使用人数骤降。1997 年的一次扭转语言转用的运动，促使法国第一所布列塔尼语浸没学校成立，并得到法国官方的认可，当地人用布列塔尼语管这种学校叫迪旺（Diwan）学校。到了 1997 年，布列塔尼语浸没学校的学生总数已经达到 4500 人，还有许多小学生在其他类型的学校里接受一些用布列塔尼语作为教学媒介语的教育。自从 1994 年起，法国政府开始为某些聘请布列塔尼语教师的学校提供财政支持。加奇和琼斯（Judge and Jones 1998a）都认为，把布列塔尼语作为第一语言的使用者一般年纪较大，而且，他们说的是当地布列塔尼语

方言,而把布列塔尼语作为第二语言的使用者一般年纪较小,而且,他们使用的布列塔尼语是从学校习得的标准的布列塔尼语。

在法国最北部还有几万人使用佛兰芒语,但是这种语言至今未得到法国官方的认可。阿尔萨斯语也处于迅速萎缩的状态,而且,该语言依然只用于口头交际中,说阿尔萨斯语的人们在书面交际中通常会选择德语。于是,阿尔萨斯语和德语在当地构成了双语关系。在 13 世纪,十字军东征镇压阿尔比派(Albigensians)① 后,奥克西坦语及其各种变体就失去了它们应有的地位。使用奥克西坦语的人一般都生活在贫困地区。这些地区的所有教育都是用法语进行的,学校不被允许使用奥克西坦语的各种地区变体。这种现象直到第二次世界大战结束才停止。当时法国只有普罗旺斯省还保留了奥克西坦语的书面语言形式。后来法国出现了奥克西坦语的复兴运动,至 1997 年,法国有 1.2 万名小学生在学校学习奥克西坦语。同巴斯克语一样,加泰罗尼亚语也被夹在法语区和西班牙语区之间。在西班牙,加泰罗尼亚语是加泰罗尼亚自治区的官方语言(详见本书边码 197 页及以后几页)。在法国,加泰罗尼亚语的使用者大概有 20 万人(主要是老人)。自 1976 年起,法国已经有了加泰罗尼亚语学校,而到 1997 年,法国已有 2000 多名儿童在学习加泰罗尼亚语。加奇说,法国的科西嘉语跟该国的民族主义思潮和分裂主义运动有联系。直到 20 世纪 50 年代,法国可能都还有许多人只会科西嘉语一种语言。但是现在科西嘉的

① 阿尔比派是公元 1000 年到 1209 年左右聚居在法国南部城镇阿尔比(Albi)的信徒。

语言运动与地方政治运动没有了任何联系。

近年来，法国政府放松了对地方语言运动的干预，并试图把各种学校都并入到国家的教育体制之中。自从1951年起，法国政府做出了许多小的让步，允许学校开设一些有关法国地方语言的课程。同样在1951年，法国通过了《戴克桑尼法》(*The Deixonne Law*)。该法允许法国的学校增设巴斯克语、布列塔尼语、加泰罗尼亚语和奥克西坦语等课程。而且，这些地方语言被看作是法国普通教育的内容之一，每周的教学时间可达三小时。但是直到1970年，这些地方语言的成绩才可算入总成绩，供学校授予文凭用。1974年，该表增加了科西嘉语，后来又增添了许多其他的地方语言。自从1994年起，法国政府同意为巴斯克人和布列塔尼人的双语教学支付双语教师的工资。然而，2002年11月法国政府制定的一条规定又取消了以前制定的允许用地方语言进行双语教育的决定。

费什曼在1991年出版的专著中根本没有提及法国有任何扭转语言转用的活动(不过，加拿大魁北克省在阻止法语向英语的转用上却引人注目)，但是费什曼在2001年主编的书中却收入了有
70 关论述法国巴斯克语和加泰罗尼亚语的论文。在讨论法国巴斯克语案例时，阿宙门迪、巴乔克和乍巴莱塔(Azurmendi, Bachoc and Zabaleta 2001:236)指出，自从1994年法国修宪以来，法国官方除了法语外没有正式认可任何其他语言。于是，任何有关法国巴斯克语的复兴活动都是依靠单个的计划来进行的。经过对法国语言政策的体验和研究后，斯特鲁贝尔(Strubell 2001:279)注意到，改变民众的家庭语言实践不仅仅是倡导扭转语言转用者的目标。

> 当使用奥克西坦语、荷兰语、布列塔尼语或加泰罗尼亚语的整代成人决定只用法语与他们的小孩进行交流时,法国共和主义者也就完成了他们对付所谓的"地方语言"的主要任务,他们在语言转用方面就取得了戏剧性的成功。

但是我们能把这种现象归咎于语言政策吗?塔布雷—凯勒(Tabouret-Keller 1968:113)认为,法国奥克西坦语消失的原因不是由于语言政策的影响,而是由于人口结构的变化。由于工业化、大众传媒和网络的发展以及乡村与外界隔离状况被打破等原因才导致了这个结果。在法国一些地区(例如阿尔萨斯),农业依然是主流,地方语言依然占有强势地位。但是在米迪地区(Midi)①,所有人(不管男女)都需要离开自己的村庄外出寻觅工作,因而村里原先的双语现象就变成了现在的法语单语现象。正如布迪厄②(Bourdieu 2001)所说,影响这种语言状况的因素不是语言政策,或者说不仅仅是语言政策,而是不断变化的社会经济环境。

5.3.5 语言习得管理

自从法国大革命以来,法国政府就一直强调法语的教学工作,

---

① 米迪是法国南部一个地区,以米迪运河著名。

② 皮埃尔·布迪厄(Pierre Bourdieu,1930—2002年),法国社会学家。《英国卫报》评价他为"许多人心目中的当代知名学者",一位可与福柯、巴特、拉康等比肩的思想家。国际社会学协会评价他的著作《区隔:品味判断的社会批判》为20世纪最重要的十部社会学著作之一。布迪厄并不是一个出世的学者,承左拉和萨特的衣钵,他积极投身社会活动,招来不少争议。

教育部长颁发了详细的课程说明书，并且出版了法语考试指南(Ager 1996:67)。《杜蓬法》还增加了一项语言要求：学生要精通法语和掌握两门外语。由于认识到学校首选的一门外语必定是英语的事实，法国教育部在欧盟发起了一场运动——要求学生掌握两门外语。自2000年1月起，所有的法国小学生在10岁时就开始学习外语。在某些地区，学生在13岁时可以选择一门本国的地方语言作为第二外语。实际上，为了达到上述要求，法国公立中学的学生(在15至18岁之间)要学习两门外语，理科学生在16岁以后也要学习两门外语(Eurydice 2000)。

由于来法移民越来越多，法国在20世纪70年代早期开始了
71 一项语言教学援助计划，以便支持来法移民接受母国语言和文化的教学。艾哲(Ager 1996:87)指出，这项计划由这些移民的母国来执行，其目的有两个：一是为了减缓移民融入法国社会的压力，二是为了使某些移民在法的工作许可证到期后能够返回母国。1994年，法国经济与社会委员会的一份报告谴责了该项计划，认为这项计划既不合适又不成功，相反，法国应该把援助用于法语作为第二语言的教学上，这可以使来法移民更顺利地融入法国。

5.3.6 法语的推广政策

法国在本土以外地区的法语语言政策是语言推广政策中最成功的例子之一。法国往往通过做出某些决定来影响周边国家的政府及其教育，以便在法国周边地区推广法语(Chumbow and Bobda 2000)。法国曾经通过征服和控制的手段把法语推广到比利时、卢森堡和瑞士等邻国，也曾经通过殖民化浪潮把法语推广到新大陆、

加拿大、美国的路易斯安那州以及西印度群岛的安的列斯群岛(the Antilles)。法国在 19 世纪还曾经利用第二次殖民化浪潮把法语推广到非洲和印度支那(Indochina)①。此外，在欧洲列强瓜分非洲的过程中，法国控制了北非和西非。

羌堡和鲍勃达(Chumbow and Bobda)指出，法国殖民化的主要特点就是试图同化殖民地的居民。这些殖民地被看作是法国在非洲的领土或者是海外的法国。这些殖民地的各级行政机关、公共场所和教育部门都使用法语(Alexandre 1963)。“在各个独立的法语国家中，‘语言能力’一词指的是‘法语的语文能力’，这是各国政府不言而喻的官方政策”(Armstrong 1968：232)，也是这些国家从法国前殖民统治者中继承下来的语言意识形态的表现。在法国殖民者眼里，非洲人只有通过接受教育和习得法语语文能力才能获得文明人的地位。倘若不能学好法语，他们就会被说成是智力低下之人。黑人文化也被认为是一无是处的文化，没有什么值得保留的。法国殖民化的第二个特点是让人们认识到这项文明开化运动的使命——传播高人一等的法国文化，避免使用“原始人类”的语言(Chumbow and Bobda 2000：42)。同时，法国在其殖民地实行严格的精英教育制度，形成教育金字塔，只有极少数人能够登上塔尖的位置。位于法国各殖民地首都的地方学校要为本国的各个基层职能部门培养社会精英——办事员、打字员和教师。这里也有高级小学，它们基本上就处于教育塔尖的位置。羌堡(Chumbow)补充说，这些学校所教授的法语都是纯正的巴黎音，

① 印度支那是指 1862 年至 1954 年法国属地的老挝、柬埔寨和越南。

经过地方变异的法语在这里得不到认可。法国殖民化的第三个特点是压制非洲的地方语言,使这些语言只能用于一些宗教场所。

法国的这些同化政策也被其他拉丁语系帝国的建造者——葡
72 萄牙、西班牙和意大利所效仿。布莱顿(Breton 1991:155)说:“有些社会精英在当地还处于被支配的地位,这些人在理论上有职位提升的可能,当然也不会提升得太快,只是从被支配的地位提升到支配的地位,也就是说,他们获得了一种荣誉,可以步入统治阶层。”在法国前殖民地国家,只有法语才被认可是一种语言,任何其他当地语言的变体都被认为是方言土语。法国政府的各个部委在处理克里奥尔法语问题的尴尬处境也反映了这一事实。因为克里奥尔法语作为一种方言土语已经成为许多法国前殖民地国家的口头交际语,而且,越来越多的人在学习和使用克里奥尔法语(Chaudenson 1993)。

第二次世界大战后,法国的殖民地国家纷纷独立,法国失去了对这些国家的控制。不过,法国与前殖民地国家间的联系通过“法语国家组织”(Francophonie)①在一定程度上得到了巩固。“法语国家组织”是一个国际性的语言运动组织,它包含 30 多个国家的政府和非政府部门的精英,法语是这些国家的官方语言,并且被广泛使用(Weinstein 1989)。该组织倡导的语言运动的第一个目的是保持法语在这些国家的官方语言地位。第二个与之密切相关的

① 法语国家组织的英文全称是 International Organization of the Francophonie,它创立于 1970 年,总部设在法国巴黎。截至 2022 年,该组织有 54 个成员国,7 个副成员国,27 个观察员国。该组织的格言是“平等、互补、团结”。该组织旨在加强全球法语使用者的联系,学习和推广法语和法语文化。

目的是培育法语和净化法语,剔除法语中令人难以接受的英语(特别是美国英语)借词。维因斯坦(Weinstein)指出,该运动发起于20 世纪 70 年代早期,加拿大的魁北克和法国受益最大。随着法国殖民地国家的纷纷独立,法国开始意识到它的帝国和强国时代已经过去。法国视英国加入欧洲共同市场为对法国语言和文化生存的威胁。1982 年,法兰西学术院意识到以下三重威胁:美国的文化和科学活力四射、法语使用者对保持法语的纯洁性无动于衷以及英语通过媒体和计算机的扩散力度日益增强。法兰西学术院坚持在科学出版方面使用法语,并坚持把英语文章翻译成法语。

在加拿大的魁北克,法语运动得到了当地人的迅速响应,人们把说法语看成是保持身份和取得自治的一种方式。在比利时,法语面临着地位日益提升的荷兰语的威胁。法语运动给了这里的法语使用者极大的支持。在法国的前殖民地国家,有些社会精英是在法国统治时期发展起来的,他们现在面临着来自当地语言使用者或英语使用者的威胁,但是法语运动也给了他们极大的保护。在 1986 年和 1987 年两度召开过法语使用者峰会。目前,法语的净化工作主要落在了法国和加拿大的魁北克身上。它们都采取了各种措施来实施有关语言净化的法律,而且魁北克似乎比法国表现出更大的热情。

5.3.7　法国语言政策之动机

最初,艾哲(Ager 1996:207)认为,法国和英国在语言政策方
面的差异可以用以下四种动机进行诠释:语言认同、语言形象、语 73
言危机和语言公平。后来,艾哲(Ager 1999)发现,法国的语言政

策中前三种动机更加明显。最近，艾哲(Ager 2001)在以前提出的四种动机的基础上增加了语言意识形态、语言整合和语言功利性三种动机。

艾哲(Ager 2001:13)认为，语言认同感在民族国家表现得最为明显。人们普遍认为，法国是语言认同概念的发明国。在法国大革命之前，法兰西学术院的建立就是想要削弱地方势力，但是只有在法国大革命中，人们才发现语言认同是民族精神形成的基础。因此，我们应该用法语来表达“普遍人权”。于是，艾哲(Ager 2001:17)说，法国在阿尔萨斯以及其他地区发动了一场“语言恐怖”(linguistic terror)活动。1881 年，法国通过非宗教的免费义务教育开始对本国的地方语言发动了最强烈的攻击，使得这些语言遭受到实质性的打击。

艾哲(Ager 1996:208)认为，语言形象似乎就是一种外部感知：“这种外部感知就是这样的一种语言信仰，即认为一个国家需要把自己的语言推广到海外，以便在那些尚未把这个国家的语言作为正常交际手段的人们心目中树立一个正面形象。”显然，这里的语言形象就是指语言的传播活动，而这种活动的最佳例证就是法语国家试图通过法语传播活动来恢复原法兰西帝国的威望。

语言危机是指“人们对自己国家的语言无法满足社会交际的需求所表现出的担忧”(Ager 1996:208)。魁北克对美国主义(Americanism)在此的盛行所表现出的担忧更加强了人们的语言危机意识。艾哲(Ager 2001)认为，法国各部委于 1970 年成立了各自的“术语委员会”，这是由于受到加拿大魁北克早些时候在这一地区所实施的相关计划的影响。

艾哲（Ager 1996）相信，1981 年法国举行扫盲运动的基本出发点是为了尽量减少语言中的不公平现象。第二个类似的计划是法国制定的语言习得政策，该政策允许来法移民接受他们母国提供的有关母国语言和文化的教育。这是法国回避责任的一种方法，法国应该在移民保留他们原有语言身份的同时，提供一种使他们融入法国的方法。第三是语言拼写改革运动，这是帮助学习成绩欠佳的学生提高法语水平的一种方法。

艾哲（Ager 1996）注意到，人们对于规范语言对社会公平性的作用有两种观点：一种观点是可以努力使人们更容易地掌握规范的语言；另一种观点是规范语言会成为阻碍社会发展的壁垒。由于严格地保存着社会精英阶层的习俗，法国似乎更青睐后一种观点。在 20 世纪 80 年代末，法国发生了因语言性别歧视问题而要求对法语进行修改的广泛并时而激烈的公开论战。当时，由负责法国女性权利工作的部长建立的委员会在 1986 年就女性职业术语问题提交了一个提案，该提案申明了几项基本原则，并提出了一 74
个建议：做出废止使用和可以使用的词汇列表。该委员会及其提案后来遭到了法国国会的攻击，法兰西学术院也对此发布了一封警告信。最后，该委员会只好提出了几个措辞温和的建议，而且基本上都未引起大家的关注。

5.3.8　法国的语言政策起作用了吗？

法国的语言政策有多大成效呢？在法国大革命之前，法国的语言政策就是一直压制各种地方语言，然而，这些地方语言依然存在着，这真是一个奇迹。因为法国的语言管理积极主动，而且时间长达两个世纪，这应该足以彻底地消灭这些地方语言。然而，事实进一步证明了语言管理的无能。塔布雷—凯勒（Tabouret-Keller 1968：113）认为，导致地方语言消亡的原因不是中央政府积极主动的语言管理政策，而是当地人口和经济的变化。自卡迪纳尔·黎塞留把语言管理的任务交给法兰西学术院后，已经有 250 年的历史了。在这些年中，法国的语言管理部门为了使法语免遭外语的影响而进行着坚持不懈的法语净化斗争。这不禁使人想到：法国的语言管理工作就像西绪福斯（Sisyphus）[①]的劳作一样是一个永不停息的过程。而且，为了保护法语免遭其他压力，法国制定了《杜蓬法》以及其后的各种语言使用规章制度，这些都让我们相信：制定有效的语言政策并不比制定有效的经济政策容易。

法国向殖民地国家传播法语的语言政策似乎更加成功。羌堡和鲍勃达（Chumbow and Bobda 2000：44）描述了前法国殖民地国家所发生的事情："殖民地国家独立时，亲法派（francophile）领导从法国人手中接管了统治权，他们继续采用原宗主国遗留下来的语言政策。即使在有几种语言可供选择使用的情况下，法语依然享有最高的支配权。"在西非，尽管人们越来越认可非洲语言，但是在这里所谓的法语国家中法语依然是一小部分社会精英所使用的语言。在法国前殖民地国家，法语仍然与学校和个人的读写能力密不可分，而且国情不同，相差也很大，这取决于这些国家教育水

① 西绪福斯，也译西西弗斯或西绪弗斯，是希腊神话中的一个人物，他因为卓尔不凡的智慧惹恼了众神，作为惩罚，他双目失明并被判将一块巨石推上山顶，到达山顶后石头又会因自己的重量而落回原处，他只好永无停息地重复这一劳动。

平的高低、竞争语言或通用语(lingua franca)的存在状况、城市化程度、主要的宗教、职业、性别(一般而言,女性不接受正规教育,也不懂法语)和语言使用领域等因素。

对于那些认为语言实践容易管理的人来说,法语的语言管理案例提供了一套有难度的资料。显然,有许多语言管理的结果是非常令人失望的,这种现象过去有,将来也还会有。显然,法语依然是法国领土上的强势语言,但是在法语的管理方面也存在不少
漏洞。现在,法国的地方语言本来应该是灭绝了,但是它们却利用 75
欧盟对少数民族语言的保护规定(详见本书边码 121 页及以后的几页)的契机,在法语霸权的狭缝中生存下来。的确,新帝国[①]利用了法语国家组织这一战斗口号,而法语又为新帝国提供了号召力。但是这些说法语的国家实际上都面临着认可本国土著语言或克里奥尔语地位的压力,甚至还面临认可更能带来经济效益的语言——英语的更大压力。这些成员国选择哪种语言政策路径才能对前殖民语言产生更强的忠诚感呢?是采用认可当地语言(vernalular languages)的英语政策,还是采用压制当地语言的法语政策,人们正拭目以待。

5.4 小结:单语制政体

尽管单语制思想在国家语言意识形态和政府对语言管理所做的努力中是显而易见的,但是单语制政体在语言实践中往往都是

① 这里的新帝国是指现在的法国。

多语制，也许冰岛是个例外。而且，单语制政体面临着不少力量的挑战。20世纪后半叶出现的全球化浪潮意味着单语制霸权国家（例如，冰岛和法国）也不得不与英语的全球推广所带来的威胁做斗争。同时，这些国家也面临着来自内部的压力。在法国，边缘语言①长期以来一直存在，并且，它们在语言意识形态上受到人们的支持，尤其是对少数民族语言（不管是土著少数民族语言，还是移民少数民族语言）使用者语言人权的关注更巩固了它们的存在。

从上述两个语言案例中，我们发现影响语言政策的两个主要因素是社会语言状况和国家语言意识形态。同时，我们还发现影响语言政策的另外两个重要因素：一是全球化以及随之出现的英语推广，二是人们对语言权利既是民权又是人权的认同感越来越强。在我们回到国家政体的分析之前，我们先来详细探讨后面两个因素。

---

① 边缘语言（peripheral languages）就是指被边缘化的非主流语言，与中心语言（central language）相对。详情参见本书“6.1.7 全球语言系统”。法国的边缘语言是指法国境内除标准法语之外的任何其他语言和法语变体。

第6章　英语是如何传播的？ 76

6.1　英语的传播

法国的语言政策受到一种思想的驱动，这种思想就是在政治控制尚未稳定的多语地区要通过语言来维护民族团结、民族同质和民族认同。起初，法语的威胁主要来自本国内部：各种地方语言增加了语言的多样性，分散了中央的权力。第二次世界大战以后，随着欧共体的形成，法语开始有了一个新的对手——英语。最初，人们只是简单地把英语看成是与德语或西班牙语同样地位的一种欧洲语言，它需要在这个新成立的超国家组织内部占有一席之地。然而，英语通过借词入侵了法语的使用空间，而且在全球的使用范围日益扩大，现在它已经是包括科学、技术、体育、计算机、流行音乐、贸易和商务等众多领域所使用的主要语言。这些现象迫使法国加强本国的语言管理，其中包括修改宪法、出台一系列的法律法规和建立大量的官方机构。因此，有人认为，英语的威胁是法国在20世纪后半叶制定强势语言政策的主要内在动力，这并非无稽之谈。本章拟探讨的问题如下：语言威胁本身是语言政策实施的结果吗？英语不但对法语而且也对许多其他语言构成威胁，这是英语支持者成功的语言管理的结果吗?

当今,英语在世界上所处的强势地位,不但胜过任何其他当代语言,也胜过历史上其他任何语言,这是大家所公认的。历史上许多语言的成功传播都是依靠军事征服来实现的。例如,阿拉米语在古代中东的应用,拉丁语在罗马帝国的传播,玛雅语(Mayan)在中美洲的扩散,阿拉伯语在伊斯兰教地区的蔓延,西班牙语在新大陆的扩展,法语在非洲、亚洲和太平洋岛国的推广。然而,甚至在最近的30年前,人们也很难发现任何有关推动英语成为全球强势语言的运动。

77 1966年在美国弗吉尼亚州沃伦顿市的艾莱国际会议中心(Airlie House)召开的有关发展中国家语言问题的大会上(Fishman et al. 1968),与会者只是把英语视为又一种与当地语言形成竞争态势的交际广泛语言(a language of wider communication)。语言的选择一般都是在土生的地方语言和外来的交际广泛语言之间进行,与会者把他们遇到的语言问题看成是这种普遍的语言选择现象在当地的一种应用,然后再对相关因素进行分析。在会议上,与会者提到了以下几个问题:首先是新独立的北非国家所表现出来的矛盾问题——这些国家一方面对阿拉伯语在本国的应用给予官方支持,另一方面却在继续使用法语;第二个问题是印地语与其他印度语言之间的冲突问题;第三个问题是巴布亚新几内亚关于选择使用洋泾浜还是选择使用英语的争论问题。在1968年年底召开的一次语言传播会议上,费什曼(Fishman 1971a)尚未发现任何把英语选出来作为语言传播案例的必要性。甚至10年后,在一次有关语言传播的国际会议上(Cooper 1982),人们发现,在论著中论述篇幅占了一章以上的语言是阿拉米语、盖丘亚语

(Quechua)①、艾马拉语(Aymara)②、印地语、阿拉伯语、曼丁哥语(Mandingo)③、马来语、威尔士英语、苏联的俄语、汉语和匈牙利语，这些语言当中却没有英语的身影。当时，人们并未发现英语有任何值得特别研究的价值。

后来人们才认识到，其实英语全球化的迹象在那时(即 20 世纪六七十年代)就已经初露端倪。只不过当时的英语传播速度相当缓慢，使得人们没有意识到即将到来的变化。甚至当时从事英语教学的专业人员都认为，在英语为非官方语言的国家中，它们的英语教学对象只是人数不多的社会精英阶层。除了费什曼外，没有人预料到这场变化会发生得如此之快和如此之大。费什曼意识到这种新局面即将到来，于是，他在第一本有关详细研究英语传播的专著的导论中写到(Fishman, Cooper and Conrad 1977:6)：

> 凡是到过非洲、欧洲或亚洲度假的美国人回到美国后常说，他们遇到的每个人似乎都能说些英语。在这些旅行者的印象中，英语已经作为一种世界性语言而无处不在。英语传播者认为，英语作为一种世界通用语，其重要性不言而喻。他们的这些评价显然失之偏颇，但是我们依然可以把上述描述和评价整合起来共同分析英语的国际传播状况。

---

① 盖丘亚语是南美安第斯高原各国(秘鲁、玻利维亚、智利、哥伦比亚等)的印第安人使用的语言。

② 艾马拉语是居住在玻利维亚和秘鲁的艾马拉人所使用的语言，使用者超过 200 万。

③ 曼丁哥语是西非和南非人使用的一种语言。

费什曼的研究目标是要找到数据来证明上述观点正确与否。英语已经成为世界的外交语言(在联合国126个成员国中,有95个国家接受了用英语书写的工作文件),是全世界70%的邮件所使用的语言,是飞行员与空管人员的交流语言,是近3亿人的第一语言以及可能多得多的人的第二语言。费什曼(1977:第1章)详
78 细地论述了英语的使用范围、英语出版物、英语的学习人数以及通过英语学习知识的人数,这些足以证明英语已经成为一种全球性语言。

6.1.1 语言传播的原因

费什曼(1977:第2章)在接受了上述事实以后,接着分析了英语传播的原因。历史上各个帝国都推广过自己的语言,因此,有时会出现帝国已亡而语言犹存的现象。布洛斯纳翰(Brosnahan 1963)提到过比帝国寿命更长的三种语言,它们是阿拉伯语、希腊语和拉丁语。这些语言都有四个共同特点:首先,这些语言都是通过军事征服的手段被推广开来的,随后成为当地的行政工作语言;第二,这些语言所属的帝国在当地的统治都长达几个世纪;第三,这些语言都担当过多语地区的通用语的角色;第四,这些语言都给它们的使用者带来了更多的物质利益。一般来说,这些语言最初是作为附加语(additional languages)被大家所采用的,后来这些语言就成了这些人后代的母语。

在现代世界里,西班牙语的推广方法最接近上述帝国推广语言的模式。在南美洲的许多地方,西班牙语在很大程度上代替了当地土著语。在前英国、法国和比利时帝国,人们都把英语和法语

作为母语来使用,但是在更多的情况下,人们把英语和法语作为附加语来看待。布洛斯纳翰曾经提出过语言传播的四个条件,费什曼在其基础上增加了五个更有说服力的条件,即城市化、工业化、教育、宗教和政治依赖。费什曼对 102 个英语不是大多数人本族语的国家进行过研究,从而获得了相关的实证数据。他此番研究的目的是为了评价这九大条件作为以下几个有关英语传播的标准尺度(criterion measures)的预测项(predictor)有何作用。这几个英语传播的标准尺度是:英语是作为教学媒介语还是作为学校的一门学科;学习英语的人口百分比以及英语在社会各领域的综合使用状况。而英语的这些综合使用状况又包括:英语的官方地位,英语在行政、科技和高等教育领域的使用情况,英语作为通用语的使用情况,英语作为第一外语的使用情况,英语报纸的使用情况,英语在电台的使用情况以及英语书籍的使用情况。费什曼发现是否曾经是英国殖民地这一因素是最好的预测项,而大多数的其他因素都只有部分预测力。不过,语言多样性也是一个很重要的原因。多维度的回归分析(regression study)①显示以下几个因素都具有重要性:是否有过被英国殖民统治的历史、保留传统语言信仰的人数比例、对英语国家的出口贸易值以及语言多样性的程度。换句话说,在英语的传播中存在着复杂的和多元的因果关系。

6.1.2　阴谋理论

10 年后,人们对于语言传播有了一种新观点。如今,世界上

① 回归分析是处理多变量间相关关系的一种数学方法,就是在掌握大量观察数据的基础上,利用数理统计法建立因变量和自变量之间的回归关系函数表达式。

出现了许多不同的作为第二语言的英语变体，于是，人们正在逐渐认可熟练掌握英语的重要性。有些人对这种现象产生的原因给出
79 了一个更简单的解释。斯古纳伯—康格斯和菲利普森(Skutnabb-Kangas & Phillipson)①提出了一个新概念——语言主义(linguicism)。他们称语言主义就是强势语言对弱势语言的蓄意毁灭。正如种族主义和性别歧视主义过分地强调某一种族或某一性别一样，语言主义也过分地强调了某一种语言。斯古纳伯—康格斯、菲利普森等人认为，使用人数多和社会地位高的语言正在吞噬使用人数少和社会地位低的语言。他们强烈地感觉到小语种使用者所遭受到的痛苦以及语言弱势群体(例如，殖民地国家或地区的人们、移民、被征服国家的人们和少数民族)的遭遇——他们处处都被限制在社会经济体的最底层。作为语言学家，斯古纳伯—康格斯和菲利普森将全部精力都放在了语言的研究上，他们诠释了“语言帝国主义”(linguistic imperialism)和“语言灭绝”(linguistic genocide)两个概念，它们与真正的帝国主义和灭绝行为一样遭到了许多人的指责。斯古纳伯—康格斯和菲利普森两人也认为，语言帝国主义和语言灭绝现象既不是自然现象，也不是在不断变化的语言生态中各种因素相互作用而导致的综合结果，而是由于一帮趣味相投的人蓄意干涉所带来的简单而直接的后果。换句话

① 斯古纳伯—康格斯和菲利普森是一对夫妻，是“阴谋理论”的创立者和鼓吹者。斯古纳伯—康格斯是芬兰语言学家，供职于丹麦 Roskilde 大学，已退休，她的研究兴趣是语言政策、语言人权、少数民族语言教育、双语教育和英语传播等。菲利普森是丹麦哥本哈根商学院英语系荣休教授，曾在 Roskilde 大学工作过，研究兴趣是语言政策、语言人权、英语传播等，代表作有《语言帝国主义》。

说，它们是语言管理的后果。

菲利普森(Phillipson 1992)把上述观点应用于英语的教学，认为英语的扩散是语言帝国主义的结果。而语言帝国主义不同于经济帝国主义、政治帝国主义、军事帝国主义、信息帝国主义、文化帝国主义和社会帝国主义。过去，世界的运作之法就是世界中心(即"西方列强及其利益集团")的精英阶层控制着世界的边缘地带(即欠发达国家)(Phillipson 1992:52)。最初，这些精英阶层由殖民开拓者或殖民行政管理人员组成。后来，他们的殖民统治由接受过殖民语言教育的当地社会精英来代管。此外，国际组织也助长了殖民语言对这种优势的维持。事实上，菲利普森在此使用了奎堡那(cui bono)[①]论证法——通过询问获利人来找出导致某一后果的责任人。"在这种对后果负责与由行动获利的关系中，大部分的直接利益和间接利益都转向了世界的中心地带，而边缘地带依然处于仰人鼻息的境地。"(Phillipson 1992:57)

菲利普森认为，在许多国家英语已经发展成为一种强势语言，这一事实不足为奇，也无可争辩。同样不足为奇和无可争辩的是，据观察，这种现象很可能也出现在英国前殖民地国家。鲜见的观点是将英语的推广归咎于语言帝国主义，并认为英语的推广不但是一种语言霸权行为，也是当一系列复杂的和相互联系的条件具备时所出现的必然结果(如费什曼所说)，而且，还是由殖民宗主国的政府、公务员、英语教学专业人员以及边缘国家(即前殖民国家)的合作精英和接班人共同蓄意制定的语言政策所导致的结果。英

① 该词来自拉丁语，意思为"何人(从该罪行)得益而应为此负责"。

语的推广是自然发生的现象还是人为造成的情景？是诸多因素相
80 互作用而导致的意外结果还是政府官员精心策划而取得的管理成就？倘若答案都是后者，那么我们今天就有了一个语言政策成功的著名例子。

6.1.3 帝国主义、语言帝国主义和全球化

这里探讨两个问题。第一个问题是，语言帝国主义是否像菲利普森所说的那样不同于一般现象。因为一般的现象，如现代化、西方化、全球化和美国化，所表现出来的特点五花八门，所遭受到的攻击也形形色色。高尔唐(Galtung 1980)认为它们之间没有不同，他把语言归入文化帝国主义或社会帝国主义的范畴。倘若他是对的，那么我们就不能把英语的传播简单地看成是语言政策的问题。本人对语言中心主义(linguicentrism)也表示怀疑，建议人们应该从更广阔的视野来看待语言政策问题。

阴谋理论(Conspiracy Theory)的支持者经常引用布迪厄(Bourdieu)的相关理论。2002 年 1 月，也就是在布迪厄去世前，他发表了一篇论文总结了他对全球化的观点。他认为，民族国家的经济得到了发展，它们的经济与全球化形成了互相依赖的关系。全球化正朝着统一化和整合化的方向前进，其目标是要垄断权力的控制和剥夺部分人口的财产。国界的管理(例如，关税和外汇控制)限制了各个国家的继续扩大，但是世界经济领域(即全球化)的发展提供了一种克服国界限制的方法。这种方法包括把一种经济模式强加于世界上的许多地方，但是这种经济模式“植根于某一特定社会的传统，而且具有该社会的历史特征，这个社会就是美国社

会”，因此，这种经济模式的推广是为了美国经济的利益。全球化离不开经济、政治、军事、文化、语言以及形象，美国模式在这些方面都具备优势。在布迪厄看来，英语的传播无疑再次表明全球化是一次影响世界经济和文化的重要过程。如果情况果真如此，那么，像菲利普森那样把注意力集中在语言帝国主义的研究上，并把语言帝国主义作为一股单独的势力来对待，将影响更加重要问题的处理，如处理全球化过程中社会、经济、政治和文化等方面的因果关系。

第二个问题是我们是否有证据支撑菲利普森的观点，即英语传播的基础是核心英语国家及其政府有效的语言管理。菲利普森收集了大量关于语言实践、语言意识形态和语言管理的数据，这些数据的采集对象是众多的殖民统治的管理者、继任者和英语语言教学领域的专业人员。但是菲利普森把他们在语言管理方面取得的成效认为是理所当然的。如果不是法国三个世纪以来在语言管理方面的相对失败（如本书上一章所陈述的那样），今天我们就会 81
不假思索地拿法语来做成功语言管理的案例。如果说英语的传播是人为的语言推广政策的结果，那么说此话的证据是什么？我们能寻觅到比本书上一章所描述的法国语言推广机构更强大的语言推广机构吗？

事实证明，探究核心英语国家的语言政策要比探究法国的语言政策复杂得多。英国没有制定宪法[①]；而美国的宪法对语言问

① 英国的宪法没有完整的宪法典，只有不成文的宪法（unwritten constitution）。权利法案只是一个宪法性文件，而不是真正的宪法。

题只字未提;加拿大迫于魁北克民族主义运动接受了双语政策;而在南非,阿非利堪斯语和英语长期以来为争夺语言的主导地位一直争论不休,但是在认识到多民族和多语言的境况后,南非现在正在制定复杂的多语政策;澳大利亚一直试图找到一种行之有效的语言政策,在过去的若干年里,澳大利亚政府颁布了许多内阁文件,声称澳大利亚已成功地实施了多语政策,其中英语具有支配地位,作为第二语言的亚洲语言在经济领域中具有吸引力;新西兰最近在不影响英语支配地位(但新西兰宪法上并未明确说明这一点)的前提下认可了毛利语的官方语言地位。艾哲(Ager 2003)认为,英国只是最近才开始明确地表明本国的基本语言意识形态,如各政党对语言纯粹主义和英语作为身份标记的角色等问题表明自己的观点。同时,英国实行权力下放的政策,恢复了凯尔特语在威尔士和苏格兰的地位。没有一个人能从上述国家的传统中明确地找出一个如本书上一章中所描述的法国那样的语言政策机构——有中央政府的指导,完全统一的语言意识形态和高度发达的语言管理机构。

6.1.4 英语在英国的扩散

英国的历史展现了英语的缓慢发展历程。在诺曼征服(the Norman Conquest)①英国100年后,英语“诞生”了。从此,英语与

① 诺曼征服(1066)就是指诺曼底公爵威廉(后来的威廉一世)对英格兰的军事征服。诺曼征服给英格兰的社会和政治带来很大的变化,将这个国家与西欧联系得更紧密了。英语长时期受到盎格鲁—法语的影响,爱德华三世以前一直在文学和宫廷中使用盎格鲁—法语,在法律报告中则一直使用到17世纪。

英国官方使用的拉丁语和法语形成了分庭抗礼的局面。正像法国一样，当时英国的宫廷和法律界在语言的使用上也逐渐转向使用本地话(即英语)。用英国本地话书写的文献越来越多，这同样也支持了英国本地话的使用。当时英国语言的标准化主要依赖于公务员、教师、印刷商和自封的专家等人的自主活动，人们强烈反对建立语言学院的计划，并取得了成功。

事实表明，除英格兰本地外，其周边地带的人们也逐渐接受了英语。《1536 年合并法》(*1536 Act of Union*)①规定英语是英国唯一的法律语言和官方语言。但是威尔士语依然在后来的数个世纪中呈现出强劲的发展态势(Jones 1998b)。英国“基督教知识传播协会”(the Society for the Promotion of Christian Knowledge)主办的巡回学校(circulating schools)②给威尔士一半的人口进行了威尔士语读写能力的培训，所以，威尔士大多数地方的人们主要 82
还是使用威尔士语，这种现象一直延续到 18 世纪中叶。一个世纪以后，受到威尔士语阻碍了威尔士的物质和精神发展论调的驱动，威尔士公立学校开始不鼓励人们使用威尔士语。该语言政策的实际效果并未立即显露出来，过了一段时间后，威尔士开始出现了语言丧失的现象。不过，导致语言丧失的原因似乎是许多非语言因

---

① 1066 年诺曼底公爵威廉渡海征服英格兰，建立了诺曼底王朝。1536 年英格兰与威尔士合并，并签署了《1536 年合并法》。

② 巡回学校为英国威尔士牧师格里菲斯·琼斯(Griffith Jones，1684—1761 年)为传播宗教知识所创。教师采取非固定地点教授方式上课，即利用当地人提供的房间或仓库，巡回在每个讲授点上课大约三个月。内容主要为《圣经》阅读，语言为当地威尔士语。据说当时参加过巡回学校学习的人达到 20 万。不仅传授了宗教(特别是卫斯理派)知识，也对当时威尔士语扫盲居功甚伟，亦对现代小学教育的产生具有影响。

素。例如，大量说英语和爱尔兰语的工人涌入威尔士；铁路为人口的流动提供了方便；第一次世界大战使许多威尔士青年男性丧失了生命；宗教信仰的人数在下降等。由此可见，影响语言使用的关键因素似乎不是语言管理，而是社会变革与人口变化。

英语占据英国和爱尔兰的时间相对较晚。18世纪末，英语就已经占领了康沃尔郡(Cornwall)①和威尔士的部分地方，但是并没有占领爱尔兰和威尔士的其他地区(Barbour 2000:25)。那时，盎格鲁英语的方言依然丰富多样，而只有一小部分社会精英(大约占总人口的3%)在使用英语的官方语体，即标准英语(RP)，其余的大部分人都拒绝使用英语的官方语体(Barbour 2000:29)。英国南部的私立学校对学生的选拔非常严格，从19世纪起，从这些私立学校毕业的社会精英开始推广带有尊贵语调的标准英语。除了这些社会精英外，凡是非英语使用者、非标准英语的使用者、非带有尊贵语调的标准英语的使用者、穷人、天主教徒、非基督徒、非英国国教徒、文盲、接受非精英学校教育的人甚至包括妇女以及地方大学的毕业生，都处于语言的弱势地位。这种语言因素和非语言因素的独特组合形成了被认为是英国优良标准英语的模式。因此，此时根本不需要正式的和显性的语言管理。由于老一代社会精英的势力正在逐渐减弱，现今英国社会，特别是保守党内部，出现了一批这样的人——他们正在为制定显性的标准语言政策而努力(Wallace and Wray 2002)。

---

① 康沃尔是位于英格兰西南角的一个郡。

6.1.5　殖民地的英语

从上一节的内容，我们看到，英国并没有一贯的语言政策。在下一章分析美国的语言政策时，我们会发现美国也没有一贯的语言政策。那么，我们怎样来解释英语的广泛传播以及英语最终成为国际强势语言的现象呢？一个很明显的答案是：向殖民地输送移民。在核心英语国家（例如，澳大利亚、新西兰和加拿大的大部分地区），使用英语的移民人口数量从 19 世纪开始就超过了土著居民和其语言移民的人数，英语轻而易举地获得了强势语言的地
位。当然也有例外：在南非和加拿大的魁北克，其他欧洲语言的移 83
民数量很多，多到足以获取某种形式上的政治独立或政治平等的地步。在澳大利亚，土著居民人口数量小，小到几乎可以被忽略不计的程度。在新西兰，当殖民人口数量超过土著毛利人的数量时，学校语言政策的改变，加之大量毛利族人从乡村迁徙到城市等原因，最终导致了毛利人自然的代际传承的语言——毛利语的丧失。新西兰政府只是在最近出于政治的需要，才对这种语言流失现象进行调查，但是未加干预。所以，在核心英语国家，英语在权利地位和使用者数量方面都享有绝对的优势。

然而，在大英帝国占领的其他地方，说英语的殖民者人数相对较少，要想在这些地方树立英语的地位就更加困难。整个 19 世纪，人们都在争论应该采取什么样的语言政策和教育政策。当时的共识是：大英帝国有责任为殖民地的土著人提供教育，从而使殖民地步入现代化和西方化的行列。而辩论的焦点在于：用什么语言来进行教育。对于法国、比利时、西班牙和葡萄牙的殖民地来

说，答案非常简单：文明开化源于掌握某种欧洲语言，而且只有这种欧洲语言才能在殖民地的教育和官方场合使用并得到认可。

有些来自英国东印度公司和东印度公司的继任者——印度民政局(Indian Civil Service)的官员，主张在印度实施同样的语言政策，并在印度一小部分的城市精英学校里实施这种语言政策。然而，印度的东方学专家则主张在大众教育中使用当地语言作为教学媒介语。有些其他殖民列强也主张实施支持地方语言的政策，这方面最典型的例子似乎非荷兰莫属，荷兰的殖民地仅限一小部分社会精英使用荷兰语(Groeneboer 1998)。

综合上述两个极端的语言教育政策我们发现，英国在其殖民地实施的语言教育政策一般是：大众小学教育用当地语言进行；随着年级的增长，学生的竞争加剧，因此，小学之后的教学语言从双语逐渐过渡到单语(即英语)。目前，世界上的许多地方也都接受了这样的语言教育政策，即小学教育使用母语，中学和高等教育则使用一种更强势的语言。人们将执行这一语言教育政策看作是实施基本人权。

法国、荷兰和英国对于殖民语言政策具有相同的当代语言信仰：殖民地居民不可能实现高水平的西方化。这些殖民宗主国都具有家长作风和帝国意识，它们认为宗主国为殖民地提供的语言
84 和文化对于这些被征服之人是大有裨益的。或许大多数殖民帝国的情况的确如此，但是一个重要的结果却反映了英法语言政策的差异：从英国殖民统治中独立出来的国家，其百姓通常接受过足够的用一种或多种本地语言进行的教育，因此他们掌握了这些本地语言，这使得这些国家在独立后有足够的本地语言作为国语的遴

选对象。然而，对于从法国殖民统治中独立出来的国家来说，它们长期以来在政府部门和教育领域都使用法语，而且严禁使用本地语言，这使得这些国家在独立后选择国语时无所适从。在这些国家中，只有当国内出现强烈的反法民族主义情绪时，国语的选择问题才可以得到解决。

菲利普森在论述英语语言帝国主义时的主要论据，都是引用英国的行政管理人员以及后来的美国行政管理者和英语语言教学专家在讨论语言政策时所提出来的论据。菲利普森引用了托马斯·麦考莱于 1834 年写的《麦考莱印度教育备忘录》(*Minute of Thomas Macaulay*)，这是一本引用率极高的书。当初，托马斯·麦考莱是印度最高委员会(the Supreme Council of India)成员。麦考莱在印度工作的四年间建立了欧洲人和印度人在法律事务上享有平等权利的制度，创建了具有西方特点的印度教育体系。在关于教学语言的争论中，托马斯·麦考莱坚定不移地站在英国人一边。艾文斯(Evans 2002)认为，菲利普森夸大了《麦考莱印度教育备忘录》的重要性，因为在麦考莱写该《备忘录》的几个月之前英国就已经做出了在印度实行英语教育的决定。莫翰迪(Mohanty 2002)指出，《麦考莱印度教育备忘录》的出版并没有终结印度有关英语教育的问题。有关英语教育的争论在印度一直持续不断，1854 年伍德(Wood)阐述了最终达成的妥协：教育的基础阶段使用当地语言作为教学媒介语，教育的高级阶段使用英语作为教学媒介语。只要有要求，在任何教育阶段都可以教授英语，但是英语不能用来代替当地语言(Pennycook 1998：70)。

印度的教育由两种形式构成：一种是精英教育，用英语进行；

另一种是大众教育，用各种主要的印度语言进行。同样，在非洲，语言教育的理论和实践也都发生了变化。传教士把西方教育介绍到非洲大陆的许多地方，但是他们自己却经常遭受各种攻击：要么指责他们过分强调英语；要么批评他们因为教授当地语言，用当地语言来提高学生的文化水平而怠慢了英语。当殖民地国家建立自己的学校时，它们也采取了各种方法来防止教育中只存在一种主要语言的语言意识形态和语言政策。

事实上，菲利普森不但谴责殖民者在教育中使用英语的方案，也同样谴责殖民地国家在教育中使用母语的方案。例如，1925 年英国殖民地事务办公室做了一个政策报告(该报告曾接受美国一个慈善机构的经济援助)，其中提到在非洲教育中使用母语教学的情况。菲利普森认为这种现象与当年美国在南方各州对黑人实行隔离教育的做法如出一辙。菲利普森这种语言中心论的分析方法
85 分散了人们对核心问题的注意。不论是使用宗主国语言作为学校教学媒介语的殖民语言政策，还是使用当地语言作为学校教学媒介语的殖民语言政策，好坏都可以从正反两方面来解释，它们都不是问题的核心。关键是，一个国家通过殖民来统治另一个国家，进而导致了事实上不可克服的不平等现象。换句话说，真正的问题不是语言帝国主义，而是帝国主义。

菲利普森的核心观点就是证明英语的传播是英美两国政府都在积极寻觅的一件有利于自身的事情。在他看来，在英语的传播中，一个主要的谋划者就是英国文化委员会(the British Council)。该机构成立于 20 世纪 30 年代，当初的目的是为了对抗德国和意大利的宣传机构。英国文化委员会与其他主要列强建立的类

似机构一样，都是与本国驻外使馆的文化参赞协同工作。根据菲利普森的观点，美国的语言传播机构是该国的出版社和大学。因为出版社出口英语书籍，而大学则接受外国留学生。除此之外，美国还有许多机构在 20 世纪 60 年代后期开始从事英语教学活动。例如，菲利普森认为，美国的“和平队”(the Peace Corp)也是美国的一个英语传播机构。美国的这种机构在性质上完全不同于法国的语言传播机构，后者得到了法国中央政府的指导。那么，美国的这种机构能够制定出比法国的类似机构更有效的语言管理方面的规划吗？从表面上看，这似乎并不可能。所以，任何积极主动的政策制定或语言管理充其量只不过是众多导致英语传播因素当中的一个。

康拉德(Conrad 1996)对菲利普森的理论假设进行了抨击。首先，菲利普森的理论假设是语言具有力量。在菲利普森看来，任何人只要学习了另一门语言，这个人就会被这门语言所控制。康拉德认为，学习任何一门语言都可以增加一个人的力量，正是为了寻求这种力量，有越来越多的人想要学好英语，但是，一个人不会被这种语言的力量所控制。其次，菲利普森使用了有关社会变革的冲突理论(conflict theory)①。库帕(Cooper 1989)对冲突理论曾经有过描述：冲突理论假设平衡是不正常的，社会的变革来自社会各个部门之间不断的利益之争。马克思曾经用经济学术语对冲

① 冲突理论是 20 世纪 50 年代中后期形成的西方社会学理论，以率先反对当时占主导地位的结构功能主义而著称，它强调社会生活中的冲突性并以此解释社会变迁。该理论最早是由卡尔·马克思提出来的，后来经马克斯·韦伯等人的研究得到进一步的发展。

突理论进行过陈述。康拉德反对菲利普森的假设——因为殖民语言与其所属的殖民列强有关，这是自动保留殖民统治者权力的一种方法。当殖民列强选择使用当地语言时，菲利普森进行了同样的抨击。菲利普森认为这只是保留殖民统治者权力的另一种方法，该方法让殖民地的各族人民继续与本国的上层社会保持距离并继续过着地位低下的生活。康拉德则认为语言主义在这样的分析中没有起到真正的作用，帝国主义才是导致这种现象的真正罪
86 魁。康拉德也不同意语言即力量的隐喻所推导出的英语正在不断自我扩散的论断。语言冲突并不是指语言本身会相互冲突，而是指人们利用语言来引起人们之间的冲突，或者从另一种观点来说，是个体之间在选择所要学习和使用的语言时处于冲突之中。此时，我们不要受英语一直处于强势地位的笼统结论的影响，我们需要详细地研究在具体的社区中，英语是如何成为人们语言选择的目标的。

在此，我们拒绝接受菲利普森有关语言帝国主义的强式论，但这并不意味着语言政策的研究应该摒弃有关推广语言或者劝说人们使用这门语言而不是那门语言等方面的努力。但是，无论在上述哪种情况下，我们都应该认清构成政府语言意识形态和语言管理行为的真正成分是什么，而不是像菲利普森所认为的那样，把英美所有的政策和利益都看成英语在全球范围内传播的动因。

6.1.6 对语言帝国主义的实证研究

在 1977 年费什曼首次提出英语语言传播问题的 20 年后，费什曼、鲁博尔—洛培兹和康拉德（Fishman，Rubal-Lopez and Conrad 1996:3)开始为菲利普森提出的语言帝国主义理论寻找实证数据。他们要回答以下三个问题:第一,英语还在扩张吗?第二,如果英语还在扩张,那么这些持续不断的英语扩散现象是英语国家直接统一管理或有意培育的结果吗?或者说英语的扩散对这些英语国家有开发利益吗?第三,还有其他力量在促进这种持续不断的英语扩散吗?

事实证明这些问题很难回答。鲁博尔—洛培兹(1996)分析了从 117 个国家收集来的资料。这些资料记载了这些国家在语言、经济、政治、军事和宗教方面的 81 个不同特点。从 1977 年到 1996 年的 20 年里,到英语国家留学的外国学生人数在不断攀升。拥有英语报纸的国家也越来越多:1977 年有 55 个,1996 年有 84 个。英语报纸的发行量也越来越大,非洲增长最快。导致这些变化的因素很多,包括军事、语言、经济、福利、社会发展、政治以及宗教。在前殖民地国家或地区,语言的异质性(linguistic heterogeneity)是个重要因素。当这些国家或地区摆脱了殖民统治后,国语或官方语言的选择就成了这些国家或地区的一个棘手问题。此时,它们选择英语就把这个问题给解决了。此外,经济是另一个重要因素,也是一个复杂因素:其一,贸易与英语有关,与其说英语与非英语国家的进口(从英语国家)有关,还不如说英语与非英语国家的出口(向英语国家)有关,所以鲁博尔—洛培兹认为,推广英语的受益方不是殖民者,而是被殖民者。其二,人口流动(从非英语 87
国家到英语国家)与英语有关,在经济地位较低的国家(往往是非英语国家),学生更可能到国外(往往是英语国家)去留学。其三,医疗与英语有关，证明医疗服务水平更高的各种指标也预示着医疗服务部门需要使用更多的英语，这也许是由于发达的医疗需要科学的医疗教育（往往是在英语国家）。总之，像费什曼（1977）一样，鲁博尔—洛培兹也找到了有力的证据来解释影响英语传播的两大预测项：一是前殖民地国家的语言异质性；二是非殖民地国家从英语国家获得的“热量摄入”（calorific intake）。

费什曼（1996：623）自己曾专注于研究 20 个前英美殖民地国家语言使用的“当地详情和独特历史经验”。在这些国家中，只有五个国家还依然在小学教育中基本使用英语教学，但它们的高等教育还保持着很高的英语化（anglicized）。在这些国家中，书籍的出版比报纸的发行更倾向于使用英语，而其他媒体比书籍或报纸又更倾向于使用英语。甚至在前英国殖民地国家中抵制英语最强烈的三个国家或地区——加拿大的魁北克、斯里兰卡和苏丹，仍把英语视为地区间高级经济技术活动中的常用语言。在这 20 个前殖民地国家中，有一半的国家把英语作为它们的官方语言或者从法律上认可了英语的地位；有六个国家在事实上认可了英语的地位。有证据表明，在许多其他国家中，英语也越来越多地用于非正式或非国际化的场合。费什曼相信，英语的这种功能划分不但适用于英美前殖民地国家，而且也适用于整个世界。

费什曼（1996：639）警告人们不要滥用一些像“帝国主义”和“新殖民主义”（neocolonialism）之类的术语：

在大多数前英美殖民地国家和利益相关领域，英语的使

> 用不再如此大量地反映外来的和强加的霸权行为（当然不是通过武力保持下来的霸权行为，更不是通过外国军队保持下来的霸权行为）。当今，英语的使用是各种高度自治社会中日常话语的一部分，事实上，所有的社会都是在按照它们自己的“一般需求和愿望”在使用英语。

换句话说，在当今世界，大多数国家使用英语的动力是自发的，推动着英语传播的力量是社会经济，而不需要依靠外在的鼓励或者正式的语言推广政策。

英语已经扩散到世界上其他的非英美殖民地地区，这一现象越加使人们怀疑语言帝国主义这一假设。岑诺兹（Cenoz 1998：175）描述了英语在欧洲巴斯克地区变得日益重要的现象。霍夫曼（Hoffman 1998：145—6）注意到，英语实际上已经是北欧的通用语，各个专业场所都使用英语，甚至在法语国家或前法语国家（例如，突尼斯、柬埔寨和越南），有证据表明英语的推广越来越普遍。在匈牙利，外语学习的势头每况愈下，但是，英语的学习态势却依然保持强劲（Dornyei and Csizer 2002）。

大量数据表明，英语的推广不是众所周知的语言管理机构所 88
努力的结果。语言政策对英语的推广是有影响，但是，现在影响英语推广的主要因素不是各帝国本身或主要的语言推广运动（例如，法语、西班牙语和葡萄牙语还在利用这些运动来推广），而是世界不断变化的性质以及由此而导致的不断变化的语言系统的性质。一方面，由于英语已经被广泛地推广，另一方面，由于尚存的主要超级大国有意地到处使用英语，所以，英语作为国际交流中最有价值的高度集体化商品(hypercollective goods)[①]而被人们广泛使用(详见本章下一节)。

6.1.7 全球语言系统

德斯万(de Swaan 2001)根据另外一种理论(即全球语言系统理论)对英语推广的现象进行了解释。他认为,正是个人多语化(individual plurilingualism)把人类聚合在一起。否则,使用6000多种不同语言的人互相之间无法进行交流。不同语言社区之间的非任意性联系构成了德斯万所说的全球语言系统。多语使用者把彼此相互不通的语言连接起来,从而形成了有序的、层次分明的语言系统。世界上大多数语言都是边缘语言,它们只用于当地的口头交流。两种边缘语言的连接依赖于会说这两种语言的人,但是,这种人现在变得越来越少。因为人与人的交际不是越来越趋向于邻村之间的交际,而是各村庄与该地区首府之间的交际。于是,边缘语言的使用者都倾向于学习同一种第二语言,这种语言就成了该地区的中心语言(central language)。

德斯万估计,在全球语言系统中,大约有100种语言占据中心地位。这些中心语言的使用人口共占世界人口的95%。而且,这些语言一般都是小学的教学媒介语,有些还是更高年级的教学媒介语。同时,它们还应用于大众媒体、政府部门和法律界。其中有些语言是某些国家的国语或官方语言。在中心语言的使用者当中,许多人都具备多语能力:他们会使用一种中心语言和当地的边

① 高度集体化商品就是指使用人数越多其价值就越大的商品。

缘语言，这主要是因为边缘语言的使用者在通常情况下都学会了一门中心语言，反之则少见。当中心语言的使用者要学习另一种语言时，他们往往都会选择地位更高的语言，这些地位更高的语言便构成了核心语言（super-central languages），它们是：阿拉伯语、汉语、英语、法语、德语、印地语、日语、马来语、葡萄牙语、俄语、西班牙语和斯瓦希里语。这些核心语言都会以自己为中心形成一个大的“语言星座体”（constellation）。这些语言的传播都可以追溯 89
到历史上与这些语言对应的帝国在世界各地的扩张时期。

全球语言系统的变化发展情况可以用经济学中的一些概念来进行解释。德斯万认为，语言是一种高度集体化商品，取之不尽，用之不竭。尽管学习语言需要投资，但是，最起码在理论上可以说，任何人都能学习语言。语言也像标准，因为它们是约定俗成的。同时，语言还像网络，因为它们为人们的联系提供渠道。正如德斯万所说的那样，从经济学的观点来说，选择一种标准、网络或语言就是一种投资，一种语言越有价值，它的寿命就越长，它的使用者就越多。所有的网络系统（例如，电子邮箱）都有一个特别的外部效应：就是系统用户越多，个人用户受益就越大。语言比公路网络或电话网络更有优势。公路网络和电话网络都要收费，这就限制了一些用户的进入。由于语言是高度集体化商品，所以有可能会出现这样的蜂拥现象：有些人为了获取这些商品要挤进去，有些人则为了摆脱这些商品要冲出来。当一门语言到了最后的消亡阶段时，其使用者会越来越少，这导致其他人也不再使用这门语言。而当大家都蜂拥着学习一门中心语言时，其使用者越多，想要学习这门语言的人也就越多。

德斯万提出了一个建议——建立一种可以计算语言使用者和语言学习者的语言价值的体系。语言的交际价值或Q值(Q-value)[①]要考虑到语言的普及率(prevance)(即在一个语言星座内使用该语言的人数)和中心度(centrality)(即掌握了第二语言并能用它进行交流的人数)。例如,在荷兰,荷兰语既是当地的盛行语言,又是当地的中心语言。弗里西亚语和苏里南语(Sranan)[②]的使用者都能够通过荷兰语来进行相互间的交流。然而,在欧洲范围内,几乎没有人在低地国家(Low Country)[③]之外使用荷兰语。所以,荷兰语在欧洲范围内的中心度不高。总体而言,在欧洲的语言中,德语的本族语使用者人数最多,因此,德语的普及率高。而英语在欧洲的本族语使用者人数要少得多,但是,英语拥有最多的第二语言使用者,这使得英语的中心度高。在许多地方的语言系统中,英语担当着中心语言的作用,它使得阿拉伯人可以与俄国人交谈,法语国家的人可以与中国人交谈。

德斯万认为,上述这种交流模式是全世界都转向使用英语的基础。全球化提高了全球语言系统的水准,人们追求Q值的最大化,即把Q值计算到最高层级,显然,英语是最好的选择。德斯万认为,这不是事先设计好的,而是"由许多个人的决定(包括不做任

① 译者于2010年在长春召开的一次国际会议上特意请教过德斯万有关"Q值"的问题。他说,Q不代表任何单词,就像数学中的X不代表任何单词一样。Q是指人们(特别是儿童)对不确定未来的一种美好憧憬,这是荷兰人的一种特殊用法。Q值是指语言的交际价值。

② 苏里南语,也叫塔基塔基语(Taki-Taki),是一种在南美苏里南广泛使用的以英语和葡萄牙语为基础的混合语。苏里南的官方语言为荷兰语。

③ 低地国家是指包括荷兰、比利时和卢森堡三国的欧洲西北部地区。

何决定的决定、放弃的决定和遵从的决定）所导致的非蓄意的结果。大家完全没想到这些决定的综合结果会产生这样一个更大的语言星座”（de Swaan 2001：186）。德斯万最后总结说，这是一个无心插柳柳成荫的过程。

在解释世界性语言[1]的传播方面，德斯万提出的全球语言系 90
统模式比阴谋理论更具有说服力。因为该模式阐释了中心语言、核心语言和世界性语言各自的吸引力，这正是当今大多数民族国家的语言政策所面临的一个主要问题。

6.2　英语是被推广的，还是自己扩散的？

倘若我们可以证实英语的推广如菲利普森（Phillipson 1992）所提出的那样是核心英语国家（尤其是美国和英国）的语言政策所导致的结果，那么，这将成为语言管理中一个重要的成功典范。然而，至今我们也没有确凿的证据可以支持这种观点。英语作为第一门真正的世界性语言，它的推广和发展似乎正是由于它恰到好处地利用了世界语言系统在过去一个世纪中的变革。我们应该在这些经济、技术、政治、社会、宗教和社会结构的变革中寻找根本原因，而不是仅仅关注语言变革。这些变革提供了实用向心力（centripetal pragmatic force）。在语言系统和网络的每一个阶段，向心力都会利用最高的 Q 值来提高语言的价值、渴望度和吸引力。与这

① 德斯万在专著《世界上的语言》中把核心语言之上的语言叫“超核心语言”（hypercentral language），也就是世界语言，即英语。

种力量背道而驰就会产生象征离心力(centrifugal symbolic force)。象征离心力促使人们建立或保持族群语言、地方语言或国家语言。这些都是阻止英语或其他强势语言发展的源头,用费什曼的话来说,它们的最大特点就是扭转语言转用(详见本书第 12 章)。

英语发展成为一种世界性语言并不是语言管理的简单结果,也不是语言管理的最终结果。确切地说,它反映了地方和个人对语言习得所做出的各种决定,他们做出这些决定是为了应对世界语言系统中的各种变化。因为英语的传播是无法进行管理的,很难预测未来将要发生的情况。到目前为止,许多国家在阻止英语的扩散方面所采取的语言管理措施(例如,法国、巴西和俄罗斯的法律和相关机构都设法把英语排除在外)似乎都没有显著的成效。欧共体(包括现在的欧盟)一直花费大量的时间和金钱坚持在机构内部使用各成员国的语言,但是,我们有理由怀疑,除非突然出现便宜而准确的机器翻译工具,否则用于口头和笔头翻译的机器也会因为日益增长的压力而最终瘫痪,从而使得世界上最强势的通用语有机可乘。为了减轻使用英语而带来的一些压力,人们在电子交际中越来越多地使用其他语言,这是一个特别重要的发展。
91 但是,这种方法只适合人们使用当地语言与当地人的交流。但不管怎么说,这明显是一个警告——语言使用情况可能会发生变化。一种情况是,英语可能会直接发展成为一种中立性的辅助语,它比世界语(Esperanto)①更有效也更成熟,但与英语本族语使用者的

① 世界语是波兰眼科医师 L. L. 柴门霍夫(Zamenhof,犹太人,1859—1917 年)于 1887 年设计的一种人造语言,试图用作国际通用的第二语言。世界语的词汇大都源自欧洲诸语言,有共同词根,全部词的拼写与发音都一致。国际世界语协会(1908 年创立)在 83 个国家中都拥有会员,讲世界语的人数估计有 10 万至数百万。

关系将会越来越淡漠。另一种情况是，经过 40 年人类对机器翻译的研究，功能强大的新型硅片也许最终可以为人类提供期待已久的服务——使我们只要对着设备说我们自己的语言即可。

同时，我们在理解语言政策时，必须提到两个基本要点。第一，英语的传播不是睿智的或者专门的语言管理的直接结果。第二，英语作为一种全球性语言已经成为任何民族国家在制定语言政策时都需要考虑到的一个因素。

第7章　美国是有语言政策还是仅仅有民权？

7.1　美国宪法中的语言

尽管有证据表明，英语的传播并非是成功的语言推广政策的直接结果，但是，人们依然心存疑问，即英国和美国究竟有没有制定语言政策呢？倘若回答是肯定的，那么，它们的宪法里为何没有任何有关语言政策的明文条款呢？它们的语言政策在何处？人们如何才能发现这些语言政策？

在英国，人们向来就几乎不讨论语言政策之事。只是最近才有些迹象表明，人们逐渐接受了如下两种观念：一方面，教育系统有责任确保预期的语言规范得到维护；另一方面，政府同意威尔士和苏格兰的语言独立，并视此为权力下放的一种表现。

相比之下，尽管美国的宪法同样也没有明文规定如何制定和实施语言政策，尽管美国也一直反对建立语言研究院(language academy)或任何其他行政机构用于负责语言政策的制定和实施，但是，在美国历史上出现过不少因国语政策而引发的问题。例如，在独立战争期间以及独立战争之后，美国的确出现过国语争论的问题。然而，美国对于这个问题一直没有做出过任何正式的决定。美国从英国的统治中独立出来并没有导致美国去寻求新的国语。后来才有人提出过动议，要求正式标明美国英语与英国英语的差异(Weinstein 1982)。马歇尔(Marshall 1986：11)毫不怀疑地说："我们国家的缔造者不愿意宣布一种官方语言，正是因为他们觉得语言是个人的选择问题。"

或许，当时人们都明白，英语是这个新独立国家的语言。赫尔南德斯—查韦斯(Hernandez-Chavez 1995)认为，美国选择英语来书写宪法就表明了其强调英语和压制其他语言的政策的开始。后来加入美国联邦的各州(例如，新墨西哥州和路易斯安那州①)都要求在本州民众的个人语库中添加英语。此外，正是由于美国的 93
教育不是由联邦政府来控制，而是由各州自己来决定，因此，可以认为美国各州都有权制定本地的语言政策。20 世纪 20 年代，美国出现的排外潮(xenophobia)也许代表了整个国家语言意识形态的取向，但是，美国任何语言政策的实施(例如，禁止双语教育的计划)都是在州或地方层面上进行的。只有某些非政府组织、私立团体或专业机构才会为制定全国范围内的外语教学政策而努力。

殖民时代初期，美国的语言模式在语言实践中就以多样性为特点(Lewis 1980)。北美殖民化过程本身就是一个语言多样性的发展过程：1513 年美国开始使用西班牙语，1583 年加拿大的纽芬兰开始使用英语，1605 年加拿大出现法语使用者，1623 年纽约发展了荷兰语，1683 年费城有了德语使用者。然而，不要以为美国

① 因为这两个州以前分别盛行讲西班牙语和法语。

语言实践中的"语言多样性"与写进宪法和《民权宣言》[1]里的"个人自由"等概念会自动地促使美国毅然决然地接受多语制。正如在法国大革命时期人们提出的"自由、平等和博爱"口号并不能阻止这场运动对地方语言的摧毁一样，新独立的美国同样不会做出任何重要的承诺来保持美国语言的多样性。殖民统治集团对先前的语言[2]所表现出来的容忍度是有限的。在大多数情况下，美国土著人被迫使用欧洲语言。随着美国对其他欧洲殖民统治集团的征服，这些殖民统治集团的语言也就逐个地被日益霸道的英语所淹没。西班牙语在1848年就失去了在美国的霸主地位，德语和法语在美国的地位也逐渐式微。由于以前法语在路易斯安那州和西班牙语在新墨西哥州的地位，所以，法语和西班牙语分别在这两个州还有些市场。但是，这并不能保证它们能在这些地方长期维持下去。

19世纪，美国社会的特点是移民猛增，这些移民主要来自欧洲。美国人口从1790年的不足400万增加到1974年的2.11亿。这些移民到来的同时也带来了不同的语言和民族。虽然有些移民试图建立自己的语言生活圈，但是，大多数移民还是设法适应以英语为主导的文化。

7.1.1 移民到美国

从世界各地带到美国的语言构成了美国复杂的语言马赛克现

---

① 《民权宣言》(*Declaration of Rights*)也译《权利宣言》，是1689年由英格兰议会通过的法案，确立威廉和玛丽的联合统治，旨在确保英王法令需经过议会同意才可生效，后收入《权利法案》。

② 这里"先前的语言"是指美国的土著语言，特别是美国印第安语。

象，费什曼(1966)对这些复杂的语言马赛克的命运进行了研究，记录了语言同化过程的结果。他的研究资料揭示了大部分从非英语国家来的移民是如何在两三代之间就转向了英语的。但是这种现象并不具有普遍性和长期性，因为美国同时还存在着一个相反的现象，这两种现象从而形成了一种平衡状态。费什曼(1966:15)总结说："这两个现象是指：一方面是去民族化(de-ethnization)和美 94
国化的过程；另一方面是移民对自己原有语言和文化的自我维持过程。在整个美国的发展历史中，这两个现象同样无处不在。"

克洛斯(Kloss 1966)对语言消亡的潜在原因做过调查，他发现大多数语言变项(例如，语言的大小、语言培育的层次或语言使用的地点)都具有正反两方面的影响。似乎越早被普遍接受的语言(法语是这方面的最佳例子)，其维持的时间越长。而自我封闭的社区缺乏从社会、政治、宗教、文化和经济的角度与主体文化进行接触，这些社区在保持他们的本族语言方面也是成功的。例如，属于阿曼门诺派教徒(Amish)和哈西德教徒(Hasidic)①的犹太人社区是这方面的典型例子。鉴于此现象，费什曼自己提出了一个更加笼统的论点：有些土著群体或移民群体要么被人拒绝参与社会流动(social mobility)，要么自己抵制社会流动。于是，英语之外的语言很可能就在这些群体中得到了保护。由此可见，我们似乎有理由认为美国的语言意识形态就是呈现语言整合的状态，或者接受语言整合的观念。当一个社区认识到现代化和统一化的重

① 哈西德教徒是公元前 3 世纪及公元前 2 世纪巴勒斯坦的严格正统的犹太教教徒，该教派反对希腊文化对其信仰的影响。

要性时，语言整合是解决语言多样性的最有效方法。

有些学者（例如，Ricento 2001）发现，在19世纪晚期美国定期发表的一些声明中已经存在了这种语言意识形态。帕福连柯（Pavlenko 2002）对这种语言意识形态的发展过程进行过描述。说不同语言的移民正在加入一个本来就是多语的社会。美国宪法中没有任何与语言有关的条款，这可以从以下两个方面来进行解读：一是美国不愿对多语制做任何承诺；二是美国容忍多语制。起码在19世纪，如下事实表现了美国对多语制的容忍：加利福尼亚州和路易斯安那州正式承认了双语制；另一场语言运动要求美国政府承认德语是宾夕法尼亚州和俄亥俄州的官方语言。此外，在美国的教育实践中，人们也接受了多语制。

美国在1868年通过了《宪法第14修正案》，该修正案重申了平等保护原则：

> 第一条，所有出生在美国或已经加入美国籍的人都是美国公民，也是他们所居住州的公民。因此，他们受到司法的管辖。任何州不得制定或实施任何剥夺美国公民特权或豁免权的法律，任何州在没有经过适当的法律程序时也不得剥夺任何人的生命权、自由权、财产权。任何州也不得在司法权范围内否决任何人的平等的法律保护。

可是，有些群体却遭到了不公平的待遇。例如，美国土著人曾
95 经被强制进行整合和被迫英语化；中国和日本移民的子弟曾经被
挡在正规的学校体系之外。19世纪80年代，大量的移民开始涌

入美国，这使得美国对语言多样性的容忍度开始变得更小。此时，以德语作为教学媒介语的教育再也得不到任何支持了。这批移民的主要来源地不再是北欧，而是南欧和东欧。美国的许多移民是天主教徒或犹太人。他们移美后继续去用他们的母语作为教学媒介语的教区学校（parochial school）①上学。由于天主教徒或犹太人在语言和文化上与众不同，因此他们被看成是接受教育少和天生智力低的人群。19 世纪 90 年代，美国政府通过各种努力，尤其是通过英语的教学，来加快对这些移民的同化过程，然而，结果却是事与愿违。

在第一次世界大战期间，美国的仇外情绪日益高涨。战争引发了民族主义，再加上反德情绪的驱使，美国民族主义不光体现在英语的学习上，而且还体现在对美国的忠诚上，所有的移民都要放弃对其他任何国家的忠诚。各个图书馆的德语书籍被下架，德语剧院被关闭，德语音乐被禁止，学校的德语教学被叫停（Pavlenko 2002：179）。美国有 30 个州通过了有关强迫不懂英语的外国移民参加夜校的法律，有 34 个州规定英语为公立学校的唯一教学语言。到第一次世界大战末期，人们以前对双语制的积极态度已经被一种广为流传的语言信仰所取代，即双语制毫无作用，学校教授外语是件糟糕透顶的事情，因为它会怂恿移民去维持各自的语言遗产。于是，双语制变成了一个与“智力低下”和“爱国主义缺失”相联系的词。帕福连柯认为，20 世纪 30 年代美国的语言意识形态绝对是单语制。

---

① 教区学校这个词主要在美国使用，它相当于英国的教会学校（church school）。

然而，在谈论美国或者其他任何民主政权时，使用“意识形态”这一术语似乎并不合适。美国内战后的重要思想家，例如，奥利弗·温戴尔·霍尔姆斯(Oliver Wendell Holmes)和托马斯·杜威(Thomas Dewey)，他们都把民主的基本含义看成是思想的自由市场，而不是意识形态的自由天地。民主意味着开放和包容各种思想，当然也包括自己不赞同的思想。20 世纪初人们提出了学术自由的观念，目的就是要设法弄清楚这种反意识形态观点的实质：在一个自由的社会里，另类想法和少数人的观点必须得到保护。尽管当时美国的刊物上发表了众多支持单语制的文章，但是美国的一些知名思想家，如托马斯·杜威和贺拉斯·凯伦(Horace Kallen)都开始著书立说，目的就是为了支持文化的多元性。

拥护单语制论点的浪潮并没有妨碍移民对他们祖裔语言的忠诚：他们继续把祖裔语言作为家庭语言和社区语言来使用；他们继续使用祖裔语言发行报纸；他们带着维持双语教学的思想进入 20
96 世纪。刘易斯(Lewis 1980：366)描述了美国早期的双语教育状况：政府为土著人设立了双语项目；美国部分地方的德语教学一直持续到 19 世纪；建立了法语教区学校；为斯堪的纳维亚人、荷兰人、立陶宛人、波兰人和斯洛伐克人开设了双语学校，这些学校都把他们各自的本族语作为教学语言，而把英语作为第二语言。然而，这些语言实践却遭到仇外人士的阻碍，其结果就是导致美国通过了唯英语教育的立法，该法实施了将近 30 年。在这期间，许多州都把英语作为公立学校的唯一教学媒介语。到 20 世纪 60 年代后期，美国已有不少地方都必须依法实施唯英语教育的公共政策。只有私立学校可以对此置若罔闻，而且全国也没有统一的语言政策让私立学校来执行。在20世纪60年代，美国终于出现了一个全国性的语言政策。总体上来说，这个语言政策反对单语制和“熔炉”观，支持多语制和多元文化观。

语言政策如此循环往复地变化着，毫无和谐状态之迹象。这使我想到：当我们在处理各种相互冲突的紧张局面时，往往容易出现“按下葫芦浮起瓢”的现象。这种现象在政治舞台上是司空见惯的。在过去的30年中，欧洲许多地方对个人权利都表现出了表面上的支持（详见本书下一章），可是，现在由于对移民后果的极度担忧，这种表面支持似乎都突然消失了。法国、荷兰、丹麦和瑞典都在不断地冒出新的右翼党派，而且这些党派在仇外方面都正在赢得人们的赞同。在明白了国家语言信仰的复杂特点后，我们就更容易理解为什么有些政策行为看似前后矛盾，以及为什么有些立场观点似乎前后不一。我们在此重申的不是因果关系，而是结构互动的概念（Oyama 2000）。在此之后，我们就明白了为什么认为语言意识形态决定语言政策的想法是危险的。事实上，人类对语言选择和语言价值的信仰常常南辕北辙，也往往变化无常，它们随世界环境的变化而变化，而且最起码在一定程度上容易受语言实践和语言管理的影响。

7.1.2　美国的语言实践与语言信仰

我们正在设法回答的问题是美国是否拥有语言政策。倘若我们从语言实践的方面来看，那么答案并非那么简单。尽管在美国大多数的私营企业和国有企业里人们都使用着英语，但是，美国许多个人和社区在某些领域也经常使用其他语言。一般来说，在美国使用英语比使用其他语言更行得通，这一点不假，但是，在美国也可以找到足够多的例外现象，这就使得该问题没有最终的答案。

1980年美国的人口普查显示，11%年龄在5岁以上的常住人口在家里不说英语。1990年，该比例上升到13.8%，2000年则达到17.6%。在这些人当中，许多人至少是双语者：根据2000年的
97 人口普查报道，在4500万家庭语言不是英语的人当中，有2500万人能够非常熟练地掌握英语，900万人能够熟练地掌握英语。1980年，在家使用西班牙语的人当中，不到50%的人能够非常熟练地掌握英语。到2000年，该数字已经超过53%。可见，如果也考虑到其他语言的话，在语言实践中美国不是单语制国家。

假如我们不管美国的语言实践，只问美国的语言信仰问题，答案也是复杂的。许多人相信英语曾经是或者现在应该是美国的官方语言或国语，但是，也有同样多的人相信教授外语和实行双语教育都不会给英语带来威胁。如果一定要公众做出二选一的抉择，那么，结果就会像最近在加利福尼亚州、亚利桑那州和马萨诸塞州举行的全民公决那样，公民时而倒向这边，时而偏向那边。可见，大部分人的语言信仰是非常复杂的，因此，要解决这个问题需要有创造性的解决方案。

如果在美国的语言实践和语言信仰中找不到有关美国语言政策的明确答案，那么，我们可以通过观察美国的教育政策和法庭的裁决政策来看清这种复杂状况，因为美国各个层面和各个时间段里的语言管理都反映了美国同样的复杂语言状况。但是，这些政策没有形成永恒不变的固定模型。费什曼(1966:30)注意到：“美国只是偶尔才会采取一些措施来加快移民群体的语言和文化的衰退步伐。”

7.1.3 美国的语言管理

攻击美国政府允许学校使用英语之外的语言作为教学媒介语的语言政策，肯定不是什么新鲜事（Crawford 2000a）。本杰明·富兰克林对宾夕法尼亚州的德国定居者教孩子德语而不是英语感到沮丧。1803 年美国购买了路易斯安那州后，新州长要求人们在处理公共事务时不要使用法语，而是使用英语。但是，1845 年路易斯安那州制定的州宪法为立法机关使用双语做好了准备。1849 年，加利福尼亚的州宪法认可了西班牙语的权利，其中包括该州可以用双语出版法律文本。但是，1879 年，加利福尼亚的州宪法又把这个情况扭转回去了。从 1880 年开始，美国政府对本国的土著人实施严格的教育政策——禁止在土著人的学校教育、当地宗教和风俗仪式中出现土著语。到了 20 世纪 70 年代，这一政策又临时性地有所松动。同样，美西战争（Spanish-American War）后，美国立即宣布英语是波多黎各学校的正式教学媒介语。直到 1948 年，美国才恢复西班牙语在波多黎各的地位。1853 年，英语作为教学媒介语被引进了夏威夷，1896 年英语则成为了当地公立学校的唯一教学媒介语。

被克劳福德（Crawford）称为“被征服者”的美国土著人遭受了被殖民化的待遇：自己的土著语言遭到排斥。然而到了 19 世纪末，大多数来自欧洲的移民却受到了宽容的对待。他们可以在自 98
己定居的飞地[1]上管理自己的事务，而开设英语之外的语言学校

---

① 飞地是一种人文地理概念，意指在某个地理区划内有一块隶属于他地的区域。根据地区与国家之间的相对关系，飞地又可以分为“内飞地”（enclave）和“外飞地”（exclave）。此处作者故意用该词来讽刺美国早期的欧洲移民对美国土著人的领土掠夺。

则往往是他们的首选。1839年，俄亥俄州同意本州的学校开展德语—英语的双语教学。不久，其他州也通过了类似的法律。克洛斯(Kloss 1977)注意到，在美国作为教学媒介语而使用的语言，除德语、法语和西班牙语外，还有荷兰语、丹麦语、瑞典语、挪威语、波兰语、意大利语和捷克语。

美国化运动起始于1910年左右，它的起因是对移民工人爆发革命的恐惧。亨利·福特(Henry Ford)要求他公司里所有的员工都学习英语。西奥多·罗斯福(Theodore Roosevelt)认为，说外语的移民难以对美国忠诚不贰。因此，他提议建立移民学校，如果五年内移民还没有学会英语，就把他们遣送回他们的母国。在第一次世界大战期间，美国的仇外现象日益嚣张，全美到处都严禁在公共场合使用或教授德语。20世纪20年代，由于美国采纳了移民配额制，减缓了非英语国家来美移民的流入，不会说英语的群体开始萎缩。当时美国只有一些乡村学校和教区学校继续实行双语制。20世纪60年代，随着美国英语盲移民的日益增多，美国化问题又变得重要起来。

一般而言，地方政府在做出许多地方性决定时都要考虑到当地的利益，但是，他们都会把统一语言的决定美化一番。地方性决定是国家团结之基础。当没有受到任何直接的挑战时，人们似乎都可以容忍语言的多样性。但是，如果语言成了担忧的焦点——人们担忧少数民族(不管是土著少数民族还是移民少数民族)对自己构成威胁时，情况就不一样了。按照美国宪法，只有某些特别的被征服群体(例如，美国土著人和波多黎各人)的教育是在联邦机构的管理之下进行，除此之外，美国联邦政府无权干预教育。这意味着，美国联邦政府绝不可能制定统一的语言政策，正如美国没有统一的民族意识形态一样。

7.2　语言作为民权

在 1964 年美国《民权法》出台之前，美国的法院就在不少诉讼案件中保护了非英语使用者的语言权利。1923 年，美国最高法院在“梅耶对内布拉斯加”案（Meyer v. Nebraska）[①]（262 US 390）中做出规定，美国各州可以要求由纳税人支持的学校把英语作为它们的教学媒介语，但是不能要求私立学校也这样做。1926 年，美国最高法院发现《菲律宾簿记法》（*Philippine Bookkeeping Act*）违背了美国国会仿照美国宪法为菲律宾制定的《菲律宾权利法案》（*Philippine Bill of Rights*）[②]，因为《菲律宾簿记法》禁止菲律宾人用英语、西班牙语[③]和菲律宾各种方言之外的语言[④]记账。

---

① 罗伯特·梅耶（Robert Meyer）是一个教会学校的老师。他因用德语教一个 10 岁儿童圣经故事，而被内布拉斯加州的法院起诉，并被判有罪，因为他违反 1919 年内布拉斯加州的法律规定：公立和私立学校一律使用英语教学。若使用外语的话，除非该学生已经是八年级以上的学生（相当于我国初二以上的学生）。美国最高法院对此案以无异议通过了否决。判决的根据是 1964 年的《民权法》：禁止任何接受联邦资助的计划或活动，因种族、肤色或国别对人歧视。这个判决对保护美国少数族群的教育权开了先例。

② 1898 年，美国通过美西战争接管了对菲律宾的统治，美国的殖民统治一直到 1946 年才结束。在殖民统治时期，菲律宾的法律都是由宗主国——美国来负责的。

③ 1565 年西班牙侵占了菲律宾，并统治菲律宾 300 多年。因此，西班牙语在菲律宾还有一定的影响。

④ 根据斯波斯基（Spolsky 2009）的新作《语言管理》，此处的其他语言主要是指汉语。

99 美国《民权法》①早期的立法重点是黑人的选举权，这体现在1957年美国颁布的《民权法》中，并在1960年和1964年的法案中得到加强。1964年颁布的《民权法》具有里程碑意义。因为该法的第6款（42 USC 2000d以下的内容）规定，所有接受了美国联邦政府资助的项目和活动都不能有任何种族歧视、肤色歧视和国别歧视的行为和态度。后来的几个重要法庭裁决都是根据《民权法》第6款来处理语言歧视问题的。1971年，美国得克萨斯东部地区的联邦区域法院②裁定，学校不开设双语教育项目违背了美国《宪法第14修正案》和《民权法》第6款。1974年，美国联邦第10巡回诉讼法庭在处理“波特里斯对塞尔纳”案（Portales v. Serna）③时也指出，根据美国《民权法》第6款，英语水平欠缺者（LEP）有权接受双语教育。

另一个具有里程碑意义的案例是“刘氏对尼科尔斯”案（Lau v. Nichols）④，该案反映出某些学生的宪法权（constitutional rights）受到限制。该案使有关人员认识到学校在处理华裔学生所遇到的语言问题时必须有所作为。但是，法院并没有规定双语教育是解决类似困境的唯一方法。美国“民权办公室”（Office of

---

① 美国二战后分别于1957年、1960年、1964年和1968年共制定了四部《民权法》。

② 美国得克萨斯东部地区的联邦区域法院属于美国联邦第5巡回诉讼法庭的一部分。

③ 1974年，由于西班牙裔学生在公立学校没能享受到双语教育而处于劣势地位，于是美国第10巡回法庭要求新墨西哥州的波特里斯学区采纳双语教育。

④ 1974年，美国旧金山的中国广东人刘某指控当地教育当局违反《宪法第14修正案》，剥夺了其小孩接受公平教育的机会，因为其小孩英语不好，学校没提供母语教学的服务。

Civil Rights)对美国的333个学区做过调查后颁发了一份文件，该文件提出了一些其他可行的解决方案。刘易斯(Lewis 1980：376)认为，“由于地方教育机构对双语教育存在传统偏见，在某些时候甚至是根深蒂固的偏见”，所以，美国以后还会出现类似的和其他的诉讼案。刘易斯注意到，直到1976年美国还有12个州依然禁止双语教育，只有7个州实行一定条件下的强制性双语教育。

1964年的《民权法》为美国联邦政府干预语言管理提供了法律基础，这是非常重要的。然而，在以后的大约30年里，人们在处理大多数涉及语言权的行为和事情时所依据的法律都从《民权法》第6款转向了另一部法律，这是一部专门处理语言弱势学生所遇到的语言问题的法律，即《双语教育法》。

7.2.1 《双语教育法》

刘易斯在一个评论中提到他曾经在英格兰和威尔士担任了几年校长视察员的经历。刘易斯(Lewis 1980:369)在这次评论中说:“政策是由那些自愿或者不自愿出钱埋单的人来决定或决断的。”这也是美国1968年制定的《双语教育法》成为美国语言管理史上一个具有重大意义的决定的原因。《双语教育法》自1968年诞生到2002年1月8日终止使用(见James Crawford于2002年发表的《讣告》)一直为用外语进行教学的教育项目提供资金，共延
续了34年。在这34年中，美国对于这些外语教育项目的形式和 100
效果的看法却一直存在着分歧。

自从《双语教育法》问世，人们对它就存在着一种矛盾的心理。其最初的立法目的是为来自非英语国家的儿童提供英语教学。换

句话说,《双语教育法》是《民权法》第6款的直接延续,它为了使不懂英语的学生免遭语言歧视而提供良方。尽管后来《双语教育法》有时被用作少数族群语言维持的依据,但是,在该法制定之初,制定者根本就没有这个额外目的。刘易斯(Lewis 1980)指出,正是由于这个原因,《双语教育法》激起了美国各州地方教育机构的愤怒,也正是少数族群语言维持问题成为30年后一些人公开发动攻击《双语教育法》运动的理由。《双语教育法》的终结意味着移民儿童的英语教学将在一个新的教育改革计划——《不让一个孩子掉队法》(*No Child Left Behind Act*)中继续进行。以前"双语教育办公室"和"少数族群语言事务管理处"的工作由"英语语言习得管理处"、"语言提高管理处"和"英语水平欠缺学生学术成绩管理处"来接管,现在这三个部门合并为"英语语言习得管理处"。

美国有些州(例如,得克萨斯州、加利福尼亚州、纽约州、新泽西州、佛罗里达州、亚利桑那州和新墨西哥州)居住着大量的说西班牙语的人口。为此,来自这些州的参议员和众议员提出了一个有关这些人口英语教育的政治动议。该动议也得到缅因州的支持,因为该州有许多说法语的少数族群。这就是《双语教育法》的最初动机。《双语教育法》实际上是民权运动的延续,尽管民权运动的最初焦点是美国黑人的弱势地位问题。《双语教育法》为日益引起民众关注的非英语使用者的英语教学问题提供了一种实施方案。同时,它也为公开讨论语言政策问题提供了一个机会。

1967年5月美国参议院举行了为期五天的听证会,后来在同年的6月和7月又举行了两天的听证会(Bilingual Education 1967)。众议院则在同年的6月召开了两天的听证会(Bilingual

Education Programs 1967）。听证会伊始，人们就认识到要平衡好双语教育和英语教学是非常困难的。第一位证人①是来自亚利桑那州的参议员保罗·范尼(Paul Fannin)，他赞同鼓励来自墨西哥和波多黎各的移民学生使用西班牙语，提高“双语能力”，并且无需“回避西班牙语国家的文化传统”。但是他接着说：

> 为了能够在这个高度技术化的现代社会里进行有效的竞争，我们要偏爱西班牙语，而不喜欢英语是毫无逻辑道理的。英语是美国人的本族语言，是我们每个人都必须完全习得的语言。

在听证会上，参议员雅巴罗(Yarborough)不时强调，他只关 101
注西班牙语使用者的英语教学，不同意有人提出把西班牙语之外的语言也包括在双语教育里面的建议。他的理由是人们经常提到的有关移民语言的论点——移民选择生活在美国，这就意味着他们同意放弃自己的语言。

赞同双语教育的教育工作者提出的论点包括以下几个：双语制具有很高的价值；双语教育有利于增强对移民家庭的尊敬；双语教育有利于增强学生的自我认识(self-concept)②；双语教育有利于增强移民学生今后在技术和专业工作领域的个人价值观念；美

① 这里的证人(witness)就是指听证会上的发言代表，而不是指法庭上传唤的目击者。

② 自我认识也可以用“self-identity”表示，它比自我意识和自尊的范围更广，它还包括对自身属性、技能、能力、职业、爱好和身体等方面的自我评价。

国有必要把移民的母语能力保持下来，这是一种国家资源。那时，只有费什曼一个人为语言维持说话，并且把语言维持作为一个目标。他在为一个专门保护“被忽视的国家资源”的委员会做演讲时，论证了英语之外的语言作为国家资源所具有的重要性。美国国会就《双语教育法》问题召开了听证会，在众多的证人中，费什曼与众不同。他在陈述文化多元性、语言多样性和少数族群语言的维持时表达了这样一种语言信仰：政府有责任支持本国领土上所使用的所有语言。其他证人、该委员会成员甚至制定《双语教育法》的国会议员都的的确确把双语教育看作是为移民学生成功地转向英语而提供的一种方法。

《双语教育法》实施一年后，共花掉750万美元。在当年年底召开的会议上，费什曼（1971b）在发言中表达了他对双语教育实施情况的失望，并承认自己也有过错——没能把双语教育项目变成一个不仅限于说西班牙语的贫困学生的项目。他要大家注意：《双语教育法》实施中的核准资金（1968年为1500万美元，1969年为3000万美元，1970年为4000万美元）与实际拨款（1968年为0美元，1969年为750万美元，1970年2100万美元）存在巨大的差距。他说，导致这种失败的原因是，有关人员没能让拨款委员会的人相信双语教育不只是一个局部的事情，或者说双语教育不只是扶贫计划的一部分。他呼吁成立专业的民族化的高效游说团体，这样才能够建立“真正的双语教育”。在《双语教育法》实施10年后，刘易斯（1980）在叙述美国双语教育项目的状况时指出，大家普遍地把双语教育项目看成是一个“治疗方案”。英语教学依然还是学校的重点，一旦这个目的达到了，大家根本就不去关注其他语言的维持问题。

美国不管是在语言实践、语言信仰还是在语言管理上都没有
统一的语言政策，甚至在美国被认为是接受多语制和多元文化最 102
好的时期也没有统一的语言政策。

7.2.2　测试

假如我们追溯美国语言政策的其他方面，我们会发现它们同样缺乏统一性。20 世纪 20 年代，美国出现的排外情绪给美国带来了不少影响，其中一个就是导致了美国移民政策进行重大改革。其改革的目的不仅仅是为了控制移民数量，还是为了把移民优惠政策用于来自北欧的移民，因为美国人认为北欧移民更受欢迎和更容易被同化。美国当时的移民法存在严重的漏洞，因为它允许在美国大、中、小学学习的外国人可以办理自动签证。由于美国当初缺乏任何专业手段来评价签证申请者的英语水平，所以，1929 年美国移民局局长请美国大学入学考试委员会（the College Entrance Examination Board）专门为此出一份试卷（Spolsky 1995b）。第二次世界大战后，随着来美外国留学生业务的发展，美国移民局再次向美国大学入学考试委员会提出这种要求。20 世纪 60 年代早期，出于安全问题和测试有效性问题的考虑，美国国务院支持实施一项由福特基金会资助的计划——制作一份新试卷。正当大家在紧锣密鼓地制作这份新试卷时，原先都支持这个计划的美国政府的各个部门要么表示无能为力，要么不愿意再为此计划提供任何经济援助。于是，这样一件本应由政府来完成的国家语言政策的事情，结果却由私人基金会和私人机构来开发。

7.3 语言(外语)习得的管理

美国的外语教育政策多年来都是自行其是,联邦政府并不加以指导。美国各种外语教学的专业机构,例如,美国现代语言协会(MLA),一直鼓励学校的外语教学,并尽力使学校和各州的教育部门相信掌握外语知识的潜在价值。美国的外语教育有多么失败呢?这一问题随着第二次世界大战的爆发而暴露无遗。当时,美国国防和政府的各个部门都发现他们缺乏大量的急需外语①的熟练使用者。于是,一项有关外语教学的非政府计划在基金会的赞助下通过美国学术团体协会(The American Council of Learned Society)②的协助而开始了。该计划就是开展一些特殊外语(例如,日语、汉语和阿拉伯语)的入门教学,这些外语都是被美国教育系统所忽视,但是在未来世界大战中却可能大有用处的语言(Cowan and Graves 1944)。

103 随着战争的爆发,美国国防机构的各个部门都开始教授这些外语当中的某一种或数种。例如,美国海军建立了一所效率高、速

---

① 这里的急需外语就是美国人不太懂但对美国的政治、经济、安全等有重大影响的语言。美国在"9·11"事件后开始认识到外语的重要性,于是,美国政府于2006年提出了"关键语言"(critical languages)计划,即开始重视和加强对阿拉伯语、汉语、朝鲜语、俄语、孟加拉语、印地语、旁遮普语、乌尔都语、土耳其语、波斯语等语言的教学,培养懂这些语言的人才。

② 美国学术团体协会成立于1919年,是一家非营利机构,在国家学术联盟中代表美国鼓励与支持通过协作研究与出版来促进研究的学术合作,内容涉及语言学、历史学、政治学等。

度快的日语学校。在别人的建议下，美国陆军在其管辖的各个学院里都增加了外语教学和区域研究专业，并把它看作是为期一年的“陆军专业训练计划”的内容之一（Keefer 1988；Spolsky 1995a）。第二次世界大战后，美国陆军建立了自己的语言学校，既对来美接受训练的外国军事人员教授英语，也向美国军事人员教授具有战略意义的实用外语。再如，为了弥补美国外语教育之不足，美国外交服务学院（Foreign Service）①和情报机构都建立了各自的语言学校。

一般来说，这些外语教学项目似乎无法培养足够的高水平的外语毕业生来满足美国各个部门的需求。最近，美国政府的其他机构也已经认识到由于缺乏足够的高水平外语人才所付出的代价。例如，美国联邦调查局（FBI）由于缺乏能够流利使用海地克里奥尔语或牙买加土话的谍报人员，而在窃取这两个国家的情报方面遭受重创。美国移民法院（Immigration Courts）在没有找到合适的翻译人员之前必须花费巨资来监禁非法移民嫌疑人。2001年的“9·11”恐怖袭击以及随后的阿富汗战争都再次暴露了美国严重缺乏外语人才的问题，特别是懂得阿拉伯语、波斯语、普什图语（Pushtu）②和孟加拉语的外语人才（Brecht and Rivers 2000）。

美国政府偶尔也会采取些措施来弥补国家外语政策的缺失。苏联第一颗人造卫星“斯普尼克”号（Sputnik）的发射震惊了美国

① 美国外交服务学院是属于美国国务院下属的语言培训机构，详情见其网站：http://www.fsi-language-courses.com。

② 普什图语是阿富汗的官方语言以及巴基斯坦北部一些地区的语言。

政府。随之而来的是美国教育资金猛增，许多大学和部分中学利用美国政府基金设立了俄语教学项目。最近几年，美国情报机构也开始支持外语教学，特别是高级外语的教学。此外，美国联邦政府近期签订了一个合同，准备与某大学共建一个以语言为主要目标的研究中心①。美国的这些语言管理做法不能与苏联的语言学校媲美，因为苏联的这些语言学校为苏联的外交和情报部门培养了许多能够熟练使用英语和其他语言的人才。但是，美国的这些语言管理措施却构成了美国以国家安全为目的的语言政策。虽然大家都知道所有的语言教学机构建立利益同盟有好处，但是美国的这些机构目前却无法达成共识或者取得核心政治的支持。

也许有人会把这种不愿卷入语言管理的行为看成是一种基本
104 语言信仰的代表，即语言管理是政府不该干涉的事情。美国对英语之外的语言存在负面行为，例如，攻击双语教育；拒绝所有认可非裔美国人使用的黑人英语的项目；害怕西班牙语会刺激各种唯英语运动；长期忽视失聪人员的语言，等等。上述负面行为，以及认为不使用获得批准的标准英语就是无知、愚蠢或任性的观点，严重地阻碍了美国去制定一项承认美国语言实践中存在语言多样性的语言政策。

事实上，在实施《双语教育法》的 34 年中，美国的双语教育经常遭到人们的攻击。其中部分原因可以被看成是美国人出于对自己工作和领土的保护。因为双语教育的提倡者认为，只有少数族

① 该研究中心是指 2003 年成立的美国马里兰大学高级语言研究中心（the University of Maryland Center for Advanced Study of Language）。

群社区的成员才可以教授或管理双语项目，而且少数族群社区应该控制这些双语学校。许多双语教育都存在以下问题：教学目标和教学内容含糊不清以及评价标准模棱两可。由于政府趋向于把这些双语教育项目用于弱势学生和弱势学校，所以仅仅发展双语教育项目不足以弥补多年来对贫穷和犯罪的忽视以及由此造成的萧条环境。虽然美国不乏一些好的双语项目，它们不但在标准的制定上而且在地方用语的选择上都是成功的（例子见 Rosier and Holm 1980 or Brisk 1998）。但是，美国也有许多在标准的制定和地方用语的选择两方面都失败的双语项目。这些现象为批判双语教育的书籍源源不断地提供出版素材。

1998 年，罗恩 · 翁兹（Ron Unz）在加利福尼亚州发动了一次反对双语教育的政治运动，旨在取消该州的双语教育。这次运动将双语教育的批评推上了顶峰，导致加州通过了对《227 号提案》（*Proposition 227*）的全民公决。旨在反对双语教育的类似投票活动后来在亚利桑那州和马萨诸塞州也举行过。克劳福德（Crawford 2000）转述了费什曼（1971b）30 年前对教育专业人员支持双语教育的失败所进行的评论，即这些人的失败在于没能认识到他们的工作是政治性的和游说性的。

7.4　民权中的语言

本章已经提到了一些有关语言政策的观点，也许这些观点有些模糊不清，其原因是因为语言中心论大行其道。我们老是在问语言怎么了，而不是问使用这些语言的人怎么了。假如我们不去追究政府为什么不能为非英语学校提供官方支持，而是去拷问我们花费了多少精力来损害与语言相关的民权和人权，那么，大家的观点就会更加趋同。基本的人权和民权要求我们在处理其他事情
105 时，决不能根据一个人使用的语言或不使用的语言而对这个人产生歧视，这一观点已被美国人和欧洲人所接受。按照民权和人权的最基本原理，我们可以得出这样的结论：当一个人被指控犯了罪时，这个人有权要求检方用他或她所知道的语言告诉他或她被指控的详细情况。我们要用尽可能详细的方式来表达民权和人权的内容，例如，在当今的欧美语言实践中，政府的服务条款要用所有人都能看懂的方法来表达，不管读者是否会说或看得懂本国国语。

美国各州都接受有关人权或民权的条款，但这并不意味着它们一定要提供双语教育。虽然美国的法院和立法机构都认可双语教育可以用来作为解决非英语学生教育问题的一种方法，但是许多少数族群的语言实践者却把双语教育看成是保护少数族群语言的一种方法。

7.4.1 美国的捍卫英语行动

艾哲（Ager 1999）在分析法国语言政策时，令人信服地指出，近来法国语言管理活动的主要动机之一是危机感——法国人有一种法语处于内外夹攻状态中的语言观念。他们认为法语的内部敌人是：法国的地方语言和法语使用者的懒惰。前者都是遭到歧视的边缘语言，而后者致使许多外来词侵入法语中。法语的外部敌人主要是指英语——英语正在威胁着法语，英语成功地取代了法语在世界各种组织甚至在以前的法语国家中作为交际广泛语言

(language of wide communication，简称 LWC)的地位。但是，法国的抵抗力也是强大的，其抵抗力来自法国的官方语言政策，该政策得到了法国宪法、法律、规章、官方和半官方机构的支持。

甚至在美国，人们也掀起了一场捍卫英语地位和阻止英语转用的运动，美国人所担心的英语转用是指英语向其他语言特别是向西班牙语的转用。美国的唯英语政策是在这样的一些特殊情况下形成的：在对待“被征服之人”(例如，美国土著人、加利福尼亚州和波多黎各讲西班牙语的人与夏威夷人)时，美国需要唯英语政策；当说同一种语言的移民族群(例如，宾夕法尼亚州和威斯康星州的德国人)给美国带来威胁时，美国也需要唯英语政策。唯英语政策是在 20 世纪的前几十年中形成的，该政策最初引起了美国化运动，后来就使得美国许多州开始了具有仇外思想的唯英语立法，
最后导致美国制定了有关移民配额制的严厉法律。这些行动减少 106
了英语之外的语言族群对美国的潜在威胁，其影响至少延续到 20 世纪 60 年代。之后，日益增加的西班牙语裔①美国人采取了维护自己利益的行动，促使美国联邦政府决定支持双语教育。最初的双语教育是作为一种向西裔美国人教授英语的方法而出现的。但是，20 年后，美国出现了反双语教育的运动，因为双语教育被看成是对英语的一种新威胁。

1983 年美国参议员塞缪尔·早川一会(Samuel Ichiye Hayakawa)成立了“美国英语组织”(US English Inc.)，该组织自称是

① “西班牙语裔”，简称“西裔”，就是指来自西班牙语国家(即墨西哥以南的美洲西班牙语国家)的人口。

美国最早的旨在把英语变成美国官方语言的组织。1976年至1983年，早川在加利福尼亚州担任参议员期间，为了使英语成为美国的官方语言，他提出了一个宪法修正案，结果却被参议院委婉地否决了。他离开参议院后继续该项运动，建立了"美国英语组织"。该组织的宗旨是："'美国英语组织'相信，如果英语作为美国的官方语言的议案被通过，将有助于扩大美国移民学习英语和使用英语的机会。英语是美国移民必须继承的唯一的、最伟大的和强有力的语言工具。"

"美国英语组织"声称现有成员150万人。早川的继任者，也就是该组织的现任领导，是毛罗·缪吉卡(Mauro E. Mujica)。该组织积极参与国会的游说活动，并在1996年成功地获得众议院对英语作为官方语言议案的批准。由于没有得到参议院的同意，该议案最终胎死腹中。然而，该组织在国会游说的同时，还设法让20多个州采纳了同样内容的法律。不过，这些法律没能全部经受得起法庭的挑战。2002年3月，阿拉斯加州高级法院的一位法官认为，1998年通过的唯英语计划违反了阿拉斯加州宪法中的语言自由条款。也就在同一个月，艾奥瓦州通过了一项议案，该议案使英语成为了该州的官方语言。在同年的4月，俄克拉何马州的高级法院做出裁决：提议让英语成为美国官方语言的法令是违背美国宪法的。

1986年美国成立了第二个旨在把英语变成美国官方语言的组织——"英语第一组织"(English First)①。据称该组织有15万

① 英语第一组织不同于瑞典的英语培训学校——英孚，虽然英语表达都是English First。

成员。他们进行游说活动，支持唯英语立法，反对美国总统《13166 号行政命令》(*Executive Order 13166*)（详见本书边码 108 页）以及各种支持双语教育的政策。美国第三个支持英语官方化的组织是“儿童英语组织”(English for the Children)。该组织成立于 1997 年，其宗旨是反对双语教育。该组织的领导是加利福尼亚州的一位商人，名叫罗恩·翁兹。1998 年，该组织成功地游说加利福尼亚州通过了《227 号提案》，该提案禁止在加利福尼亚州实施双语教育。在最近两年中，该组织在亚利桑那和科罗拉多两州成功地举行了类似的反双语运动，近来在马萨诸塞州也取得了同样的胜利。上述三个组织的任务都是要颠覆在他们看来是鼓励英语向西班牙语或其他外语转用的语言政策。

7.4.2　《双语教育法》的终结 107

当马歇尔(Marshall 1986)在写《官方语言问题：语言权和〈英语语言修正案〉》一文时，美国的《双语教育法》依然有效，但当时他已经意识到美国文化多元主义面临着越来越多来自《英语语言修正案》(*English Language Amendment*)①支持者的威胁。加西亚(Garcia 2002)在《双语教育法》被废止之前写过一篇论文，重点研究了接受双语教育学生的数量增长问题。他预言，在美国所有的公立学校中，占多数的白人学生 40 年后将会成为学校的少数学生。另外，他还指出，1994 年美国的双语教育再次获得授权，但是

① 《英语语言修正案》是日裔参议员塞缪尔·早川一会于 1981 年提出的一项议案，旨在修改美国宪法，以便把英语规定为美国的官方语言。

用于双语教育的全国资金只占用于美国英语水平欠缺者资金的10%。美国各州还在继续实施自己的语言项目:有12个州把语言少数族群学生的特别教育项目托管给别人进行,另外还有12个州也批准了这种教育服务。加西亚在论文中的主要关注点是如何获得并传播对这些教育项目有帮助的研究结果,他的冷静和富有学术性的研究方法赢得了许多学者的赞同。但是,克劳福德(Crawford 2002b)对他的研究方法却表示了断然的否定。克劳福德(2002b:93)抱怨说,有关双语教育的大多数研究都是针对政策制定者来进行的,它们试图要帮助政策制定者做出决定——是赞成还是反对现有的政策。尽管这些研究的目的是想为使用各种不同语言的学生建立更好的教育模式,但是整个问题事实上已经被政治化了。克劳福德感觉到,双语教育无法成为一个行之有效的教育典范。他最后悲观地认为,双语教育将面临着越来越大的压力,有朝一日会被边缘化,或者变成一个“临时的补救性”项目。

事实上,这种结果很快就悄悄地到来了。《中小学教育法》第7款,即大家熟知的《双语教育法》于2002年1月8日寿终正寝。美国国会悄悄地处理了此事,克劳福德(2002c)也在个人网页上发了一个“讣告”,报道了《双语教育法》“死亡”的消息。保守的美国共和党党员并没有设法坚持实施唯英语教学的立法,也没有一个西班牙裔立法秘密会议(Hispanic caucus)的成员对叫停《双语教育法》投反对票。《双语教育法》中有关英语教学那部分的内容将在《不让一个孩子掉队法》中得到保留。但是,克劳福德(2002d)指出,《不让一个孩子掉队法》中有关少数族群学生英语教学方面的内容只是蜻蜓点水。

《双语教育法》充分体现了美国语言政策的复杂性。在某种程度上说，《双语教育法》是一个"假曙光"[①]。从名义上和双语教育项目的某些方面上来看，《双语教育法》似乎给非英语学生提供了学习英语的方法，而且也给他们提供了维持少数族群语言的教学项目。不过，为维持少数族群语言而提供教学项目是与《双语教育法》制定者的初衷背道而驰的。实际上，根据《双语教育法》而开发的教学项目一般都是过渡性的，其目的是在保持学生的家庭语言作为学校教学语言的同时，提供高质量的英语教学方法。不少研 108
究结果都证明了这一现象，托马斯和考利尔（Thomas and Collier 2002）的研究就是一例。但是，《双语教育法》的语言项目愿景太大：该愿景受到谴责不是因为语言项目的实际所为，而是因为它的言外之意——暗示人们采取另一种方法为非英语学生提供英语教学。这些语言项目受到谴责不是因为它们的实际所为，而是因为它们的这个想法。尽管美国愿意承认公民拥有在某些场合继续使用其祖裔语言的权利，但同时也希望这些公民能够更好地习得英语。假如为"英语学习者"（ELL）[②]设立的语言新项目成功的话（不可否认，这是一种乐观的看法），那么，美国的双语教育项目就不会打断美国为少数族群学生争取语言权的进程。

---

① 假曙光（false dawn）是指太阳升起前一个小时左右的临时光线，比喻虚幻的一线希望。

② 近年来，美国教育界有些人更喜欢使用"英语学习者"（English Language Learners）一词来代替"英语水平欠缺者"（LEP）一词。

7.5　语言作为民权(续)

尽管美国没有了《双语教育法》,但是《民权法》第 6 款继续影响着美国的各个领域。民权办公室定期举行活动,旨在保护本属公民语言权的东西。2000 年 8 月 11 日,美国总统克林顿签署了《13166 号行政命令》,标题为《拓宽英语水平欠缺者的语言服务渠道》。这是美国社会的一个重要发展。2000 年,美国可能有近 2000 万的 5 岁以上居民属于英语水平欠缺者,其中大约五分之三的人使用西班牙语。该行政命令的目标就是"拓宽来自不同国家的英语水平欠缺者接受由联邦政府主办和协办的语言项目和语言活动的渠道"。所以,要确保这些语言项目不存在由于移民的母国不同而产生的歧视现象,如果存在,那将违反 1964 年版的《民权法》第 6 款。该行政命令要求每一个联邦机构都准备一套拓宽语言服务渠道的计划,每一个接受了联邦资金援助的机构都要制定恰当的指导原则。布什政府时期的司法部在 2001 年 10 月初试图取消克林顿的上述行政命令,却遭到美国众议院的反对,于是司法部在同月重新肯定了上述行政命令。

反对总统行政命令的运动主要是由"英语第一组织"发动的。他们反对的主要内容是关于提供书面翻译和口头翻译所带来的费用,以及有关医院和医疗服务的条款。2001 年 10 月美国司法部颁布了系列指导原则,该原则认识到重视成本—效果关系的必要性,并提出四个合理因素:有关人员的比例、与某一特定语言使用者的接触频率、语言项目的性质和可获得的资源。

有关美国总统行政命令的实施效果可以从马里兰大学美国国 109
家外语研究中心(National Foreign Language Centre)撰写的早期研究报告中获知。美国每一个县都有英语水平欠缺者。超过80％的州级部门和超过50％的各种董事会、委员会与独立机构都有英语水平欠缺者。在这些英语水平欠缺者中，最常见的是西班牙语使用者(大约60％)，其次是俄语使用者(24％)和韩语使用者(22％)，越南语、汉语和亚洲其他语言也是常遇到的语言。不到40％的公共文件除了有英文版外，还有其他语言的版本。为了克服语言障碍，25％的机构会做出适当的反应：它们进行语言培训、制定相应的政策和应对程序。例如，有些地区和部门利用少数族群的儿童来担任译员①。

即使总统行政命令只能得到部分实施，它也是一项来自非教育领域的语言管理方面的重要决定。就在《双语教育法》寿终正寝之时，总统行政命令开始进入了实施阶段。这一事实也证实了本章提到的美国语言政策的总体情况——形式的多样性和真实的矛盾心理。到2002年年中为止，大多数联邦机构都已经完成并颁布了它们的实施方案。

按照美国总统的《13166号行政命令》，美国为了拓展英语水平欠缺者的语言服务渠道制定了相关的方案和指导原则，这些方案和指导原则的详情和链接在“美国司法部民权司协调和评论处”的网站(http://www.usdoj.gov/crt/cor/13166.htm)都可获得。

---

① 因为儿童习得语言比成人快，这些少数族群的儿童很快就掌握了自己的母语和英语。

行政事务复杂而庞大，总统的行政命令不但适用于联邦政府的各个机构，也适用于所有接受联邦政府机构提供财政援助的组织和机构。

为了响应美国总统的《13166 号行政命令》，到 2002 年年中为止，美国联邦政府的相关机构为自己以及所有接受联邦政府资助的机构制定了详细的工作指导方案。这些接受了联邦政府资助的机构又为不懂英语的人提供了其他语言的服务渠道。

7.5.1 走向综合的语言权理论

罗德瑞古兹（Rodriguez 2001：222）曾经提出过一个理论，该理论为“扩大语言少数族群在日常生活各方面的适应期”提供了基础。她对美国法律中司空见惯的双语制表示怀疑，具体而言，美国之所以在法律中接受双语制，是因为双语制可以用来当作一种理由用来排除那些具有以下行为的人成为陪审团的成员：这些人不是根据官方的翻译记录，而是按照自己对证人用英语之外的语言
110 所说出的证词的理解来做出自己的判断。她认为，美国现有的有关语言权的判例法（case law）基本上是以反歧视法为依据的，而反歧视法中蕴涵了一个这样的假设，即英语之外的语言都是低人一等的。现在流行的观点是社会需要一种能够确保团结统一和有效交流的共同语。与此相反，她提出了“动态的公民身份”（fluid civic identity）理论，该理论接受公民所拥有的多元文化和多语言。她指出，同化主义者（assimilationist）政策或整合主义者（integrationist）政策都不适合移民浪潮不断的国家。作为处理该问题的

基础，她提出“顺应”(accommodation)的概念，并建议国家要像适应宗教的差异性一样适应语言的差异性，在生活的不同领域，需要用不同的方式来对待语言的多样性。例如，在工作岗位上，应该保护说其他语言的人免遭歧视，在其他领域，国家应该“采取措施保护语言的差异性”(Rodriguez 2001:136)。

罗德瑞古兹对法律界语言使用状况的分析总体上支持了本章的描述。法院一般都认识到有必要避免由语言的差异性而导致的歧视，但是，法院并不确信保持这些语言的差异性是否为国家责任。换句话说，法院一般都赞同以下观点：任何个人和集体不管使用什么语言，他们都有权进入主体语言的世界，也有权获得公民服务。但法院并不认为国家有责任要保持这些语言的差异性。

或许我们可以进一步延伸罗德瑞古兹提出的语言和宗教的类比。任何人都可以选择自己的宗教信仰，这是被广泛认可的人类权利，但是，在宗教实践中，有关宗教的责任或义务不是由国家来承担的，而是下放到个体的身上。同样，我们也可以考虑把保持语言的责任和义务下放到个体身上。

7.6　小结：语言政策或民权

到目前为止，本书已经陈述了四个影响国家语言政策的主要因素：社会语言环境、国家语言意识形态、英语作为一种世界语言的存在和语言权利的概念。在语言实践中，美国一直是而且仍将是一个多语国家，其移民语言的共同命运是：要么变成双语制，要么发生语言转用，而美国的多语制是靠新移民的到来得到保持的。
111 美国一般的语言信仰体系经历了以下三个发展阶段：最初，美国处在公民和社会都是多语的阶段；从19世纪末到第二次世界大战结束，美国处在反移民的孤立主义单语阶段；现在，美国处在两者关系相当紧张的复杂阶段——一方面美国要培养多语公民和构建多语社会，另一方面，美国要阻止向西班牙语转用的单语现象。和其他英语国家一样，对于美国来说，影响语言政策的第三个因素（即英语作为一种世界性语言的存在）具有明显的影响力：它可以挫败任何教授英语之外语言的努力。如果每个人都想学英语，为什么要把时间浪费在其他语言上呢？语言权的问题变得日益重要。尽管美国的语言管理以前一般都是由各州来负责，各州制定的语言政策就反映了国家的语言信仰，但是，从1962年开始，美国《民权法》第6款被广泛地实施，这使得英语水平欠缺者有机会获取美国联邦政府为他们提供的服务和资助的项目。另外，美国《民权法》第6款的广泛实施还有助于保护美国不懂英语的公民的语言权利。美国《民权法》第6款的广泛实施在一段时间内得益于《双语教育法》的支持，并在美国最近颁布的教育法①中有关"英语学习者"（ELL）的项目上得到理论延续。

总之，美国的语言政策依然是复杂和难以理清的。只要美国的移民现象（不管是合法的还是非法的）还在继续，美国的语言实践将依然保持英语的强势地位。同时，还有多种语言并存的现象。语言信仰不是简单和永恒的意识形态，而是充满矛盾的多种思想

① 此处作者是指《不让一个孩子掉队法》，该法有"英语学习者"（ELL）的条款。

的整合。这种思想整合也是民族社会所希望出现的。所以，美国的语言信仰是：每个人都应该学习英语，同时，每个人也都有权学习和使用他们选择的任何其他语言。美国依然没有统一的语言管理，但是涉及民权类的项目例外，因为它要确保所有的人都有机会接受教育和获得联邦政府提供的服务。

英语在美国享有强势地位，这是毫无疑问的。但是，近来由于其他语言的使用人数迅速增加，使得美国人产生了种种担忧。不过，为了支持英语，这种担忧可以通过各种政治压力在地方上得到解决。到目前为止，美国唯英语运动的失败以及对双语教育目的理解的失败（有人误解双语教育的目的是为了取代英语）说明美国的语言信仰之间依然存在着均衡的紧张关系。根据美国宪法，语言教育的管理（例如，判断何为猥亵语）是由州政府和地方政府共同决定的，但是，在为所有不懂英语的人提供英语教学时，语言教育的管理则受到权利为本（rights-based）要求的限制。美国联邦政府（最起码在联邦政府的国防部门和情报机构）已经制定了旨在提高国家外语能力的有力政策。但是，美国联邦政府依然不愿意或无法在教育系统内也实施同样的政策。自 1964 年起，美国《民
权法》一直是美国开展反语言歧视项目的主要驱动力。在过去的 112
一两年里，美国政府为了让英语水平欠缺者能够通过英语获知政府为他们提供的服务而开展了英语教学项目，这已发展成为世界上制定得最完善的语言项目之一。

这能算是美国的一个国家语言政策吗？的确不能算。美国的语言政策不是由联邦政府来指导的，而且也不会永恒地指向某一

个目标。在这方面,美国与法国以及本书提到的许多其他国家都不一样。就像美国的经济政策或国际政策一样,美国的语言政策也是不停地受到来自不同语言信仰的压力。在一个像美国这样的民主国家,语言信仰是不受制约的,但是它又能对社会语言环境中出现的各种变化做出反应,尽管可能是笨拙的反应。

第8章　语言权

8.1　语言少数民族的权利

尽管美国的语言政策极其复杂，但是，它反映了美国语言政策具有综合性和单语性的特点（例如，英语虽然不是美国的官方语言，但它在美国享有独一无二的霸权地位）。美国大量的少数民族语言使用者都受到语言权的保护，更确切地说，他们受到的此类保护来自民权在语言方面的应用，而这种应用主要体现在司法和立法工作者及行政官员对民权的解释上。由于美国少数民族的民权受宪法的保护，因此，上述人员对民权的解释可以被看作是对美国《宪法第14修正案》和《民权法》第6款的部分理解。

世界上还有许多国家实行同样的"单语制，却又……"的语言政策。这些国家都在本国的宪法或法律上确定了自己的国语或官方语言，但是，后来又宣称要保护本国的一种或多种少数民族语言，从而削弱了对本国少数民族语言的排斥思想。即使在法国，偶尔也有迹象表明法国政府开始关注以前被忽视的地方语言使用者的权利。在当今许多有关语言政策的讨论中，少数民族语言权是一个共同的话题。本章将追溯其历史过程与发展现状。

“少数民族”(minority)这个词很难界定。根据人数多少来界定“少数民族”并不一定恰当，因为事实上在与其他民族的关系中，它既可以处于支配地位，也可以处于被支配地位(Paulston 1998)。波尔斯顿(Paulston)指出，有些少数民族具有支配地位(例如，南非的英语使用者)，还有些少数民族(例如，黎巴嫩的基督徒)在语言使用上与其他民族几乎没什么不同。所以，我们在使用“少数民族”这个词时要慎重。在分析“少数民族”一词时，除了要考虑它们的相对权利外，还有两个维度似乎也颇为重要：第一，少数民族是否得到了法律上的认可；第二，少数民族是本土少数民族还是移民少数民族。

“语言权”也是一个有待澄清的术语。波尔斯顿(1997：75)抱怨说，虽然语言权(language rights)、语言权利(linguistic rights)和语言人权(linguistic human rights)三个术语经常出现在文献
114 中，但是，从来没有人对它们进行过区分或界定。语言权不同于其他民权和人权，或者它们本该有区别，或者说语言权是从民权和人权衍生而来的，对此大家莫衷一是。而语言社区中的个人权(例如，一个人在私人会谈中或在自己的语言社区内选择何种语言的权利)和集体权(例如，为了保护本社区的语言而使用该语言的权利)的差别也成了人们争论不休的话题。最后，人们对于谁来负责语言维持的问题众说纷纭：是语言的使用者还是他们所居住的民族国家？

8.2 语言权的起源

威尔尼斯(Varennes 1997)在联合国少数民族权利小组委员

会的工作文件中注意到，有关语言的国际条约早已屡见不鲜。他列举了以下三个案例：一是法国和瑞士（Helvetic state）①两国于1516 年签署的条约，该条约有利于只说德语的瑞士人；二是 1815年在维也纳会议上通过的法案，该法案允许人们在奥匈帝国的部分地区使用波兰语；三是 1881 年签订的条约，该条约保护了土耳其语在希腊的语言地位。瑞兹·维尔泰兹（Ruiz Vieytez 2001）补充了两个案例：第一个是 1648 年召开的威斯特伐利亚（Westphalia）②大会，该大会的结果致使人们开始保护一些宗教少数者；第二个是 1660 年通过的《奥利华和平条约》（*Treaty of Oliva*），该条约把位于东利沃尼亚（Livonia）③的罗马天主教社区归入瑞典。

在中世纪，人们基本上没有"语言少数者"这一概念。当时，农民都说当地方言，而统治阶级由于经常与不同种族、社会等级和宗教信仰的人通婚，所以他们大多数是多语人（Wright 2001）。英国国教教会全体神职人员也具有国际性，大家都使用拉丁语作为通用语。最早有关语言少数者的例子出现在文艺复兴时期，那时民族主义首次有所抬头。在 16 世纪，各国开始建立自己稳定的国家边境。中央集权制国家逐渐开始提升一种语言或一种语言变体的地位，这种语言或语言变体往往是这个国家君主居住地区的语言，

① 海尔维第共和国（Helvetic Republic）是通过法国大革命在瑞士联邦的领土上建立的一个子共和国。1798 年 4 月 12 日海尔维第共和国成立，1803 年 3 月 10 日解散。这段时间瑞士被称为海尔维第。根据时间推理，此处的"海尔维第"应该是泛指瑞士，而不是指 1798—1803 年的瑞士。

② 威斯特伐利亚是位于德国西北部的一个州。

③ 利沃尼亚位于波罗的海东岸地区，立陶宛以北，包括现在的拉脱维亚和爱沙尼亚大部分地区。

这样，其他语言就可能变成了少数者语言。宗教改革运动（the Reformation）①影响巨大，随着各国国教（national Churches）的发展，国家允许或鼓励宗教界使用地方民族语。于是，社会上出现了两种相反的语言发展趋向：一种是平等地对待每一种基督教教徒所使用的语言，另一种是越来越偏重使用某一特定的民族语言。例如，1539 年颁布的《维勒斯—科特莱兹法令》（*Ordonnance de Villers Cotterets*）就偏向法语，而 1536 年颁布的《英格兰和威尔士联盟法》（*The Act of Union of England and Wales*）则偏向英语。

在 19 世纪之前，由于许多国家步法国大革命对政治民族性和
115 语言民族性声明之后尘（详见本书边码 64 页），并受德国把“民族”概念看作是一种“文化现实”做法的鼓励，“因为是语言少数者”的论调通常成为这些国家语言少数者被边缘化、被排斥甚至被强行同化的原因。义务教育的实施和兵役制度的普及为国语的标准化提供了渠道。尽管这样，还是有些国家开始出现为语言多样性提供支持的立法行为，并以此来对抗上述有利于国语发展的趋势。不过，有人认为处于弱势地位的土著群体拥有语言权，他们提出这一观点的主要论据是社会的公平性：社会的公平性基于社会上的所有人都拥有同样的民权或人权的理念。社会的公平性首先可以促使人们发动反对歧视行为的活动，其次可以促使人们提出机会均等的教育要求。只有在采取以上措施之后人们才会认识到保护语言多样性的必要性，并视其为一种理论基础（Grin 1995：34）。

---

① 这里的宗教改革运动是指 16 世纪改革罗马教会弊端的宗教运动，以新教教会建立而告终。

国际社会在处理各国少数民族问题的条约上体现了对少数民族的保护意识，这标志着国际社会对少数民族保护的认识已经进入了第二个阶段。最初的条约是 1812 年签署的《布加勒斯特条约》(*The Treaty of Bucharest*)和 1814 年在维也纳会议上签署的条约。前者同意让塞尔维亚进行自治，后者在条约的各个条款上都表现出对波兰各族人民的认可。后来，类似的条约接踵而至：在俄土战争(the Russo-Turkish)末期(即 1829 年)签署的条约以及分别于 1856 年在巴黎、1878 年在柏林和 1881 年在君士坦丁堡签署的各种条约(Ruiz Vieytez 2001)，都体现了保护少数民族的思想。在 19 世纪末之前，世界上已有不少赞成保护少数民族及其语言的先例。所以，第一次世界大战以后，语言少数民族的权利开始在世界各地国家重组的过程中占有了一席之地。

8.2.1　两次世界大战期间的语言权

第一次世界大战以后，中欧、东欧和中东各帝国成为战败国，从这些帝国中独立出了一些新的国家，这些国家签署的和平条约都含有保护本国特定少数民族的内容。瑞兹・维尔泰兹说，这些和平条约标志着世界语言权的发展进入了第三个阶段。《凡尔赛条约》和国际联盟在强加给奥地利、匈牙利、保加利亚和土耳其的各种条约中以及在欧洲和中东建立新国家的过程中，都包含了语言少数民族权利的条款。对于所有这些国家来说，为语言少数民族的各个成员提供平等机会是立国之本，比如采取措施保护少数民族的独特属性，包括保护他们的语言。所有的条约签署国都同意本国的全体国民(包括少数民族成员)可以自由地在私人生活、商务活动、宗教仪式、新闻报道、书刊出版或公共会议上使用任何语言。语言权也包括人们有权通过自己掌握的语言获得国家机关提供的服务信息。在法庭诉讼中，如果有必要，法庭应该为当事人提供适当的口译和笔译服务。在某些城镇和街区，有些国民的母
116 语不是官方语言，当这些人的比例达到一定程度时，他们的小孩应该有权接受以他们的母语为教学媒介语的小学教育，同时，这些小孩学习官方语言的机会也应得到保证。

第一次世界大战以后，国际社会签署了许多有关在巴尔干半岛上建立民族国家并认可这些民族国家的条约。这些条约要求此类国家平等对待本国所有的种族、语言和宗教少数群体。例如，这些少数群体有权建立自己的各种母语研究机构和母语教育系统。然而，波尔顿(Poulton 1998)观察到，这些文件的条款往往没有得到实施。例如，1925 年，希腊政府决定把国内的斯拉夫民族划归于希腊民族，并在全国兴起了一场语言同化和人口同化运动。再如，拉脱维亚于 1918 年独立后就着重树立拉脱维亚语(Latvian)的国语地位，对少数民族语言的认可则非常有限，因为长期以来拉脱维亚语一直屈从于德语和俄语。但是，在拉脱维亚一些国立中小学的教育中，有教学语言多达七种的现象(Druviete 1998)。

20 世纪前半叶，少数民族的语言权虽然较为有限，但是，它却得到了越来越多的国际认可，这些认可开始体现在民族国家的立法和宪法上。尽管这些条约和法律在很大程度上只限于在战败国的领土上使用，而且也未必有效，但是，这些条约和法律为语言权的法律表达确实提供了不少重要的模式。

确有国家为本国的少数民族制定了自己的语言权政策，这个

国家就是苏联。在列宁的领导下，该国认可了 1896 年在伦敦召开的“国际社会主义工人与工会大会”[①]上所提出的内容——“各民族都享有民族自决权”（Lewis 1972:67）。苏联制定的语言政策旨在通过各种民族语言以多快好省的方式来进行语文能力和社会主义教学，并把随之产生的民族主义作为迈向理想的社会主义国际主义（socialist internationalism）[②]的第一步。1917 年，苏联许多民族社团被告知：他们的语言就像他们民族和文化结构中的其他东西一样是“不可侵犯的”。20 世纪 20 年代，苏联建立了各种民族语言小学。在接下来的 10 年间，苏联少数民族的语言权得到维护。马丁（Martin 2002）认为，在所有国家围绕保护少数民族语言权的尝试中，苏联的这项“积极平权措施”（affirmative action）[③]计划是最雄心勃勃的。他还指出，这项计划不是个人行动，而是集体行为，乃至全国行为。该计划的实施是通过建立许多小型的少数民族管理机构来进行的。这不是沙皇俄国化[④]活动的延续。因为按照乌克兰的要求，乌克兰的俄罗斯族儿童必须上乌克兰语学校。

---

① 该会议的英语全称是“International Socialist Workers and Trade Union Congress”，这是第二共产国际的第四次大会。

② “社会主义国际主义”，也叫“无产阶级国际主义”或“社会主义阵营”，其目的是通过无产阶级和广大劳动人民的联合斗争，消灭资本主义和其他一切剥削制度，在全世界实现共产主义。

③ “积极平权措施”（又译“优惠待遇”）认为，某特定人群在某些方面与其他群体（或主流群体）相比处于劣势，需要以照顾或者补贴的方式，积极地对其提供帮助，使弱势群体地位获得改善，渐渐在社会上与其他群体相比能够有较为平等的政策。

④ 沙皇俄国化（Czarist russification）是指沙皇俄国所控制的非俄语区自愿或被迫接纳俄语及其文化等的行为。

另外，定居土耳其斯坦（Turkestan）[①]和哈萨克斯坦（Kazakhstan）的俄罗斯族居民要么被遣返出境，要么以二等公民的身份留下。
117 俄罗斯族人对此痛苦不已，他们开始反对"积极平权措施"计划。反对的浪潮在20世纪30年代的农业集体化时期和1932年12月出现的粮食危机期间达到顶峰。1932年，斯大林对乌克兰出现的反集体化现象表示愤怒，他把这种现象与本土化情绪驱使的民族主义联系起来。不久，苏联在政策方面进行了各种改革：废除苏维埃少数民族村庄（ethnic village Soviets）；提升俄语的教学媒介语地位；取消军队中的少数民族编队；要求各民族共和国都执行苏联政府制定的五年计划。马丁认为这些举措不属于沙皇俄国化行为，因为沙皇俄国时期的俄罗斯族人尚未有自己的共产党、首府或者科学院。确切地说，他认为这应该是苏维埃化[②]行为，而且使用作为通用语的俄语来表达该词是最方便的。

20世纪30年代，斯大林领导下的政府开始扭转列宁时期的语言本土化政策。但是，苏联宪法保留了有关语言权方面的条款。有人认为，斯大林摧毁政府对某些民族语言的支持行为简直就是沙皇俄国化的继续，而且，执行得更加野蛮，更加暴力。冉那特（Rannut 1995）描述了斯大林在这些方面的政策，并展现了爱沙尼亚如何被强制性地剥夺权利：苏联政府组织非爱沙尼亚人移居爱沙尼亚；强迫爱沙尼亚人在诸多领域使用俄语；使用各种手段来实施集权国家的语言政策和民族政策。同时，冉那特还注意到，爱沙

① 土耳其斯坦指里海和戈壁沙漠之间的中亚地区。

② 苏维埃化（Sovietization）是指自愿或被迫接纳苏联政治模式的行为。

尼亚科学院(the Estonian Academy Science)在这个时期依旧坚持工作以便完成发展专业术语的任务,爱沙尼亚科学院为爱沙尼亚继续使用保障语言平等的宪法原则提供了数据。奥佐林斯(Ozolins 1996)也批评过苏联的语言政策:他指出该国的语言政策给本国少数民族语言使用者带来了痛苦和愤怒。他还指出俄罗斯在秘密处理苏联解体后再度出现的民族和国家之间的紧张关系时所使用的方法也有不妥,因为苏联解体以前是中央集权制国家,其语言政策的运行还是正常的。

在两次世界大战期间,还有其他一些国家也为本国的少数民族语言提供了宪法上的保护:芬兰一边提高芬兰语的地位,一边继续保护瑞典语;爱尔兰把爱尔兰语和英语放在同样地位来发展;比利时各方达成协议以保护法语、佛兰芒语和前佛朗哥(pre-Franco)时期的西班牙语,这些语言都被确立为该国的地方语言(regional language)。

8.2.2　20 世纪后半期的语言权:国际机构

在联合国和各种区域组织的领导下,20 世纪前半叶所采取的保护少数民族语言的措施,在 20 世纪后半叶的许多语言行动计划中得到了发展和延续。

1945 年联合国通过的《联合国宪章》宣称:尊重人权,尊重基 118
本的自由和平等理念,消除歧视。1948 年,《世界人权宣言》(第 2.1 条)把语言作为评价人权的标准之一,看是否存在由于语言歧视的原因而把某些语言排挤在外的现象。1957 年,国际劳工组织(ILO)《第 107 号公约》涉及土著人口和其他部落人口的保护问题。该公约授予这些人口及其子女以下权利:有权接受以自己的母语(或自己最常用的语言)为教学媒介语的基础教育(主要是读写能力的教育);有权享受从本地话"逐渐过渡"到官方语言作为教学媒介语的教育;有权采取措施以保护本地话。1960年《联合国教科文组织反教育歧视公约》指出,各国可以建立不同的自愿式教育体制,这种教育体制可以根据学生父母的不同愿望(例如,教学中使用他们自己的母语)提供教育,只要这种教育体制在总体上没有阻止少数民族成员学习自己社区的语言和文化即可。

1966年通过的《国际民权和政权盟约》包含了许多有关语言权的具体内容。该盟约第14条涉及司法行政中的语言权问题:被指控的犯罪嫌疑人有权要求司法部门用他或她自己所熟知的语言来解释对他或她的指控;任何被告都有权要求法院为他或她提供免费的口译服务。该盟约的这项规定于1976年开始生效,它的作用在许多国家于同一时期所制定的宪法中得到了反映,例如,安提瓜和巴布达(Antigua and Barbuda)①(1981年)、巴哈马(Bahamas)(1962年)、巴巴多斯(Barbados)(1966年)、伯利兹(Belize)(1973年)、多米尼加(Dominica)(1978年)、圭亚那(Guyana)(1989年)、牙买加(1962年)、瑙鲁(Nauru)(1965—1972年)、圣基茨和尼维斯(St. Kitts and Navis)②(1983年)、圣卢西亚(St. Lucia)(1978年)、圣文

① 安提瓜和巴布达是由加勒比海东部北方群岛的三个岛屿(即安提瓜岛、巴布达岛和雷东达岛)组成的国家,官方语言为英语。1493年该地被哥伦布发现,1632年英国向该地移民,并使其成了英国殖民地,1981年该地在英联邦范围内获得独立自由。

② 圣基茨和尼维斯,也叫圣克里斯托弗和尼维斯(St. Christopher and Nevis),是西印度群岛的一个国家。它由两个岛屿组成,是美洲最小的主权国家。

森特和格林纳丁斯(St. Vincent and Grenadines)(1979 年)、所罗门群岛(Solomons Islands)(1978 年)和图瓦卢(Tuvalu)(1987 年)。在这些国家中,大多数国家的宪法都包含了唯一的这项语言条款,但是,也有一些国家的宪法除此之外还包含了一些针对公共事务办公和移民归化部门人员录用的语言要求。在 20 世纪 90 年代,许多国家在制定或修改本国的宪法时,也增加了该语言条款。

国际公约或国际盟约基本上是主权民族国家间签订的。这些公约或盟约的签订需要经过多个阶段才能达成。首先,公约或盟约支持者要对该公约或盟约进行初步讨论和广泛公示,这两个阶段可能就需要若干年时间。然后,相关人员才能把这些公约或盟约带到与之相符的国际机构进行投票表决,表决通过后要设定公约或盟约的生效日期,从通过到生效往往还需要几年时间。作为一个条约,它只适用于条约签订国以及后来被批准加入该条约的成员国。由此可见,事实上,联合国大会通过的公约并不意味着所有的成员国会自觉地遵守条约中的各项条款,从下文中提到的条约的通过与实施之间的差距就可见一斑。

瑞兹·维尔泰兹(Ruiz Vieytez 2001)解释说,第二次世界大 119
战以后的一段时间里,人们对语言权的关注只集中在语言少数民族的个人权上,而非语言少数民族的集体权。人们对民族情绪和民族主义情绪有一种厌恶感,因为正是民族情绪和民族主义情绪导致了二战期间的人类暴行,例如,纳粹对犹太人的大屠杀(the Holocaust)行为。1920 年,一些国家重划了国界,可是,1945 年就有大批的人口被迫迁往异地以实现更大程度的民族同质化(相当于仅半个世纪以后就开始流行起来的种族清洗,但本人反对在此使用该词)。那时,人们关注的核心是基本人权和尊严,而少数民族问题(除了一些特殊情况外)被认为是次要问题。

波尔斯顿(Paulston 1997)注意到了语言权的新颖性。尽管人们很早就提及过语言权,但“语言权”这个词开始出现在书名中则是1979年之后的事情,“语言人权”则产生于20世纪90年代。她认为,就语言权这个问题著书立说的人目前归为两大阵营:一是大多由历史学家或律师组成的阵营,他们对语言权进行描述性或历史性的叙述;另一个是由语言学家和语言政策学者组成的阵营,这些人提倡使用集体语言权以便进行一些他们个人所支持的变革。波尔斯顿认为,后一阵营“具有规劝性,而且时常充满激情”。

这些努力并非毫无结果。大约从1990年开始,越来越多的国际公约和条约着手维护个人语言权和语言少数民族的权利。1989年,国际劳工组织的《第169号公约》对土著人口的权利进行了细化和明确。同年,联合国组织正式通过了《儿童权利公约》,该公约特别提出并解决了“少数民族儿童或者土著儿童的语言需求”问题。1990年,联合国组织正式通过了《保护移民工人及其家庭成员权利国际公约》,该公约的内容中包含了语言权利条款。1992年,联合国人权委员会正式通过了《民族、宗教和语言少数人口权利宣言》,该宣言提到:“只要有可能”,任何国家都要采取各种措施保证少数民族能够用自己的母语接受教育。1993年,《土著人口权利宣言草案》没能通过,原因是人们对有关自决权和土地权条款存在分歧。该草案包括了这样的内容:土著人有权建立并自行管理以土著语言为教学媒介语的教育机构。

上述例子有助于提示我们:语言权在很大程度上是不同于人

权的。威尔尼斯(Varennes 2001)认为,大多数语言权都是从一般 120
的个体人权中衍生出来的,也就是说,语言权产生于非歧视原则和言论自由原则。当这些语言权应用于个体公民时,它们已经变得非常明确具体了。最近,这些语言权的享有范围已经扩大到少数民族,乃至许多国家都存在的移民聚居社区,这就增加了语言权的复杂性,并使移民社区的语言权问题更具争议性。对个体而言,任何人都有使用自己母语的权利;对国家而言,国家需要使用和支持少数民族语言。从个体的权利到国家的需要,每一个环节都有可能出现语言权问题。威尔尼斯认为,少数民族成员在私人生活中(例如,名字选择、私人会话,甚至公共场合的私人会话、私人通信或私人商务、以少数民族语言为教学媒介语的私立学校的建立)有权使用自己的语言。其实,这些权利对少数民族来说并无特别之处,因为它们大多数都来源于个体人权。波尔斯顿(1997:76)认为,“语言人权”这个术语有冗词之嫌——语言怎么能不是人类的呢?人权是一个被大家所接受的概念,语言人权则是在人权概念的保护下尝试重新主张人们的语言权。她说,这一论调的主要支持者是朵芙·斯古纳伯—康格斯和罗伯特·菲利普森。

上文提到的公平审判的语言权利可能是语言权中最基本的一个,这些语言权要求国家利用好少数民族语言。目前作为欧洲标准的一部分已经受到人们的广泛认可,并在欧洲委员会①制定的

① 欧洲委员会(the Council of Europe)是由爱尔兰、比利时、丹麦、法国、荷兰、卢森堡、挪威、瑞典、意大利和英国通过 1949 年 5 月 5 日在伦敦签订《欧洲委员会法规》所成立,是联合国观察员身份的国际组织,也是欧洲整合进程中最早成立的机构。其总部位于法国的斯特拉斯堡,官方语言是英语和法语。

两个条约——《关于保护少数民族的公约框架》和《欧洲地区语言或少数民族语言宪章》中得到体现的是:政府机构的窗口部门有责任提供少数民族语言的服务,提供这种语言服务的依据是根据该语言使用人口的数量和聚居程度来判断。一般来讲,一个地区使用该语言的人口比例应达到20%以上。

在有关少数民族权利的观点中,比较激进的一个是《联合国民权和政权公约》第27条所阐述的内容。该公约起草于1966年,10年之后才得到批准并生效。斯古纳伯—康格斯(Skutnabb-Kangas 2002:183)把第27条的内容引用如下:

> 在具有民族、宗教或语言少数群体的国家里,当来自这些少数群体的人与其他人一起构成社区时,他们有权欣赏自己的文化,有权传授和信仰自己的宗教,或有权使用自己的语言。

起初,该公约并非针对移民或其他少数民族。当然,如果这些移民或其他少数民族被某一国家认可为本国的少数民族,他们就会得到国家的保护,尽管仅仅是免遭歧视的保护。然而,1994年,
121 联合国人权委员会发表了一个《评论总则》(*General Comment*)。该总则重新解释了《联合国民权和政权公约》第27条的内容:保护国内的所有个体,其中包括移民和难民;取消国家对少数民族的认定权;赋予国家各种积极使命。

《评论总则》对《联合国民权和政权公约》第27条的重新阐释,体现了一种强式语言权。斯古纳伯—康格斯指出,《海牙建议书》

（*The Hague Recommendations*）明确了国家应当履行的积极使命：满足父母选择用儿童的母语进行教学的托儿所和幼儿园的愿望；小学课程也可以用少数民族语言进行，同时，由双语教师用国语进行国语入门教学；学校可以在中学阶段继续使用少数民族语言进行部分课程的教学；为少数民族语言教师提供适当的培训机会。我们不难发现，上述强式语言权的论断在语言表达上并不够强硬。根据语言权的定义，国家不需要为这些少数民族语言的教学项目买单，但要“创造条件”以便这些少数民族语言的教学项目能够生存。尽管《评论总则》似乎具有革命性的特点，但是，它并没有超越美国最高法院于 1923 年所做出的规定——尽管美国各州政府可以要求得到税收资助的学校使用英语作为教学媒介语，但是他们不能要求私立学校也这样做。

8.2.3　欧盟与欧共体[①]

欧盟已将少数民族语言权的实施情况看作新成员国入盟的标准之一。现在，欧盟和联合国的相关文件都包含了少数民族语言权的内容——各国政府的公共事务机构要根据实际情况提供少数民族语言的服务。不过，该权利的实施范围依然有限，人们使用它时仍保持谨慎的态度：因为被政府公共事务机构选用的少数民族

① 1965 年，法国、联邦德国、意大利、荷兰、比利时和卢森堡 6 国签订了《布鲁塞尔条约》，决定将欧洲煤钢共同体、欧洲原子能共同体和欧洲经济共同体统一起来，统称欧洲共同体，简称欧共体，条约于 1967 年生效。1991 年，欧共体通过了《欧洲联盟条约》，条约于 1993 年生效，欧共体开始向欧盟（全称欧洲联盟）过渡。欧盟是一个集政治实体和经济实体于一身、在世界上具有重要影响的区域一体化组织。

语言在社会上必须拥有一定的使用者,而且,该语言还不能太难学,否则公共事务机构的官员们就不愿去学习和使用这种语言。1967年,欧洲人权法庭①认为,尽管拒绝提供以少数民族语言为教学媒介语的教育机会被视为歧视行为,但是,比利时实施地区化语言政策并非毫无道理。

尼克-休伯恩(Nic Shuibhne 2001)认为,我们不应该对欧盟抱太大的期望。欧盟也承认自己在语言权方面的局限性,这种局限性甚至体现在成员国官方语言的使用上。例如,爱尔兰语和卢森堡语②在欧盟中都没有获得足够的权利。欧洲小语种管理局(the European Bureau for Lesser Used Languages)只给遴选出来的欧洲少数民族语言提供部分支持。而且,这些少数民族语言尚未享有官方语言或工作语言的地位。欧洲议会③在20世纪80年代通过了许多没有约束力的决议,目的是呼吁各成员国保护本国的少数民族语言,并强调少数民族语言在文化领域中的重要作用。尼克-休伯恩(2001)指出,这些决议需要大家签署正式条约方可实
122 施,因为条约中的具体条款往往都会出现在有关"欧洲弱势文化和弱势语言"地位的文化项目中。所有上述内容便构成了欧盟对多

① 欧洲人权法庭(the European Court of Human Rights)是欧洲理事会的一个机构,它与欧洲人权委员会共同保护人权。该机构的总部设在法国的斯特拉斯堡,负责对人权委员会无法解决的案例做出裁决。

② 卢森堡语(Luxemburgish)是一种卢森堡地方话,夹杂着大量法语和德语。卢森堡语与法语和德语共同构成了卢森堡的官方语言。

③ 欧洲议会(the European Parliament)成立于1952年。1958到1979年间由成员国议会代表组成,但自1979年开始直接选举,每5年选举一次。欧洲议会会址设在法国的斯特拉斯堡。

语制的支持，但是这些内容并不意味着对语言少数民族权利的实际落实。

欧洲法院[①]审理的许多法律案件都涉及语言问题。例如，1985 年，欧洲法院认识到有必要对比利时德语区的个人语言权和特权加以保护。可是，我们从影响范围更小的地方法院所做的裁决中可以发现：在比利时，荷兰语、法语和德语事实上并未被归入少数民族语言的行列中。1989 年爱尔兰出现过这样的案例：爱尔兰某校在招聘教师时，要求教师能流利地使用爱尔兰语，但由于爱尔兰语不具有少数民族语言的地位，因此，当地法院对这个案子始终难以裁决。欧盟最近做出的一些决定似乎明确了这样一个宗旨——语言管理是国家语言政策的内部事情。尽管按照欧共体要求，一个欧共体成员国必须赋予居住在本国但来自欧共体另一成员国的公民一些语言权，但这还是属于国家内部的语言政策。因此，尼克-休伯恩（2001）总结说，"那种认为欧共体可以对其成员国少数民族语言权的保护产生重大影响的观点是非常错误的。"

正如本书上一章所言，美国个人民权已经成为英语之外语言使用者为获取更多的政府提供的服务渠道而不断努力的前提。同时，从美国的政策也可看出，美国似乎并不愿意为少数民族提供语言服务，具体地说，是双语教育的服务。从以下三个方面可以发现欧共体也存在这种紧张的少数民族语言问题：第一，欧共体的老成

① 欧洲法院（the European Court of Justice）是欧盟的一个机构，总部设在卢森堡，法庭由成员国政府任命的 13 名法官组成，成立于 1958 年，负责保证按照对共同体条约的解释和适用来执行法律。

员国在选择和界定什么语言才是他们认可的少数民族语言或地区语言时，表现出谨慎的态度；第二，它们对移民语言被认可为本国少数民族语言的做法持反对态度；第三，在吸收欧共体新成员国时，它们对于选择原则的应用表现出分歧。

有些国家在历史上或者语言意识形态上都属于单语制国家，但经过别国的劝说或自我觉醒后，最终改变初衷，同意在宪法上认可某些具体遴选出的少数民族或土著群体的语言权。不过，语言权在宪法条款或法律上的体现，并不能保证其真正的实施。我们仔细地观察世界各地的情况就会很快发现各种问题：苏联某些加盟共和国的俄语使用者以及罗姆人（Roma，本人用该词指吉普赛人）所遭受的待遇不公问题、欧洲在认可少数民族语言时所做出的选择问题、世界各国对少数民族语言项目的支持程度以及对移民语言的认可所表现出的不乐意问题。但是，欧洲召开的各种相关会议是解决这些问题的第一步，也是至关重要的一步。因为这些会议有可能为少数民族的问题解决提供法律上或政策上的新思路，而这些思路以前是一直被各国政府所拒绝的。

123 欧洲委员会于 1992 年 11 月开始采用《欧洲地区语言或少数民族语言宪章》。该宪章是处理少数民族语言权问题的一个重要条约，它在序言中就强调了许多“理想和原则”，其中包括：“各国要保护具有历史意义的欧洲地区语言或者少数民族语言”，“人们有权在个人生活和公共生活中使用地区语言或少数民族语言”，“人人重视多文化和多语言的价值”。当然，对这些少数民族语言的保护和鼓励有一个前提，那就是少数民族语言的保护“不应该损害官方语言以及人们学习官方语言的需求”。

人们对地区语言或少数民族语言的界定标准似乎是一致的。但事实上，人们对这两个术语的定义尚有许多歧义。以前，地区语言或少数民族语言是指在某一国家的领土范围内被该国的国民长期所使用的语言，使用这些语言的国民形成了族群，这些族群在人口数量上比该国的其他人口要少，并且这些语言也不同于该国的官方语言。地区语言或少数民族语言既不包括官方语言的各种方言，也不包括移民语言。欧洲委员会在批准各国的地区语言或少数民族语言的时候，都要求每个成员国在向《欧洲地区语言或少数民族语言宪章》申请地区语言或少数民族语言时指明具体的语言。例如，瑞典在 2000 年签署并通过了《欧洲地区语言或少数民族语言宪章》，瑞典声明该宪章适用于瑞典的三种地方语言或少数民族语言：萨米语(Sami)①、闵基利语(Meankieli)②和芬兰语。根据《民族语》杂志，这三种语言变体的使用人数分别是 0.6 万、6 万—8 万和 20 万。此外，瑞典在其声明中也列出了两种非本土语言：罗姆语(Romani Chib)③和依地语。《民族语》杂志估计瑞典有 2.5 万人使用罗姆语，但它没有列出该国依地语的使用人数。另外，这本杂志还曾收录过一种重要的语言变体，但该变体现在却从被广泛认可的少数民族语言名单中消失了。这种语言变体就是斯堪尼

① 萨米语是萨米人所使用的语言，属于乌拉尔语系(Uralic family)的芬兰—拉普语支(Finno-Lappic group)。萨米人，也可以写成“Saami”，或称为拉普人(Lapps，但该词有贬义之嫌)，他们是欧洲最大的原住民族群之一，主要居住在瑞典、挪威、芬兰的北部，以及俄罗斯的科拉(Kola)半岛。他们的生活以捕鱼和狩猎(驯鹿)为主。

② 闵基利语是瑞典拖米多(Tomedal)一带使用的芬兰语。

③ 罗姆语，又叫吉卜赛语或茨冈语，是一种源自古印度语的语言。现在该语言大约有 150 万的使用者(罗姆人)，他们遍布世界各地，但主要集中在东欧和中欧。

亚语(Scanian 或 Skanian)①,《民族语》杂志估计斯堪尼亚语有 150 万的使用者。1995 年,一个斯堪尼亚民族组织要求把斯堪尼亚语列入欧洲少数民族语言名单,但是,负责该事务的瑞典政府委员会回复说,斯堪尼亚语属于方言,不能被列入该名单。

根据《欧洲地区语言或少数民族语言宪章》,被认可的地区语言或少数民族语言可以是地区性的(当某一地区的居住人口数量达到足以让该地区采用相关的语言政策时),也可以是非地区性的。就像各成员国需要指定哪些语言属于被认可的地区语言或少数民族语言一样,各成员国按照《欧洲地区语言或少数民族语言宪章》的要求也需要明确哪些条款适用于哪种语言。该宪章第 2 部分的条款比较笼统,而宪章第 3 部分则详细地说明了欧洲地区语言或少数民族语言在以下各个方面的使用要求:各个教育阶段的教育、司法安排,行政和公共服务,媒体、文化活动和文化设施,经济和社会生活以及国际交流。各成员国必须从该宪章的第 3 部分中选择 35 个条款执行。这 35 个条款必须包括 3 个有关教育和文化活动方面的条款,至于其他方面的条款,则每个方面至少要涉及 1 个条款。

许多国家正在准备批准本国的地区语言或少数民族语言的使用领域。查看一下这些国家所提供的详细材料,我们不难发现每
124 个国家都可能面临着多种选择。就教育来说,一个国家可以选择用某一种少数民族语言提供学前教育(但是这种教育“不能影响该

① 斯堪尼亚是瑞典南部的一个省,该省居民使用的语言叫斯堪尼亚语,属于瑞典语的一种方言。

国一种或多种官方语言的教学”)，或者“大部分”时间用某一种少数民族语言进行学前教育，或者“至少应该给那些家长有此要求而且数量足够大的学生”提供用某一种少数民族语言进行的学前教育。倘若该国“没有直接能力”为这些学生提供学前教育，那么可以尝试“允许和(或)鼓励”其他社会力量来实施上述任何一种措施。《欧洲地区语言或少数民族语言宪章》中接下来的内容包含了有关各种教育的类似条款：小学、中学、技校、职校、大学以及其他种类的高等教育、成人教育和继续教育。

虽然《欧洲地区语言或少数民族语言宪章》并没有展现任何解决地区语言或少数民族语言问题的蓝图，但是，它允许各个国家开发适合本国情况的解决模式。尽管该宪章允许各国自由处置本国的地区语言或少数民族语言问题，并表现了对国家主权的一贯尊重，但是，各成员国在签署和批准该宪章时却经历了一个极其缓慢的过程。到 2002 年 8 月为止，也就是该宪章通过的第 10 年，欧洲委员会(共有 44 个成员国)中只有 16 个成员国批准了该宪章。另外，有 13 个国家签署了该宪章，但没有通过“批准”这最后一关。列支敦士登(Liechtenstein)是较早批准该宪章的国家之一，该国荣幸地宣称在其领土范围内没有地区语言或少数民族语言。法国于 1999 年签署了该宪章，并声称宪章批准后(当时尚未批准)不会影响在法国公共法(public law)机构和公共服务部门工作的个体使用法语的强制规定。同时，法国还声称，地区语言或少数民族语言的教学是选修性质，不会剥夺学生的任何权利和义务。地区语言或少数民族语言学校的学生，与其他接受公共教育的学生享受同样的权利和义务。荷兰于 1998 年批准了该宪章，并明确规定该宪章的第3部分只适用于弗里斯兰省(Friesland)的弗里西亚语，不过，该宪章第2部分的总则可以用于下萨克森语言(Lower Saxon languages)[①]、依地语、林堡语(Limburgish)[②]和罗姆语。英国于2001年批准了该宪章，并声明说该宪章的第3部分适用于威尔士语、苏格兰盖尔语(Gaelic)和爱尔兰语，而该宪章的第2部分则适用于苏格兰英语和乌尔斯特(Ulster)[③]苏格兰英语。我们不难发现，欧洲还有更多的尚未批准该宪章但对该宪章却表现出浓厚兴趣的国家，例如：比利时、爱沙尼亚、格鲁吉亚、希腊、爱尔兰、意大利、拉脱维亚、立陶宛、摩尔多瓦、波兰、葡萄牙、罗马尼亚、俄罗斯、土耳其和乌克兰。毫无疑问，有关该宪章的批准与实施情况会随着欧盟的扩大而发生变化。欧盟要求新成员国接受该宪章，这是新成员国入盟的条件之一。2002年10月底，乌克兰政府再次提出议案，要求批准该宪章(因为乌克兰宪法法院[④]曾经裁决乌克兰政府1999年批准《欧洲地区语言或少数民族语言宪章》的行为是违反宪法的)，但是不出所料，该议案依然再次遭到反对。

由于认识到欧洲语言使用的复杂性，欧洲委员会对于多语制

---

① 下萨克森是德国西北部的一个州，首府汉诺威。下萨克森语言是指该州和荷兰部分地区共同使用的一些方言。

② 林堡由比利时东北省份和荷兰东南省份组成。林堡语是这些地区使用的一种语言。

③ 乌尔斯特位于爱尔兰岛北部，原是爱尔兰的一个省，现分属北爱尔兰和爱尔兰共和国。

④ 宪法法院(the Constitutional Court)是一个国家的最高法院，它主要处理涉及本国宪法的问题，裁决其他法律是否违背了宪法规定的权利和自由，等等。

原则达成了语言意识形态方面的共识。随后，该委员会精心设计 125
了一套语言管理体系，该体系允许独立成员国自行决定多语制原则在本国的适用范围。多语制缓慢的实施步伐说明：即使是如此谨慎的方法，对各成员国内民族主义者的语言意识形态和传统语言政策而言仍然是一个挑战。正如威尔尼斯所抱怨的那样，个人根本无法去申诉、反对《欧洲地区语言或少数民族语言宪章》的制定或实施。他把该宪章视为比各种基于人权的国际公约还要弱小的东西，并认为只有当少数民族的语言权被看作是衍生于一般人权并且是其组成部分时，该宪章才会有机会得到更广泛的应用。

8.2.4　欧洲安全与合作组织

语言权的实施还有一种途径。欧洲安全与合作组织（The Organization for Security and Cooperation in Europe，简称欧安组织）基本上是一个安全组织，该组织对少数民族和少数民族语言感兴趣主要出于预防冲突的需要（Holt and Packer 2001）。所有 55 个欧洲安全与合作组织的成员国都自发地认为：人权是立法中很重要的内容，而且人权不仅仅是一个国家的内部事务。该组织的核心工作是在各个存在冲突的国家中执行任务、组建援助团体并设立地方办公机构。例如，该组织 2001 年在以下国家和地区开展了自己的活动：阿尔巴尼亚、波斯尼亚、黑塞哥维那（Herzegovina）、克罗地亚、南斯拉夫联邦共和国、科索沃、爱沙尼亚（Estonia）、拉脱维亚、白俄罗斯以及至少 12 个其他东欧国家和地区。该组织内设“常设理事会”、“安全合作论坛”（该论坛包括每周一次的一般性会议、每年一次的部长理事会和数年一次的首脑峰会)、“民族制度和人权办公室”和“协调与仲裁法庭”等机构。1992 年,该组织在荷兰海牙成立了“少数民族事务高级专员署”(High Commissioner on National Minorities),旨在“及时发现有可能损害欧洲地区和平、稳定及欧安组织成员国之间关系的民族冲突,提出处理意见和解决办法”。少数民族事务高级专员署可独立行动,其预算资金约占欧洲安全与合作组织总经费的 1%左右,该高级专员署已经给 14 个国家提出过建议书。例如,1996 年,该专员署与爱沙尼亚政府就爱沙尼亚语的教育、语言测试的应用以及外国公民的权利等问题进行了会商。此外,该专员署提出了四个总体建议书:关于罗姆语歧视问题的建议书、关于少数民族教育权的《海牙建议书》(1996 年)、关于少数民族语言权的《奥斯陆建议书》(1998 年)和关于少数民族参与公共活动有效性的《隆德建议书》(1999 年)①。上述每种建议都涉及语言问题。

126 有关少数民族教育权的《海牙建议书》经众多专家的努力得到了进一步的发展。该建议书提出,少数民族成员在习得国语的同时,也应该最大程度上享有学习各自母语的权利;要维护少数民族建立自己独立的教育体系的权利。该建议书还呼吁少数民族的小学生最好接受用自己的少数民族语言作为教学媒介语的教育,即使不能实现这个目标,起码也要在此阶段实施少数民族语言和国语并行教育的方针。中学阶段的一些课程应该用少数民族语言来

① 隆德是瑞典西南部的一个古城,人口约 8.7 万,该城以隆德大教堂和隆德大学而闻名于世。

教授，最好由双语教师来执行。随着年级的增长，国语授课的课程比例应该逐渐增大。只要有需求，职业教育、技术教育甚至高等教育，都应该开设用少数民族语言教授的课程。综合教育项目应当包括少数民族文化的教学，并提供学习少数民族语言的机会。而且应该让少数民族成员参与课程开发。

《奥斯陆建议书》专门处理少数民族在以下方面享有母语使用权的问题：个人名字的选择、宗教活动的举办、组织机构的建立、媒体的运作、私企的运行等。该建议书指出，在少数民族语言的使用者达到一定数量的地区，应当提供用该少数民族语言进行的行政服务和公共服务。该建议书赞同少数民族持自己的语言参与独立国家机构的活动（例如，人权委员会和专门调查官员舞弊情况的政府组织）和司法活动，并支持少数民族对刑法机构所提出的合理要求：刑法机构必须招募能够用少数民族语言处理少数民族刑事犯罪案件的工作人员。

《奥斯陆建议书》和《海牙建议书》的实施虽然还是由各成员国自己来决定，但少数民族事务高级专员署所担负的工作促进了这些建议的实施。该专员署于 1999 年发表了一份报告，承认这些建议没有得到普遍的采纳。

霍尔特和派克（Holt and Packer 2001）报道说，有许多具体的有关语言问题的案例都是由相关的组织和少数民族事务高级专员署处理的。从根本上说，少数民族人口的语言权最终成为了许多成员国中最常见的争论之源。因为这关系到语言在集体文化认同尤其是欧洲的集体文化认同中所起的重要作用。少数民族人口

“在公共场合或私人空间没有足够的机会来学习或使用自己的语言”，这被认为是对个人身份的一种威胁。语言政策也会影响社会
127 团结和公民享受公共服务的权利。从苏联独立出来的新国家都存在着一种特别的民族危机，因此，大部分国家都试图把苏联时代各加盟共和国有名无实的国语(titular state language)恢复到首要地位。有些国家在宪法上认可本国少数民族语言的地位。例如，格鲁吉亚考虑到了本国有些地区使用阿布哈兹语(Abkhazian)[①]这一情况；塔吉克斯坦认可了塔吉克语(Tajik)、俄语和乌兹别克语(Uzbek)的语言地位；乌兹别克斯坦和乌克兰甚至制定了更为自由的语言政策。但是，宪法条款和立法内容未必总是不折不扣地被执行。1996 年，少数民族事务高级专员署由于担心罗马尼亚境内匈牙利少数民族的命运而专注于该国的语言问题，并参与了斯洛伐克和哈萨克斯坦语言法的制定。该专员署积极投身于少数民族语言权的维护工作——制定基础文件并进行适当干预，试图通过在成员国实施语言权来减少民族间彼此紧张的关系。

值得注意的是，尽管欧洲安全与合作组织以人权为名，但是其内在动机(以及其存在的理由)是为了减少多语社会不同民族之间的紧张关系，同时也为了避免它们之间发生冲突。少数民族事务高级专员署所面临的挑战是处理好少数民族问题，防止它们发展成为冲突事件。该专员署的首位高级专员发现，语言问题往往在该地区的许多国家具有重要意义，而且少数民族的社会地位通常

① 阿布哈兹语是格鲁吉亚西北一自治区阿布哈兹人所使用的语言。

体现在其民族语言的社会地位。他认为，语言权的实施可以降低冲突的可能性。

8.3　提倡语言人权

本书目前所列举的文件全部都是在某些区域组织和国际组织的影响下制定的，而且这些文件还要考虑独立的民族国家对它们的需求和接受情况。美国国家宪法规定：州立政府和联邦政府享有各自的权力。因此，对美国的国家缔造者而言，要制定一个全国性的教育政策并非易事。同样，欧洲超国家组织或联合国为了打造一个独立的语言权概念也付出了许多努力，而这些努力最终都遭受了某种限制，其中包括许多独立国家不愿意或无法强制实行语言权方面的政策。我们可以把继续尊重国家主权的行为，看作是对限制地方政策行为的严厉制止。这样，符合国际条约和国际公约的要求并被人们接受的语言权，一般仅限于保护公民自由选择使用语言的权利。公民一旦接受了民族国家的主权，他们的目标是减少但不是彻底消除那些促使大家使用国语的实用因素和民 128
族主义等因素所带来的压力。对于仅在某些地方实施过渡性双语制，他们基本表示满意。

这种观点一定会挫败那些绝对语言人权论的倡导者，因为他们的论据建立在维持语言多样性的原则上。当然，这些人可以轻而易举地利用书刊发表自己的观点。正如波尔斯顿（Paulston 1997）所说，许多该领域的学者花费在倡导语言权上的时间与花费在学术分析上的时间相差无几。在进行学术分析时，他们不会选择“乐观结构主义”[①]的理论框架，而会选择被称为“批判和后现代”的方法。但是，这些学者发表的学术成果很少能引起公共政策的改变。

然而，针对语言权的实施出现了新的机构，即非政府组织。这些组织都是私下或公开组成的利益集团或激进主义者集团，这些集团的成员或赞助者身份复杂，信息也不透明。正如经济和生态政策领域中的类似集团一样，语言政策领域中的这种集团也不受政治责任的约束，它们提供各种计划，以支持所选少数民族和濒危语言的权利。或许这些集团说得多做得少，但是它们为了更美好的明天而帮助大家树立了各种理想目标。

捍卫语言权的强硬派之所以有这种论点，是因为他们坚信维持语言的多样性极其重要。这种论点不是民众自由论者或个体民族语言的代言人提出来的，而是语言学家提出来的。因为民众自由论者或个体民族语言的代言人往往更关注自己所持语言的个体价值，而非人类所有语言的普遍价值，而语言学家通常都是语言保护主义者。这种论点一般可以分为五个方面。克里斯托(Crystal 2000:32)对“假如语言消亡了，我们为什么要介意?”这个问题提供了五种解答:第一，语言和生物系统(biosystem)一样都需要生态多样性。这种观点已被广泛接受。生态系统(ecosystem)中任何一个物种的损害都可能会殃及其他物种，假如我们接受语言和生物的这种类比，那么我们就要保护每一种语言，这点至关重要。当

① 乐观结构主义(positivist structuralism)基于乔姆斯基结构主义观点，忽略语言的社会性(即复杂性和微妙性)，乐观地认为语言理所当然地可以被规划。

然，倘若我们不知道要保护生物多样性的哪些方面，并且缺乏确凿的数据以说明如何应用语言维持原则，那么，这种观点就难以站住脚。由于基因多样性是物种进化的基础，特别是因为语言多样性可以保护人类从前人传承下来的知识，所以，语言多样性应该得到保护。另外，克里斯托还补充了其他四个相关的理由：语言代表身份；语言反映历史概貌；从单一语言来说，每种语言都用"一种独特的方式概括和阐释了人类的存在"(Crystal 2000:44)，从所有语言来说，语言构成了人类知识的总和；最后，语言本身魅力无穷。比 129
起"语言公正论"来，格林(Grin 1995:34)更赞同"语言多样论"，一是因为"语言多样论"可以避免任何一种语言"模式建构的麻烦以及因法律地位问题而导致的无休止的政治纷争"；二是因为"语言多样论"看起来不光是给语言少数民族，而是给所有语言的使用者都带来了实惠。

人类最早接受强式语言人权论的实践可以追溯到联合国的成立。斯古纳伯—康格斯(Skutnabb-Kangas 2002)报道说，1948 年有人提议通过增加额外条款来扩大《联合国公约》(*the United Nations Convention*)的内容，该条款把所有禁止人们使用少数民族语言的行为都归入种族灭绝的范围。后来，该提案在投票时遭到否决。不过，联合国于 1948 年 12 月通过了把种族灭绝视为犯罪行为的公约，该公约从 1951 年 1 月开始生效。仔细观察和阅读人们对《联合国公约》所持的保留态度和反对意见，我们就会明白那些批准了该公约的国家对《联合国公约》条款的诠释或提出的实施和执行方法都意见不一。关于如何对待不断出现的种族大屠杀现象，世界各国自《联合国公约》生效以来也没有明确采取任何一致的行动。联合国认识到,从广义上来说,该公约将遇到诸多困难。因此,我们似乎不难理解为什么增加“语言种族灭绝”额外条款的提议会惨遭失败。

但是,还有些人对此提议坚持不懈,以便做出更有影响力的声明。例如,1966 年在巴塞罗那举行了一次相关会议,出席会议的人数多达 220 人。会上,部分专家提出了有关“语言种族灭绝”的声明,该声明在会议上获得通过。《世界语言权宣言》(*Universal Declaration of Linguistic Rights*)一开始就注意到:大多数国家在对待语言问题时都有一个约定俗成的做法,即不鼓励语言的多样性;全球化给语言社区带来了毁灭性的影响;“经济学发展模式”得到跨国组织的鼓励,同时,该模式还导致社会、经济和语言等方面出现了不平等现象。任何社区,不管是否得到认可,不管是聚居在自己的领土上还是远离自己的故土,只要大家有共同的语言,就可形成一个语言社区,就拥有完整的个人权和集体权。这种社区也包括游牧民族形成的社区。一些特别的语言少数民族(例如,远离故土而移居国外的移民和难民)也不例外。该文件认可了语言少数民族在教育、文化服务、媒体、享受政府部门和社会经济机构提供的服务等方面的集体权。同化不应该是强迫的,所有语言都应该享有同样的权利。该文件呼吁大家筹集国际基金,以便能在联合国和世界语言权委员会(World Commission on Linguistic Rights)的框架内资助语言权的实施、创立语言权的执行体系和建立语言委员会。

最近,非洲做出了另一个区域性声明,即《非洲语言和文化宣言》。该宣言于 2000 年 1 月在厄立特里亚(Eritrea)首都阿斯马拉

(Asmara)召开的一次会议中得到了批准。布罗马特(Blommaert 130
2001)[1]认为:这一宣言代表了时下一种普遍为人们所接受的观点,该观点曾在非洲召开的有关语言的会议和小型研讨会上得到展现。该宣言呼吁非洲各国加强对各自地方语言资源的保护,消除殖民主义以及殖民主义残留对本国的影响。该宣言指出,非洲语言必须成为非洲大陆的语言,必须被确立为非洲未来发展的基础。非洲语言的多样性是非洲团结的一种媒介。该宣言还指出:"所有的非洲儿童都有不可剥夺的受教育权利以及用自己的母语进行学习的权利。"非洲语言必须用于非洲的科学和技术领域,而且这些语言对于当地民主的发展是极其重要的。另外,非洲必须克服性别歧视。

如果说上文提到的语言人权提议是理想化的,那么在某些国家获得批准的国际协议和国家内部政策中提出的语言人权声明则更加实用(不过,这种声明离真正实施还有很远的距离)。目前主要的挑战是这些提议与声明之间存在着巨大的鸿沟。我们应该尊重语言多样性,对其价值不能有丝毫的贬低。但我们想知道,根据语言多样性的普遍原则而制定的语言政策最终是否真的不会影响人们对单语制需求的发展。莱特(Wright 2001)在评论欧洲语言政策的问题时对此表示怀疑。因为任何一种语言被选为国家通用语时,其使用者都会获得巨大的优势,因此官方很难决定哪一种语

① 布罗马特是荷兰蒂尔堡大学(Tilburg University)语言、文化与全球化教授。他具有非洲研究的学术训练背景,许多著述都聚焦非洲的语言与不平等现象,将此置于全球化的语境下予以考察,并由此并注世界各地的相关问题。

言为国家的通用语,这就可能导致这类国家干脆将英语作为本国的通用语,这种结果完全没有经过事先规划。严格地说,集体语言权与个人语言权在实施方面往往相互冲突:保护一门语言往往需要强迫个人去学习或使用这门语言。

就像从民权或人权中推导出宗教权一样,我们也可从民权或人权中推导出人们应当享有的语言权,这种类推并不难。但是,许多语言人权的提倡者对此问题得寸进尺,他们把保护少数民族语言的责任强加于国家,并把这种责任看作是国家保护语言多样性责任的组成部分。奈特尔(Nettle 1999)提出了语言多样性的统一理论,该理论认为语言多样性产生于经济因素刺激下人类的个体行为。语言权的提倡者不同意奈特尔的观点,他们似乎认为语言多样性的丧失是语言管理的后果,不过,这种后果是可以纠正的。正如约翰·特瑞姆(John Trim)(在与本人私下交谈时)所说,语言使用者有责任维护自己的语言,就像有责任维护自己的权利一样,尽管我希望国家会认可我有信仰宗教或使用某种语言的权利,但是,我并不期望国家强迫我去履行宗教责任或者强迫我继续使用我无意中从父母那里习得的语言。让人们可以自由选择自己的语言,这是人们对国家的一种合理期待,因为这表明了国家对民权和
131 人权的尊重。但是,到目前为止,人们普遍认为使用和维护语言的责任不在国家,而在个体语言使用者和集体语言使用者身上。

许多非洲国家决定继续使用殖民语言,这一决定的做出是基于这样一个事实——这些国家都想找出一种不偏向任何民族的语言(Blommaert 2001)。实行多语制被看成是崇尚多民族并存的行为,但它可能有碍于理想的国家团结;同时,人们担心选择任何

一种当地语言作为国语都有可能导致各种不平等现象的出现。坦桑尼亚是个具有较好教育体制的非洲国家，斯瓦希里语已经是该国小学阶段的教学媒介语，有人建议把斯瓦希里语作为教学媒介语的做法一直延伸到中学阶段。现在，坦桑尼亚就这一建议正在进行辩论。但是，坦桑尼亚接受小学教育的儿童，实际上只有 0.5% 的人读完了中学。当然，非洲还有大部分国家由于战争或极度贫困等原因根本就不存在任何形式的教育。难道说，从总体上改善教育体制不比为了教学媒介语的选择而争论不休的行为更有意义吗？

现在，布罗马特（2001）正在抨击一种现象，就是我称之为语言中心主义（linguicentrism）的现象。语言中心主义是一种假设：认为对语言政策应该有所控制，因为语言政策有利于解决严重的社会问题、政治问题和经济问题。尽管他同意那些语言人权提倡者提出的目标，但是，他仍担心如果人们把精力都集中于这些目标，会阻碍人们对社会实际状况的分析，而这种分析是国家所必需的。

8.4　语言权小结

综上所述，语言权产生于 20 世纪后半叶，现在是影响各国语言政策制定的一个主要因素。尽管法国大革命时期提出的“自由、平等和博爱”口号支持了“一个国家，一种语言”的理念（人们把这看成是取得平等地位的一种方法），但是，美国革命（American Revolution）[①]提出了个人权的概念，美国《宪法第 14 修正案》也表

① “美国革命”是美国和加拿大用语，指“美国独立战争”。

达了个人权的概念。因此，人们认为个人权包括个人选择自己语言的自由。在美国，这一概念支持了那些不会说英语这一强势语言的人，强调他们应该有机会接受用英语之外的语言提供的教育和服务。同样在欧洲，人们通过各种国际协定和欧洲条约确立了许多支持特选的少数民族语言权的公约和盟约。从本质上说，这些条约在许多方面所起的作用是有限的，因为它们需要获得主权国家的批准方能生效。然而，这些条约在以下三方面起到了激励的作用：人们在私人生活和商业运作上可以自由选择所要使用的语言；语言少数民族人口有权使用和教授自己的语言；国家有责任向所有公民教授官方语言，并为其他语言的使用者提供接受政府服务的渠道。

132 这些语言权的理念继续向世界各地扩散。传统上，拉丁美洲在语言政策上完全排斥土著语言，但是，也许是出于内部压力，这一现象在 20 世纪 90 年代得到了扭转。差不多在同一时期，一些从苏联独立出来的新兴国家发现，它们在通过提高名义语言的社会地位来恢复自己的国家认同感时，却忽略了本国的其他语言。这些国家要想成为欧共体成员国，就必须尊重语言权，而上述行为是语言权不能容许或者是要受到语言权的质疑的。

目前所描述的语言权概念大多衍生于民权或人权领域所建立的原则。这些语言权适用于每个人，人人都有权使用自己的母语并有权给后代教授自己的母语。研究语言权的方法在世界各地发展迅速，20 世纪后半叶的西欧和美国则尤为突出。毫无疑问，这一方法极大影响了当今世界大部分地方语言政策的制定。同时，由于各国社会语言状况的压力、国家身份的驱使和全球性语言的挑战，到 20 世纪末，语言权已经成为各国语言政策发展中的重要力量。

第 9 章　单语制政体面临压力

根据目前的理论研究，任何一个独立的民族国家制定的语言政策都反映了以下四个因素：现实的社会语言状况、受国家身份或民族认同因素影响的语言信仰（大传统的数量在此至关重要）、近来英语作为全球性语言给各个非英语国家所带来的影响和人们对语言少数民族权利的关注所带来的压力。这四个因素之间的关系错综复杂：它们相互作用，互为依靠，但是它们之间的摩擦也接二连三地发生。这种理论模式是否科学，还需要实际情况的检验。前面我们已经分析过两个单语制政体，下面我们将继续对单语制政体进行探讨。

根据费什曼（1971）的观点，这些语言政策的前提是：在国家独立时已经具备大传统的国家倾向于选择一种相关的本土语言作为国语，而不具备大家公认的大传统的国家，很可能继续沿用前宗主国的殖民语言来作为本国的国语。

9.1　后殖民主义之一：使用本土语言的单语制国家

从殖民地国家到赢取国家独立，这给新兴国家提供了一次决定或重新思考本国语言政策的契机。这些国家依照“一个国家，一个民族，一种语言”的原则，宣称本国实行单语制，不再使用前殖民列强的语言。这种做法过去是(现在仍然是)一种表明国家真正独立的直截了当的方式。许多国家都试图这样做。

9.1.1 选择本土语言作为官方语言的前法国殖民地国家

阿尔及利亚和构成马格里布(Maghreb)[1]的其他北非穆斯林政体都有共同的社会语言历史和共同的大传统——相同的宗教、文化和语言背景。这些地方于公元9世纪被穆斯林征服，随后，当
134 地人被迫放弃了自己的土著语言而改说阿拉伯语。但是，柏柏尔(Berber)土著语的各种变体被秘密地保存了下来。19世纪，法国征服了这些地方，于是，当地的政府部门和教育机构都被迫使用法语。20世纪60年代，该地区的国家纷纷宣告独立，之后，它们就将法国殖民主义者和犹太人驱逐出境。同时，这些国家在各自的宪法条款中都宣称了阿拉伯化(arabization)的语言政策——规定阿拉伯语为自己国家唯一的国语。所有这些阿拉伯语国家都认为语言政策的重点是恢复以下三种意义重大的阿拉伯语变体：一是《古兰经》和宗教文本所使用的古阿拉伯语，该变体与阿拉伯语的各种当地口语变体形成了双方言(diglossia)[2]关系(Ferguson

① 马格里布的英文也可写成“Maghrib”，指大西洋和埃及之间的北非和西北非地区。

② “双方言”也可译为“双势方言”。这里的“双方言”是一种社会或语域方言，非普通的地域或地理方言(bidialectalism)。

1959);二是阿拉伯语的各种方言;三是现代标准阿拉伯语(Modern Standard Arabic),它是古阿拉伯语的修订版,用于各种正式的非宗教场合以及日常的读写交流。

弗格森(Ferguson 1959)是关注双方言现象的第一人。他把双方言现象解释为:同一种语言的两种不同语体(即高级语体和低级语体)不均衡地分担该语言的社会功能。高级语体(H variety)①通常用于公共场合以及文化人相互之间的交流,具有较高的社会地位。例如,在阿拉伯语国家的古阿拉伯语、海地的法语、瑞士的标准德语或希腊的古体现代希腊语(Katharevousa)都属于高级语体。而低级语体(L variety)则常用于家庭和邻里间的对话以及一般的社交场合。例如,阿拉伯语的各种地区变体、海地克里奥尔语、瑞士德语或希腊德莫替基语(demotiki)②都属于低级语体。在双方言内涵的拓展过程中,人们对双方言的定义有时会产生分歧。费什曼(1967)把双方言术语的内涵扩展到其他场合——两种不相关的语言同样可以共同承担不同的语言功能。例如,巴拉圭(Paraguay)境内的西班牙语和瓜拉尼语(Guarani)③,以及19世纪以前东欧犹太人社区中的希伯来语和依地语都属于双方言的范畴。双方言中的语言实践通常与以下语言信仰密切相关:人们认为高级语体具有优越性,而且,大多数的语言管理行为都反映了这一特点。

北非阿拉伯化的进程并非一帆风顺。1950年,索利斯(Sirles

① “高/低级语体”也有学者译为“高/低势语(体)”。

② 德莫替基语属希腊语,它与古体现代希腊语形成对比。前者为口头语言,为大众所用;后者为书面和正式语言,为官方和学者所用。

③ 瓜拉尼语是巴拉圭及其附近的南美印第安人使用的语言,使用者超过300万。

1999)观察到,北非的法国殖民地构成了世界上最大的法语社区(francophonie),甚至在殖民统治结束后,法语在这一地区公共生活的各个领域(宗教领域除外)仍居强势地位。阿拉伯化运动始于20世纪60年代,该运动倡导在培养读写能力方面使用现代标准阿拉伯语,在正式场合使用阿拉伯语的口语体。索利斯认为,在阿尔及利亚、突尼斯和摩洛哥这三个北非国家中,阿尔及利亚虽然受法语的影响最大,但在阿拉伯化运动中却最为成功。相反,突尼斯几乎所有人都说阿拉伯语,而摩洛哥在殖民时期受法语的影响最小。然而,这两个国家至今依然是法语使用氛围浓厚的国家。索利斯指出,阿拉伯化运动的成功不是取决于语言因素,而是取决于政治因素——社会精英的组成结构、中央政府在意识形态上的重视程度以及国家发展与传统价值观的潜在冲突。在这些新独立的
135 国家中,大多数高级官员都在法国或法语国家接受过高等教育。此外,法国对这些国家的殖民时间也各有长短差异。法国控制阿尔及利亚长达132年,突尼斯75年,摩洛哥只有44年。摩洛哥国内有一小部分人口来自欧洲;而阿尔及利亚国内有100多万殖民开拓者来自法国或其他欧洲国家。在摩洛哥,人们接触法语的机会不多,但是,阿尔及利亚和突尼斯的大多数阿拉伯语使用者都与法语使用者保持密切的接触。

突尼斯独立后依然强调与法国的关系,从而使语言问题变得不那么重要了。而在阿尔及利亚,七年的独立战争导致国民产生了强烈的民族主义和反殖民主义情绪。自20世纪60年代起,阿尔及利亚开始重视阿拉伯化工作。但是,由于缺乏接受过现代标准阿拉伯语训练的教师,加上遭到20%的柏柏尔语使用者的反

对,阿拉伯化的实施进程受到阻碍。后来,阿尔及利亚通过了几部法律,要求政府在雇用人员时把具备现代标准阿拉伯语的读写能力作为招聘的条件之一。在摩洛哥,政府对待语言政策的态度摇摆不定:名义上支持阿拉伯化,但实际上却又重视与法国的联系。而且,社会精英继续送自己的小孩到法语学校学习。现在有几百万摩洛哥人移居到本国的沿海城市,而这些城市都是法语的坚强堡垒。这种矛盾心理造成的社会紧张关系以及上述事实都使人感到摩洛哥阿拉伯化的进程不会很快(Djite 1992)。

摩洛哥的语言政策也涉及柏柏尔语的各种变体,这些语言变体的使用者大约占摩洛哥人口的 45%,他们坚决抵制伊斯兰教和法国的统治(Sadiqi 1997)。据报道,柏柏尔人的语言忠诚度(language loyalty)很高,而且柏柏尔政党都希望学校教授柏柏尔语(Ennaji 1997)。

利比亚与上述马格里布的三个国家不同。首先,利比亚不是法国殖民地,而是意大利殖民地。其次,利比亚被迫学习殖民语言的程度要弱得多。然而,利比亚宣布本国阿拉伯化的意愿与别国的一样坚决。欧洲殖民化始于 1911 年,那时意大利入侵利比亚,旨在"保护意大利人的利益"。在接下来的 20 年中,意大利的殖民统治遭到当地人的强烈反对。学校的教学媒介语是意大利语,但是,穆斯林几乎都不进这种学校。1969 年利比亚革命①后,阿拉伯

① 1969 年 9 月 1 日,以卡扎菲为首的"自由军官组织"发动政变,突然占领了利比亚电台,发布了震惊世界的消息:腐朽的伊德里斯王朝寿终正寝,崭新的利比亚共和国诞生了。

化运动开始实施。现代标准阿拉伯语成为了利比亚各个教育阶段的教学媒介语，包括大学的人文科目也是用阿拉伯语授课，英语教学开始于小学并用于高校科学和技术课程的教授。利比亚人口有500万左右，其中大约10%是外籍工人，这种状况与中东其他产油国没有什么两样。

136 在黎凡特(Levant)①，叙利亚曾经是受法国保护的国家。叙利亚宣布独立后声称阿拉伯语是其唯一的官方语言。阿拉伯语使用者约占该国总人口的90%。但是，也有人使用库尔德语(Kurdish)、亚美尼亚语(Armenian)、土耳其语(Turkic)和古叙利亚语(Syriac)。古叙利亚语是亚述人(Assyrian)②使用的新阿拉米语(neo-Aramaic)③。法国对叙利亚的统治一直持续到1946年，在此期间，法国实施压迫政策，强迫叙利亚人学习法语。尽管历来有证据表明叙利亚人对自己所属的部落、宗派、族群或地方忠贞不渝，但是，只要涉及以下两件事情，叙利亚人的爱国主义情怀就油然而生。这两件事情是：叙利亚人想要收回被法国分割的领土；叙利亚人努力加强阿拉伯民族主义和阿拉伯语的使用。正如该地区的其他库尔德人一样，叙利亚的库尔德人(大约占叙利亚总人口的10%)也是被压迫的少数民族。他们被严禁使用库尔德语，在人名

---

① 黎凡特是一个不精确的历史上的地理名称，指地中海东部岛屿及其邻近国家。具体而言，它指的是中东托罗斯山脉以南、地中海西岸、阿拉伯沙漠以北和美索不达米亚以东的一大片地区。

② 亚述是古代的一个奴隶制帝国，兴起于两河流域(今伊拉克)，后逐步强大，先后征服了小亚细亚东部、叙利亚、腓尼基、巴勒斯坦和埃及等地。

③ 阿拉米语，又称亚兰语，是古代西亚和近东的通用语言，也是波斯帝国的官方语言。该语言在西亚和近东的文化史上有着重要意义。

和地名的表达上也要用阿拉伯语来取代库尔德语;严禁库尔德语用于学校教育和出版事业。叙利亚对待库尔德人就像马格里布对待柏柏尔人一样,他们宣称民族主义者要求语言自由,这是自我中心的表现。当之前的语言少数民族掌权后,他们也难以表现出对其他语言少数民族的容忍或关照。

以前,亚洲也有法国的殖民地。这些前殖民地国家都试图恢复各自的国语。据报道,柬埔寨大约有 1200 万人口,其中大部分人都使用柬埔寨的国语——高棉语(Khmer)。但是,柬埔寨有很多少数民族(多达几十万人)使用越南语。从 1863 年到 1953 年,柬埔寨被法国殖民者统治。像其他法国殖民地一样,法国在柬埔寨也做了很大努力,试图把法语培养成柬埔寨的国际交流语言和教育语言(Clayton 1995)。在越南占领柬埔寨的 10 年间(即 1979—1989 年),越南语和俄语都是柬埔寨的重要语言(Clayton 1998)。克雷顿(Clayton 2002)注意到,柬埔寨经济的发展增加了英语对柬埔寨人的吸引力,同时也导致了英语和法语之间的冲突,因为它们都想成为柬埔寨高等教育的教学媒介语和国际交流语言。

老挝有大约 550 万人口,据报道,其中 300 万人使用老挝的官方语言——老挝语(Lao)。老挝还有 80 种其他的语言。老挝曾作为法国印度支那(French Indochina)的一部分被法国所统治,在此期间,老挝建立了世俗教育体系,以法语作为学校的教学媒介语。不过,这种现象只影响到老挝一小部分的社会精英。巴特寮(the Pathet Lao)①在 20 世纪 50 年代末控制着老挝,该组织领导

① 巴特寮是老挝的左翼民族主义组织,成立于 20 世纪中叶,在老挝内战结束后掌握了老挝的政权,其统治一直持续到 1975 年。

下的政府开始提供以老挝语作为教学媒介语的教育，截至 1970 年，有三分之一的老挝学龄儿童都在此类学校学习。1975 年后，老挝人民民主共和国为全国的小学教育制定了十年规划。但是由于老挝的经济问题，该目标的实施被延迟了。现在，法语和英语都是该国的辅助语。

马达加斯加是一个远离非洲海岸的岛屿国家，在 19 世纪末成了法国的殖民地。该国共有人口 1500 万，其中大部分人使用马尔
137 加什语(Malagasy)[1]的各种变体。在殖民地时期，法语成了该国的强势语言。1956 年，马达加斯加实行民族自治。经过进一步的斗争，马尔加什共和国[2]于 1975 年寿终正寝，国家恢复原先的名称——马达加斯加，并宣布马尔加什语为该国的官方语言。第一共和国[3]实行的语言政策是双语制——法语和马尔加什语，但是法语依然处于强势地位。1975 年，以马克思主义为指导思想的马达加斯加军事政府宣称马达加斯加实行以马尔加什语为官方语言的语言政策，马达加斯加不再是法语国家组织的成员国(Metz 1994)。然而，马达加斯加于 1989 年 12 月又重新加入法语国家组织。马达加斯加的大多数领导接受的是法语教育，他们的孩子也在私立法语学校读书。另外，还有大约 20 万学生在以法语为教学媒介语的罗马天主教学校学习。剩下的 150 万学生就读于公立学校，这类人群基本无法熟练掌握法语以满足学术发展的需要。马

① 该词也可译成“马达加斯加语”。

② 1960 年独立时成立了马尔加什共和国(Malagasy Republic)，1975 年恢复马达加斯加国名。

③ 这里就是指马尔加什共和国。

达加斯加在宪法中宣布实行马尔加什语单语制，但是该政策在现实中却举步维艰。

在这些法国前殖民地国家，主要是阿拉伯语殖民地国家中，它们的语言政策模式一般采用阿拉伯语官方语言来取代殖民语言，但是它们都没有取得完全的成功。因为殖民统治的影响比政治上的意识形态的影响更为深远。

9.2　后殖民主义之二：保留殖民语言的前殖民地国家

实际上，在官方语言的选择上，新独立的前殖民地国家有三种选择：第一，像上节所描述的那些国家一样，它们可以拒绝宗主国语言，选择自己的民族语言作为本国唯一的官方语言，并将该选择结果公之于众。第二，保留宗主国语言在本国的官方语言地位，使宗主国语言与本国选出的地方语言并列为官方语言(通常形成双语制或三语制的语言政策)。第三，正式认可殖民语言的强势地位。

佛得角(Cape Verde)是上述第三种模式的一个例子。因为佛得角决定保留殖民语言——葡萄牙语，并把它作为该国唯一的官方语言以及学校各个阶段的教学媒介语。全国大约有三分之一的人说葡萄牙语，但是所有人都会使用当地克里奥尔语——克里欧鲁语(Crioulu)或卡布佛得语(Kaboverde)。佛得角是西非唯一实行单语制语言政策的国家(Bamgbose 2000)。

另一个保留殖民语言强势地位的非洲国家是科特迪瓦。尽管在 20 世纪 70 年代末，科特迪瓦曾经做过短暂的努力试图把当地

138 几种语言纳入本国的官方语言名单中。但是,该国 1966 年的宪法宣称:科特迪瓦只保留法语作为其唯一的官方语言,用于该国的行政和教育等领域。来自邻国的移民人数约占科特迪瓦全国总人口的三分之一。科特迪瓦大约有 75 种不同的语言,其中许多语言之间是可以相互理解的。所以,大多数人都能用他们的母语、地方语言及一种全国通用语应对生活中的语言问题。由于城市化和人口移动的原因,科特迪瓦有几种全国通用语继续在全国各地流传使用,例如,戴尤拉语(Dyula)。标准法语的使用仅限于该国的社会精英阶层,如行政和司法等部门。由于科特迪瓦曾经是法国的殖民地,现在缺乏足够法语能力的人想要融入上流社会仍然会受到种种限制。摆在科特迪瓦面前的选择似乎是:要么要求占全国人口 20%的社会精英学习另一种交际广泛的地方语言,要么期望占全国人口 80%的平民百姓使用法语。这是一个旷日持久的政治斗争问题。

为了降低殖民语言在本国的地位,20 世纪 70 年代末,有 37 个非洲国家在本国的学校课程中提升了国语的地位,以便与前殖民语言抗衡。随后,非洲有 7 个国家把本国地方语言提升至官方语言的地位。这 7 个国家是埃塞俄比亚、厄立特里亚(Eritrea)、索马里、坦桑尼亚、布隆迪、卢旺达和中非共和国。但是,非洲许多法语国家依然遵守 1944 年布拉柴维尔(Brazzaville)①会议提出的建议:法语是非洲所有法语国家唯一的教学语言。结果,各国的语言规划都忽视了当地语言。

---

① 布拉柴维尔是刚果共和国首都。

几内亚比绍(Guinea-Bissau)主要的交际广泛语言(LWC)是科里奥尔语(Kiriol)。该国一半以上的人都使用这种语言(Hovens 2002)。25%的人使用一种叫巴拉塔(Balata)的土著语言。该国的官方语言是葡萄牙语，几内亚比绍有大约 10%的人懂葡萄牙语。但是，这里的葡萄牙本族人很少。1987 年几内亚比绍开始了实验性的临时双语教育项目，可是，10 年后该项目就停止了。在尼日尔(Niger)，人们也使用着大约 20 种语言，这里 70%的人都会说豪萨语(Hausa)，而大家对于官方语言法语的使用水平要差得多。早在 1973 年，该国就开始了实验性的双语班教学。但是，该国似乎也没有给土著语言任何政治上的支持。

欧洲两个小公国(principalities)——列支敦士登和安道尔，在语言选择方面都达成了协议。列支敦士登自 19 世纪初就已经独立，3 万人口中大部分人都会说瑞士德语。现在，列支敦士登保留德语为其官方语言。由于该国没有教师培训机构，大多数教师都在奥地利接受培训。列支敦士登的语言实践与瑞士德语区的语言实践大同小异：德语是用于正式场合的高级语体，瑞士德语属于非正式场合的低级语体，两者形成了双方言的关系。

安道尔人口大约有 7 万，他们说加泰罗尼亚语和西班牙语。139
根据 1993 年安道尔的宪法，加泰罗尼亚语是该国唯一的官方语言。安道尔人(Andorrans)是该国的少数民族。在该国居住满 25 年的人才有资格获得公民身份。尽管加泰罗尼亚语是该国的官方语言，但这里的学校所使用的教学媒介语未必都是加泰罗尼亚语，政府建立的学校为学生提供一直到初中毕业的义务教育，而教师的薪水则分别由西班牙和法国来支付。在安道尔，大约 50%的儿童就读于法语小学,其余的则选择西班牙语或加泰罗尼亚语小学。

在本书所列举的独立后采用单语制政策的国家中,孟加拉国是最后的一个例子。在英国统治巴基斯坦时期,把英语作为教学媒介语的学校只提供精英教育,从而脱离了全社会人民的利益。巴基斯坦独立后修改了这种教育政策,但总体上没有影响东巴基斯坦①。于是,东巴基斯坦和西巴基斯坦之间产生了摩擦,彼此分隔,边境线长达 1000 英里。在东巴基斯坦,人们反对把乌尔都语定为该国唯一的国语。东巴基斯坦从巴基斯坦独立出来以后,孟加拉语(Bangla)就成为了孟加拉国唯一的国语和交际语言。而且,据报道,该国的大多数人都把孟加拉语作为自己的第一或第二语言来看待。此外,该国还使用其他 38 种语言。英语在孟加拉国依然占有重要地位,是某些私立学校的教学媒介语,也是高等教育的一门科目。

9.3 少数民族被边缘化的单语制国家

尽管许多国家立法表明自己是单语制国家,可是,大量被边缘化的外国少数民族的到来使得这些国家在语言实践中却都属于多语制国家。

阿拉伯产油国是一个非常恰当的例证。巴林(Bahrain)是个小国,石油储备不足,只有依赖石油加工和国际银行业来繁荣自己

① 东巴基斯坦是巴基斯坦的一部分,1971 年东巴基斯坦从巴基斯坦独立出来,并改名为孟加拉国。

的经济。巴林人口有 65 万，其中三分之一是外国人。尽管阿拉伯语是该国的官方语言，但是，该国还有大量的少数族群，其中包括将近 5 万现代波斯语（Farsi）①使用者，2 万多菲律宾语使用者和 1.8 万的乌尔都语使用者。据报道，科威特（Kuwait）人口有 200 万，其中一半以上的人都是外国人，他们工作于科威特的石油工业领域。1975 年，科威特的公民识字率才过半，但是，截止到 1990 年，科威特的公民识字率达到 70%。1990 年，大部分在科威特学校就读的小学生都是外国人，学校外国教师的比例也相当高。许多科威特男性都在海外接受教育。在海湾战争期间，科威特一半
以上的人（包括该国公民和外国人）都离开了科威特。战后，科威 140
特鼓励该国国民返回国内，但是并不包括曾经在科威特待过的外国人。1991 年之前，科威特境内有 40 万巴勒斯坦工人，1991 年之后却减少到不足 3 万人。战后，科威特的政策是保持外籍工人占该国人口总数的一半以下，并保证不让任何一个外国族群的人口超过该国人口总数的 10%。

阿曼（Oman）人口为 240 万，其中外籍工人所占的比例很高，尽管这个国家的现有政策鼓励劳动力本土化。1970 年以前，该伊斯兰教国家的君主所统治的领土上（sultanate）只有三所小学，苏丹（the sultan）②挑选出 900 名男孩在此就读。自那以后，苏丹努

① 现代波斯语，也译为“法尔西语”，是伊朗的官方语言，主要用于中东和南亚。波斯语现有三种变体：在伊朗叫现代波斯语或法尔西语（Farsi）；在阿富汗叫达里语（Dari）；在塔吉克斯坦叫塔吉克语（Tajik）。大约有 6200 万人以波斯语为母语，有超过 5000 万的人把波斯语作为第二语言来使用。

② 这里的苏丹不是指非洲国家苏丹（Sudan），而是指伊斯兰教国家的君主（sultan），这两个单词的汉译相同。

力发展通识教育并扩大教育系统。

据估计，沙特阿拉伯(Saudi Arabia)2001 年有人口 2270 万，其中 530 万为外国人。在 1985 年和 1990 年期间，外国劳动力从 350 万增长到 530 万，他们大部分来自阿拉伯语国家，也有来自巴基斯坦、印度、菲律宾、斯里兰卡和韩国的。沙特阿拉伯非常重视教育投资，其目的是要让中学的教师队伍本土化。因为在 20 世纪 80 年代末，沙特阿拉伯的中学教师有 40%来自国外。最近沙特阿拉伯经济的衰退威胁着该国各种社会项目的运行。许多沙特阿拉伯人到国外大学就读。英语被认为是给非阿拉伯语国家的穆斯林授课的有效工具，并且为穆斯林接触现代科学和技术提供了渠道。

葡萄牙像法国一样在语言意识形态上是单语制国家。最近，葡萄牙作为欧共体的成员国受到来自欧共体的压力，它被迫认可该国土著民族的地位。在过去的大约 30 年中，尽管葡萄牙的有些语言政策活动是为了解决正字法、葡萄牙语在商贸名称中的使用以及葡萄牙语作为一种地区语言的社会地位等问题，但是，葡萄牙的大多数语言政策活动还是与葡萄牙语的国际传播有关。自 1995 年开始，葡萄牙的许多法律都确认了该国与其前殖民地国家或其他葡萄牙语国家所签署的各种条约，“葡萄牙语共同体”(Portuguese-speaking Community)于 1999 年正式成立，该共同体包括安哥拉、巴西、佛得角、几内亚比绍、莫桑比克与圣多美和普林西比(Sao Tome e Principe)。葡萄牙有一种得到认可的地区少数民族语言，那就是米兰德斯语(Mirandese)①，该语言有 1 万的使用

① 米兰德斯语是一种罗曼语，用于葡萄牙的东北部一带。

者，他们散居在葡萄牙的各个小村庄。为了遵循欧盟的语言权政策，1999 年葡萄牙通过了几部相关法律，认可了米兰德斯语的社会地位，并准许米兰德斯语用于公共文件的撰写。米兰德斯语成为了一小部分 9 岁以上的小学生学习第二语言的选择对象。然 141
而，葡萄牙的法院、政府部门和大众媒介都不使用该语言。

中东其他伊斯兰教国家与其说像马格里布地区的国家还不如说像中东产油国，它们大多是阿拉伯语的单语制国家，语言多样性通过方言变异和标准语言与地方语言之间的双方言模式而保留下来。埃及区分对待当地通用的阿拉伯语（主要是埃及阿拉伯语）和以古阿拉伯语为基础的标准阿拉伯语，并以此著称。在被伊斯兰教征服以前，埃及的科普特语（Coptic）[①]是一门强势语言。但是，在奥托曼帝国（Ottoman）时期科普特语开始衰弱，并仅仅作为教堂语言而被保留下来。到 19 世纪，大多数埃及人都使用当地的一种阿拉伯语变体。在决定选择书面语而非当地口头语作为本国官方语言的国家中，埃及是先行者（Shraybom Shivtiel 1999）。20 世纪初，埃及教育部试图用阿拉伯语来取代英语作为学校的教学媒介语。但是，外语依然是埃及除教会学校外教育系统中的主要教学媒介语。20 世纪 40 年代初，埃及的国际学校得到指示——他们要增加阿拉伯语课程。最终，阿卜杜·纳赛尔（Abd El-Nasser）[②]发起了变革，他非常重视阿拉伯语和泛阿拉伯语国家之间的密切团结。

---

① 古希腊和罗马时期的埃及人被称为科普特人（Copt），他们使用的语言被称为科普特语。

② 阿卜杜·纳赛尔是阿拉伯埃及共和国的第二任总统，被认为是历史上最重要的阿拉伯领导人之一。20 世纪五六十年代，他曾是阿拉伯民族主义的倡导者。

在这种新的语言意识形态中，阿拉伯口语失去了被认可的机会，而书面阿拉伯语至少被宣称是一种社会精英的交际语言。由于经济发展的需要，外语（特别是英语）在埃及依然保持着重要的地位。在埃及的公立学校，教师必须把英语作为第一或第二外语来教授。埃及的国立大学都要求上英语课，有些大学还把英语作为教学媒介语来使用。

在第一次世界大战中，土耳其被打败，这导致了土耳其帝国的分裂。土耳其同意了许多原先属于其帝国组成部分的国家独立出去并成立自己的国家。可是，有一个少数民族没有得到这种对待，那就是库尔德民族。第一次世界大战以后，土耳其帝国中的许多民族都得到了认可，它们都独立出来成立了自己的国家，然而库尔德人依然分散在许多国家（例如，土耳其、叙利亚、伊朗、伊拉克和亚美尼亚），并成为这些国家的少数民族。在这些不同的国家中，库尔德语的发展各不相同，叙利亚的库尔德语使用拉丁字母，苏联的库尔德语使用西里尔字母，伊拉克的库尔德语使用修改后的阿拉伯波斯语（Arab Persian）的书写方式。然而，在土耳其，自凯末尔·阿塔图尔克时代和 1923 年的《土耳其宪法》颁布起，库尔德语就遭到了严重的压制（Sktnabb-Kangas and Bucak 1995）。1984 年的《土耳其宪法》第 26 款宣称："不能使用法律禁止的语言来表
142 达和传播思想。"该宪法继续指出，"任何培训学校或教育部门在教授土耳其公民母语时只能选择土耳其语"。土耳其的学校只能教授跟土耳其签署了条约的国家的语言。这些条款不但禁止了库尔德语在土耳其的教学，也禁止了库尔德语在土耳其的使用。欧共体把土耳其的这种宪法政策（constitutional policy）及其实施行为

作为延迟决定土耳其进入欧共体成员国的主要原因之一。在欧共体这种延迟考虑的压力下，2002 年土耳其才决定给予库尔德语某些语言权利。

9.4　结论：宪法上的单语制

上述民族国家被放在一起，是因为这些国家在宪法上都宣称它们实行单一官方语言或国语。然而，如果仔细观察每个国家，我们就会发现这一共同特点掩盖了它们各自语言政策中的复杂性。首先，这些国家中的大多数都具有复杂的社会语言库：土著语、移民语和官方语言。在语言实践中，人们不得不采用各种方法来处理这些语言及其使用者。这些语言有处于地方层面的，也有处于中央层面的。宣布一种官方语言，最起码意味着教育系统要优先考虑如何给不懂官方语言的人提供该语言的教学。其次，当选择某一语言为国家的官方语言时，国家要根据不同的培育阶段设置不同的语言管理要求。选择殖民语言为本国官方语言的国家必须制定一套语言教育政策，以便处理好学生从家庭语言到学校教学语言的过渡。选择当地语言为官方语言的国家则需要解决该语言的培育问题，并向其他语言的使用者推广该语言。许多宪法上宣称为单语制的政体都已经开始采取措施以落实其他语言使用者（不管是个人使用者还是社群使用者）的语言权。同时，这些政体还面临如何处理英语这一日益重要的全球性语言的问题。在 21 世纪，单语制的语言政策不再是最简单的语言政策。

第 10 章　单语制政体对语言少数民族的认可

10.1　不只是单语制

本章表 2 所列举的国家与上一章所论述的国家有相似之处：这些国家在各自的宪法里都只规定了一种语言为本国的国语或官方语言。但是，这些国家又有不同之处：表 2 所列举的国家在宪法上也认可少数民族的语言权。

多数情况下，当一个国家在宪法上宣称了一种国语或官方语言之后，它就会做出正式声明，告诉大家如何处理在宪法上已经获得认可的少数民族的语言权问题。其中不少此类国家(例如，苏联加盟共和国)都是从本国先前的宪法中摘取一些条文作为对少数民族语言权的补充声明。其他国家在做出少数民族语言权的补充声明时则受到语言少数民族权利认可运动的影响。

表 2 所列举的国家名单中有许多拉丁美洲国家：巴西、哥伦比亚、厄瓜多尔、萨尔瓦多、危地马拉、尼加拉瓜、巴拿马、秘鲁和委内瑞拉。上述各国的宪法都宣称西班牙语(巴西除外，其官方语言是葡萄牙语)为本国的官方语言。但这些国家的宪法(至少最新版本

的宪法)都补充了认可并保护本国土著语言和方言的内容。在拉丁美洲人口中,大约 10%的人(即约 4000 万人)属于土著居民。这种划分通常是根据他们所使用的语言、自我感觉和地理分布等情况来进行的(World Bank 1993)。不过,划分标准算不上精确,因为在划分的过程中要涉及许多不同的语言。在拉丁美洲只有乌拉圭是单语制国家,其他国家都有 7 至 200 种的土著语言。土著人的社会地位和经济地位都比较低下,而且,他们往往都是文盲。最近,人们日益认识到这个问题的严重性,于是,这些国家在制定语言政策时做了许多变革以便解决这些问题。

表 2:单语制国家对少数民族语言的保护 144

国家	国语或官方语言	对其他内容的认可	认可年份
亚美尼亚	亚美尼亚语	少数民族的权利	1995
奥地利	德语	语言少数民族	1929
阿塞拜疆	阿塞拜疆语	本国使用的其他语言	1995
巴西	葡萄牙语	印第安人土著语	1988
保加利亚	保加利亚语	本国的其他语言	1991
布基纳法索	法语	其他民族语言	1997
哥伦比亚	西班牙语	族群语言和方言	1991
哥斯达黎加	西班牙语	土著人的民族语言	1999
克罗地亚	用拉丁文的克罗地亚语	用西里尔文的其他本地语	1990
厄瓜多尔	西班牙语	所有的厄瓜多尔语	1998
萨尔瓦多	西班牙语	土著语	1982
厄立特里亚	本国所有的语言都平等		1996
爱沙尼亚	爱沙尼亚语	当地少数民族语言	1992
埃塞俄比亚	全联邦的阿姆哈拉语	所有当地语言	1994 年起草
加蓬	法语	各民族语言	1997
格鲁吉亚	格鲁吉亚语	受保护的阿布哈兹语和其他语言	1991
危地马拉	西班牙语	当地语	1985

续表

国家	国语或官方语言	对其他内容的认可	认可年份
匈牙利	匈牙利语	少数民族和族群语言	1997
印度尼西亚	印度尼西亚语	受尊重的地区语言	1945—1989
伊朗	波斯语	地区语言、部落语言和阿拉伯语	1979—1995
伊拉克	阿拉伯语	地区库尔德语	1990
哈萨克斯坦	哈萨克语	俄语和其他语言	1995
吉尔吉斯斯坦	吉尔吉斯语	俄语和其他语言	1993
拉脱维亚	拉脱维亚语	各族群语言	1992—1998
马其顿	马其顿语	其他地区语言	1992
马拉维	所有语言都平等		1994
马里	法语	其他民族语言	1991—2000
145 马耳他	马耳他语	英语	1996
毛里塔尼亚	阿拉伯语	普洛语、索宁克语和沃洛夫语①	1991
摩尔多瓦	用拉丁文的摩尔多瓦语	俄语和其他语言	1994
蒙古	蒙古语	其他少数民族语言	1992
莫桑比克	葡萄牙语	其他民族语言	1990
纳米比亚	英语	私立学校使用的语言	1990
尼泊尔	用梵文字母的尼泊尔语	当地母语	1990
新西兰	《毛利语语言法》(未提英语)	少数民族语言	1990
尼加拉瓜	西班牙语	社区语言	1987—1995
巴基斯坦	(未提乌尔都语)	允许保护其他语言	1999
巴拿马	西班牙语	土著社区语言	1994
秘鲁	西班牙语	盖丘亚语、艾马拉语和其他土著语	1993
菲律宾	菲律宾语和英语	地区语言	1987

① 普洛语(Poular)主要用于尼日利亚和塞内加尔等非洲国家。索宁克语(Soninke)是索宁克人使用的语言,主要分布在西非的马里、塞内加尔和毛里塔尼亚一带。沃洛夫语(Wolof)是沃洛夫人使用的语言,主要使用在西非的塞内加尔、冈比亚和毛里塔尼亚一带。

续表

国家	国语或官方语言	对其他内容的认可	认可年份	
波兰	波兰语	少数民族和族群语言	1997	
罗马尼亚	罗马尼亚语	少数民族语言	1991	
俄罗斯	所有语言都平等		1993	
塞尔维亚（南斯拉夫）	用西里尔文的塞尔维亚语	用拉丁文的当地少数民族语言	1992	
塞尔维亚（塞尔维亚）	用西里尔文的塞尔维亚—克罗地亚语	用拉丁字母的地区少数民族语言	1995	
塞尔维亚（黑山）	用西里尔文和拉丁文的塞尔维亚语地位同等	当地少数民族语言	1992	
新加坡	马来语、英语、华语和泰米尔语		1965—1993	
斯洛伐克	斯洛伐克语	民族和族群语言	1992	146
斯洛文尼亚	斯洛文尼亚语	当地意大利语和匈牙利语	1991—2000	
西班牙	卡斯蒂利亚语①	自治区语言	1978—1992	
塔吉克斯坦	塔吉克语	俄语和其他语言	1994	
乌干达	英语	本国任何其他语言	1995	
乌克兰	乌克兰语	俄语和少数民族语言	1996	
乌兹别克	乌兹别克语	尊重本国不同国籍和民族人士的语言	1992	
委内瑞拉	西班牙语	当地本土语	1999	

玻利维亚于 1992 年开始通过了一系列法律，以便处理本国印第安人的少数民族语言，特别是瓜拉尼语、盖丘亚语（Quechua）和艾马拉语（Aymara）。玻利维亚共有 37 种语言，其中，盖丘亚语（有 280 万使用者）和艾马拉语（有 180 万使用者）是除西班牙语外最主要的两大语言。有数据表明，该国少数民族语言的使用者人

① 卡斯蒂利亚语（Castilian）是西班牙中部地区卡斯蒂利亚（Castile）人所使用的语言，也可以指标准的西班牙语。

数呈下降趋势。政府开始赞助有关土著儿童和土著成人的教育计划，这是对私人和宗教组织在该方面工作的一种补充(Plaza and Albo 1989)。2000年玻利维亚颁布了一条法令，该法令认可了34种土著语言具有官方语言的地位①。玻利维亚现有的几个语言项目(特别是盖丘亚语项目)正在运行中(Hornberger and King 2001)。智利的宪法没有提及语言问题。智利于1990年设立了一个委员会以便处理使用土著语言的少数民族的教育问题。据报道，智利正在进行濒危语言的抢救行动。哥伦比亚于2000年要求教授失聪学生的教师应该懂双语——西班牙语和哥伦比亚手语。哥斯达黎加在1999年修改了本国的宪法，该宪法宣称"西班牙语是本国的国语，但是，国家会保护土著居民所使用的各种民族语言，确保这些语言的延续和发展"。该宪法所提供的支持比该国十几年前通过的有关保护土著语言的法律更管用。厄瓜多尔于1999年设立了"国家双语跨文化教育指导委员会"(National Directorate of Bilingual Intercultural Education)。

当地土著居民的问题似乎是众多分歧的源泉。危地马拉于1997年成立了"土著语言官方认可委员会"。有关报道表明，危地马拉土著居民处在极度贫困中：近90%的人生活在贫困线之下，绝大多数人享受不到安全的饮用水、卫生设施或电力供应。墨西哥于2000年建立了专门机构，旨在保证双语教育和跨文化教育能

① 玻利维亚2009年宪法指定了37种语言具有官方语言的地位。玻利维亚各级政府部门都要求使用至少两种语言作为工作语言，其中一种为西班牙语。确切地说，西班牙语是国家官方语言，而其他语言属于地方官方语言。

够满足本国印第安人的需求。尽管墨西哥的政策出台迟缓，而且 147
前后不一，但是，有迹象表明墨西哥土著人在本国的影响日益加大。1980 年，尼加拉瓜批准本国大西洋海岸的某些学校可以用米斯基托语(Miskito)①作为教学媒介语。但是，最近的相关报道却详细地记载了尼加拉瓜土著人的状况：他们的土地被占用，树木被砍伐，当地的环境和文化受到威胁(Mueller 2002)。20 世纪 80 年代中叶，秘鲁建立了盖丘亚语和艾马拉语研究院，还设立了“双语教育指导委员会”。但是，南美土著居民最近抗议说，影响这些语言项目的主要因素是人们向西班牙语的转用行为。

拉丁美洲的语言政策是实行同化主义，即想方设法“把殖民语言强加于其他语言的使用者，不管他们是移民、奴隶还是土著居民”(Hornberger 1999:133)。拉丁美洲的西班牙语殖民者都有一种“洁癖式”的语言意识形态：最初认为任何土著语言都是不纯粹的。但是实际情况要复杂得多，拉丁美洲除了西班牙语和葡萄牙语两大语言外，还有各种洋泾浜语和克里奥尔语，以及众多的移民语言(例如，阿根廷的意大利语、巴拉圭和委内瑞拉的德语、许多拉美国家的巴斯克语和加泰罗尼亚语、各种亚洲语言以及不可忽略的阿拉伯语)。出现这种情况是由于拉美语言极其多样化，而且，目前拉美土著语言没有被完全归类，这些语言的传播范围各不相同(例如，这些土著语言在危地马拉、墨西哥、巴拉圭、玻利维亚、厄瓜多尔和秘鲁的传播范围很大，但是在其他国家的传播范围却很

① 米斯基托语是尼加拉瓜和洪都拉斯大西洋沿岸的印第安人——米斯基托人使用的语言。

小）。在认可本国少数民族语言方面，巴拉圭是个例外。直到20世纪80年代，巴拉圭才认可本国土著人享有用自己母语作为教学媒介语的教育权利，而且，这种认可基本上是在民间机构的推动下才实现的。但是，这些少数民族语言最终得到了该国法律或宪法的认可。这些语言认可项目通常与旨在改善拉丁美洲土著人命运的政治活动有关。

尽管西班牙语是哥斯达黎加法定的官方语言，任何想加入该国国籍的人都必须学习西班牙语。但是，哥斯达黎加早在1976年开始制定的一系列法律在某种程度上认可了该国的六种土著语言。1999年修订的哥斯达黎加宪法规定：国家“将保护土著语言的延续和发展”。因此，这些土著语言最终被该宪法全部囊括。

洪都拉斯是中美洲国家，大约有人口600万，该国的大多数人都说西班牙语。《民族语》杂志报道说，洪都拉斯有1.3万人说克里奥尔英语。该国有许多受法律保护的美洲印第安人（Amerindian）语言，其中最大的印第安人语言是加利弗那语（Garifuna），该语言有将近10万使用者。

148 粗略总结上述情况，表2列出的国家在语言实践方面不同程度地都属于多语制国家，但在语言意识形态方面总体上又属于单语制国家。受单语制和对少数民族语言权认可的影响，这些国家在宪法上都宣称认可本国的其他语言，许多国家甚至还发动了各种语言管理活动以便实施这种认可政策。苏联加盟共和国在列宁时期基本上都在强加的宪法中认可了各自的名义语言。由于苏联语言政策的宗旨是最终取代民族主义，另外，由于斯大林想要通过苏联人口混杂的特点来削弱本国较大的民族，因此，苏联的宪法也包括了语言少数民族的权利。

苏联解体后，以前的加盟共和国为了提高本国名义语言的地位，并以此来抗衡俄语（主要目的）和本国的其他少数民族语言（次要目的），于是，对本国的语言政策进行了修改。其中一些加盟共和国的宪法认可一种或多种指定的少数民族语言。例如，格鲁吉亚选出阿布哈兹语作为本国阿布哈兹（Abkhazia）地区的官方语言。阿布哈兹语是一种高加索语言，该地区共有500万人口，其中大约10万人使用阿布哈兹语。阿布哈兹地区的大部分学校都以俄语和格鲁吉亚语（Georgian）作为教学媒介语，这种现象一直持续到20世纪70年代才结束。从此，阿布哈兹语经历了复兴阶段。但是，由于阿布哈兹和格鲁吉亚政府于1992年发生过战争，阿布哈兹和格鲁吉亚两个民族的人们开始尽量回避接触（Arutiunov 1998）。在亚美尼亚首都埃里温（Yerevan），90％的人是亚美尼亚人，但这里有一半的中学使用俄语作为教学媒介语。自从格鲁吉亚和亚美尼亚于1991年独立后，格鲁吉亚语和亚美尼亚语都成为了各自国家的强势语言。与此同时，俄语却变为了它们国内的少数民族语言。蒙古于1941年把本国语言的书写字母改为西里尔文。蒙古有270万人口，其中90％的人使用蒙古的标准语和官方语言——蒙古语（Mongol）。该国有大量的哈萨克少数民族，约占蒙古人口的5％。蒙古的少数民族语言受到宪法的保护。蒙古宪法规定：为了加强人权意识，国家要为语言少数民族提供渠道以便他们能够获得政府提供的服务；国家还要提供用哈萨克语和其他少数民族语言进行的教育。

在重新界定新的国家身份时，语言政策所起的作用是至关重要的。苏联有两个地区对语言政策的这种作用特别关注。第一个是高加索(Caucasus)的主要伊斯兰国家。

土库曼斯坦有450万居民,其中大约340万人说土库曼斯坦的国语——土库曼语(Turkmen)。此外,还有许多人使用20种其他语言,不过,他们还是习惯使用俄语作为通用语。自1991年土库曼斯坦独立以来,该国的部落、宗派和民族势力开始重新出现
149 (Landau and Kellner-Heinkele 2001)。伊斯兰教的文化实践也开始在土库曼斯坦出现,从而形成了伊斯兰教与俄罗斯东正教并存的局面。土库曼斯坦利用语言来塑造土库曼人的身份。土库曼斯坦曾经被一位铁腕型国家领导人所掌控。据报道,现在该国仍“用苏联时代的独裁主义风格”进行统治,导致该国贫穷缠身,腐败肆行。在苏联统治时期,土库曼语于1929年被迫采用经过修改后的拉丁字母表,而此前土库曼语使用的是以阿拉伯语为基础的字母表。1940年,土库曼语又被迫转而采用西里尔文书写体系。土库曼斯坦独立以后,土库曼语的书写体系问题又被重提:土库曼斯坦现在基本没人支持以阿拉伯语为基础的字母表,相反,越来越多的土库曼斯坦人拥护拉丁文的书写体系。于是,1993年土库曼斯坦选择了拉丁文的书写体系。不过,这套新的字母表还存在不少问题。土库曼斯坦俄语社区的居民抱怨说他们处于二等公民的地位,而且,他们没有学习土库曼语的渠道。于是,土库曼斯坦不断出现俄语社区的居民移居国外的现象。现在,土库曼斯坦学校的主要教学媒介语是土库曼语,但是许多学校仍然用俄语、乌兹别克语和哈萨克语进行教学活动(Landau and Kellner-Heinkele 2001)。

哈萨克斯坦是该地区的伊斯兰国家中拥有俄罗斯人最多的国

家，不管是绝对数字还是相对数字。这些哈萨克斯坦的俄罗斯人居住在靠近俄罗斯联邦的边境地区，他们与俄罗斯联邦的亲人保持着联系。1997 年哈萨克斯坦举行的斯拉夫化运动成功地促使一部新语言法诞生，该法允许俄语用于该国的正式场合，并与该国的国语哈萨克语享有平等地位。吉尔吉斯斯坦境内也有数量庞大的俄罗斯少数民族，1989 年其数量占吉尔吉斯斯坦 500 万总人口的 20%。但是，现在该国的俄罗斯少数民族日渐衰微。尽管吉尔吉斯斯坦的宪法提到了俄语的地位，然而，许多吉尔吉斯斯坦的俄罗斯族人还是抱怨该国对他们的歧视行为，侨居该国的俄罗斯人移居海外的比例很高。在塔吉克斯坦，俄语与该国的国语塔吉克语一样被称作是"族际交际语"(language of inter-ethnic communication)。塔吉克语于 1989 年成了塔吉克斯坦的国语，这一决定促使了该国俄语社区的众多成员发起了一场旨在捍卫俄语使用者(Russophones)地位的运动。许多居住在塔吉克斯坦的俄罗斯人回到了俄罗斯联邦(Landau and Kellner-Heinkele 2001)。

阿塞拜疆于 1989 年 9 月宣布主权独立，成为了首个宣布主权独立的伊斯兰加盟共和国。那时 700 万的总人口中，有大约 80% 的人是阿塞里人(Azeri)。较大的少数民族有俄罗斯人、亚美尼亚人、莱兹金人(Lezghin)和阿瓦尔人(Avar)。据报道，阿塞拜疆的俄罗斯族少数民族与当地人相处和谐。但是，由于阿塞拜疆与亚美尼亚在 20 世纪 90 年代初发生过战争，在此期间，阿塞拜疆境内的俄罗斯人大批移居海外。在 1936 年和 1978 年的两部阿塞拜疆宪法中，阿塞拜疆语(Azeri)被宣称是阿塞拜疆的国语。在该国独立之时，阿塞拜疆语在该国的地位已经被完全确定下来：在 1989

年苏联举行的人口普查中,99%的阿塞里人宣称自己使用阿塞拜疆语,只有三分之一的人宣称自己能流利地使用俄语。1995 年的阿塞拜疆宪法宣布阿塞拜疆语是阿塞拜疆的国语,同时,该宪法还保证许多未提及的其他阿塞拜疆共和国的民族语言可以继续在阿塞拜疆得到应用和发展(Landau and Kellner-Heinkele 2001)。阿塞拜疆独立之后,该国的俄罗斯语学校继续存在,但是这些学校必须教授阿塞拜疆语。

150 由于中亚伊斯兰国家的经济普遍不景气,这些国家还得举行形形色色的政府活动以便重新塑造自己的国家身份。正如许多后殖民主义国家一样,这些国家遭遇的挑战也是如何重新合理分配国内各语言的社会功能,正确处理好前殖民语言(即俄语)和新名义语言(即现在国语)之间的地位关系。这些常见的问题由于受到许多特殊因素的影响而变得更加棘手。第一个特殊因素是伊斯兰教的潜在影响。在苏联时期,中亚的伊斯兰教 60 年来不敢有所作为,但它现在的影响不仅仅是提供另一种文化模式,其教义中的激进原教旨主义(fundamentalism)还对社会构成了威胁。第二个特殊因素是发生常见的突厥语族(Turkic)①运动的可能性。这些运动表现在自 20 世纪 90 年代初就召开的系列语言会议,其目标是试图建立各语种共同使用的字母表。第三个特殊因素是前面所提到的少数民族语言(不管是俄语还是其他语言)使用者在比例上的

---

① 突厥语族是阿尔泰语系(Altaic)中最大的一个分支,可以细分为 40 多种语言。它包括东欧、中亚、西亚及中国新疆一带使用的土耳其语、哈萨克语、阿塞拜疆语、维吾尔语、乌兹别克语、吉尔吉斯语等。突厥语族内各成员语言之间非常相似,所以他们大都可以在不用翻译的情况下互相沟通。

变化问题。一般而言，一个国家的经济越强大，这些问题的解决可能就会越容易。

三个波罗的海国家(Baltic States)——爱沙尼亚、拉脱维亚和立陶宛，在各自的法律和宪法中都宣称了本国国语的官方地位。但是，在立陶宛宪法中，该国没有对原宪法中有关语言权的声明进行任何修改。而在爱沙尼亚和拉脱维亚的宪法中，少数民族和语言少数群体的权利都获得了认可。由于语言政策在波罗的海国家的政治生活中一直而且还将继续发挥重要作用，这些国家可以提供更深层次的证据以揭示影响语言政策发展的性质和因素。尽管这三个国家经常被归为一类，但由于它们的历史发展、语言状况和人口结构都相差甚远，所以各国制定的语言政策也大相径庭。

尽管拉脱维亚被外国统治长达几个世纪，但它在很大程度上仍然保留着单语制(Druviete 1998)。19 世纪末举行的民族主义运动中，拉脱维亚语(Latvian)与德语和俄语形成了竞争关系。然而，从 19 世纪 70 年代起，拉脱维亚的政府部门、学校和法院只允许使用俄语。拉脱维亚于 1918 年独立，随之，拉脱维亚语成为了该国的主要语言。与同时期根据条约建立的其他国家一样，拉脱维亚认可了本国的七种少数民族语言。在拉脱维亚，许多学校都使用少数民族语言作为教学媒介语。此外，拉脱维亚还有用德语和俄语作为教学媒介语的大学。到 20 世纪 30 年代，拉脱维亚的大多数公民都使用拉脱维亚语。1939 年，6 万德国人离开了拉脱维亚。1940 年，拉脱维亚成为了苏维埃社会主义共和国联盟的一部分，许多拉脱维亚人或被驱逐出境或移居海外，取而代之的是成千上万的人从俄罗斯、乌克兰和白俄罗斯迁居进来。苏联时期，拉脱维亚的语言政策推崇俄语，到1989年，三分之二的拉脱维亚人以及大多数其他民族的人都声称自己俄语流畅。在拉脱维亚独立之前，人们就开始了重树拉脱维亚语地位的活动。拉脱维亚曾经
151 制定过一部语言法，该法宣称拉脱维亚语是该国的国语，但是拉脱维亚仍保留了俄语在拉脱维亚的官方语言功能。1991年，拉脱维亚共和国成立，语言法得到进一步的加强。所有公民都有权使用拉脱维亚语，其他国籍的居民也有权接受用他们自己的语言所进行的教育。1994年的拉脱维亚《公民法》(*Law on Citizen*)要求想要加入拉脱维亚国籍的人掌握拉脱维亚语(Druviete 1998)。

截至20世纪80年代，爱沙尼亚的全国总人口中只有62%的人属于爱沙尼亚民族，拉脱维亚的总人口中只有52%的人属于拉脱维亚民族，而在立陶宛有大约80%的人口属于立陶宛民族(Tsilevich 2001)。在这三个国家中，双语制的发展平行但不对称。因为虽然这些国家的教育领域都使用两种语言，但是，俄语在这些国家的政府机构、交通运输、工业制造、军事和国家安全方面都占有强势地位。在1989年，居住在拉脱维亚的俄罗斯人中只有20%多的人能够熟练使用拉脱维亚语；到了1995年，该数字上升到了50%多。1989年这些国家通过了各自的语言法，宣称爱沙尼亚语、立陶宛语和拉脱维亚语分别为爱沙尼亚、立陶宛和拉脱维亚的国语，但是它们都保留了俄语在自己国家的官方语言地位。

这些国家的语言法在国家独立后变得更加严厉。由于受到国际组织，包括欧洲安全与合作组织少数民族事务高级专员署的外部批评，这些国家的语言法被推迟执行，并进行了修改。总体说来，这些语言法或宪法只是给予了本国语言少数民族最基本的认

可。三个国家都要求国家立法机构只能使用国语。爱沙尼亚的其他语言只能在社区内部使用。立陶宛的少数民族语言可以用于少数民族语言使用者聚居地区。但是，在拉脱维亚，所有的政府机构只能使用国语。该国的选举法规定，国家领导候选人必须具有最高级别国语能力证书。另外，在某些专业化领域，拉脱维亚对雇员的国语水平有一定的要求，该国还试图把这一语言要求延伸到私营领域，但是，该想法因遭到欧洲安全与合作组织和欧洲委员会的反对而流产。目前，拉脱维亚已经有几十万人参加了国语水平考试。

人们对于语言政策的争论依然集中在教育领域。立陶宛允许"人口数量大和居住集中的少数民族社区"使用自己的母语。但是，爱沙尼亚要求中学教育需要使用至少 60%的爱沙尼亚语。在拉脱维亚，国家对少数民族语言教育的要求甚至更加严格：计划在 2004 年以前取消政府资助的少数民族语言教育。所有这些规定的基础是根据"连续性"原则制定的公民政策：只有 1940 年以前就已是爱沙尼亚和拉脱维亚公民的居民以及他们的直系后代才能在国家独立后自动地转为该国公民。为了支持这一公民政策，拉脱 152
维亚所有的语言政策都要保护本国国语，确立国语的象征作用，割断与俄语处于支配地位的俄罗斯时代的任何联系，以及鼓励斯拉夫人(Slavs)"自愿回国"。

这些语言政策面临着来自超国家组织对语言权和少数民族权利规定的压力。随着欧盟扩大成员国计划的提出，欧盟与候选成员国之间复杂的谈判过程也就开始了，候选成员国必须调整它们的法律和政策以符合欧盟制定的各项法律和政策。10 个候选成员国中有 6 个是本章表 2 中出现的国家。它们是保加利亚、爱沙尼亚、匈牙利、拉脱维亚、立陶宛和波兰。其他候选国是塞浦路斯、捷克共和国、马耳他和罗马尼亚。当然，在欧盟所要求的准入门槛中，其主要特点是保障人权，其中包括少数民族的总体权利，尤其是少数民族的语言权利。

在入盟的谈判过程中，与语言相关的问题是必不可少的。所有候选国都需要把所有的欧盟法律和法规翻译成各自的国语，这就需要各候选国建立一支庞大的翻译队伍。此外，候选国的各级公务员（包括边境站岗员）都需要接受语言训练以便掌握恰当的外语。

在与苏联的波罗的海国家谈判中，语言权是个核心问题，欧洲委员会（2001a）要求爱沙尼亚处事当心，不要“侵害俄语使用者的语言权”。欧洲委员会（2001b）从拉脱维亚的报告中注意到该国为40%的非拉脱维亚人培训拉脱维亚语，这具有重要意义。2001年，拉脱维亚有人就该国要求人们用拉脱维亚语拼写自己姓名的语言规定提起诉讼，后来这个案子被移交到拉脱维亚的宪法法院，这是拉脱维亚的第一个诉讼案件。另一个案子也与语言规定有关：拉脱维亚要求当选官员要提供有关拉脱维亚语水平的证明，即使他们在作为候选人竞选岗位时已经呈递过合格的语言能力证书。

这些波罗的海国家认为俄语盛行时期本国的语言受到严重损害，因此，它们现在都忙于本国语言政策的制定和实施，以便能够重新塑造国家的语言形象。由于超国家组织对世界各国不良语言政策的干预，特别是由于波罗的海这些国家都正在申请加入欧盟，它们在这一地区的语言活动都受到严密的监视，甚至被迫做些改变。欧盟干预的本质是让大家清楚了解欧共体对语言权解释的限制。波罗的海这三个国家的语言政策目标是实现从以俄语为强势语言的双语制向以国语独尊的单语制的转变，只要这个过程不侵害本国少数民族语言（包括俄语）使用者的个人人权，要实现这个 153
目标易如反掌。欧共体除了在其文件上经常出现有关关注罗姆语（Romany）使用者的内容外，根本没有花费任何精力来决定哪些语言需要得到保护。此外，有些国家在制定语言政策时，根据少数民族语言的使用地区或地域来决定少数民族语言的使用领域。欧共体对这种语言政策没有任何异议。只要少数族群的每个成员都有恰当的机会学习自己的母语，那么规定中学和大学只用国语作为教学媒介语的语言政策也不会遭到欧共体的任何反对。尽管欧共体对欧洲多语制的实行状况赞不绝口，但只要欧共体成员国的某些官员具有多语能力，也就是说他们能够使用其他欧洲语言，那么欧共体对于该国维持甚至建立国家单语制的政策似乎也感到满意。

巴尔干半岛曾经是奥斯曼帝国的一个地区，这里的民族、语言和宗教都相当复杂，因此，人们对这里的语言政策总是争论不休。总体来说，奥斯曼帝国的统治者几乎没有做任何努力来整合和团结这里的各族人民。在第一次世界大战末期，随着奥斯曼帝国的瓦解，一些以民族为基础的新国家诞生了，根据当初建立新国家的条约的要求，这些新建国家都要保护本国的少数民族，其中包括认可少数民族的语言并同意少数民族用自己的母语进行教育。然而，这些条款在实践中往往被忽视。民族主义和民族身份成了语言政策的主要动力（O'Reilly 2001）。

第二次世界大战以后，由于希腊实际上否认了所有语言少数民族的权利，该国有许多少数民族语言社区都处在奄奄一息的状态中。例如，阿尔巴尼亚语社区（有 5 万到 10 万的使用者）、保加利亚语社区（有 3 万的使用者）和土耳其语社区都面临着生存问题。希腊和西色雷斯（Thrace）[①]大约有 10 万的土耳其语使用者，他们在家和社区都继续使用土耳其语。但是，这些人的希腊语水平也在不断地提高。由于希腊与土耳其签署了多项协议，希腊小学可以用土耳其语进行教学。希腊的另一个斯拉夫语族语言是争论颇多的马其顿语，由于希腊政府长期以来一直实行打压马其顿语的政策，并强烈反对马其顿民族国家使用马其顿这个名字，这使得该语言在希腊迅速消亡。最后，谈谈希腊的瓦拉几亚语（Wallachian），这是一种罗曼语。据说，希腊瓦拉几亚语的使用者达到 20 万之多，他们散居在希腊许许多多的村庄里。但是，1945 年以后，他们所建的学校和教堂全部被关闭。1975 年的希腊宪法除了一个有关《圣经》语言的条款外，对于其他语言问题只字未提。然而，希腊国内对于标准希腊语的正确形式争议颇多。弗格森（1959）把
154 希腊语当作是双方言的典型例子。希腊语有两种语体：一种是更高级的古体现代希腊语，这是一种“净化语言”；另一种是大众通俗语言，这是“人民的语言”。这两者之间存在着差异。为此，1976 年，希腊政府开始采取行动以解决这个问题。他们废除了古体现代希腊语，但是，现代希腊语却成为了这两种语体的混合体，从而导致了人们对纯洁的现代希腊语的性质继续进行辩论（Kakava 1997）。

① 色雷斯是位于黑海以西、爱琴海以北的一个古国，现分属土耳其、保加利亚和希腊。

阿尔巴尼亚尽管否认个体人权，但是，它允许本国的少数民族拥有一些教育权和文化权。该国最大并且争议最多的少数民族群体是希腊人。阿尔巴尼亚人在许多国家（例如，希腊和意大利）都构成了重要的少数民族。在意大利，大概有 10 万的阿尔巴尼亚语使用者，他们散居在意大利的某个地区，但是，阿尔巴尼亚语并没有得到意大利宪法的认可。

南斯拉夫社会主义联邦共和国于 1945 年诞生，1991 年终结。这是一个三种不同文明交汇碰撞的国家。这三种文明是西欧天主教文明、拜占庭—斯拉夫东正教文明和阿拉伯—土耳其伊斯兰教文明（Bugarski 2001）。在铁托（Tito）的领导下，南斯拉夫认可了境内的六个加盟共和国。这六个加盟共和国分别由塞尔维亚人、克罗地亚人、斯洛文尼亚人、黑山人（Montenegrins）、马其顿人和穆斯林组成。因此，上述每个人种都有一个相应的加盟共和国，他们属于南斯拉夫的第一类群体。此外，南斯拉夫的第二类群体叫作南斯拉夫公民，他们也享有文化权和语言权。但是，他们没有加盟共和国的地位。南斯拉夫最大的少数民族是科索沃的阿尔巴尼亚人，其次是匈牙利人、罗姆人、意大利人、保加利亚人、捷克人、鲁塞尼亚人（Ruthenians）①、斯洛伐克人和土耳其人。南斯拉夫的第三类群体是具有其他国籍的少数族群，其中包括奥地利人、希腊人、犹太人、德国人、波兰人、俄罗斯人、乌克兰人等。所有这些人的权益都得到了 1974 年南斯拉夫宪法的保护。

---

① 鲁塞尼亚（Ruthenia）是中欧的一个地区名，位于喀尔巴阡山脉（the Carpathian Mountains）南麓，现构成乌克兰西部的外喀尔巴阡地区。

南斯拉夫境内的这些族群之间时常发生冲突。伏伊伏丁那(Vojvodina)①与科索沃都被认可为塞尔维亚共和国的自治省。尽管塞尔维亚人是伏伊伏丁那的多数民族,但是这里有五种官方语言:塞尔维亚—克罗地亚语、匈牙利语、斯洛伐克语(Slovak)、罗马尼亚语和鲁塞尼亚语。伏伊伏丁那有大约 200 个匈牙利语小学、1 个匈牙利语日报社,伏伊伏丁那省电台固定播放匈牙利语节目。然而,在科索沃,阿尔巴尼亚人在数量上占有绝对优势。尽管阿尔巴尼亚人实际掌控着该省,但他们仍不满足,甚至发动了一次运动,要求认可科索沃加盟共和国的地位。南斯拉夫解体后,这里的阿尔巴尼亚人失去了自治的机会。

南斯拉夫解体后,这里的战争和种族清洗事件接二连三地发生。这反映了这一地区存在的多种紧张关系。在南斯拉夫的解体过程中,语言起了双重作用:首先,正在兴起的民族主义者把语言看作是问题;其次,人们把语言视为煽动民族仇恨的工具。结果人们把塞尔维亚—克罗地亚语看成不断变化的政治形势的晴雨表。正如欧雷利(O'Reilly 2001:12)所说:"塞尔维亚—克罗地亚语当
155 初的创建和最终的解散都表明了'一个国家,一个民族,一种语言'等式(equation)在国家合法化过程中的力量。"

在新独立的国家中,民族关系依然紧张。伏伊伏丁那匈牙利人和其他少数族群继续为自己的法律认可问题而斗争,他们不断地给集权化现象和塞尔维亚语施压。1992 年,伏伊伏丁那修改了教育法,要求这里的学校用塞尔维亚语教学;若要使用少数民族语

① 伏伊伏丁那是塞尔维亚北部与匈牙利接壤的一个省,主要讲匈牙利语。

言或世界性语言教学则需要符合一些特别条件。在科索沃，塞尔维亚人与阿尔巴尼亚人的斗争持续不断。尽管《科索沃宪法》认可本地少数民族的权利，但是，这些权利通常没能得到实施。在科索沃宣布新课程要用塞尔维亚语进行以后，阿尔巴尼亚人开始了秘密的双语平行教育(parallel education)①。

在马其顿共和国，大约三分之二的人是马其顿人，而阿尔巴尼亚人只占 20%。但是，这里的阿尔巴尼亚少数民族也想实现自治。1996 年，阿尔巴尼亚少数民族建立了地下大学，但当时的马其顿政府不认可它的存在。双方关系继续处于紧张状态。由于来自欧共体的压力，2001 年马其顿修改了宪法。该宪法规定：凡是阿尔巴尼亚语的使用人数超过 20%的地区均可确立阿尔巴尼亚语为该地区的官方语言。另外，双方同意制定权力下放原则。

在马其顿共和国，罗姆语自 1983 年开始就用于小学的一至四年级。尽管学校教材不断地改进，但也遇到一个瓶颈问题：这里的罗姆语有三大方言。大约 80%的马其顿罗姆人(关于罗姆人数量的估计众说纷纭，大约在 6 万至 20 万之间)以罗姆语为母语。

经过短暂的战争，1991 年斯洛文尼亚宣告独立，斯洛文尼亚语(Slovene)也就成了该国的国语。自从南斯拉夫解体后，斯洛文尼亚语的使用似乎就没有遇到过任何挑战。斯洛文尼亚于 1991 年制定的斯洛文尼亚宪法指出，斯洛文尼亚国籍与斯洛文尼亚国家有直接的联系(Tollefson 1997)。同时，该宪法保护土著意大利语和匈牙利语社区的人们在他们所居住地区的权利。在匈牙利语

① 平行教育原指男女同校不同班的教育体系，此处指双语教育。

社区的许多学校里，双语教育项目司空见惯。在意大利语社区，学校的教学媒介语要么是斯洛文尼亚语，要么是意大利语。1993年，欧洲委员会发表了一份报告，该报告认为斯洛文尼亚在保护语言少数民族的人权方面提供了很好的模式。然而，托尔夫森(Tollefson)却发现，斯洛文尼亚的匈牙利人和意大利人对于该国语言政策的实施并不满意。

塞尔维亚—克罗地亚语的状况是一个经典的政治和语言各执一词的两难问题。语言学家经常声称塞尔维亚—克罗地亚语是一种单一的语言，而各级政府和语言的使用者却说它们是两种不同的语言。克罗地亚语的标准化经历了一个漫长的时期(即从16世
156 纪到19世纪)，而塞尔维亚语的标准化从19世纪才开始。人们认为塞尔维亚语是“人民”的语言。这两种语言最大的差异在于词汇。尽管两语合并的运动最初是由克罗地亚提出的，但是，不久塞尔维亚语就在合并中占据强势地位。塞尔维亚的两语合并政策旨在剔除塞尔维亚语中的克罗地亚语成分。随着克罗地亚的脱离以及克罗地亚语的不断变化，克罗地亚语与塞尔维亚语开始有了差别，塞尔维亚—克罗地亚语被重新命名为塞尔维亚语。即使它们在语言上没有任何差异，语言重新命名的意图也是昭然若揭，而且不可避免(Ivic 2001)。同样，波斯尼亚—黑塞哥维那(Bosnia-Herzegovina，简称为波黑)的分离也包含了对波斯尼亚语(Bosbian)作为一种新语言的认可。自1990年开始，越来越多的人使用西里尔文来书写塞尔维亚语。在这里，关于语言标准化和正字法的争论一直持续不断。普拉基克维奇(Pranjkovic 2001:31)总结说：“自19世纪中叶以来，两种标准语体的相互关系一直就离不开

政治因素。”

所以，语言问题在一定程度上促使了南斯拉夫的解体。种族灭绝和种族清洗把高度复杂的语言状况简单化了，超国家组织正在努力恢复对语言多样性的尊重。很显然，在落实语言政策之前，人们需要很好地控制极其严重的社会、政治、宗教和民族冲突。

在中欧地区也存在着严重的语言问题。捷克斯洛伐克被分成了捷克共和国和斯洛伐克共和国两个国家，这一变化也带来了语言上的影响。捷克斯洛伐克于 1918 年成立，它的成立模糊了该地区传统上的分割模式。但是，成立于 1993 年的捷克共和国又恢复了该地区历史上的分割状态。在两次世界大战期间，人们尽量整合捷克语(Czech)和斯洛伐克语(Slovak)，因为这两种语言的使用者能相互理解。此外，在捷克斯洛伐克使用的口头少数民族语言还有：德语、波兰语和斯洛伐克语。第二次世界大战以后，250 万的德国人被遣送回德国。捷克语和斯洛伐克语都得到了认可，两种语言的使用者不管住在什么地方都可以使用自己的语言。但是，斯洛伐克人仍然觉得自己被视为另类，遭到不平等对待。于是，1993 年斯洛伐克人决定依种族和语言为线从捷克斯洛伐克分离出来。捷克民族占新捷克共和国人口的 80%，该国其余的人是摩拉维亚人(Moravians)①、斯洛伐克人和众多其他的小族群人口。在声称自己属于斯洛伐克民族的人当中，罗姆人可能占三分之一。波兰人在捷克斯洛伐克曾经是被认可的少数民族。

① 摩拉维亚(Moravia)是捷克共和国的一个地名，1918 年起成为了捷克斯洛伐克的一部分。

尽管捷克共和国还保留着德国少数民族，但它没有得到捷克共和国的认可。捷克共和国新政府认可个人权，但它几乎没有意识到民族的复杂性，也不接受语言变异现象(Nekvapil and Neustupny 1998)。

在新成立的斯洛伐克共和国中，86%的人口在注册登记时称自己是斯洛伐克人，11%的是马扎尔人(Magyar)[①](Votruba
157 1998)。该国宪法声称本国少数民族和少数族群会得到保护。斯洛伐克语、马扎尔语(Magyar)、捷克语和乌克兰语都被认可为书面语言(literary languages)。斯洛伐克民族和马扎尔民族关于民族权和语言权的争执还在继续。斯洛伐克语是斯洛伐克共和国的官方语言，但是任何语言少数民族只要在某个城镇或村庄的人口达到此地人口总数的10%以上，他们就可以在这些地方使用自己的母语来处理各种行政事务。该国的大多数学校都用斯洛伐克语教学，不过，也有许多学校使用马扎尔语。因为斯洛伐克共和国是欧共体成员国的候选国，欧共体一直在监督斯洛伐克共和国的人权状况，并提出了一些有关该国罗姆人少数民族所面临的劣势问题。2001年6月，斯洛伐克批准《欧洲地区语言或少数民族语言宪章》适用于任何拥有20%以上的少数民族人口的地区，该宪章就赋予本国的保加利亚语、克罗地亚语、捷克语、德语、波兰语、罗姆语、鲁塞尼亚语(Ruthenian)和乌克兰语的语言地位。斯洛伐克接受该宪章满足了许多匈牙利语少数民族的需求，并且符合与匈

① 马扎尔人原居乌拉尔山脉，是公元9世纪时西迁至今匈牙利的一个民族，他们说马扎尔语。

牙利签订的条约中的基本要求。

还有其他一些国家也具有类似情况，这些国家的少数民族人口更少，但是其存在的意义不小。保加利亚被认为是单语制国家，例如，博尼瓦(Boneva 1998)观察到保加利亚还有许多没有得到认可的少数民族语言，其中最重要的少数民族语言是土耳其语。尽管1879年保加利亚宪法把保加利亚语确立为保加利亚公立学校的教学媒介语，但保加利亚的土耳其语私立学校一直保留到20世纪60年代。保加利亚有十分之一的人认为土耳其语是他们的母语，不过，这些人都是双语人。在保加利亚，大约有20万人使用着以下少数民族语言：罗姆语、马其顿语、亚美尼亚语、切尔克斯语(Circassian)①、鞑靼语(Tartar)、盖高兹语(Gagauz)②以及其他语言。保加利亚的宗教使得这里百姓的民族身份进一步复杂化：有些土耳其语使用者是基督徒，而有些保加利亚语使用者则是穆斯林。

罗马尼亚也一直秉承单语和同化的思想来制定语言政策，但是，最近罗马尼亚开始面临来自超国家组织的外部压力。特兰西瓦尼亚(Transylvania)③地区自中世纪起一直是民族和政治争执较多的地方之一(Jordan 1998)。罗马尼亚曾经依次被匈牙利人、

---

①　切尔克斯人主要是逊尼派穆斯林的一部分人，居于高加索西北部。他们使用的语言叫切尔克斯语，它包括两种北高加索语：阿迪格语(Adyghe)和卡巴尔达语(Kabardian)。

②　盖高兹人主要生活在摩尔多瓦南部，他们使用盖高兹语，这种语言与土耳其语比较接近，有约15万的使用者。

③　特兰西瓦尼亚在中世纪曾是一个公国，11世纪末开始成为匈牙利王国的一部分，1867年成为奥匈帝国的属地，1920年成为罗马尼亚西北部的大型台地(tableland)。

撒克逊人、奥斯曼帝国时期的土耳其人、神圣罗马帝国(the Holy Roman Empire)和奥匈帝国统治过。罗马尼亚于1878年独立。第一次世界大战后罗马尼亚就一直保持现在的版图。在此期间,罗马尼亚这个民族国家忽视了一个事实:该国有三分之一的人口不是罗马尼亚族。在1923年制定的罗马尼亚宪法中,罗马尼亚语被宣称是罗马尼亚唯一的官方语言,东正教事实上成为了该国的国教。罗马尼亚存在官方歧视犹太人和罗姆人的现象。当时,罗马尼亚第一阶段的种族清洗是排除罗马尼亚境内人口较多的德裔少数民族;罗马尼亚的犹太人和罗姆人曾经享有某些特权,但是,他们在20世纪50年代又丧失了这些特权;1964年罗马尼亚取消了所有为匈牙利少数民族做出的让步,匈牙利少数民族的权利实
158 际上都被废除了。随着罗马尼亚人口数量的变化,特兰西瓦尼亚的城镇都被罗马尼亚化了(romanized)。罗马尼亚的多数犹太人都移居国外。1948年,罗马尼亚所有的学校国有化,而且必须教授罗马尼亚语,大学入学考试只用罗马尼亚语进行。匈牙利语报纸的发行受到削减,1985年用匈牙利语和德语播出的电视节目被叫停(Bachman 1989)。为了提高种族间的容忍度,当前罗马尼亚要解决好以下三个问题:消除罗马尼亚民族对匈牙利人的不信任;处理中央集权制国家中特殊地区的种种问题;重视民族主义对保持国家政治、社会和经济稳定所起的作用。但是罗马尼亚也有支持少数民族地位的力量,例如,来自罗马尼亚的匈牙利民族政党的内部力量和来自匈牙利与欧盟的外部力量。单语制的语言实践、语言意识形态和语言管理在罗马尼亚根深蒂固,但是这些领域现在都开始受到各种挑战:特别是来自罗马尼亚境内匈牙利少数民

族的要求，此外，还有来自国内民族和政治的自治运动（self-mobilization）的压力以及来自其他国家和超国家组织的外部干预。

10.1.1　失聪人群与手语教育

正如开普兰和巴尔道夫[①]（Kaplan and Baldauf 1997：79）所观察到的那样，失聪人群与手语教育通常难以成为人们在处理语言政策问题时所考虑的内容。失聪人群的教育始于18世纪晚期的法国。第一所聋哑学校是由托马斯·高乐戴（Thomas Gallaudet）建成的，时间是1817年，当时学校只教授法国手语（Gibson，Small and Mason 1997）。美国开设了许多聋哑学校，而且随着美国手语（ASL）的发展，这些学校都开始使用和教授美国手语。然而，20世纪末，国际聋哑学校教师大会要求各国对本国的语言政策进行修改——增加为失聪人群提供口头语言教育的内容。手语以前都是难登大雅之堂的东西，只是到了20世纪60年代聋哑学校的教师才再次认识到手语是人类所有交流方法中的一个组成部分，它结合了手势和口头语言（Wilcox 1999）。随着美国手语、魁北克手语、瑞典手语（1980年开始与瑞典语一起教授）和丹麦手语（大约在1980年开始教授）在各自国家得到认可，20世纪80年代，越来越多的人认识到，应该把手语当作教学媒介语的一种。欧洲委员会目前已经拒绝了把手语作为少数者语言来看待的建议。

---

① 开普兰是美国南加州大学应用语言学荣休教授，多种学术刊物的主编或编委会成员。巴尔道夫（Baldauf Jr.）是澳大利亚昆士兰大学教育学院教授，主要研究语言政策。他们两人合作发表了许多语言政策和语言规划方面的专著和论文。

我们经常会做出或者偶尔也会遇到这样的呼吁：给予失聪人群恰当的语言权(Lucas 2001)。这种行为不光是给予了失聪人群某些社会地位，也为手语开发中各方面的发展提供了帮助，例如，
159 手语的标准化、手语词典的开发和手语术语的精细化。失聪儿童的教育问题是一个关键的政策问题，人们对该问题一直争论不休的关键在于：学校是为失聪儿童提供手语教学还是为失聪儿童提供其他技能的教学，例如，唇读(lip-reading)，以使他们能够看懂当地的标准语言。自20世纪70年代起，人们采用的方法一直是口语与手语相结合。但是，在世界许多地方，人们把手语作为教学媒介语来使用还只是最近的事情。开始认可失聪人群权利的机构和国家，有时也为失聪人群提供翻译服务。

1987年，第10届世界失聪人群联盟大会通过了一个决议，要求各国认可"本国失聪人群所使用的各种手语"，并把这些手语作为失聪人群"享受直接交流权利的一种自然语言"。这个原则的应用是人类的一个很大进步，但是，由于这种进步同时导致了手语标准的制定，而这种标准化的工作往往是由听力正常的人来进行的，其结果是导致各种带有地方特点的自然的手语变体丧失殆尽(Branson and Miller 1998)。澳大利亚创造了一套全国统一的手语——澳大利亚手语(Auslan)以供本国所有的外来失聪人群(不管他们原先使用什么手语)学习和使用。同样，南非也正在开发一种全国统一的南非手语(South African Sign Language)以供南非12个不同手语社区的成员习得和使用。换句话说，上述例子都说明，正如追求全国语言同质性的压力影响着各种口语变体一样，它也同样影响着各种手语变体。

10.2　结论：单语制政体

尽管有时我们会发现，有些民族国家宣称本国在实行单一的国语或官方语言时显得轻而易举，但实际案例分析表明，在语言实践和语言管理方面都实行单语制的国家凤毛麟角。今天的社会呈现多语化，人们愈加意识到语言的使用隶属于个体的人权和民权范畴，来自这种语言信仰的内外压力迫使大多数国家修改它们的语言政策，即从法律、宪法或具体的语言管理实践方面认可其他语言的存在，并确保这些语言使用者的权利。采取语言意识形态单语制的社会里，语言权是个引人注目的问题。在多语制政体（下一章将要研究）中，语言间的竞争极其明显，这迫使政府在法律上或宪法上承认语言使用空间划分的必要性。

在前面两章中，我们只是偶尔论述了全球化的威胁和英语的 160
入侵。上述各种案例说明：一方面，任何国家都需要发展一种强势语言，其动力是因为强势语言是国家团结和国家身份的基础。另一方面，任何国家都面临着来自两方面的压力：一是来自语言少数者的压力，包括土著语言少数者和外来语言少数者。他们要求能像其他语言多数者一样，获得自己的身份及宪法对相关语言的认可。二是来自人权的压力。现在越来越多的人接受（或被迫接受）了人权概念，他们把人权作为对付民族绝对主义（absolutism of nationalism）的手段。尽管这些国家在语言实践上采取多语制，在某种程度上语言管理也实行多语制政策，但这些国家实际上更倾向于实施单语制的语言意识形态。在下一章中,我们将会看到许多国家的宪法都把本国的两种或更多语言进行空间上的功能分割。通过研究这些国家,我们将有机会看到多语制是否成为了一个可以被人接受的语言意识形态,以及多语制在语言实践中是如何运转的。

第11章　划分语言空间：两个、三个或多个

11.1　划分语言空间：双语制和三语制政体

如果说在语言意识形态上存在着不少单语制的民族国家，那么在易于观察的语言实践中却很少有完全实行单语制的民族国家。在多语制国家中，人们认识到了两种、三种或者更多种主要语言存在的意义。然而，我们毫无理由怀疑语言政策的驱动力将来自这种语言事实，而不是来自人们对语言政策的感知。本章将讨论以下类型的民族国家：它们不但认可本国两种或者两种以上语言的存在，而且也认可人们对两种或者两种以上的语言作为官方语言的要求。此外，这种民族国家还试图通过划分语言空间并分配语言功能以便实现上述要求。

划分语言空间的行为是如何完成的呢？最初的困难在于已有的相关概念的界定凌乱不堪。“双语”这个单词既可指个人的双语，也可指社会的双语。双语通常指一个人所掌握的两种语言在水平或使用上都旗鼓相当。从这个意思上说，掌握双语的个人非

常罕见。按照欧洲委员会专家给出的更加科学的定义,“多语能力”是指一个人掌握了两种或者两种以上(这种现象更常见)的语言,而这些语言的掌握程度和使用领域却存在很大的差异。例如,一个以色列人可以用英语研究物理,但是他或她却更喜欢用希伯来语来谈论足球。大多数人可能都一直喜欢用第一语言(即母语)来数数字,而觉得用另一种语言来谈论某些话题会更舒服。可见,人们对多语能力的描述或概括容易,而对多语能力的测量却很难。

对于国家和其他社会团体来说,双语的情况也是如此。任何两种语言或语言变体都不可能在它们的使用领域上完全重叠。它们的真正差别可能在于人口的结构情况(例如,影响人口的因素,包括出生地或居住地、性别或年龄、教育水平或职业、社会地位或经济地位、宗教信仰或所属民族)、在于语言地域(例如,语言的某种变异产生了方言地理(dialect geography))、在于语言功能或话
162 题(这是弗格森提出双方言概念的基础)以及如费什曼所提出的根据实证来决定的语言使用域。

语言空间的划分一般是由以下三个因素来决定的:第一是根据人口结构的划分,即使用某一语言的具体公民,例如,某种语言的使用者或者某一特定族群的成员。第二是根据语言使用地域的划分,即某些预先选定的地区、村庄或城镇,在这些地方某种语言的使用者所占的人口百分比达到一定标准。第三是根据语言功能的划分,即处理国家政府或地方政府在公共事业、私营企业、教育或媒体方面的影响。在划分语言空间的过程中有时只根据其中一个因素,有时则需同时考虑以上三个因素。

现有的解释语言权的资料显示,人们普遍倾向于选择最简单

的解决方法——按照地区来划分语言空间，这不足为奇。比利时模式就是通过地域特点来划分语言空间，从而解决国内的大多数语言问题的。比利时把全国划分为荷兰语区、法语区和德语区，仅留下首都布鲁塞尔未做划分，因此该城市必须处理微妙的语言分布问题。瑞士和印度的情况也大致如此，瑞士的每个州（canton）和印度的每个邦（state）都选择了各自的地区语言，这些语言更受当地人的欢迎。新加坡也是一个多民族的国家，它认可本国的华人、泰米尔人和马来人在各自的社会空间（而不是领土空间）使用自己的语言，但当不同民族的人相互交流时，大家则共同使用英语。巴拉圭是一个双方言国家，它认可本国的西班牙语和瓜拉尼语用于不同的交际功能，但这两种语言之间也存在地域差别和阶级差别。

任何的语言划分都有一个不可避免的问题，即社会需要很多能够构建交际桥梁的人。所以，多语制社会高度重视培养人们的多语能力。许多国家所采取的理想化的方法都是要求或鼓励本国学生学习第二语言（假如只有两种语言），并把第二语言学习的内容作为常规教育的重要组成部分，从而增加这种起构建交际桥梁作用的中间人群（brokering group）的数量。

11.2　双语制和三语制政体

双语制或三语制国家就是指有两种或三种语言同时处于积极竞争状态的国家。兰博特（Lambert）假设在这种情况下语言政策的主要问题是处理好这些语言间的矛盾。许多民族国家在它们的宪法或语言法中认可两种官方语言或国语，以便从形式上和法律上划分国家的社会语言空间。现将这些民族国家罗列如下（见表 3）。

163 **表 3：双语制和三语制民族国家**

民族国家	语言
阿富汗	普什图语和达里语曾经是官方语言
白俄罗斯	白俄罗斯语和俄语是国语
比利时	建立了四个语言区
喀麦隆	法语和英语是官方语言
加拿大	英语和法语是官方语言
库克岛	毛利语和英语都是国会语言（parliamentary language）①
塞浦路斯	希腊语和土耳其语
斐济	英语、斐济语和印度斯坦语
芬兰	芬兰语和瑞典语
海地	克里奥尔语和法语是官方语言
中国香港	汉语和英语
伊拉克	阿拉伯语（有些地方是阿拉伯语和库尔德语）
爱尔兰	爱尔兰语第一，英语第二
以色列	希伯来语和阿拉伯语（法律上通过）
哈萨克斯坦	哈萨克语（kazakh）和俄语
肯尼亚	英语和斯瓦希里语
马耳他	马耳他语和英语
新西兰	英语和毛利语（法律上通过）
纽埃岛（Niue）	英语和纽埃岛语都是国会语言
巴拉圭	瓜拉尼语和西班牙语
菲律宾	英语是官方语言，菲律宾语是地区语言
波多黎各	西班牙语和英语

① 国会语言就是在正式场合下使用的慎重有礼的语言。

续表

民族国家	语言
卢旺达	齐尼亚卢旺达语(Kinyarwanda)和法语
萨摩亚群岛	萨摩亚语和英语都是国会语言
塞舌尔	克里奥尔语、英语和法语
新加坡	马来语、英语、泰米尔语和华语
斯洛文尼亚	斯洛文尼亚语和地区语言匈牙利语
南非(早期)	英语和南非荷兰语
斯里兰卡	僧伽罗语和泰米尔语
瑞士	德语、法语、意大利语和地区语言罗曼什语
塔吉克斯坦	塔吉克语是国语，俄语是官方语言
坦桑尼亚	斯瓦希里语是国语，英语是官方语言
瓦努阿图	比斯拉马语(Bislama)是国语，法语和英语是官方语言

仔细观察表 3，我们便可发现这些国家可以分成以下三类：第一类是由于历史上的两个或者多个不同的言语社区整合成一个单一的政治单位，从而出现了双语制或多语制的国家(例如，比利时和瑞士)；第二类是由于殖民列强引进了另一种语言，从而与本土语言共同形成了双语制或多语制的国家(例如，萨摩亚群岛、坦桑尼亚和瓦努阿图)；第三类可能是包括了前两类国家部分特点的国家(例如，斐济、哈萨克斯坦和新西兰)，在这类国家中，殖民列强或帝国列强引入了使用第二语言的大量移民。

11.2.1　比利时 164

比利时有 600 万人使用佛兰芒语(属荷兰语)，400 万人使用法语。在过去的 150 年中，这两派的语言冲突一直是比利时“高涨的民族主义感情”之焦点。由于荷兰人为反对西班牙在荷兰北部的统治而发动过起义，并取得了成功，从此，荷兰语成为了荷兰的一种标准语言，其影响也延伸到比利时北部。在比利时南部，法语占据优势地位。因为1795年比利时南部被并入了法国共和国，法语便成了该地区的官方语言。法语就成为比利时新王国的强势语言，供大家使用(Howell 2000)。

比利时宪法认可法语、荷兰语和德语(该语言的认可程度更小)为该国的官方语言。事实上，大多数比利时人使用的语言是非官方的语言变体。比利时有三种不同的罗曼语方言变体和四种日耳曼语变体，前者包括瓦龙语(Walloon)、皮卡第语(Picard)和洛林语(Lorrain)，后者包含西佛兰芒语(West Flemish)、布拉班特语(Brabantish)、林堡语(Limburgish)和卢森堡语(Luxemburgish)(Aunger 1993)。兰博特认为比利时的法语和荷兰语之间的冲突其实是一个语言地位的争夺问题，它们之间的这种冲突掩盖了人们在处理标准语和方言之间的差异时所遇到的语言本体问题。

比利时自从1830年独立后就认可了三种国语：法语、佛兰芒语(1932年重新命名为荷兰语)和德语。在19世纪70年代，比利时的法律允许佛兰芒语成为本国的官方语言，佛兰芒语于20世纪20年代成为了比利时佛兰德斯(Flanders)[1]地区处理公共事务的语言。德语作为比利时一地区的官方语言，其地位于1925年获得

---

① 佛兰德斯(也译弗兰德斯)是荷兰、比利时和卢森堡三个低地国家的西南部的一个地区，现分属比利时(构成该国东佛兰德和西佛兰德两省)、法国和荷兰，中世纪时期曾经是一个强大的公国，第一次世界大战期间，此地战火连绵不断。

了认可(Aunger 1993)。1932 年,荷兰语成为佛兰德斯地区的教学语言,法语则成为了瓦龙地区(Wallonia)的教学语言,而德语是其他一些地区的教学语言。最近,比利时的教育主管部门由两个国家教育部[①]转变为三个社区委员会。

遵循属地原则(principle of territoriality)是解决语言间紧张关系的方法之一。麦克瑞(McRae 1975)区分了属地原则和属人原则(principle of personality)。属人原则意味着"语言规则的制定将取决于相关个人或者人群的语言地位"。比利时和瑞士在制定本国的语言政策时都采用了属地原则,而加拿大的联邦立法则是以属人原则为基础(Nelde,Labrie and William 1992)。比利时的地区单语制(regional unilingualism)是以下两种建议相互妥协的结果:比利时的语言现状要么是让法语占据强势地位,要么是全国实行双语制。

比利时的语言冲突至少持续到 1992 年,在这一年中大部分比利时人最终同意全国实行联邦制,权力下放到各个地区(Covell 1993)。每种语言在许多领域都有自己的使用制度,所以,比利时语言间互相接触的机会越来越少。只有在布鲁塞尔,法语和荷兰语的使用者可以继续相互接触(Murphy 1993)。耐尔德(Nelde 1996)指出,比利时的语言立法没有做出任何涉及多语制的内容。
比利时的外语教育政策尽管在每个地区各不相同,但是它们都没 165
有对多语制做出任何补充说明。只有在布鲁塞尔,学校才规定学

① 1966 年开始,比利时同时设有两个教育部:法语国民教育部和荷兰语国民教育部,它们分别负责各自语言区的教育工作。

习其他语言的学生必须学习荷兰语或法语。

比利时像大多数北欧国家一样，也有大量的移民人口(包括合法的和非法的)。这些人增加了比利时语言政策所关注的潜在目标。但是，正如兰博特所预料的那样，在最近的150年里，比利时基本的双语状况一直是比利时语言政策冲突的主要焦点。比利时的法语或荷兰语使用者有一种想法——他们想通过退出或加入说法语或荷兰语的邻居群体来解决这些语言问题，但是，比利时的国家身份超越了任何此类想法。比利时解决语言冲突问题的方法不是采取多语主义的态度，而是采取分离主义的观点，这种方法使得布鲁塞尔成为了比利时语言斗争的中心。

11.2.2 早期多语制国家

通过分析其他双语制或三语制民族国家的案例，我们就会发现这些国家的语言实践和语言管理都存在着同样的复杂性，但是，它们都有一个共同的语言信仰，即认为语言政策的关键问题在于如何从这两三种重要的语言中做出选择。本节将要介绍的早期多语制国家，是指像比利时这样的有着两个或者更多的民族或语言群体的案例国家。这里有三个典型的此类国家，它们是芬兰、瑞士和斯里兰卡。芬兰有瑞典少数民族，该少数民族在芬兰的历史由来已久，并得到了芬兰政府的认可。瑞士被认为是一个实行双语制的国家。斯里兰卡有两种相互竞争的语言，这两种语言的使用者一直处于关系紧张的状态。

维克(Vikor 2000:117)注意到，芬兰没有中世纪独立时的历史，那是因为瑞典逐渐地将芬兰整合到自己的统治之下。甚至在北欧海盗时期（Viking period）[①]之前，瑞典人就已经迁入到北欧的西南沿海地区，芬兰人则在剩余的国土上扩张。处于统治地位的瑞典人并没有采取任何以瑞典语来取代芬兰语的措施，但是，瑞典语一直在芬兰的社会精英阶层和芬兰的沿海地区使用。在俄国统治时期，瑞典语依然是芬兰的官方标准语言。19 世纪初，芬兰首次出现了"芬兰语运动"。1863 年，芬兰语得到了认可，享有与瑞典语同等的地位。1917 年芬兰独立，芬兰语成为了芬兰的国家标准语言，瑞典语则变成芬兰的少数民族语言。1919 年的芬兰宪法规定，芬兰语和瑞典语享有完全平等的地位。在接下来的 20 年中，这两种语言的支持者继续进行激烈的竞争。第二次世界大战以后，芬兰的官方双语制才被广泛接受。实际上，芬兰语的使用人数占全国总人口的 95%，而瑞典语的使用人口只占 5%，而且这些人主要聚集在芬兰的西南沿海地区。

除了这两大语言外，芬兰还有一些较小的少数民族语言。奥 166
兰群岛（Islands of Aland）作为芬兰领土的一部分接受了芬兰政府的统一管理，并且得到了芬兰宪法的认可，岛上居民使用单一语言——瑞典语。此外，芬兰也有土著少数民族——萨米人（the Sami）。虽然芬兰只有几千萨米人，但由于他们进行了有组织的民族权和语言权的斗争，1992 年萨米语获得了在萨米人所居住的核心地区（即芬兰和挪威的北部）的官方语言地位。

截止到 1815 年，瑞士境内已经使用了以下四种主要语言：德

① 北欧海盗时期是指公元 8—11 世纪。

语、法语、意大利语和罗曼什语（Romansh）①，每一种语言都在当地建有自己的根据地。当1848年瑞士联邦成立时，该国被划分成26个州，每个州都享有最大化的自治权。在这些州中，有17个州是德语区，4个州是法语区，3个州是法德双语区，1个州是意大利语区，1个州是三语区（即罗曼什语、德语和意大利语）。现在瑞士居民使用第一语言的情况为：大约67%的人说德语，20%的人说法语，超过6%的人使用意大利语，0.5%的人使用罗曼什语。尽管人们普遍认为，瑞士人是上述几种语言的多语人，但事实上瑞士人的英语能力迅速超过了他们第二语言的能力。此外，瑞士有一个州（即苏黎世）最近发起了一场全国大辩论，议题是学校是否应该重视英语教学。英语水平往往联系到“不菲的收入和诱人的奖金……从统计学上看，这已达到12%至30%的概率”（Grin 2001）。瑞士的德语区是得到弗格森（1959）认可的经典的双方言案例之一。

斯里兰卡，原名锡兰（Ceylon）。在1802年斯里兰卡成为了英国的皇家殖民地（Crown Colony）②，英语也就成了该国的官方语言。但是斯里兰卡只有一小部分人学习英语（Fernando 1996）。直到1946年，斯里兰卡的大多数小学都是用当地语言作为教学媒介语。直到1956年，斯里兰卡独立政府才把僧伽罗语（Sinhala）提升为官方语言。但是，斯里兰卡泰米尔少数民族对此表示强烈

① 罗曼什语是瑞士格里松州（Grisons）不到3万人使用的雷蒂亚—罗马语。该语言有数种方言，是瑞士的官方语言之一。

② 皇家殖民地就是英国直辖殖民地，立法与行政由以总督为代表的皇家控制。

反对。于是，1972 年泰米尔语与僧伽罗语一道被列为斯里兰卡的国语。实际上，斯里兰卡的政府官员和技术专业人员都一直使用英语，而且，英语依然是斯里兰卡的法庭用语。斯里兰卡的学校根据学生的所属民族和所用语言而各自分开。1946 年，英语成为斯里兰卡所有学校的第二语言。但是，到了 1970 年，英语成为斯里兰卡中学教学媒介语的潮流逐渐停止。2001 年，斯里兰卡教育部建议在科伦坡(Colombo)和康堤(Kandy)两城市选择一些学校，为来自三个语言社区的所有儿童提供“用他们所选择的教学媒介语”而进行的教学。实际上，这是指学校所有的核心课程都要用英语教学。这种教学的目的是民族融合，但是，上述有些学校开始了这种教学，却不接纳来自其他语言社区的学生。于是，斯里兰卡政府认为他们可以用一种本土语言来解决上述语言问题，并实现逐
渐剔除殖民语言的目标。然而，斯里兰卡僧伽罗人和泰米尔人之 167
间的长期冲突却促使斯里兰卡尝试了许多不同的解决方法：从最初认可单独的泰米尔语为教学媒介语的教育体系，到最近使用前殖民语言作为教学媒介语的教育体系，其部分目的都是为了民族融合。

11.2.3　后殖民时代无大量殖民国移民的双语制国家

在 18 世纪和 19 世纪，欧洲主要列强瓜分了世界殖民地，一般而言，他们各自把一种欧洲语言引入到各自所征服的领地，并把这种语言作为该殖民地的政府语言、权利语言、教育语言和商业语言。当这些国家独立时自然也可以重新选择一种官方语言。有些前殖民地国家只选择一种语言作为本国的官方语言，要么是前殖

民语言，要么是本地的土著语言，但是同时也必须认可没有被选为官方语言的本国语言的地位。其他的前殖民地国家则设法通过以下方法来解决这个问题：在宪法上既认可本国的土著语言又认可前殖民语言，并把这些语言看作是平等的语言。此外，如果更加仔细地分析这些前殖民地国家的语言状况，就会发现其中的复杂性。首先，一个国家宪法中声称的双语与该国实际的社会语言模式不一定相匹配。例如，瓦努阿图（Vanuatu）在语言政策上声称自己是一个三语制国家，但是，该国至少有 80 种仍在使用的语言，每种语言平均有 2500 名使用者（Crowley 2000：50）。

英国前殖民地基里巴斯（Kiribati）曾经被叫作吉尔伯特群岛（Gilbert Islands）。现在该国保留了殖民语言，并把它作为本国的官方语言。但是据报道，该国几乎所有的人口（大约 6 万）都使用基里巴斯语（Kiribati），只有三分之一的人能熟练地使用英语，而且，他们是在适当的时候才使用英语。大多数儿童都上使用基里巴斯语作为教学媒介语的教会学校（Benton 1981：130）。基里巴斯精英阶层的子弟则就读于英语作为教学媒介语的中学。

世界上有两个萨摩亚（Samoas）：一个是独立的西萨摩亚，另一个是美控萨摩亚。尽管它们存在许多差异，但它们为我们提供了另一个后殖民时代依然实行双语制的例子。到 19 世纪后半叶，萨摩亚仍然是一个受到大不列颠、德国和美国联合保护的处于半自治状态的王国。1899 年，德国控制了西萨摩亚，并把面积更小的东部群岛（即东萨摩亚）让给了美国。第一次世界大战后，新西兰接管了西萨摩亚，对它的统治一直延续到 1962 年萨摩亚独立。19 世纪，西萨摩亚皈依基督教的行为提高了当地居民地方语的读写能力，而且这里的小学教育都是用萨摩亚语（Samoan）进行的（Benton 1981：87）。但不管是在西萨摩亚本土，还是在新西兰的寄宿学校，中学教育一律用英语进行。尽管西萨摩亚独立以后英语的地位持续提高，但是萨摩亚语在课程教学和村民间的交流中却依然保持着强势地位。

在美控萨摩亚，当地语言的生存情况就要糟糕得多。在那里， 168
公立学校取代了教会学校，并从1903年开始实施英语教学。1949年，萨摩亚语被认可为学校的辅助语，但是直到1966年，美控萨摩亚宣布的宪法中才制定了保护萨摩亚生活方式和萨摩亚语言的法则（Benton 1981：92）。许多美控萨摩亚人移居美国：到1977年为止，当地人口只有3.4万，居住在美国的达2万人之多。最近，美控萨摩亚千方百计地要恢复学校萨摩亚语的教学（Manase，Luaao and Fiamalua 1996）。

瓦努阿图的人口不到20万，却至少有80种土著语言（没有一种语言的使用人口超过全国人口的6%）。瓦努阿图是一个独立的共和国，坐落在太平洋上，该国的群岛南北延伸达850公里。这些情况都给该国的语言政策带来了巨大的挑战。瓦努阿图曾经是一个受到英法两国共管的国家，这一形式一直维持到1980年。在英法两国共管期间，一种以英语为基础的洋泾浜语比斯拉马语（Bislama），发展成为瓦努阿图的通用语。1980年瓦努阿图的宪法认可了比斯拉马语作为国语和官方语言的地位，它与英语和法语享有同等的地位（Crowley 2000）。由于传教士的影响，许多瓦努阿图的当地语言使用者都发展了自己所用语言的读写能力，这些传教士在20世纪60年代以前都避免使用比斯拉马语。人们在瓦努阿图教堂举行的各种仪式中还是使用各种各样的语言。此时，瓦努阿图建立了几所分别用英语和法语作为教学媒介语的学校。瓦努阿图独立以后，这些教育体制被整合为一。学前班用比斯拉马语或其他地方语言进行，还有几所用英语或法语作为教学媒介语的中学可供该国精英阶层的子弟就读。自瓦努阿图独立以来，尽管由亲法派(francophile)组成的政府做了不少努力，但仍不断有学生从法语学校转到英语学校。尽管瓦努阿图政府并没有给予英语或法语之外的语言任何支持，而且，瓦努阿图多种本地语言的使用者人数也比当地英语和法语的使用者人数更少，但是，这些本地语言使用者的语言转用速度却是缓慢的。

坦桑尼亚(Tanzania)是另一个认可两种官方语言但实际上却有 120 种少数民族语言的国家。坦桑尼亚从 1884 年到 1919 年是在德国的统治下，后来处于英国的统治下。在德国统治期间，斯瓦希里语用于坦桑尼亚的教育和行政领域。在英国统治时期，英语成为坦桑尼亚的政府语言，斯瓦希里语用于小学教育，英语则用于中学教育。许多传教士在坦桑尼亚传教时则更喜欢使用当地的少数民族语言。20 世纪 50 年代，坦桑尼亚开设中学教育时，学生家长要求中学使用英语教学，而斯瓦希里语只用于小学头两年(Yahya-Othman and Batibo 1966)。尽管 1962 年制定的坦桑尼亚宪法宣布了英语和斯瓦希里语是坦桑尼亚的官方语言，但是这两种语言的角色依然是该国争论的焦点。1967 年，坦桑尼亚宣称斯瓦希里语成为该国所有小学的教学媒介语，并且将来可能成为高等教育的教学媒介语。1982 年，有人建议在坦桑尼亚的中学用斯瓦希里语取代英语，但是该建议遭到坦桑尼亚政府的否决。1995

年，坦桑尼亚的综合教育计划重申了英语在本国教育中的重要地 169
位，小学就要教授英语（Vavrus 2002）。尽管斯瓦希里语用于坦桑尼亚的大多数公共场合，但是英语依然是坦桑尼亚中学和大学的教学媒介语。并且坦桑尼亚政府也继续花大力气来提高本国英语的教学水平，学生也相信学习英语是帮助他们摆脱严重经济困境的一个方法。

1968 年，马拉维（Malawi）国会党大会宣布尼扬扎语（Chichewa）[①]和英语为该国的官方语言（Matiki 2001）。实际上，在该国语言政策的实施过程中，人们更喜欢在所有的正式领域使用英语。在英国殖民统治时期，尼扬扎语用于马拉维的小学低年级阶段，而英语则用于小学高年级阶段以及之后的教育。当初，人们认为马拉维的本地语将来会在国家独立后获得越来越高的声望。在马拉维独立时，全国四分之三的人都懂得尼扬扎语，只有 5%的人知晓英语。自 1994 年起，马拉维的人们不断努力提高本国其他土著语言的地位，促进本国其他语言的使用。然而，英语在马拉维小学高年级的教育、国家各种考试和各种政府功能中都占据强势地位。1994 年，马拉维宪法要求本国国会议员候选人能够用英语在国会进行辩论。马拉维的政府工作语言主要是英语。该国的报纸使用英语和尼扬扎语两种语言发行，每种语言各占一页。马第基（Matiki）认为，马拉维需要做大量的社会工作以改变本国人们对土著语言的观点。

---

① 尼扬扎语的英语单词有两个——Chichewa 和 Nyanja，“尼扬扎”是根据后一个英语单词的发音译过来的。

卢旺达(Rwanda)有将近 750 万的人口,大部分人使用同一种语言——齐尼亚卢旺达语。从语言学的角度来看,这样的语言状况应该能减少种族间的冲突。齐尼亚卢旺达语是卢旺达的国语和官方语言,法语也具有该国官方语言的地位。此外,卢旺达还有使用斯瓦希里语和英语的人。约占该国总人口 84%的胡图人(Hutu)①和约占该国总人口 15%的图西人(Tutsi)在过去的半个世纪中一直就两个种族间的仇杀行为争执不休,最终导致了 20 世纪 90 年代初的种族大屠杀。不过,他们间的争执却与语言毫无瓜葛。

有些非洲国家使用英语作为本国中学和大学的教学媒介语,并且准备把英语应用于更大功能的领域,使英语与本土通用语和本地语言具有同样的地位。这些国家毫无疑问正在产生新型的双方言现象。法索德(Fasold 2002)认为双语制的关键问题在于:在两种语言中,地位更高的语言不是语言社区中的本族语言,而是在正式场合中习得的外来语言。根据这个基础,他把巴拉圭划归为双语制的典型国家。自从鲁宾(Rubin 1968)对双语制进行了她的经典研究后,巴拉圭就一直被认为是双语制国家语言功能划分出色的典型案例。据说,在巴拉圭,除了社会最高和最低阶层的人们外,大多数人都是双语人——他们懂得西班牙语和瓜拉尼语,并能根据不同的社会场景、谈话对象和谈话主题转换使用这两种语言。
170 可见,土著语言取得了与西班牙语同等的地位,这在拉丁美洲是个特例(Corvalan 1988)。在众多影响语言地位的原因中,经济发展

① 胡图人是操班图语的民族,是卢旺达和布隆迪的主要人口,传统上是农业人口,历史上曾被图西人所统治。因民族间的敌对导致了 1994 年大规模的种族暴力,卢旺达情况尤其严重。

是一个主要因素：安第斯山脉（Andes）的金矿和银矿对本地经济都很重要。没有这些矿藏的地区，都是以养牛为主的农村经济。当地妇女充当了廉价的劳动力，而她们与西班牙主人的孩子对这种"种族与文化的混合"（mestizaje）现象的产生具有重要影响。巴拉圭从来没有大量的西班牙移民进入该国，所以其主要人口是混血人口。在耶稣会（the Jesuits）产生广泛影响期间，西班牙语在巴拉圭受到了重视，这一现象一直持续到 1767 年。但是在此期间巴拉圭老百姓的瓜拉尼语的读写能力也得到了提高。在耶稣会被驱逐出巴拉圭以后，老百姓瓜拉尼语的读写能力就停止发展了。在接下来的几百年中，巴拉圭处于一个与外界隔绝的时期，这种情况使得西班牙语在巴拉圭教育领域和农村地区得到扩张。在"三国同盟战争"（War of the Triple Alliance）①期间（1865—1870 年），瓜拉尼语再次成了全国总动员中所使用的中心语言。但是在这之后，瓜拉尼语又受到压制，直到 20 世纪 30 年代初发生的查科战争（Chaco War）②，瓜拉尼语的压制才得到解放。人们开始逐步重建瓜拉尼语在巴拉圭的正式地位。20 世纪 70 年代，瓜拉尼语又重新回到了学校的课堂。1967 年的巴拉圭宪法认可了西班牙语的官方语言地位和瓜拉尼语的国语地位。巴拉圭的语言教育政策表明，巴拉圭将培养学生西班牙语的全部语言技能，而瓜拉尼语则仅限于听和说两种语言技能。不过，最近该国做了一些努力以鼓励

① "三国同盟战争"也叫"巴拉圭战争"，即巴拉圭与阿根廷、巴西和乌拉圭结成的三国同盟之间的战争。战争的原因是多重的：政治、贸易和领土等。最终，巴拉圭失败。

② 查科战争是指玻利维亚与巴拉圭之间的边界争端（1932—1935 年），巴拉圭最终获得绝大部分有争议的领土。

巴拉圭人提高瓜拉尼语的读写能力。自1990年以来,西班牙语和瓜拉尼语的教学都是巴拉圭各个教育阶段必须完成的任务。基南(Gynan 2001)追溯了巴拉圭对瓜拉尼语语言态度的演变过程,该过程充满了复杂的政治因素。例如,在斯特罗斯纳(Stroessner)[1]35年的独裁统治期间,巴拉圭政府鼓励本国农民学习瓜拉尼语。在那之后,由于受到联合国教科文组织和美洲国家组织有关土著语言权声明的影响,巴拉圭政府接受了国家双语制的语言政策。

新加坡常常被描述为语言政策成功实施的典范。新加坡在划分本国语言空间时认识到社会语言状况的复杂性以及实施多种具体的语言管理决定的必要性,因此,做出了一系列决定。其中包括:声明新加坡要通过马来语来表明国家身份;通过认可一种语言代表一个民族的观点来整合三个不同的主要民族;鼓励新加坡的华人使用华语;通过为所有人创造以英语为基础的双语教育来挖掘新加坡的经济潜力。新加坡认可四种官方语言:马来语(作为国语,用于举行各种仪式的场合)、华语、泰米尔语和英语。新加坡人的家庭语言模式各不相同。根据新加坡2002年的人口普查结果,在新加坡的华人家庭里,大约45%的人使用华语,30%的人使用华语的方言,还有24%的人使用英语[2]。在新加坡的马来西亚人家庭里,90%多的人使用马来语,8%的人使用英语。在新加坡的
171 印度人家庭里,43%的人使用泰米尔语,35%的人使用英语(Wee

---

① 斯特罗斯纳原是巴拉圭的一个将军,1954年发动军事政变,推翻原总统,成为巴拉圭的总统,执政35年,被公认为一个独裁者。

② 根据新加坡教育部的最新(2009)调查统计,华人社区中以英语为主要家庭用语的家庭已经超过以华语为主要家庭用语的家庭,前者已经达到59%。

2002)。英语是新加坡政府、商贸和不同民族间交流的主要语言。自从新加坡独立后，新加坡政府的语言政策主要是鼓励国民学好英语。在殖民统治时期，学校要提供这四种语言的教育，其中英语往往与精英教育有关。1959 年，新加坡教育部要求全国的学校实施以英语为基础的双语教育，加强新加坡的经济发展，削弱华语的影响(Tickoo 1996)。新加坡 1980 年的语言政策增加了小学的英语教育，并把英语作为新加坡中学和大学的教学媒介语。新加坡小学也使用英语作为教学媒介语。迪库(Tickoo)和其他学者都认为这个语言政策是成功的，因为它促进了新加坡经济的快速发展。而近期由于新加坡遇到来自中国工业竞争的挑战，因此新加坡有必要与中国建立更好的贸易关系，新加坡的各类学校也就有了实在的理由加强华语教育。

11.2.4　后殖民时代有殖民国移民的双语制国家

许多国家的社会语言成分都含有殖民时期迁入的大量移民。在有些国家，这些移民来自欧洲的殖民帝国，这种现象增添了要求前殖民地国家继续使用殖民语言观点的筹码。

南非的新宪法认可 11 种官方语言，但是它并没有强求国民在任何情况下都要使用这 11 种语言。然而，在早些时候，南非所有的有关语言的讨论却都集中在两种来自欧洲的官方语言——荷兰语(又名阿非利堪斯语)和英语的竞争上①。这两种语言在南非都

---

① 南非的官方语言是南非荷兰语(即阿非利堪斯语)和英语，前者主要用于农村，后者主要用于城市。这两种语言的竞争和冲突时有发生，例如，1953 年南非颁布班图(Bantu)教育法案，原本想消减英语在黑人学校里的影响力，却遭到黑人学生的反对，黑人认为这是政府的一个圈套，使他们因不懂英语而失去与白人竞争的机会。

属于少数人口使用的语言。英国在19世纪初开始殖民南非时，就着手用英语来替代荷兰语。南非联盟于1910年成立时，荷兰语和英语均被列为南非的官方语言，它们享有同等的地位，荷兰语的权利得到了南非宪法的保护(Malherbe 1978:176)。然而，南非的非洲语言则被边缘化了。1948年至1976年间，南非实施“大种族隔离政策”(Grand Apartheid)①，英语的强势地位被逐渐地削弱。有些非洲语言(只作为课程教授而非作为教学媒介语)的教学也受到鼓励(Mclean and McCormick 1996)。对于使用英语和阿非利堪斯语的白人和有色人种来说，南非总体的语言政策就是加强母语教育：在各个年级和学校读书的南非白人学生都必须学习英语和阿非利堪斯语两门语言。黑人学校要为一至八年级的学生提供使用学生母语(即南非当地语)作为教学媒介语的教学，英语或阿非利堪斯语则是学生必修的第二语言，这是南非政府的规定。后来，
172 南非政府做出决定，要求南非所有的黑人儿童都学习南非的这两种官方语言。但是，在1976年的索维托暴乱(Soweto riots)②后，南非取消了官方强制人们学习阿非利堪斯语的命令。从1976年到1990年，南非将语言规划作为种族隔离政策的一部分来实施，该规划包含了南非非洲语言标准的制定和扩建，但是，该规划的术语部分建设失败。在索维托暴乱后，英语成为了南非大多数黑人

① 大种族隔离政策是南非20世纪实行的一种全面的种族隔离政策，例如，把黑人从白人区迁走，建立黑人住宅区(例如九个班图族群被迫迁入一个划定的区域居住，名叫“Bantustans”。他们的所有活动只能在该区域内进行，否则就要受到限制和管理)。

② 索维托是南非城市约翰内斯堡西南的一大片城镇区域，包括数个镇区。1976年因为索维托的居民反对在学校中强制使用南非荷兰语而举行示威游行，结果警方严厉镇压，导致数百人死亡。

学生小学五年级以上的教学媒介语。南非共和国作为双语制国家的案例清楚地说明了语言政策中重要的不是现实，而是对概念的感知（notion of perception）：只要阿非利堪斯语和英语是南非的两种官方语言，那么这两种语言就会被看作是具有显著地位的语言。随着南非宪法的修改而形成的新南非被看作一个马赛克般的多语国家，因此，南非制定的语言政策需要符合外界对南非语言多样性状况的新认识，但实际上南非这种语言多样性的状况以前就存在（详见本书 11.3.2）。

强制的人口迁徙往往出于以下两个目的：一是为了进行种族清洗，从而为移民找到新的生活空间，二是为了提供廉价的劳动力。不管出于上述哪个目的，强制的人口迁徙都会给社会语言状况和语言政策的发展带来重大影响。斐济（Fiji）就是此类的一个典型例子。斐济群岛上居住着混有波利尼西亚人（Polynesian）元素的土著美拉尼西亚人（Melanesian）。19 世纪晚期，斐济成了英国的殖民地。随着斐济劳动密集型制糖工业的出现和发展，斐济需要大量的工人，而斐济人又不愿意在这种艰苦的环境下工作。于是，劳动力短缺阻碍了斐济制糖业的发展。为了解决这一问题，英国殖民者从印度带来了许多契约工人。英国殖民者在印度招聘工人时隐瞒了斐济的真实工作条件，而且，他们不招聘潜在的社区领导人，只招聘未受过教育的人。此项招聘计划一直持续到 1919 年，计划结束后英国殖民者允许印度人返回印度，但是大多数印度人都留在了斐济。不过，按照斐济的法律规定，这些印度工人不能从当地的斐济人手中购买农田，只能按照一定的条款租用土地或者从事商业。到 20 世纪 80 年代，斐济人和印度人基本上达到平衡的状态。但是,1987 年斐济发生了军事政变,并制定了新的宪法,导致许多斐济的印度人移居国外。此时,美拉尼西亚人占斐济总人口(大约 85 万人)的 51%,而印度人则下降到 44%。在英国殖民统治时期,英语是斐济的官方语言,但是斐济语(Fijian)和印地语也都得到了认可。斐济的教育最初是由传教士开创的,后来则由社区组织来进行。最初,斐济人学校只有小学教育,小学低年级的教学媒介语是斐济的一种方言(该方言是被选来翻译《圣经》的一种语言),然后把教学媒介语从这种方言过渡到英语。印度人学校是由社区组织和宗教组织来负责的,学校提供使用标准的印度斯坦语(Hindustani)[①](这并不是许多印度学生的母语)进行的初级教育,然后再过渡到用英语进行的教育。1969 年,斐济教育委员会建议学校继续使用民族语言作为一种临时的教学措施,然后再
173 过渡到用英语作为唯一教学媒介语的教育。斐济各族人的母语将作为文化语言而被保留下来(Benton 1981)。本顿(Benton)指出,斐济政府对双语教育并没有给予有力支持,因为斐济的美拉尼西亚人和印度人所构成的两个语言社区经常发生冲突,而英语除了它本身所具有的其他显著价值外,还为这两个语言社区提供了一种中立的通用语。尽管现在有些地方报道说,在互不影响的美拉尼西亚人学校和印度人学校,英语都是唯一的教学媒介语,但是,也有其他报

① 印度斯坦语是通行于印度北部的一种社会方言,是印地语和乌尔都语的混合。它以梵语为基础,吸收了大量的波斯语和阿拉伯语等词汇,故代表了印度和伊斯兰两种文化的接触和融合,也正因为如此,印度独立之初,国大党领袖甘地和尼赫鲁等曾倡议将其定为国语。至今一些印度学者仍相信当初只以一票之差,印度斯坦语在决定国语的国会辩论上输给了印地语。今日流行于全国的印地语电影实际上就是这种印度斯坦语。

道说,斐济的社区语言在该国教育的初级阶段仍然继续得到使用。

11.3　马赛克式的多语制国家

在兰博特的第三类民族国家中,他把具有复杂的马赛克式的多语制国家分为一类。在如此复杂的语言状况中,挑战是显然易见的:对于有十几种或上百种甚至数百种语言的国家来说,如果只是认可其中两三种语言并分配它们各自的语言功能,这种简单的决定是无济于事的。所以,兰博特认为,在这些复杂的多语政体中,每一种语言的地位问题都可能是该国语言政策永久关注的内容。根据《民族语》杂志提供的统计数字,现在把有十几种或更多主要语言的国家全部列在表 4。

表 4:使用 12 种以上(包括 12 种)语言的国家(根据《民族语》杂志) 174

国家	语言数量	宪法是否认可这些语言
巴布亚新几内亚	823	
印度尼西亚	726	是
尼日利亚	505	
印度	387	是(12 种官方语言)
墨西哥	288	
喀麦隆	279	
刚果民主共和国	218	是(6 种官方语言)
中国	201①	是

① 美国的《民族语》在统计各国的语言数量时往往比各国提供的数量要大一些,原因是该机构会把一些死亡语言和方言都算作是语言。根据中华人民共和国中央人民政府网站提供的"中国语言文字概况":"我国有 130 多种语言,有约 30 种文字。"

续表

国家	语言数量	宪法是否认可这些语言
巴西	192	是
美国	176	
苏丹	174	
菲律宾	169	是
马来西亚	139	
坦桑尼亚	135	
乍得	132	
尼泊尔	120	是
瓦努阿图	109	是
缅甸	107	
俄罗斯	100	是
越南	93	
秘鲁	92	是
加拿大	90	
埃塞俄比亚	82	是
老挝	82	
哥伦比亚	78	是
科特迪瓦	77	
泰国	75	
加纳	70	
伊朗	69	是
巴基斯坦	69	
所罗门群岛	69	是
布基纳法索(Burkina-Faso)	66	是
刚果共和国	61	是(3 种官方语言)
肯尼亚	61	
中非共和国	60	
危地马拉	54	是

续表

国家	语言数量	宪法是否认可这些语言	
贝宁(Benin)	51	是	
乌干达	43	是	
多哥(Togo)	42		
加蓬	41	是	
赞比亚	41		
马里	40	是	
委内瑞拉	40	是	
莫桑比克	39		175
孟加拉国	38	是	
新喀里多尼亚(New Caledonia)	38		
玻利维亚	37		
塞内加尔	36	是	
几内亚	33		
以色列	33		
意大利	33		
法国	29		
纳米比亚	29	是	
南非	28	是(11 种官方语言)	
博茨瓦纳	26		
德国	25		
不丹	24		
利比里亚	24		
伊拉克	23		
塞拉利昂	23		
厄瓜多尔	22	是	
新加坡	21	是(4 种官方语言)	
几内亚比绍	20		
尼日尔(Niger)	20		

续表

国家	语言数量	宪法是否认可这些语言
巴拉圭	20	是
津巴布韦	20	
柬埔寨	19	
密克罗尼西亚(Micronesia)	17	是
荷兰	16	
日本	15	
马拉维	15	是
罗马尼亚	15	
苏里南(Suriname)	15	
叙利亚	15	
阿塞拜疆	14	
巴拿马	14	
赤道几内亚	13	
希腊	13	
索马里	13	
西班牙	13	是
厄立特里亚	12	是
圭亚那	12	
匈牙利	12	是
蒙古	12	是
瑞士	12	是(4 种官方语言)
英国	12	

11.3.1 印度

印度的语言政策得到广泛而深入的研究,其原因是不言而喻的。根据《民族语》杂志,印度如今正在使用的语言就有 387 种。印度在 1948 年摆脱英国统治后成了一个独立的国家,该国制定的宪法认可了11种官方语言：阿萨姆语（Assamese）、孟加拉语、古吉拉特语（Gujarati）、印地语、卡纳达语（Kannada）、克什米尔语（Kashmiri）、马拉雅拉姆语（Malayalam）、马拉地语（Marathi）、奥里雅语（Oriya）、旁遮普语（Punjabi）、梵语、信德语（Sindhi）、泰米尔语、泰卢固语（Telugu）和乌尔都语[①]。英语被列为印度的副官方语言（associate official language）。印度是一个大国，其政治、文化、宗教和语言都丰富多彩。显然，试图要讲清楚这样一个国家的语言政策，只有在本章中多用一些篇幅；若要分析印度语言（哪怕是其中几种语言）的历史和现状，最起码也需要几本书才能说清楚。所以，本节对印度语言政策概述的目的只是想让大家认识到印度语言政策的几个主要特点，这几个特点体现了印度马赛克式的语言现象，以及印度的多语制政体与一般双语制或单语制政体之间的区别。

也许有人一开始就会问到一个表面上看似简单的问题：印度有多少种语言？格里尔森（Grierson）在19世纪80年代参与过印度的语言调查，他认真地完成了印度历史上的第一次语言统计，列出了179种语言和544种方言（Pandit 1975）。相比之下，1961年的人口普查报道说，光语言名字，印度就有1652个，它们归属于大约200种语言（Srivastava 1988）。1948年的印度宪法只认可了 176
11种语言，外加英语作为副官方语言。印地语是印度5个邦和2

① 作者写11种官方语言，可是列出的语言却有15种。关于这个问题本人通过电子邮件询问了作者，他说根据1948年的印度宪法，印度是只有11种官方语言，但随着时间的推移，印度宪法也在增加印度的官方语言，作者写此书时印度的官方语言已有15种。

个联邦直辖区(union territories)[①]的官方语言。其他11个邦[②]都各自认可了自己的主要语言,这些语言可以用于本邦的各种官方场合。

印度的多语制在语言实践中是如何开展工作的呢?在印度,语言往往与冲突甚至暴力联系在一起。奥尔森和佩尔森(Olson and Pearson 2001)研究了印度27个与语言有关的事件,这些事件都出现了较大的冲突,以致最后都导致了抗议或暴力事件。在印度22个出现了暴力事件的案例中,暴力的原因都是政策中存在对某一具体语言的歧视。所以,奥尔森和佩尔森总结说:“语言政策行为的失败容易引发社会的动乱。”

也许有人会认为,把语言冲突当作暴力的根源是夸大其词。例如,费什曼(1989)并未发现某一政体的语言异质性与其内部斗争之间有任何清晰的联系。霍洛维茨(Horowitz 2001)在研究重大暴乱事件时,特别是研究印度最近发生的两个骚乱时,也没有发现骚乱原因里面有任何语言的因素。他研究的两个骚乱是:第一,1965年印度南部人民由于抗议印度政府把印地语变成印度官方语言的议案而引起的暴乱(Horowitz 2001:19)。第二,1967年由于抗议一些人想把乌尔都语提升为比哈尔(Bihar)[③]第二官方语

① 联邦直辖区(又译“联邦属地”或“中央直辖区”),是印度直属中央政府管辖的一级行政区划单位。在印度,“联邦直辖区”和“邦”的重要区别在于“邦”有自己的邦政府,而“联邦直辖区”则由中央政府直接管辖。至2004年印度共有6个联邦直辖区,而本来同为联邦直辖区的德里则于1991年改为“国家首都辖区”(National Capital Territory)。

② 印度邦的数量一直处于变动中。印度目前自称已拥有28个邦。

③ 比哈尔是印度东北部的一个邦。

言的企图而引起的暴乱（Horowitz 2001：287）。霍洛维茨研究了许多其他印度重大暴乱事件，他发现导致暴乱的主要原因不是语言因素，而是宗教因素、社区因素或常见的族群因素。

斯瑞瓦斯特瓦（Srivastava 1988）注意到，印度一般有两类个人多语现象：一类是社会精英阶层的多语现象，他们通过教育一般能掌握英语和一门或几门印度语言。另一类是更加普及的民众多语现象，他们往往会使用一门地区强势语言以及一门家庭语言或民族语言。根据当地的社会语言库情况，各地都可能出现模式复杂的社会多语制以及相关的个人多语现象。而且，多语社会中的日常生活交流几乎与单语社会中的日常生活交流一样有效。

不过，社会多语制显然会给中央政府的政治控制带来许多现实的问题。尽管古代和中世纪的政府可以偶尔利用翻译人员和抄写员把一些政府指示送到遥远的附属国，但是，现代政府会想尽办法避免提供翻译服务。使用一种语言就行得通，对政府是最为有利的。仅仅从语言交流的效率方面来说，任何政府都必须做出一些有关语言管理方面的决定以便提高交际效率。

多民族和多语言国家在建立教育体制时都需要对语言做出一些硬性规定。在英国占领印度之前，印度有两种相互竞争的教育 177
体系：一是婆罗门（Brahman）体系，该体系的教育重点放在梵语和印度教（Hinduism）的经文上。二是穆斯林体系，该体系的教育重点放在《古兰经》上。后来英国殖民者在印度建立的学校取代了上述两种教育体系。在 19 世纪，东印度公司和英国殖民政府就学校语言政策问题进行了激烈的辩论。麦考莱（Macaulay）的《印度教育记录》经常被引用，此人是一个极端派，他做任何事情都站在英国人的立场上。他认为,英国在印度的教育目的就是给印度人传授西方知识,而传授西方知识的最好办法就是用英语作为教学媒介语。但是,这种教育仅对精心挑选出来的社会精英进行。相反,东方人的立场是同意或多或少地教授一些西方知识,但是,这种教育必须用地方语言来进行。他们的这种观点逐渐得到了人们的接受,可是,他们无法取代各地英语作为教学媒介语的学校。

19 世纪,印度人对英国统治的反抗内容就包含了语言。印度斯坦语在印度的联合省和中央省(United and Central Provinces)①的使用和发展得到了印度中央政府的支持。但是,印度斯坦语采用波斯语的书写体系,这与乌尔都语或多或少地有相同之处。随着印度人对本国意识的加强和印度国大党②的建立,印度掀起了一场促进用梵文字母书写印地语的运动(Mehrotra 1993)。民族主义者通过培育自己的语言来与英语竞争:穆斯林通过借用乌尔都语中的波斯语词汇来培育乌尔都语,而印度教徒则通过从梵语中借用词汇来培育印地语。最后,这两种语言变体逐渐分道扬镳了。甘地(Gandhi)并不赞成精英化的印地语改革,他希望发展一种城市化的带有口语特点的印地语,该语言可以用梵文字母或波斯语字母来书写,还可以用来团结印度独立后国内的印度教

---

① 联合省是英国统治印度时期的一个行政区,包含了阿格拉(Agra)和乌德(Oudh)两个地区,1947 年后该省被称为北方邦(Uttar Pradesh)。中央省是印度在独立之前一个位于印度中心地带的一级行政单位。1947 年独立后,印度撤省建邦和联邦直辖区。

② 印度国大党是基础广泛的印度政党,成立于 1885 年,是印度独立以来政府的主要政党。1969—1979 年,国大党发生过多次大的分裂,1981 年,印度选举委员会承认国大党(甘地派)为真正的国大党。

徒和穆斯林。然而,印地语的改革者们却支持梵语派的观点。

印度在 1948 年独立后面临着许多复杂的语言问题,上述描述只是提供了部分语言背景。印地语要想成为印度的官方语言,其代价是认可其他 10 种语言也是印度的官方语言。假如这个问题的解决只是从印度众多马赛克般的语言中按可控比例筛选出若干官方语言,那么这个问题早就已经解决好了。印地语是印度的最大语言,它之所以被选为印度的国语和官方语言,是因为它最终能保证印度的团结。正如法语经历了法国大革命之后有能力击败法国边缘语言(例如,巴斯克语、布列塔尼语和奥克西坦语)的挑战一样,印度在国家独立以后也想把全国人民团结在一种语言之下。印度宪法第 351 款要求印度联邦政府"促进印地语的传播,把印地语发展成一种可以表达印度丰富文化中所有元素的媒介语"。印度刚独立时,计划在 15 年内使印地语能在所有的官方场合取代英语。但是结果证明,此项任务即使有可能实现也是非常困难的。因为印地语的支持者不得不在两个前沿上战斗:首先是要把印地 178
语建成印度国内同级别的语言当中最好的语言;其次就是取代英语。可是,统计数据显示英语不久将成为全球性语言,其地位是难以撼动的。印度政府认识到上述现实情况,只得于 1963 年颁布了《官方语言法》,允许印度人在官方场合继续使用英语。

事实上,英语在 1948 年印度独立之前就已经深深地扎根进印度的国土。过去,印度国家语言政策的焦点是用印地语取代英语。但是,要实现印地语取代英语的计划,印度首先需要用地区语言取代英语。否则,就像限制英语的使用只会被看成是国家的分化素而不是国家的黏合剂一样,用印地语代替地区语言也会造成同样的结果。

在印度独立之前，英国派(anglicist)和东方派(orientalist)之间就语言政策达成了妥协，促进了印度公立学校三大语言模式的发展：在较大的城市中心，有为社会精英子弟开设的以英语为教学媒介语的学校；在城镇，英国殖民者做了适当的妥协，把教育分成两个阶段，即小学阶段使用本地语教学，中学和中学后阶段则使用英语教学；在农村地区，只设立小学，使用本地语言作为教学媒介语(Khubchandani 1997)。

与其他刚独立的国家一样，印度独立后也面临着语言政策制定取向的难题。当时，印度有三种不同的观点。第一种观点是在制定官方语言政策时认可本国土著语言的重要性。第二种观点是强调用母语进行教育的价值。第三种观点是国家需要通过发展国语来营造政治统一的氛围。第一种观点清楚地表明了对殖民宗主国语言的拒绝态度，这种观点在理论上被广泛地接受，但是从来没有有效地实施过。第二种观点意味着要对母语做出明确的界定。库博羌丹尼(Khubchandani)报道说，许多印度教育家都认为只有已经发展了书面形式的语言才能被界定为母语。然而，印度的语言少数民族设法给出一个更加准确的解释：母语就是儿童的家庭语言。为了实现这些相互冲突的目标，印度出台了一套"三语方案"(The Three Language Formula)，旨在通过语言多样性来促进国家的团结。该方案同意把家庭语言作为小学和初中的教学媒介语。不过，在这些年间，学生还要学习印地语。印地语以官方语言、交际广泛语言以及维持国家团结语言的角色出现在印度。英语用于印度的高等教育、学术交流和国际交流。在印度各地，人们对这套“三语方案”的理解是不同的：有些邦的语言方案包括了梵语，还有些邦的语言方案则增加了第四种地区性语言。

实践证明，这一语言政策的规划和实施都是极其困难的。到 20 世纪 80 年代中期为止，在印度 200 种归类的语言中，能实实在在地应用于教育中的还不到 67 种。在印度的高等教育中，英语实 179
际上依然处于不可动摇的位置。事实上，印度双语教育的存在只是为了不断地扩大印度的多语制。在印度，几乎所有的农村学校都使用本地语作为教学媒介语，但是，更有名气的城市学校则从小学阶段开始就使用英语作为教学媒介语。

因此，杜阿(Dua 1996)认为，印度独立后英语在印度的传播比殖民统治时期的传播还要广泛。杜阿分析说，由于印度面临着现代化的压力，而现代化就联系到西方化，因此，印度没有机会对教育体系进行改革。除了印度公立学校①使用地区语言教学外，所有其他的教育体系依然使用英语作为教学媒介语。在最近几年中，英语在印度的地位似乎不容置疑，杜阿怀疑印度是否能阻止英语的传播。

印度案例表明，对于具有复杂的语言马赛克的政体来说，认为其语言政策的重点在于解决好各种语言之间的竞争问题，这种想法似乎过于简单了。首先，这种竞争受到地方语言培育程度的严重影响。事实上，语言培育变成了语言管理的一个重要内容。除此之外，英语的不断扩散不仅仅是因为殖民主义在殖民地国家独

① 印度公立学校在高中和大学阶段有两类教学媒介语：一类是用地区语言或印地语作为教学媒介语，另一类是用英语作为教学媒介语。

立前给当地留下的影响，而且也是日益强化的全球化所带来的结果。语言马赛克的存在最终成了支持原殖民地保留英语的又一因素。因为在新独立的国家中，使用不同语言的群体都希望自己所属群体的语言被选为国语，因此都反对选择一种其他群体使用的语言作为国语。

11.3.2 一些其他的多语制政体

印度尼西亚共有500种语言，假如要建立统一的国家和有效的政府，印度尼西亚会像印度一样在语言管理上遇到很大的问题。印度尼西亚语(Indonesian)也许是该地区唯一成功地把自己塑造成为国语的语言。1926年，印度尼西亚“青年代表大会”(the Youth Congress)讨论过该国的语言问题。在1928年的印度尼西亚第二届青年代表大会上，马来语当选为印度尼西亚的国语，并被改名为印度尼西亚语。这一行动并没有遭到该国非马来语使用者的反对，因为马来语作为一种通用语早已在此地被广泛使用。印度尼西亚选择马来语作为国语也就意味着他们拒绝了荷兰语。不过，印度尼西亚舍弃荷兰语比其他国家舍弃英语要容易得多。1945年，当印度尼西亚独立时，该国宪法指定印度尼西亚语(Bahasa Indonesia)为国语。在后来的几年里，印度尼西亚建立了一个专门研究印度尼西亚语的语言研究所，后经过改名和重组，最终于1993年被提升到了部级地位。现在，该语言研究所也负责该国地方语言的管理、常用语言拼写系统的维护以及专业术语的革新。印度尼西亚1989年修订的宪法规定，印度尼西亚的小学教育可以使用地方语言来进行。印度尼西亚是把英语作为第一外语来教的，

但是教学效果却并不理想。尽管人们普遍认为，现在印度尼西亚语 180
起着一种族际语言(interethnic language)的作用，但是，至今有关印度尼西亚语言的唯一的实证研究(Goebel 2002)发现，印度尼西亚的民众往往是交替地使用印度尼西亚语和地方语言进行交流。

中国是一个人口众多、历史悠久和文化丰富的多民族、多语言和多方言的国家。这不但为中国语言政策的制定者，也为想要了解和描述中国语言政策的人提出了一个极大的挑战。中国的语言改革始于 19 世纪。1911 年辛亥革命以后，当时的政府就着手促进一种全国性语言的发展，提倡用白话文体进行书写，并采用拉丁字母来拼写读音(Youguang 1986)。1958 年，中华人民共和国提出了语言改革的三项任务：简化汉字、推广普通话以及使用汉语拼音。关于汉语有多少种变体，至今仍然是一个值得商榷的问题。周有光(Youguang 1986)列举了中国的 8 种地域方言，然后，把其中最大的北方方言分为 4 种亚区域方言[①]。马歇尔(Marshall 1990：10)说，中国有 56 个得到了认可的民族，除一个民族[②]外，其他每个民族都有自己的语言。此外，许多民族都有自己的语言委员会。孙宏开(Hongkai 1992：10)补充说，在中国 55 个少数民族中有 15 个都使用两种以上的语言。

最初，中国的全国通用语言的口头形式叫作官话，即“官员使用的语言”，通常被翻译成“Mandarin”[③]。后来，官话被叫作国语，

---

① 中国方言的这种分法是中国语言学家的传统分法，并非周有光先生首创。

② 这个民族是回族，回族人因没有自己的语言也使用汉语。

③ 据说，“Mandarin”是“满大人”的谐音，是清朝时南方对京城派来讲北京话官员的称呼。

意思是“全国性的语言”。自1955年起，国语又改名为普通话，也就是“通用之语言”的意思。自从1924年起，中国的老百姓就普遍接受了以北京音为标准的官话、国语或普通话，因为北京是中国的千年古都。1982年版的中国《宪法》增加了一条内容，即“国家推广全国通用的普通话”。中国的普通话推广运动所取得的成功是不太为人所知的：现在中国教育部语言文字应用研究所正在进行一项全国语言使用情况的调查，该调查将涉及普通话所使用的区域和功能①。该研究所还开发和运行了一套普通话水平测试系统。不过，该测试目前仅限于口语。

中国的宪法认可以下两个基本事实：所有的民族都是平等的；每一个少数民族成员都有学习自己母语的权利。中国提倡在少数民族地区实行双语制。只要有可能，少数民族地区的学校就应该把少数民族语言用作学校的教学媒介语，同时，在小学的最后两年学生开始中国国语的学习（Yaowen 1992：37）。任何政策在实施的过程中都会遇到多种变化，这是预料之中的。中国少数民族的语言使用情况复杂多样：每一个少数民族自治区都包含了一个大型的少数民族社区②；在欠发达的边境地区和山区，可能只有很少

① 中国语言文字使用情况调查是1997年第134次国务院总理办公会议决定开展的一项国情调查。该项目于1998年秋启动，1999—2000年各地语委相继展开调查，至2001年地方调查基本结束。如此大规模的语言调查在我国还是第一次，调查结果对国家语言文字工作部门和其他相关部门具有重要参考价值，为我国语言政策和语言规划的制定提供重要的科学依据。

② 我国每个少数民族自治区都由多个民族组成，但每个自治区都有一个人口较多的少数民族。例如，新疆的维吾尔族、广西的壮族、内蒙古的蒙古族、宁夏的回族、西藏的藏族。

一部分受过良好教育的人才懂得汉语;在较发达的少数民族地区, 181
民族语言保持着强势地位,不过也有相当比例的成年人掌握了双语——民族语言和汉语;在不同民族混居的地方,双语现象更常见;有些少数民族由于种种原因而采用了汉语。同样,中国少数民族地区的双语教育模式也多种多样:既有学校使用少数民族语言教学,其使用时间一直持续到中学毕业,甚至持续到某些大学课程的模式,也有学校在更早的时候就把教学语言转向了汉语的模式;既有中学阶段开始很好地开展民汉双语教学的模式,也有学校仅在小学的头两三年使用少数民族语言教学的模式。双语教育的发展当然还取决于语言书写系统的有无。怀特(White 1997)指出,中国的有些少数民族语言具有很长的读写历史,例如,藏语、蒙古语、维吾尔语、哈萨克语和朝鲜语。中国还有几种其他少数民族语言也具有古老的书写系统。另外,有些外国传教士把一些语言的字母体系介绍到中国。现在,中国还在继续开展有关少数民族语言新书写系统的开发工作。

多语制在非洲也是一个挑战。喀麦隆有 270 多种语言,部分地区曾经接受过法国的殖民统治,因此喀麦隆采用了英法双语作为其官方语言。1972 年,英属的南部喀麦隆与法属喀麦隆地区联合起来组建了喀麦隆联合共和国。至少从理论上说,英语和法语在喀麦隆应该是平等的官方语言。在殖民时代,喀麦隆本国的土著语言在学校还有一席之地,但在国家独立后,这些土著语言却被忽视了,学校反而将语言教学的重点放在了英法双语上。尽管喀麦隆政府对学生的母语教育费尽了心思,但是最终因喀麦隆地方语言数量众多和地位较低(未取得官方语言的地位)而无法实现。

洋泾浜英语在喀麦隆使用广泛,却得不到政府的认可。喀麦隆根本没有制定任何保证本国少数民族权利的语言政策,法语依然在喀麦隆保持着强势的官方语言地位(Chumbow and Bobda 1996)。

自从1990年起,南非就出现了大量针对语言政策的辩论。有人主张英语应该成为南非唯一的官方语言。其他人则认为英语应该与阿非利堪斯语和其他语言共同成为官方语言。尽管许多阿非利堪斯语使用者属于被“压迫”的群体,阿非利堪斯语与南非种族隔离歧视政策密切相关。南非新宪法认可了11种官方语言:“南非共和国的官方语言是塞皮迪语(Sepedi)、塞索托语(Sesotho)[1]、塞茨瓦纳语(Setswana)、斯威士语(Swati)、特什文达语(Tshivenda)、齐聪加语(Xitsonga)、阿非利堪斯语、英语、恩德贝勒语(Ndebele)、科萨语(Xhosa)、祖鲁语(Zulu)(南非宪法,1996—1997年)[2]。该宪法呼吁南非政府“提高这些语言的地位并推广它们的使用范围”;建立泛南非语言委员会并让它来管理上述提到的南非语言以及其他语言,例如,科伊语(Khoi)、纳马语(Nama)、桑语
182 (San)和南非手语;“促进大家对南非所有社区语言的尊重,其中包括德语、希腊语、古吉拉特语、印地语、葡萄牙语、泰米尔语、泰卢固语、乌尔都语、阿拉伯语、希伯来语、梵语以及其他在南非用于宗教目的的语言”。

---

① 塞皮迪语(Sepedi)就是北索托语,而塞索托语(Sesotho)是南索托语。

② 现在南非常常以本国实现语言多样性而自豪。这些语言作为家庭语言的使用比例从大到小是:祖鲁语23.8%、科萨语17.6%、阿非利堪斯语13.3%、塞皮迪语9.4%、塞茨瓦纳语8.2%、英语8.2%、塞索托语7.9%、齐聪加语4.4%、斯威士语2.7%、特什文达语2.3%、恩德贝勒语1.6%(根据南非2001年人口普查统计)。

要实施这一政策并非易事,英语在南非教育界的地位变得越来越重要(McLean and McCormick 1996)。卡姆旺加马鲁(Kamwangamalu 2000)总结说,现在有两股力量一直处于紧张的对立关系:一方面是人们"意识到有必要重新评估土著语言的重要性",另一方面是人们越来越接受英语作为世界通用语的事实。他偶尔也承认,南非英语和阿非利堪斯语是老冤家,它们的竞争关系可能会重现,但是那将是一个次要的问题了。在南非,政府面临着认可本国土著语言的压力(这迫使南非宪法认可了 28 种南非语言中的 11 种为该国的官方语言),这种压力主要来自南非的实际语言状况、语言权概念的推广以及国际社会对少数民族身份的关注。现在南非要实现认可本国土著语言的主要阻力则来自正在成为全球性语言的英语。在 19 世纪和 20 世纪,英语在南非的角色只是阿非利堪斯语的一个殖民语言对手,但到了 21 世纪,英语的地位已经大大提升了。

正如德斯万(de Swaan 2001)所注意到的那样,在非洲大部分地方,新成立的民族国家都无法也不愿意停止使用原殖民宗主国的语言。菲利普森和斯古纳伯—康格斯(Phllipson and Skutnabb-Kangas 1995:335)直截了当地说:"大部分非洲人都是被他们根本就不懂的语言所控制着。但是,几乎没有哪个非洲国家认真地关注过语言政策。"此外,他们还指出非洲还存在许多经济问题、社会问题和政治问题(10 年后,也许有人还会增加现在就岌岌可危的健康问题),并认为语言政策的失败会削弱一个国家的合法性。尽管非洲统一组织在 1976 年通过了要求非洲各国采用各自国语进行教育的宪章,但是,这一要求却难以实施。非洲国家基本上沿用了前宗主国遗留下来的殖民语言政策。非洲的地方语言依然声誉低下,人民的语言权依然被忽视。大多数外来的教育援助加大了非洲国家社会精英与平民百姓的鸿沟,因为这些社会精英接受正规教育,掌握了前宗主国的语言。坦桑尼亚的许多语言在结构上都与斯瓦希里语有关,因此,斯瓦希里语的教育对于坦桑尼亚非常重要,坦桑尼亚的小学都比较成功地使用了斯瓦希里语作为教学媒介语。但是,即使在这样一个国家,坦桑尼亚的中学和高等教育也都使用了英语作为教学媒介语。在赞比亚,从小学一年级开始学校就正式使用了英语教学。所以,菲利普森和斯古纳伯—康格斯认为,非洲的语言马赛克问题至今都没有解决好,大家都还是依赖以前的殖民语言。在这样一个多语国家里,当许多来自不同地方的人聚集在一起说一种语言时,英语往往是他们所推崇的语言。
183 例如,博茨瓦纳的总人口有 150 万,其中 90% 的人都说塞茨瓦纳语(Setswana),但是塞茨瓦纳语却不是该国的官方语言。在该国的教育(除了小学低年级用学生的母语教学以外)、法律、行政以及其他社会地位较高的领域,人们都使用英语。然而,由于语言政策的实施不到位,现实中也有许多语言混合现象。与此同时,许多其他少数民族语言却被忽视了(Nyati-Ramahobo 2000)。

纳米比亚是这一类似情况的又一非洲国家。该国重视英语,却忽视本国的本土语言和已经被大家广泛使用的阿非利堪斯语。纳米比亚有 180 万人口,使用的语言和方言达 28 种。阿非利堪斯语是在 18 世纪末被引入纳米比亚的。从 1884 年到 1915 年的德国占领期,德语是纳米比亚政府所使用的语言。从 1915 年到 1990 年的英国占领期,英语是纳米比亚政府所使用的语言(Fourie

1997)。传教士为纳米比亚的一些本地语言开发了正字法。1951 年纳米比亚的一个委员会提议开发班图语支(Bantu)①里的语言,使之成为纳米比亚小学的教学媒介语。1958 年纳米比亚又有一个委员会提议用社区学校取代教会学校,并在社区学校使用学生的母语作为教学媒介语。在第三个委员会的建议下,1963 年纳米比亚成立了"民族语言管理局"。该管理局的任务是开发本国的土著语言,以便它们能成为本国的教学媒介语。后来,有些纳米比亚的土著语言开始用于小学阶段的教育。然而,纳米比亚支持黑人教育的程度还是处于低级阶段。英语和阿非利堪斯语是纳米比亚的官方语言,这两种语言和德语一起构成了纳米比亚的国语。而纳米比亚的土著语言只用于族群或部落之间的交流。1990 年的纳米比亚宪法提高了英语的地位,并使之成了该国唯一的官方语言。但是,该宪法也规定,纳米比亚的土著语言和阿非利堪斯语(被认为是该国的国语)可以用于小学阶段的教育。七年级以后,学校改用英语作为教学媒介语。弗瑞(Fourie)介绍说,尽管纳米比亚政府为了向公众解释本国土著语言的重要性而做了不少努力,但是该国土著语言教学的师资发展却非常缓慢。

史巴杨(Sibayan 1974)指出,菲律宾的语言政策主要是处理好以下三个基本问题:一是如何解决英语学习的需求问题,以便人们通过英语来了解世界知识。二是如何解决菲律宾语(Pilipino)

① 班图语支是非洲尼日尔—刚果语系大西洋—刚果语族中的一个语支,其中包含约 600 种语言,有约两亿母语者。在整个非洲中部和南部很普及,尽管在中非和南非国家中英语、法语和葡萄牙语一般为官方语言,但是班图语支是这些国家中最普及的语言。

学习的需求问题，以便人们可以在“参与某些仪式和活动时使用菲律宾语以证实或声明自己的身份以及加强国家的凝聚力”。三是如何解决大量的地区性祖裔语言的保护问题。史巴杨认为，这种具有重要意义的祖裔语言在菲律宾大约有 80 种。根据菲律宾 1960 年的人口普查结果，菲律宾 86%的人所使用的语言都集中在 8 种语言上。大约四分之一的菲律宾人把他加禄语（Tagalog）作为第一语言来使用，但是，根据 1960 年的人口普查统计，他加禄语
184 并不是菲律宾的最大语言。1937 年他加禄语被选为菲律宾的国语。1940 年他加禄语首次出现在学校教学中。1959 年他加禄语改名为菲律宾语（Filipino），目的是为了避免人们产生他加禄与某些地区相关的联想。西班牙统治菲律宾将近 400 年，以前西班牙语在菲律宾占据强势地位，现在菲律宾的大学按要求也还要开设西班牙语课程。自从美国在 1900 年取代西班牙接管菲律宾的统治后，菲律宾的学校就一直采用英语教学。1957 年，菲律宾首次建立了用本地语言进行小学教育的制度，但是，用 11 种本地语（除他加禄语外）编制的教学资料 10 年后才出现，甚至在 1972 年召开的菲律宾宪法大会上都还有人强烈反对认可菲律宾语。事实上，有人曾经提议，“在菲律宾选出公认的国语之前”，菲律宾可以把英语和西班牙语作为菲律宾的官方语言来对待。1987 年的菲律宾宪法宣布了一套复杂的语言认可模式。该宪法宣布菲律宾语（不是 P 开头的，而是 F 开头的）①是菲律宾的国语。由于菲律宾政府决定把菲律宾语定为本国的官方语言和学校的教学媒介语，因此，

① 因为菲律宾语可以写“Pilipino”或“Filipino”。

菲律宾语将变得更加丰富和实用。英语也是菲律宾的官方语言和教学媒介语，它可以用于菲律宾的许多领域，但菲律宾法律明确指定的领域除外。菲律宾的本地语言可以作为教学中的辅助语加以使用。西班牙语和阿拉伯语则根据自愿原则来发展。菲律宾有一个全国语言委员会，专门负责菲律宾所有语言的管理事务。

史巴杨和冈萨雷斯（Sibayan and Gonzales 1996）认为，在美国统治菲律宾时期的前 25 年或更长的时间里，英语与菲律宾语是同等的重要。但是，一旦菲律宾语作为国语成为了人们强制使用的语言时，英语的地位就开始下降了。截至 1960 年，菲律宾近 46％的人会说国语。到 1990 年，则有 84％的菲律宾人会说国语。所以，英语在菲律宾作为通用语的价值在下降，其使用领域缩小至学校、科技、高端商务和国际交往方面。现在菲律宾的国语占领了其他使用领域，其中包括大众传播和电影。同时，杨（Young 2002）介绍说，用本地语言进行的小学教育依然是一个主要问题。由于菲律宾政府的语言重点是发展国语和强调英语，因此，菲律宾小学阶段的当地语言的教学水平依然处于落后状态。此外，有些人不辞劳苦地尝试用地区语言作为小学的教学媒介语，这一实验使得菲律宾小学阶段的本地语言教学问题更加复杂。因为地区语言不一定是许多学生的母语，这些学生倒希望学好国语和英语，而不愿意学习不是自己母语的地区语言。

不丹（Bhutan）王国的人口大约是 200 万，不丹是一个佛教国家。根据《民族语》杂志，不丹国内有 24 种语言，其中比较大的语言有 4 种，但使用这些语言的人相互之间难以沟通。大多数不丹人都使用这 4 种语言中的一种或多种。虽然该国没有制定宪法，但是它有自己的官方语言:宗卡语(Dzongkha)。尽管为了私人之间的通信方便,人们开发了一种适合不丹语的草书体,但是从传统上说,大多数不丹的官方文件和宗教读本都是用乔其语(Chhokey)撰写的。乔其语采用的是古典藏文的书写形式。经过不丹政
185 府相关教育计划的实施,截至 20 世纪 70 年代,宗卡语成为整个不丹王国广泛使用的语言。20 世纪 50 年代以前,不丹学生能获得的正规教育除了在几所私立学校以外,剩下的就在佛教寺庙里。20 世纪 50 年代,不丹建立了一些私立的非宗教学校。到 20 世纪 50 年代末,不丹已经有了 29 所公立小学和 30 所私立小学。但是,这些学校每年总共只能录取大约 2500 名儿童,而且,学生若要读中学只能到印度去。后来,不丹政府终于全面接管了该国的私立学校。20 世纪 60 年代,不丹开始了一项大型的教育改革。但是到 1988 年为止,符合条件的儿童中只有四分之一上了小学,接受更高层次教育的人所占的比例就更少了。为了保护传统文化和加强当代的国家身份感,不丹政府采取的措施之一就是强调全国人民对宗卡语的学习。

从这些选自世界许多不同地方的例子不难看出,一个国家要保持多语制是要付出代价的。

11.4 单语制、双语制和多语制:是更多趋同还是更多趋异?

兰博特建议根据语言多样性的程度来划分国家及其语言政策,实践证明这是一个实用的且具有启发性的方法。有人认为单

语制政体无须担心其国语的地位。乍一看，这是符合逻辑的。然而，正如前文所述，即使单语制国家的国语也通常会面临来自外部的威胁。这种外部干预主要来自两个方面：一方面是全球化导致英语的扩张；另一方面是超国家组织制定的语言权政策为少数民族语言提供了保护，虽然这种保护的效果目前还很有限，但是其影响却越来越大。有人认为双语制和多语制国家的主要语言问题是处理好几种竞争语言的地位，这同样是符合逻辑的观点。此外，语言培育的程度成了一个极其重要的议题，地方语言的地位和功能问题的解决，并不会使重大的语言政策问题迎刃而解。还有一点越来越清楚的是，自 20 世纪末开始，英语作为一种全球性语言在世界各地传播已经成为影响各国语言政策的主要因素之一。尽管难以完全一一对应，但在追寻语言政策模式简约化的阶段中，语言状况（语言实践或语言生态的范式）、语言信仰或语言意识形态以及语言管理或语言规划的种类都已经出现了清晰的和谐迹象。

第 12 章　阻止语言转用

12.1　阻止语言转用

本书中论述的语言政策理论提出了语言政策的三个主要成分:语言实践、语言意识形态(或语言信仰)和语言管理(或语言规划)。语言实践的发展在很大程度上受到外部社会环境的影响。语言信仰体现了人们对各种语言变体的价值观,人们在语言实践中依据自己的语言信仰从各种语言变体中做出必要的选择。语言管理就是试图努力改变其他人的语言价值观或语言实践行为。

在皮埃尔·布迪厄的著作中,他提出了一种类似的语言管理模式。在这套模式中,布迪厄还先后提到了两个概念:语言习惯(linguistic habitus)(Bourdieu 1981)和语言市场(linguistic marketplace)(Bourdieu 1991)。有关这两个概念的内容也可参见高哥林(Gogolin 2001a;2001b)的相关论述。语言习惯就是"一套说话处世的方法,是个人行动方式和反应方式的一种倾向"。语言习惯既体现了一个人的语言实践,也反映了一个人的语言态度。语言习惯的产生与个人的社会背景有关,因此,相同社会阶层的人们具有相似的语言习惯。每个个体都在某一领域或市场上发挥着自己的作用，而且，他们通常都会竭力地保护或提高自己的地位。个人的语言习惯支配着个人的语言行为以及对语言价值和语言风格的判断。

从本书第 7 章我们知道，人口系统与经济系统上的变化如何影响着人们对各种语言变体的价值观。也许是由于个体的情况在不停地变化着，从一个层面到另一个层面、从一个领域到另一个领域、从一个市场到另一个市场，也许是由于全球化开辟和扩大了相关语言系统的使用范畴，所以，有些语言的价值上升了，而有些语言的价值却下降了。但是，这仅仅指的是一种价值，也就是德斯万(de Swaan 2001)称为的 Q 值。布迪厄的语言管理模式认可各种不同的价值源(sources of value)或资本源的存在，并给它们的构成进行命名，例如，经济源、文化源和社会源。这些因素加起来就是一个人的象征资本(symbolic capital)或荣誉积累(accumulated honor)①。语言选择是语言行为或语言实践的基础，要理解语言选择的过程也许就要先假设出一种有关语言选择的总体价值，然 187
后决定各种分支价值如何才能整合到具体的情景中。所以，尽管 Q 值概念有助于我们诠释以下两种语言现象：一是，英语作为全球化的一部分，在世界各地的推广现象；二是，法国大革命后，法语在法国领土上的传播现象。但是，支撑人们各种身份(例如，国家身份、地区身份、当地身份、部门身份和宗教身份)的其他价值构成却有助

① 象征资本是布迪厄杜撰的一个术语，是指一个人依据荣誉、声誉或认可等所建立的可以获得的资源。象征资本论认为作为人类的三种资本之一，一个人的文化、语言、荣誉(如学位)、出身等，也同实体资本一样，是可以积累的。

于我们解释人们阻止由高Q值所导致的语言转用案例。对于民族国家来说，在所有这些价值构成当中，最常用和最有影响的价值项是国家认同，不过，民族认同、宗教认同或部门认同同样也很关键。

因此，在现代独立国家中，影响语言政策模式的主要因素有以下四个：一是语言状况，也就是语言生态；二是语言信仰，一套盛行的有关语言选择(从适合国家总动员的国家名义语言的选择到个人的语言文化多样性的选择，前者是为了国家认同，后者是为了个人的多语能力)的语言信仰；三是全球化的力量，全球化提高了英语作为一种世界性语言的价值；第四就是由语言权而产生的内外压力。上述每一个因素都千变万化，这就导致了语言政策的模式也是形形色色。

在民族国家内部，各种小型团体(例如，民族、宗教和少数民族团体)都试图修改本国的语言政策。因为这些团体都有他们自己的语言实践和语言信仰。他们都试图想自己管理自己，并试图影响团体中其他人的语言实践或语言信仰。这就是(或许曾经就是)他们提到的语言政策有效性的一个关键方面。但是他们也试图影响到本国更大的政治单位(如民族国家)，以便可以要么呼吁政治独立(随之拥有控制自己领土的权利)，要么要求更多的有限自治权(例如，在领土或者人口方面)，要么发起争取特定语言权的运动(该运动也许可以独立进行，但往往是与其他文化权、社会权或政治权一同进行)。

19世纪90年代，巴勒斯坦发起了希伯来语的复兴运动。该运动最初是劝说其他犹太人定居者让他们的孩子学习希伯来语，或者他们自己至少在公共场合使用希伯来语。其实，在英国军队于 1918 年进入耶路撒冷之前，英国本土就开始了一场旨在要求英国政府认可希伯来语为耶路撒冷官方语言的政治运动。在加拿大魁北克，人们发动了扭转语言转用的运动，目的是为了阻止从法语到英语的语言转用。在西班牙，为了阻止从西班牙语到加泰罗尼亚语[1]或巴斯克语的转用，人们发动了同样的语言运动。在这两个国家中，它们的语言政治运动的目的是一样的：都是部分地区（即魁北克和加泰罗尼亚或巴斯克）要求政治自治或政治独立，以便与它们的经济独立相协调。在英国，近期的国际背景促使它对威尔士和苏格兰下放有限的地方自治权。英国政府与威尔士和苏格兰之间达成妥协，威尔士和苏格兰有权实行领土自治。英国政府随即也修订了本国的语言政策，并把该语言政策的实施任务推给了新成立的地区政府。印度也希望本国地区语言问题的解决措施不会影响到印地语作为国语取代英语的目标。在荷兰，弗里斯 188
兰人（Friesians）似乎对本国纯粹的语言自治感到满意。在美国，西班牙语运动要求美国各地的西班牙语教学得到同样的认可。该语言运动与民权方法紧密相连，因为美国人就是利用民权方法来要求获得社会、政治和经济上的平等的。另外，该语言运动目前正在展现美国各地区西班牙语教学的主要差异。上述例子中提到的语言少数族群都属于相当大并且著名的语言少数族群。较小的语言少数族群，特别是散居各地的较小的语言少数族群（例如，罗姆人分散在欧洲各地）要取得外部的认可和支持就更难。

---

① 加泰罗尼亚（Catalonia）是西班牙东北部的一个自治区，首府巴塞罗那，该地区有着强烈的分离主义传统，日常通用加泰罗尼亚语（Catalan）。

不过，在最近的几十年中，人们对语言权的逐步认可使得小语种有了更多的机会可以引起人们的关注。当然，倘若民族国家能够受以下任何一种因素的影响而给予少数族群语言更多的支持，那么，濒危语言幸存的概率就会大大提高。这些因素包括：从意识形态上接受语言多样性和相关文化多元性的价值观；接受语言权的强式派观点；从实用的角度来实现个人双语制的认知价值或者实现由丰富的语言资源所带来的经济优势。

研究语言少数族群为保护自己的语言所付出的努力是语言政策中的一个研究领域，该领域最早从约书亚·费什曼(Joshua Fishman)的创造性研究开始。正如他在自己的著作中率先研究“语言的保持”和“英语的传播”一样，他还开辟了自称为“扭转语言转用”的研究新领域。他于1991年写了一本题为《扭转语言转用》的专著(Fishman 1991)。10年后，他写了第二本同一主题的书(Fishman 2001)，并大胆地邀请别的学者来评论他的著作。在这两本书中，费什曼创建了一种描述语言或者语言变体维持程度的模式——“代际语言差异级别表”(graded intergenerational disruption scale)。该级别表充分地反映了语言使用者为了阻止该语言的进一步丧失或者为了重振该语言原有的活力所进行的有关语言管理的活动。该级别表有8个级别，由低到高排列，其中最低级别(即第8级)就是最濒危语言所处的级别。在此简要列出费什曼对该级别表每一级的描述：

第8级：这种语言只有几位与世隔绝的老人尚在使用。该语言需要重构，也需要传授给年青一代。

第7级：这种语言有一群使用者，而且这些语言使用者都与社会融为一体。但是，这群人已经过了生育年龄。于是，语言管理的任务就是使这种语言复活，并向年青一代重建使用这种语言的实践。

第6级：这种语言尚有不少的使用者，而且，这些语言使用者聚集而居，他们享有一些共同的习俗，彼此之间使用这种语言进行交流。更重要的是，他们在对自己的小 189
孩进行交流时也使用该语言。所以，这种语言具有斯图尔特（Stewart 1968）所说的“活力”，而且，它还形成了一种自然的代际传承。没有这种特点的语言往往被认为是过时的或正在死亡的语言。

第5级：这种语言在家庭、社区以及社区所支持的学校里都具有口头表达和书面读写的功能。但是该语言的使用得不到任何外部力量的支持。这就意味着，该级别的语言可以让自己的语言社区建立自己的学校，而且，这种建校的权利得到了社会的认可。

第4级：这种语言应用于学前教育和小学义务教育，进行教育的学校既可以是国家支持的社区学校，也可以是国家拥有的公立学校。

第3级：这种语言应用于语言社区或居住小区之外的工作场所，应用于跟其他语言使用者之间的交流。

第2级：这种语言应用于地方政府的服务部门和大众媒体，但是它不能应用于更高层次的领域。

第1级：这种语言应用于一些较高层次的领域，如教育、某些

> 职业、政府部门和媒体，但是该语言的使用者不能享有政治独立。

用费什曼(2001)的话来说，有些人就上文提到的这些描述的根本性质提出了若干问题。例如，它们能如实地构成一个级别表吗？它们是扭转语言转用过程中必不可少的阶段吗？自然的语言代际传承有多重要？不管这些问题提得是否到位，它们显然为分析濒危语言的语言实践、语言信仰和语言管理提供了很有价值的参考，具有启发作用。

何为濒危语言？一般而言，濒危语言就是指全世界至今所发现的大约6000种语言里被认为难以在本世纪①幸存下来的语言(Hale 1991;Krauss 1991)。假如我们道听途说，那么我们当中有些人也许就会有这种担忧，即甚至一些强势语言也处在濒危之中。例如，法国的语言政策似乎被英语不久就要取代法语这样的语言信仰所左右着。事实上，在美国有许多人认为英语本身就处在危险中，于是他们支持唯英语运动，并阻止外语的入侵。

我们尚不完全清楚如何才能排除上述情况。费什曼在"代际语言差异级别表"中提出的第1级似乎对这种现象给出了一种标准，他补充说："政治上的独立给语言提供了额外的安全保障"(Fishman 1991:107)。但是，唯英语运动的倡导者指出，美国虽然在政治上是独立的，但没有在其宪法中为英语提供保护，这意味着英语还处在危险之中。法国或者任何觉得自己本国的语言受到英

① 根据书中夹注的时间，这里的本世纪是指20世纪。

语威胁的其他民族国家也许都会认为，政治上的独立不足以抵挡 190
全球化的力量。另外，如何处理像爱尔兰语这样的语言也并不简单。这类语言虽然在本国的宪法和体制上都得到了认可，但是，由于这些语言没有得到推广使用，所以其实际地位就受到了威胁。

本人并不是想设法去解决这个困境，而是想接受费什曼在其两本专著中遴选出来用于分析的语言案例名单。由于他在书中提供了大量的详情，本人在此只是简单回顾这些案例，偶尔补充一些具体细节，主要目的是想将这些语言归类到本书所提出的模式中。费什曼研究的语言案例如下：（数字1是指费什曼1991年写的书，数字2则指费什曼2001年写的书）

> 爱尔兰语（1和2）、巴斯克语（1和2）、弗里西亚语（1和2）、纳瓦霍语（1和2）、美国的西班牙语（1和2，以纽约的波多黎各人为例）、美国的依地语（1和2）、毛利语（1和2）、澳大利亚的土著语言和移民语言（1和2）、以色列的希伯来语（1和2）、魁北克的法语（1和2）、西班牙的加泰罗尼亚语（2）、奥托曼基恩语（Otomí）①（2）、盖丘亚语（2）、欧克语（Oko）（2）、安达曼语（Andamanese）②（2）、阿依努语（Ainu）（2）。

在处理这些语言案例时，本人或多或少地将根据这些语言所

① 奥托曼基恩语是墨西哥中部的奥托米人所使用的语言，英文是Otomí，也可以写成“Otomanguean”，它属于美洲印第安语中的一个语族。

② 安达曼是孟加拉湾中的一组岛屿，属印度。这些岛屿上使用的语言叫安达曼语。

属国的政治活动的程度和获得政治自治的成败(包括对语言管理的控制程度)来对它们进行归类。不难看出,这种归类未必与扭转语言转用的成功程度一致。

12.1.1 独立国家或自治地区的语言

12.1.1.1 爱尔兰语与希伯来语

在语言政策和语言规划的文献中,描述和讨论爱尔兰语与希伯来语的不在少数。费什曼(1991:122—3)用一个长句子[①]总结了爱尔兰语案例的情况:

> 尽管大约100年来爱尔兰人为了扭转语言转用竭尽全力地做了各种各样的努力(前30年是在自愿者的组织下进行的,后70年是在自愿者和国家的共同组织下实施的),但是由于爱尔兰在文化、经济、政治和人口等方面存在众多的摩擦,而且,这些因素相互混合在一起所形成的状况举世无双,这样的状况在过去、现在和将来都影响到爱尔兰语的发展。具体而言,这些相互摩擦的因素包括职业的安排,战争的爆发,人口的迁徙,城镇和城区英语强势阶层的建立(这些城镇和城区后来发展为所有人都使用英语的城市,而且只有这些城市才能成为国家的商贸中心、工业中心、财富中心和政治权力中心),反复出现的饥荒(这些饥荒摧毁了爱尔兰当地真正的乡

① 在本书的英语版中,这是一个相当长的句子。当该句被译成中文时,它就变成了几个句子。

> 村生活和传统)，禁止使用爱尔兰语的法律，大多数主要的教会机构在几个重要时期事实上都放弃自己权利的行为，盎格鲁—爱尔兰混合文化的兴起(该文化不但在当地有名，而且还强烈地吸引着世界的关注)，最后是不断出现的而且还在继续 191
> 进行的移民现象(许多人移居到世界各地的英语强势国家)。

欧瑞阿该因(Ó Riagain 1997)解释了爱尔兰一个世纪以来语言管理失败的原因：爱尔兰的语言管理缺乏与爱尔兰的社会规划和经济规划的密切联系。盖尔特克司特(Gaeltacht)[①]位于爱尔兰的西部，那里的人们一直使用爱尔兰语。可是，那里的经济规划和语言规划缺乏协调性。经济萧条导致大量的爱尔兰语居民迁徙他乡——美国、其他说英语的国家或者是爱尔兰其他更发达的而且是说英语的城市地带。于是，尽管英语使用者在学校要接受爱尔兰语的教育，但是还在自由使用爱尔兰语的地区却得不到任何政府的支持。后来，这种语言政策终于得到了扭转，爱尔兰政府为欠发达的盖尔特克司特提供了经济援助。于是，盖尔特克司特出现了移民回流的现象，使用英语的盖尔特克司特人从爱尔兰的各大都市或海外回到了盖尔特克司特。尽管这一举措改善了盖尔特克司特的社会经济状况，但是，它对爱尔兰语不断流失的使用状况却起了推波助澜的作用。在这样的一个地区，语言维持本来应该是一件再容易不过的事情，可现在却成了一件不容易做到的事情。

大多数学者在研究爱尔兰语案例时都是从解释爱尔兰语复兴

① 盖尔特克司特是一个爱尔兰语单词，意思是“爱尔兰语区”。

的“失败”开始的。巴波(Barbour 2000:37)注意到,“爱尔兰语是爱尔兰作为独立主权国家的第一国语,但是,只有一小部分的爱尔兰国民把它作为第一语言来使用。在欧洲再也找不到类似的语言案例。”爱尔兰语作为民族主义者活动的一种符号,必须与其他强势符号进行竞争。这些强势符号有国家领土、流行的民族文化和国家宗教。此外,爱尔兰的任何语言民族主义都必须与国内的一个流行广泛的语言观做斗争,这个语言观就是爱尔兰语是爱尔兰社会发展和政治进步的障碍。当爱尔兰的语言民族主义发展强大时,把爱尔兰语作为本族语来使用的人可能早已所剩不多了①。

所以,人们往往把爱尔兰语作为失败的语言管理的经典案例加以描述。爱尔兰语言管理部门没能扭转爱尔兰人转用英语的行为,这可能是由于其他压力的影响(例如,费什曼就这样认为),也可能是由于语言规划的失误(例如,欧瑞阿该因就持这种观点)。事实上,正如欧劳艾尔(Ó Laoire 1996)所说的那样,对许多爱尔兰人来说,他们的语言身份是通过爱尔兰式的英语变体来体现的。在盖尔特克司特,爱尔兰语的使用状况每况愈下,这一事实致使有人提出在下一次人口普查后修改盖尔特克司特地区边境的建议(现在的边境是1926年确立的,最近的修订是在1956年进行的)②。克迪和

① 根据维基百科,爱尔兰懂得英语的人数占全国总人口的98.37%,其中绝大部分人是把英语作为母语来学习和使用的。

② 最近有人提议把爱尔兰盖尔特克司特地区划分为A、B、C三个语言区。A区日常使用爱尔兰语的人占67%以上,爱尔兰语占据强势地位。B区日常使用爱尔兰语的人介于44%—66%之间,英语强势,但有不少的爱尔兰语少数族群。C区日常使用爱尔兰语的人在43%以下,英语强势,但此地爱尔兰语少数族群的比例大大高于全国的平均数。

欧劳艾尔(Coady and Ó Laoire 2002)提出了另一种有关爱尔兰语管理失败的解释:爱尔兰从一开始就把主要负责爱尔兰语复兴运 192
动的机构锁定在教育系统上。克迪和欧劳艾尔认为,爱尔兰语学校虽然依旧存在,但是,它们却面临着许多不小的困难。因为在学校学习爱尔兰语的儿童得不到家庭或社区的任何支持。20世纪90年代,尽管爱尔兰的基层单位还在努力,但是,爱尔兰教育部似乎已经放弃了发展高水平的爱尔兰语—英语双语制和双文化的这一目标。确切地说,许多爱尔兰人虽然不使用爱尔兰语这种语言,但是总体上似乎都乐于保持爱尔兰语这种语言符号,并认为此举具有重要的意义,也愿意继续保持对这种语言的了解。

爱尔兰语案例常常用来与希伯来语案例进行对比(Ó Laoire 1996,1999)。正如爱尔兰语的复兴可以联系到19世纪晚期的爱尔兰民族运动一样,希伯来语的复兴也与犹太人于19世纪晚期在犹太人聚集区举行的民族主义运动的核心特点有关。然而,它们的结果却是大相径庭:爱尔兰语的使用状况日益萎缩,爱尔兰共和国基本上变成了以英语为主导的国家。现代希伯来语却复活了,它具有贴近生活口语化的特点,建立自己的新标准,并发展成为一种脱离宗教特点的现代化语言。现在,希伯来语是以色列的强势语言。

根据费什曼的"代际语言差异级别表",19世纪晚期的希伯来语属于一类异常案例。由于希伯来语那时根本没有自己的本族语使用者,因此,"代际语言差异级别表"中的第8、7和6三级对希伯来语都不适用。但是,希伯来语应用于犹太人社区中较高层次的读写表达场合,因此,它符合"代际语言差异级别表"中的第5级。

除少数情况外，希伯来语很少应用于犹太人社区之外的场合。于是，“代际语言差异级别表”中的第4、3、2和1四级对希伯来语也不适用。希伯来语在犹太人的宗教和语言读写领域基本上都保持着活跃的状态。将近2000年来，犹太人的教育系统得到了本社区的支持，所以，教育系统一直负责希伯来语的语言维持工作，它们为所有的男孩①提供各个级别的希伯来语读写能力的教学。犹太人使用的各种本地语都包含了不少来自希伯来语的借词。

希伯来语复兴运动起始于19世纪90年代，50年后便成为了一个现代国家的强势语言——官方语言。希伯来语之所以有活力，是因为家长都把希伯来语传承给下一代；希伯来语之所以变得本地化，是因为各个阶层的人在日常生活中都使用它；希伯来语之所以变得标准化，是因为它不但有自己的词典、语法和研究学院，而且还有从幼儿园一直到研究生的教育系统；希伯来语之所以变得现代化，是因为它可以用于谈论体育、物理学、政治学以及其他任何话题(Spolsky and Shohamy 1999)。希伯来语在语言实践中完成如此大的转变，往往被看成是语言政策成功的结果。相比之下，爱尔兰的语言管理机构却无法阻止本国的语言转用现象。所
193 以，爱尔兰语案例为所有从事有关扭转语言转用或恢复自己语言地位的人们提供了前车之鉴。费什曼(1991:291)曾经有效地警告过人们不要心存期待。首先，他强调说，以色列人对待希伯来语规划的任务与其说是使希伯来语复兴，还不如说是使之重新口头

① 极端正统派(即海来第)犹太人在学校把男孩和女孩分开进行教学，详见本章下文。

化——选择一种具有圣洁性和书面功能的语言，并开始把这种语言用于日常生活中。希伯来语的复活任务得到了一种强大的语言和民族主义运动的支持。这种现象不是奇迹，而是：

> 一种罕见的以及非常偶然的现象，这是语言意识形态与民族意识形态同时出现的结果。这是一种训练有素的集体意愿和犹太人社会与其他具有竞争力的语言影响因素完全脱离的结果，这种结果使得犹太人社会有可能与以前的语言交际规范形成极其迅速的和非常彻底的决裂。

斯波斯基和肖哈米①(Spolsky and Shohamy 2001)强调了犹太人扭转希伯来语的转用状况与一般的扭转语言转用状况的差异。现在我们谈论发生在2000年以前有关扭转语言转用的行为似乎意义不大。同样，谈论发生在19世纪末的犹太复国主义运动(Zionist movement)似乎意义也不大。犹太复国主义运动绝对地世俗化了，该运动试图恢复基于宗教的希伯来语读写能力的教学，因为希伯来语读写能力的教学自从欧洲启蒙运动起就遭到弱化。确切地说，这作为运动的焦点是一种民族主义的语言选择。

犹太人没有一个核心的语言管理组织。使用依地语的东欧犹太人曾经在东欧发动了语言意识形态运动，但是该运动的过程是在作为奥斯曼帝国一部分的巴勒斯坦进行的。这些东欧犹太人在

① 肖哈米(Elana Shohamy)是以色列特拉维夫大学教育学院教授、院长。她早年求学于美国，经常在许多国外大学讲学，主要研究二语习得、语言测试和语言政策。

东欧建立了小型的农业社区。在 19 世纪末,他们要求学校教师只使用希伯来语对学生进行教学(Nahir 1988,1998)。10 年后,犹太复国主义者和社会活动家发动了第二次小规模的意识形态运动,他们也是基布兹(kibbutz)①运动的奠基者。这些人致力于在更大程度上改变生活方式:他们不但投身于劳动和农业,而且也参与集体的社会生活。他们在日常生活中的方方面面都变得极其普通和公开。所有的公共活动(私人活动所剩无几)都必须用这种新语言(即希伯来语)来进行。第三个关键事件是 1906 年特拉维夫的建立。这是第一座希伯来语城市,这里的学校在传播希伯来语方面起到了主要的作用。1893 年,犹太人成立了一个希伯来语教师组织,该组织拒绝接受使用其他语言的教师。1907 年,犹太人的"劳工运动"在巴勒斯坦举行,投票结果决定了该运动的官方组织今后只用希伯来语对外公布消息。1913 年,犹太人举行了一次激烈的公开辩论会,会后大家决定希伯来语要做到尽可能的实用,它应该成为大学教育(包括科学和技术领域)的教学媒介语。于是,当巴勒斯坦成为英国政府的托管地时,希伯来语成了犹太人社区的公用语言,越来越多的犹太人把它作为自己的本族语来使用。英国
194 政府从土耳其手中夺取了巴勒斯坦后不久,在一些人的劝说下就认可了希伯来语是巴勒斯坦除英语和阿拉伯语之外的又一种官方语言。

在接下来的 20 年里,巴勒斯坦处于英国的统治之中,英语是巴勒斯坦政府的主要语言,阿拉伯语和希伯来语分别被认可为巴

① 基布兹指以色列的集居区,尤指集体农场。

勒斯坦多数人口和少数人口的语言。在英国统治的这一段时期，来到巴勒斯坦的新移民都加入了犹太人社区，他们在语言意识形态和语言实践的双重压力下不得不学习希伯来语，并在公共场合使用希伯来语。希伯来语是所有犹太人中小学、耶路撒冷希伯来语大学和海法理工学院（Haifa Technion）①的教学媒介语，不过，反犹太复国主义的极端正统派犹太教的中小学及高等学校（yeshiva）除外。尽管巴勒斯坦仍然有用其他语言印刷的报纸，但是主要的犹太人报纸都是用希伯来语发行的。到 20 世纪 30 年代，巴勒斯坦已经有相当数量的人把希伯来语作为自己的本族语。

1948 年犹太人在曾经的英国托管地的一角建立了以色列国，但是建国并没有引起语言政策的重大变化。以色列新政府从官方语言的名单中取消了英语。犹太人的中小学和大学继续使用希伯来语作为教学媒介语。现在，以色列的政府活动主要是用希伯来语进行，而不是英语。以色列政府鼓励那些对希伯来语一无所知的新移民学习希伯来语，并且为有专业技术背景的移民提供为期五个月的全日制希伯来语强化学习班（ulpanim），移民儿童则浸没在希伯来语的学校中。

爱尔兰语花了 30 年时间得到了政府的正式支持，而希伯来语则花了 50 年才得到政府的正式支持。在这 50 年中，犹太人千方百计地完成了史无前例的希伯来语复活任务。在此有必要阐明这句话的含义。这里的复活语言与希伯来语以前的各种变体有天壤

---

① 海法是以色列西北部的主要港口城市，西濒地中海，背依迦密山（Mount Carmel）。海法是以色列第三大城市，仅次于耶路撒冷和特拉维夫。

之别，它们不但在词汇方面不同，而且在音位和语法方面也都不同。这里的复活语言深受语言复活者所使用的各种语言的影响，也受儿童早期语言习得过程的影响，还受众多移民语言的影响，这里的移民语言是指那些将来要成为现代希伯来语使用者的移民的语言。

就在以色列独立前夕，巴勒斯坦做出了一个有关语言管理的重要决定：每一所学校应该选择学校中大多数学生的语言作为教学媒介语，犹太人学校使用希伯来语教学，阿拉伯人聚集区的学校使用阿拉伯语教学。所以，以色列从建国之初就为阿拉伯少数民族提供了从小学到中学都用以色列自己的语言作为教学媒介语的教育。实际上，这一语言政策在实施过程中遇到很多问题（Amara and Mar'i 2002）。与北非阿拉伯国家相比，矛盾的是，以色列的教育系统比北非阿拉伯国家的教育系统更适合阿拉伯语的发展。这是因为在北非阿拉伯国家的教育系统中，中学阶段的教学媒介语
195 就需要从阿拉伯语转向法语。但是，希伯来语在以色列的公众生活中占有主导地位；阿拉伯语名义官方语言的地位反映在以色列许多公共场合中的标记上都使用了阿拉伯语。不过，这些公共标记也使用了非官方语言——英语。但 20 世纪 90 年代，以色列有将近 100 万来自苏联的庞大移民，这反映在以色列的城市街道和公共场合中的标记上出现了比以前更多的俄语。

希伯来语的复活除了影响到以色列的阿拉伯语外，还危及以色列的其他语言。在过去的几个世纪中散居在世界各地的犹太人所习得的犹太人语言和来自各个国家的移民所带来的非犹太人语言都正在逐渐地消失。可见，这是希伯来语复活"成功"的证据，希伯来语作为国语有效地发挥着作用，它正在朝大多数民族国家所

推崇的“一个国家，一种语言”的方向迈进。

然而，如果我们把以色列看作是一个绝对的单语制国家，那么这种观点就过于简单了。首先，在以色列的语言实践中，以色列显然是一个多语国家。其次，阿拉伯语在以色列有一定的地位，因为阿拉伯人是以色列最大的少数民族。第三，在以色列，经常有人提出支持个人语言和文化多元化的观点。另外，以色列有源源不断的使用其他语言的移民促使以色列发展个人语言和文化的多元化。第四，英语作为全球性语言在以色列的使用越来越多，而且，以色列有许多来自英语国家的移民，以色列与海外的英语社区关系也非常密切。

爱尔兰(Ireland)和以色列(Israel)除了在单词中有相同的第一个字母外，两国的语言复活运动也起始于大致相同的时间，本书把这两个语言案例放在一起分析，与其说是为了发现它们的相似点，还不如说是为了找出它们的不同点。

12.1.1.2　加拿大魁北克的法语与西班牙的加泰罗尼亚语和巴斯克语

以下三个语言案例具有同样的政治背景：它们都属于本国的少数民族语言，它们都曾经是语言运动的焦点，而且，它们的使用者所属的民族都是以地区来划分的，并在后来都获得了地区自治权，所以，这些民族往往以获得政府支持的多数民族的身份进行活动。

英国打败法国后便在加拿大建立了双语制。加拿大魁北克省是一个法语占绝对优势的地方①。但是，来到加拿大(特别是蒙特

---

① 加拿大讲法语的人口占全国人口的 30%左右，其中 80%居住在魁北克省。

利尔市)的移民数量在不断上升,这使得魁北克成为了实施双语制的地方。加拿大有两个主要的宗教团体:天主教和新教。1867 年的加拿大宪法保证了这两个宗教团体可以有不同的教育体系。到 20 世纪 40 年代,这两个宗教团体都能够保留它们各自不同的法语社区和英语社区。由于加拿大的商业主要是由英语使用者所控制,所以,加拿大只要求法语使用者掌握双语。但是,在后来的 15
196 年中,法语使用者的经济状况得到了改善,他们开始意识到英语的强势。从 1960 年到 1970 年的 10 年是法语使用者的无声革命期。这段时期的特点是法语使用者努力改变魁北克省的选举制度、工业的国有化和法语在高等教育中的发展状况。在无声革命阶段的末期,许多魁北克民族主义者注意到新来的移民子弟都选择英语作为教学媒介语的学校就读。在 1970 年的魁北克选举中,魁北克民族主义开始大显身手。经过 1973 年的魁北克选举后,加拿大魁北克《第 22 法》(*Law 22*)宣布法语是魁北克的官方语言,并且宣布在魁北克建立一个政府机构负责法语在各单位的推广和使用。该法律还规定,在魁北克只有英语流利的儿童才允许进入英语作为教学媒介语的学校。在一次以语言问题为核心的选举之后,魁北克成功地通过了魁北克《第 101 法》(*Law 101*),该法成了魁北克法语的宪章。从此,法语成为魁北克国民大会和各个法院的唯一语言。该法律还规定,只有父亲或母亲在魁北克接受过英语媒介语小学教育的儿童才可以上魁北克的英语学校。此外,该法律还要求魁北克的商界人士在公共场合只能使用法语。

魁北克的英语使用者(Anglophones)对上述现象表示反对,

许多受过良好教育的年轻的英语使用者都离开了魁北克。20 世纪 80 年代，加拿大联邦最高法院强迫修改魁北克《第 101 法》。20 世纪 90 年代初，魁北克《第 101 法》在促使魁北克的移民儿童就读法语学校方面取得成功。另一方面，魁北克的英语教学仍在继续开展。在魁北克的各个工作岗位上，人们使用法语的频率比以前更高，法语使用者的经济状况也比以前更好了。法语已经成为魁北克的强势口头语言，但是，英语在书面表达方面依然保持强势地位。

费什曼(1991:316—318)指出，在 20 世纪末，魁北克的法语拥护者仍然感觉到自己处在英语的强大压力下，他们准备为魁北克《第 101 法》而继续奋斗。10 年后博尔希斯(Bourhis 2001:133)重申了这一观点：尽管加拿大的语言法为魁北克的法语取得了“显著的成就”，但是他注意到：“魁北克的英语使用者由于其人数的逐渐萎缩而感到自己受到威胁，然而许多法语使用者(Francophones)依然感到法语在语言的使用人口方面受到威胁，因为魁北克的法语使用者在北美还是属于少数群体。”

魁北克和加泰罗尼亚的主要差异可能是：在魁北克，英语移民在人数上属于少数群体，但是他们在经济和政治方面却是强势群体。而在加泰罗尼亚，西班牙语移民出于经济原因才移居到加泰罗尼亚，虽然西班牙语移民在人口数量上很大，但是，他们在经济和政治方面都受到加泰罗尼亚人的支配。费什曼(1991:319)认为，到 1986 年，加泰罗尼亚的大多数人都表示他们能够使用加泰罗尼亚语，而加泰罗尼亚语的使用者构成了当地的高声誉群体，如 197
公司经理、商行老板和富人阶层。

在西班牙第二共和国(Second Spanish Republic)[①]时期,加泰罗尼亚语作为一种现代语言发展得非常好,它与西班牙语一起享有官方语言的地位。但是,在佛朗哥统治时期,西班牙严禁人们在公共场合使用加泰罗尼亚语。当加泰罗尼亚地区于 1979 年获得自治权时,一项有关加泰罗尼亚语的发展计划得以展开:实行加泰罗尼亚语功能的制度化;重新培育加泰罗尼亚语使用者的读写能力;把西班牙语使用者对加泰罗尼亚语的消极语言技能转化成对加泰罗尼亚语的积极使用。加泰罗尼亚宣布加泰罗尼亚语是加泰罗尼亚地区小学和中学的必修课。1983 年通过的"语言规范化"法律规定加泰罗尼亚语可以在西班牙的所有政府部门享有与西班牙语同等的地位。另外,按照该法律,加泰罗尼亚还成立了"语言政策指导总署"(Directorate General of Language Policy),以便了解语言管理的最前沿情况。由于西班牙语的使用者受到了西班牙宪法的保护,所以,加泰罗尼亚的语言规范化运动不得不谨慎从事。魁北克可以通过法律手段来弱化魁北克的英语,但是,加泰罗尼亚却不能利用法律手段来弱化加泰罗尼亚的西班牙语。尽管斯特鲁贝尔(Strubell 2001)指出,加泰罗尼亚有越来越多的人声称自己日常生活都使用泰罗尼亚语,然而在做出有关加泰罗尼亚语使用状况的判断时,他却显得比较谨慎。他认为如果加泰罗尼亚语想要完全地复兴,就需要有"一个能使加泰罗尼亚的语言政策重新合法化的公共话语渠道"。

---

① 西班牙第二共和国(1931—1939 年)是西班牙历史上第二个国家元首和政府首脑均由人民选举产生的时期。

巴斯克语与加泰罗尼亚语有一个共性：它们都与西班牙语形成了竞争关系，而且都得到西班牙自治区政府的支持。同时，由于巴斯克人具有强烈的巴斯克民族主义和分裂主义思想，他们不断地制造暴力事件，这促使西班牙政府做出了一些妥协，给予巴斯克语一定的地位。巴斯克自治区包括了西班牙北部三个说西班牙语的省，巴斯克语的使用者大约占巴斯克自治区人口的四分之一。在纳瓦拉省(Navarre)①和与法国接壤的西班牙地区也有巴斯克语的使用者。在历史上，巴斯克语很少用于西班牙的政府部门、文学殿堂或学术领域。但是，巴斯克语一直是巴斯克当地人使用的语言，它主要用于巴斯克封闭的农村地区。然而，这些地区的人由于受教育和城市化的影响已经开始转向使用西班牙语。

在佛朗哥执政时期，他严厉地对待反对他统治的巴斯克人。在他去世之后，西班牙中央政府迅速颁布了一个自治法令，于是，1979 年巴斯克自治政府成立。1982 年，巴斯克政府通过了《有关巴斯克语标准化的基本法》，要求巴斯克语要像西班牙语一样得到"规范化"。费什曼(1991:152)认为，在这种情况下，"规范化"可能不是最贴切的术语。因为事实上，该法案主要提议增加巴斯克语的社会功能，而这些社会功能目前是由西班牙语来承担的。考虑到巴斯克语的现状，这个任务显得非常艰巨。大多数传统语言的使用都是口头的，能够支持巴斯克语言读写的人数有限。自然的 198
语言代际传承主要是在小城镇和乡村进行。在佛朗哥统治时期，巴斯克语遭到禁用，所以，那时难以找到会说巴斯克语和懂得巴斯

① 纳瓦拉省是西班牙北部的一个自治地区，它与法国关系深远。

克语的教师。到1986年，大约20%的学生在巴斯克语浸没学校或巴斯克语半浸没学校学习，越来越多的巴斯克学生是在公立的双语学校学习。对于这些儿童中的大多数人来说，西班牙语依然是强势语言。

碍于西班牙宪法的规定，巴斯克政府在招聘员工时不能有巴斯克语能力的要求，但是却越来越鼓励双语制。现在巴斯克有了用巴斯克语表达的地名，巴斯克语越来越多地应用于政府文件，有些新建立的大学开始用巴斯克语上课。总之，费什曼(1991)认为巴斯克政府在自治区的语言管理活动开始为巴斯克语的复活提供了希望。

10年后，阿宙门迪等(Azurmendi et al. 2001)对费什曼有关扭转语言转用的早期描述进行了补充，增加了其他地区的有关扭转语言转用的详细情况。西班牙的纳瓦拉自治区于1986年采用了《巴斯克语言法》，该自治区被划分为三个不同的语言区，其中一个区有四分之三的人使用巴斯克语，当地政策给予两种语言(即巴斯克语和西班牙语)官方语言的地位，并鼓励巴斯克语的语言维持。总的说来，在巴斯克地区使用巴斯克语的人数绝对地增加了。诚然，在巴斯克地区只使用巴斯克语一种语言的人数减少了一半，但是，积极和消极的双语者人数却上升了。总之，阿宙门迪等几位作者注意到，在巴斯克增加的是人们对巴斯克语的知识，而不是人们对巴斯克语的使用。而且，巴斯克语的自然语言代际传承并没有明显增加。由于政治权利对扭转语言转用意义重大，所以，大家都在为政治权利而奋斗。可是，除巴斯克自治区外，其他地区的政治权利依然脆弱。

海勒(Heller 1999)认为,尽管像魁北克和加泰罗尼亚这样的语言少数群体被迫接受了双语制,但是,他们在语言意识形态上还是推崇像法国大革命时期所提倡的单语制民族国家的概念,并热衷于争论谁来掌控国家这一问题。

12.1.2　为主动扭转语言转用而采取的政治措施

费什曼(1991)所列举的如下语言案例都有这样的特点:这些语言少数群体没有一个最终获得了政治上的自治,其在语言运动中成败的程度取决于他们所拥有的政治力量的大小。因此,语言少数群体在语言运动中的成败不仅取决于该语言在少数群体内部的使用情况,而且还取决于外部条件,即少数群体是否能成功地劝说由多数民族所构成的政府认可他们的语言,并为他们的语言活动提供支持。

12.1.2.1　弗里西亚语与毛利语 199

费什曼(1991:49)把弗里西亚语与巴斯克语归为同一组不是没有原因的:它们都是西欧民族国家中的土著少数民族语言;它们都处在相对繁荣的地区,这些地区都吸引着其他语言使用者的到来。弗里斯兰是荷兰东北部的一个省,该省大约有60万人口,其中一半以上的人表示弗里西亚语是他们的母语,四分之三的人称自己懂得弗里西亚语。尽管弗里斯兰设立了自己的省政府,但是它在处理文化事务时不像巴斯克那样享有政治上的自治权。正因为这个原因,本书把弗里西亚语与毛利语放在一起来分析。

费什曼(1991)就弗里西亚语所遭受的威胁问题进行了解释:在移居弗里斯兰的移民中使用弗里西亚语之外语言的移民比例较

高;弗里西亚语使用者与荷兰语使用者间的跨族婚姻越来越多,其比例超过了50%,他们的后代倾向于使用荷兰语,而不是弗里西亚语;弗里西亚语使用者从农村迁移到城市后就发生了语言转用,都转向了使用荷兰语。为了弗里西亚语的语言维持,弗里斯兰当地政府曾做过不少努力。例如,利用当地的剧院和其他文化(包括文学)活动推广弗里西亚语;提倡在教堂里使用一些弗里西亚语;制定一些有关成人学习弗里西亚语的计划;争取为弗里西亚语作为一个学科的教学提供资金;提倡在工作领域使用一些弗里西亚语;提供每天数小时的弗里西亚语广播;努力使弗里西亚语成为政府部门的工作语言;增加当地高校对弗里西亚语的使用(因为事实上当地高等教育尚未使用弗里西亚语)。

10年后,高特(Gorter 2001)在其论文中报道了一些有关弗里西亚语使用状况的重要发展。1985年,弗里斯兰省委员会通过了一个语言规划方面的报告,该报告要求给予弗里西亚语和荷兰语同等的地位(仅在弗里斯兰省的公共行政和法律事务方面)。经过了四年的谈判后,荷兰中央政府和弗里斯兰省政府双方妥协,达成了一个协议。但是,该协议却遭到荷兰高等法院的阻挠。因为荷兰高等法院规定,荷兰必须保持荷兰语在本国所有行政事务中的官方语言地位,除非有具体的法律做出决定才能另当别论。根据《欧洲地区语言或少数民族语言宪章》,弗里西亚语被认可为荷兰的土著少数民族语言。这一认可为弗里西亚语的语言维持活动提供了资金。20世纪90年代,弗里斯兰试图修改荷兰宪法,因为该宪法确定了荷兰语"是荷兰的国语"。但是,弗里斯兰修宪的努力由于没有得到超过三分之二人(这是法律所规定的数额)的同意而无法进行。不过，弗里斯兰当地政府的努力促使了荷兰一部语言法的诞生。该语言法除了确认荷兰语是荷兰的官方语言以及允许其用于荷兰的各个公共行政部门之外，也为弗里西亚语的使用提供了一些许可领域。高特报道说，弗里西亚语使用者的绝对数字和他们使用该语言的能力都说明弗里西亚语是健康和安全的。但是，随着弗里斯兰人双语能力的提高，他们在家使用弗里西亚语的时间也在减少。另外，在弗里斯兰的中小学，弗里西亚语的教学没有得到任何改进，1993 年弗里斯兰规定当地学校在初中阶段之前 200
还有教授弗里西亚语的义务，但是该规定收效甚微。

费什曼(1991)在他的《扭转语言转用》一书中用了一个章节来阐述毛利语。尽管毛利语与弗里西亚语之间有许多差异，但是，本人还是把它们放在了一起。因为人们在扭转这两种土著语言的转用方面所付出的努力都关涉到政治活动，不过，这些政治活动都没有导致分裂行为或政治自治的后果。

诚然，弗里西亚语和毛利语有很大的区别。由于弗里西亚语与荷兰语存在着语言上的关系，所以，在理论上弗里西亚语被看成是荷兰的一种方言，而不是一种少数民族语言。弗里西亚语的这种状况就像斯堪尼亚语(Skanian)在瑞典的状况一样。尽管毛利语是一种波利尼西亚语言，与萨摩亚语、汤加语(Tongan)和夏威夷语(Hawaiian)有关，但是，毛利语与新西兰的官方语言英语显然是两种不同的语言。弗里斯兰人与周边的其他人看上去很相似，而毛利人与周边的英语使用者属于不同的民族(他们在文化和外表上都不同)。在这两个语言案例中，它们的语言政策的核心问题都是：多大程度上的政治和民族活动才会影响语言管理，以及多大程度上的语言管理才会影响语言实践和扭转该语言的语言转用。

欧洲人的到来,使毛利语的命运开始发生了变化。也许我们从这两个民族为双方关系谈判所付出的努力中最能了解到这些变化(Spolsky 2003)。在双方接触的最初几年里,毛利人很乐意从牧师那里学习英语,目的是为了有机会接触充满吸引力的新思想和新事物,而欧洲人为了能与毛利人交流也学习毛利语。从1840年起有越来越多的英语使用者来到新西兰定居,两个民族间的这种相互学习对方语言的关系一直延续到19世纪60年代。之后,两个民族由于土地的争执问题而引发战争。战后,新西兰政府接管了以前用毛利语作为教学媒介语的教会学校。新西兰政府和许多毛利人领袖开始了一场英语转用的运动。当然,这种转用不是一朝一夕就能完成的。但是,由于许多毛利人在20世纪的前半叶开始从家乡的社区迁移到各个城市,毛利语的使用和毛利语的知识就遭到了严重的损耗(Benton 1991)。

在那之后,还留在原居住地的毛利语使用者主要是年龄在40岁以上的人。另外,儿童在成长的过程中还使用毛利语的现象只出现在一两个毛利人社区中,而且这种儿童的数量也屈指可数。就在毛利语的发展处于这种低谷之时,新西兰发起了毛利语的复兴运动。在《怀唐伊条约》(*Treaty of Waitangi*)①仲裁法庭的劝说下,英国殖民者也承诺要保护毛利语。此外,《毛利语语言法》

① 1840年在新西兰怀唐伊鉴定的条约,据此,英国吞并了新西兰,后来英国违反该条约的规定,导致了与毛利人的战争。

(*the Maori Language Act*)声明毛利语为新西兰的一种官方语言，而且，新西兰根据该语言法建立了毛利语委员会。

伴随着这些法律措施而出现的是新西兰日益增长的毛利语教与学项目。首先，自 1979 年开始，新西兰有针对成人毛利语教育的“特·阿塔浪伊语言运动”(Te Aatarangi movement)。接着，新西兰出现了“克汉加·瑞奥语言运动”(Kohanga Reo movement)，该运动最初是鼓励祖父母给儿童说毛利语，然后逐渐扩大毛利语的使用范围，这使得毛利语的传播活动像野火一样蔓延开来。1980 年新西兰只有两个毛利语学习项目，但是 1988 年新西兰的 201
毛利语学习项目发展到 520 个，到 1994 年则发展到 819 个。由于“克汉加·瑞奥语言运动”取得了形式多样的成功，于是，它成为了语言行动主义(language activism)所关注的一个重要焦点。尽管大多数毛利人学生的家长都不使用毛利语了，但是，他们都要求公立学校要开展毛利语—英语的双语教学。当这些家长对学校的双语教学不满意时，他们就建立了自己的独立学校，并把这一行动看作是“库拉·考帕帕毛利语运动”(Kura Kaupapa Maori[①] movement)的一个组成部分。到 1997 年为止，新西兰已经有 54 所这种学校得到了政府的认可。在这 54 所学校中不乏实施毛利语学习项目的中学，这些学校严格地采用毛利语作为教学媒介语，英语只是作为学校的一门课程，而且每周的教学时间限制在几个小时以内。在新西兰一般的公立学校也有涉及毛利语的双语教学和浸没式教学。于是，到 1998 年为止，新西兰有 3 万多儿童在 472 所

① “Kura Kaupapa Maori”是毛利语词汇，意思是“毛利语浸没学校”行动计划。

不同的学校接受某种形式的以毛利语为教学媒介语的教育。

费什曼 1991 年在其专著中写道：那时，库拉·考帕帕毛利语运动的规模还很小，一般学校的毛利语教学规模都是本校最小的。从那之后，新西兰毛利语的教学取得了很大的发展。但是，费什曼担心，这些语言教学并不能改变毛利人在家庭和社区所使用的语言模式，而只是简单地给儿童输送了一些有关毛利语的被动知识。费什曼早在 1989 年的文献中就表达了这种担忧：即使这些语言教学项目取得了发展，它们仍然难以恢复自然的语言代际传承。

R. 本顿和 N. 本顿(Benton and Benton 2001)于 2001 年对新西兰未来 10 年毛利语的发展状况进行过调查。在 1996 年新西兰的人口普查中，有一半声称自己懂得毛利语的人现在都在 25 岁以下，这个数据说明了新的毛利语教育项目的效果。但是，似乎很少有儿童会在自己的日常生活中使用毛利语，他们除了掌握了一些直接与学校生活有关的毛利语外，毛利语的读写能力则毫无进步。由于新西兰政府的公共部门受到越来越多的压力——要求它们提供毛利语版本的文件和使用毛利语的服务，于是，这些部门才使用了毛利语。除此之外，我们很难发现任何表明毛利语在工作中使用的证据。总之，R. 本顿和 N. 本顿对毛利语的未来还是感到“黯然”。

20 世纪 90 年代末，新西兰政府在制定毛利语的政策方面取得了许多重要的发展，R. 本顿和 N. 本顿并没有提到这些。从 1997 年开始，新西兰毛利人事务部下属的语言规划小组制定了一系列有关毛利语的工作文件，然后把这些文件呈送给新西兰内阁。结果，新西兰政府同意了毛利语政策的五个目标：提供更好的毛利语学习机会;提高人们使用毛利语的水平;增加毛利语的使用机会;加强毛利语的培育和现代化;改善人们对毛利语的态度。1998年,这些目标变成了新西兰政府和非政府机构发展毛利语的行动指导纲领。此外,人们继续给新西兰的电台和电视台施加强大的压力,要求它们提供毛利语节目。尽管语言复活运动被认为是阻止语言转用的基础,而新西兰教育和政治方面的共同努力尚未使 202
毛利语复活,但是,它们的共同努力会对毛利语的新生和毛利语的地位产生重要影响(Spolsky 2003)。

12.1.2.2 美国的少数族群语言:西班牙语、纳瓦霍语和依地语

费什曼(1991)把纳瓦霍语、西班牙语和依地语作为美国少数族群语言的三个例子加以描述。事实上,这些语言不止是三个语言案例。因为世俗依地语(secular Yiddish)和极端正统派(ultra-orthodox)依地语即海来第派(Haredi)[①]依地语是两种不同的语言案例。另外,根据西班牙语的母国和西班牙语现在所使用地区的情况,各地使用的西班牙语内部之间也存在着很多差异[②]。

美国2000年的人口普查表明,美国有3500万的西班牙裔美国人(Hispanics)或美国的拉美裔人(Ladinos),他们是2000万的墨西哥人、350万的波多黎各人、120万的古巴人和1000万来自其他拉美国家的人。具体而言,西班牙语使用者(5岁以上)占美国

① 海来第是指严格遵守犹太法律的传统形式、排斥现代世俗文化的各正统犹太教派成员,其中许多人不承认现代以色列国为精神权威。

② 由于受当地语言、文化等因素的影响,西班牙使用的西班牙语与美洲各国使用的西班牙语在语音、词汇和语法上都存在一些差异。

人口的10%,其中很大比例的人口聚集在新墨西哥州、得克萨斯州、加利福尼亚州、亚利桑那州、佛罗里达州、内华达州、纽约州和新泽西州。西班牙语是美国除英语之外的主要语言。然而,费什曼(1991)说得很清楚,我们不能把所有的西班牙语使用者都认为是单一的民族文化体(ethnocultural entity)。墨西哥裔美国人主要集中在美国西南部,分布于美国的上、中、下各个阶层:有早在西班牙殖民统治时期就处于美国上层社会的墨西哥裔美国人;也有处于美国中下层社会的墨西哥裔美国人。处于美国中下层社会的墨西哥人或居住在乡村,或居住在城市;或是合法来美,或是非法来美;他们一般都是年纪较大,而且是最近才移居美国的。波多黎各人主要定居在从波士顿到首都华盛顿的美国中心城市。他们大多是新来的移民,普遍都贫穷。古巴人大多居住在美国南方的佛罗里达州,他们家庭殷实富裕,属于美国的中产阶级。其他来自加勒比海、中美洲或南美洲的族群(如波多黎各人)大多是最近才移民来的,普遍比较贫穷。所以,他们中的多数人(古巴人除外)都要遭受别人的歧视——他们被看成是"有色人种"(people of color)。

美国西班牙语的使用者人数在增加,但是在这些人当中懂得英语的人数也在相应地增加。如果没有持续不断的移民来到美国,美国西班牙语的使用人数就会出现急剧地下降。多数西班牙裔美国成年人都能流利地使用英语,但是,儿童的英语水平则根据他们在美国属于第几代以及家庭所居住的城市等情况而有所不同。美国的西班牙语社区很少采取任何行动来提高本社区成员西班牙语的读写能力,美国西班牙语的语言维持主要是依靠民权而产生的有关双语教育的项目。所以,费什曼(1991)总结道,美国西班牙语的维持依赖于连续不断的西裔移民的到来。

10 年后，加西亚、莫林和里弗拉（Garcia, Morin and Rivera 2001）研究了美国波多黎各人的语言使用情况。他们发现，尽管许多波多黎各裔美国人在语言使用方面已经转向了英语，但是该族群并没有在社交和文化方面融入美国社会，他们依然被打上了少数族群的烙印，并不断遭受歧视。纽约的许多中小学都提供了双 203 语教学项目，在学习西班牙语的学生中，许多学生事实上是第二代和第三代波多黎各移民。尽管这些语言教学项目为这些学生提供了弥补语言丧失的机会，但是，波多黎各人社区对此项目的语言态度似乎不是很支持。

西班牙语不光是美国最大的少数族群语言，而且，也是美国境内一些老牌强势语言（例如，法语和德语）的一个代表。这些语言在美国独立前就被这里的人所使用，而且，这些语言后来随着来美移民的到来而扩大。为了研究语言转用的扭转情况，费什曼（1991）选择的第二种语言是纳瓦霍语。纳瓦霍语代表了美国的原住民语言（autochthonous languages）或土著语言（indigenous languages）。该语言是所有美国本土语言中使用人数最多的一种。鉴于纳瓦霍语有大量的使用者，而且纳瓦霍语主要集中在美国西南部与外界相对隔绝的广袤的保留地上，本来这为本土语言的保持提供了最好的机会，人们都指望这会有效果，但是到 20 世纪 80 年代末，纳瓦霍民族却有一半的人已经不再说纳瓦霍语了。

根据美国 1990 年的人口普查结果，美国有大约 22 万的纳瓦霍人，其中 15 万人居住在印第安人保留地内。在第二次世界大战前，纳瓦霍人的英语知识非常有限。但是到 20 世纪 70 年代中期，大多数纳瓦霍人掌握了双语,而约10%的纳瓦霍人已经只懂得英语一门语言了。学校也是这种情况,以前在上学的儿童中有相当比例的学生是把纳瓦霍语作为自己的强势语言。但是,后来越来越多的学生在来上学之前就已经有过使用英语的经历,而他们的纳瓦霍语水平却非常有限(Spolsky 1975)。

纳瓦霍语的读写教育只得到了一些教堂和几所纳瓦霍人所控制的双语学校的支持。纳瓦霍语学校可以分成三种类别:第一类是寄宿学校,它由美国联邦政府印第安人事务局(Federal Bureau of Indian Affairs)所控制。第二类是公立学校,它由地方政府所掌管,确切地说是由四个州(即亚利桑那州、新墨西哥州、科罗拉多州和犹他州①)的教育局中的一个负责。第三类是独立学校(independent school),它们是根据与美国联邦政府签署的合同而建立起来的,由当地学生的家长来控制。纳瓦霍民族的部落委员会不直接管理教育。纳瓦霍保留地的学校从一开始就制定了强硬的英语政策。如果说对于纳瓦霍语在学校的使用有点容忍的话,那只是微乎其微的容忍(McCarty 1998)。在20世纪70年代,由于《双语教育法》第7款的支持,有些学校提供了临时的双语教育。一些根据合同建立的学校(即独立学校)则恰到好处地制定了更加严厉的纳瓦霍语浸没教学计划。

李和麦克劳林(Lee and McLaughlin 2001)在描述从纳瓦霍语到英语的语言转用时使用了"悲观的甚至是致命的"之类的词

---

① 因为美国的纳瓦霍语主要集中在这四个州内,这四个州被称为四角落州(Four Corners)。

语，为此他们做出了道歉。1992 年，在美国的"启蒙计划"（Head Start program）①中，有一半的纳瓦霍儿童是英语使用者。而到了第二年，在这些幼儿园的纳瓦霍儿童中仅有不到三分之一的儿童能够流利地使用纳瓦霍语。当时只有少数几所学校还提供以纳瓦霍语作为教学媒介语的教育，其他学校则依然把纳瓦霍语作为一门课程来教，然而，这些课程在面对州级考试要求的压力时也被迫退出了历史舞台。"纳瓦霍人部落委员会"曾经是一个纯洁纳瓦霍语的保护地，可是现在，人们在这里开会时却混合使用英语和纳瓦霍语两种语言，而且，在委员会会议上，英语成了他们主要的工作语言。 204

20 年前，纳瓦霍语在独立学校的地位似乎是最强势的，可是，现在甚至在独立学校，纳瓦霍语的教学数量和质量都已经下降。尽管最近的各种研究（McCarty 2002；Spolsky 2002b）都认为扭转纳瓦霍语向英语转用的现象还是有可能的，但是，现在还没有任何迹象表明美国正在朝这个方向开展有力的行动。

在上述两个语言案例中，扭转语言转用的努力都收效甚微。美国境内的西班牙语使用者和纳瓦霍语使用者似乎都没有动机或能力来促使语言管理发挥作用，尽管这些语言管理也许可以确保这些语言的未来。然而，美国西班牙语使用者的政治影响开始在

① "启蒙计划"是美国联邦政府"健康与人类服务部"发起的一个项目，为美国低收入家庭 3 至 5 岁的小孩提供教育、健康、营养和父母参与的服务。该计划起始于 1965 年，1981 年通过了《启蒙计划法》（*Head Start Act*），到 2005 年年底为止，美国有 2200 万以上的学龄前儿童参加了该项目，57％是 4 岁以上（包括 4 岁）儿童，43％是 3 岁以下（包括 3 岁）儿童。

美国得到认可，这是显而易见的。例如，据最近的报道，竞选美国公共事务办公室的候选人要用西班牙语进行各种大型演讲，而且，美国当初的共和党政府没有扭转《13166号总统行政命令》的最明显理由是他们担心一些州的语言少数族群的投票，因为这些州的选民在观点上总是摇摆不定。这些州包括加利福尼亚州、亚利桑那州、佛罗里达州和得克萨斯州。尽管这些州有了政治权力，但是，他们尚未动用这些权力来为语言维持提供服务。

费什曼(1991)所选的第三种美国语言是依地语，它是美国独立后移民语言的一个代表。像美国的许多其他移民语言(例如，荷兰语或瑞典语)一样，美国的依地语也不能指望在新移民当中得到加强。由于纳粹曾经对东欧绝大多数的依地语使用者进行了大屠杀(这些依地语使用者创建了东欧民族文化的语言基础)，以及由于苏联从20世纪30年代到80年代末一直对本国的依地语进行压制，世界各地依地语的现状更是令人担忧(Fishman 1991:193)。美国有两个截然不同的依地语社区。第一个主要是由外国出生的依地语移民以及他们的后代所构成的社区，社区中的成员现在大都使用英语。在这一社区中有一小部分世俗依地语的使用支持者，他们积极保护依地语及其文化。第二个社区是由极端正统派(即海来第派)犹太人所构成的社区。该社区人口达到15万左右，他们在语言维持方面的自我意识更弱，但是在语言维持方面的成就却更大。犹太教哈西德教派(Hasidic groups)的成员在依地语的保持方面尤其突出，他们在家庭、学校和社区都积极地使用依地语，并把依地语作为一种保持自己特色和体现与外人差异的工具。

205 在美国，几乎所有的依地语使用者(包括哈西德教派成员)都懂得英语,也使用英语。在非宗教人士看来,用依地语撰写的文献非常丰富,尤其是 19 世纪用依地语撰写的文献更加丰富,这些文献都是人类重要的财富。所以,有些人在努力地保护和传授这些文献。对于海来第派依地语使用者来说,只有用希伯来文书写的宗教文本才是重要的。于是,教授女孩依地语的教学项目需要特别小心,以免在教学中碰上世俗文献。该社区的每个部门都遵守自己的语言政策,它们为男孩和女孩设立了不同的学校,这些学校为哈西德教派的小孩提供教育。对于男学生来说,这意味着他们要把一天的大部分课堂时间花在学习传统的和宗教的希伯来语文本和阿拉米语文本上,而课堂的教学媒介语是依地语。在每天的最后几个小时中,他们要学习一些与宗教无关的课程,这些课程是用英语进行的。对于女学生来说,她们无须学习同样的宗教文本,因此,她们有更多的时间花在用英语进行教学的宗教之外的课程,不过,她们也要接受正式的依地语教学。这两种依地语社区(Fishman 1991:215)在语言意识形态和生活风格上是完全隔离的。

费什曼(2001)后来对依地语的扭转语言转用现象进行了后续研究。尽管从 1991 年到 2001 年的 10 年中依地语的语言流失现象一直持续不断,但是,有关支持世俗依地语的活动却一直从未间断过。各种有关依地语的文化活动、语言读写活动和辩论活动都表现了一个群体从语言意识形态上对依地语的不断支持,这一群体虽然人数不多,但是影响很大。同时,一些年纪更轻的人也愿意继续学习(甚至使用,但这更少见)依地语。相比之下,美国海来第派依地语的使用人数在不断地增长,现在估计海来第派依地语的使用人数接近 30 万。由于极端正统派犹太人可以与其他群体的犹太人通婚，这必然会导致极端正统派犹太人对其他群体的犹太人产生影响。所以，在犹太人的群体中极端正统派犹太人的显著性和重要性可能还在继续增强。极端正统派犹太人的宗教书籍和社区报纸也开始注重培养人们的依地语读写能力。费什曼(2001：98)认为，在他所研究的所有语言中，极端正统派依地语的"胜利"证明了扭转濒危语言转用的活动是有效性的，也是可能的。

从本质上说，上述三种语言案例都证实了一些费什曼(1966)以前所制定的有关美国少数族群的语言忠诚和语言维持原则。尽管源源不断的移民可以弥补美国少数族群语言的正常流失，但是，仅仅靠这种语言使用者的数量是难以保证长期的语言维持的。虽然地理位置的相对隔绝对于语言的维持能起作用，但是其效果在现代社会里却越来越小。虽然从语言意识形态上强调语言中心论的行为可以使语言维持问题经常处于显著位置，但是，它也无法阻止语言的转用。除非语言成了民族或宗教运动中的一个核心问题，并成功地获得了政治权力，否则语言运动不可能取得成功。语言分裂运动(separatist movement)不仅要有语言的内容，而且也
206 要有一个愿意把自己的生活与现代社会的许多特点隔离开来的社区，同时，该运动还需要得到语言意识形态方面的支持(如果得到了宗教意识形态方面的支持就更好)。只有满足了这些条件，语言分裂运动才有希望建立一种与外界隔离的模式。这种模式可以让少数族群语言免遭因少数族群同时使用外部世界的强势语言所带来的干扰，从而使少数族群语言保持自己的独特性和安全性。

12.1.2.3 澳大利亚的土著语言和移民语言

费什曼(1991)在其书中所选的案例几乎都是有关语言问题的

案例。尽管这些语言都是某些具体国家的少数族群语言，但是，该书中有一章与众不同，它通过描述一个国家中两类不同的族群语言来改变其关注焦点。这个国家就是澳大利亚，两类族群语言就是指澳大利亚的土著语言和第二次世界大战后澳大利亚的移民语言。这个章节描述了以澳大利亚这两类语言为代表的各种语言活动。之所以决定把这两类语言放在一起描述，是因为这便于用一种非同寻常的方法把各方（包括族群社区、外语教师、英语教师、语言扫盲教师和语言学家等）的语言利益整合在一起。例如，这些语言利益成功地影响到澳大利亚于 1987 年制定的国家语言政策（Lo Bianco 1987）。该政策的制定反映了澳大利亚人口模式的转变：到 1990 年为止，每 12 个澳大利亚人当中就有 1 个人在家不使用英语。

众所周知，在欧洲人和澳大利亚本地的土著人相互接触的最初 150 年中，前者对后者进行了毁灭性的打击，从而造成了一个悲剧故事。澳大利亚土著人的数量从当初的大约 25 万人减少到后来的大约 8 万人[①]。尽管在过去的 50 年里，澳大利亚土著人的状况和待遇都有所改善，但是费什曼（1991：254）发现，“澳大利亚土著人的生活仍然具有以下部分特点：他们在酗酒、疾病、歧视性的拘留和逮捕、失业、自杀以及其他有关个人和族群的孤立指数等方面都是比例最高的”。在欧洲人与澳大利亚土著人刚接触的时候，

① 作者这里使用的数字与通常所见似乎不符。1788 年，当英国殖民者开始移民澳大利亚时，估计澳大利亚当时有土著人 75 万左右。1933 年，土著人在澳大利亚的人数仅存 7 万人左右。到 2006 年，种族歧视政策停止了多年后，澳大利亚土著人总数约为 45 万，占澳大利亚总人口的 2.4%。

这里的土著语言可能有大约270种，但是，现在这里的土著语言有80%处于要么消亡，要么只有不到100个使用者的境地。在澳大利亚的土著语言中使用者超过500人的语言只有18种。因此，对于澳大利亚大多数的土著语言来说，人们现在可以做的主要语言活动似乎只是记录和分析从最后几个残存的语言使用者当中收集到的所有语言数据。尽管澳大利亚依然存在着土著人的代际社区(intergenerational community)，但是，总体来说，由于澳大利亚土著人重新安置政策①的实施以及澳大利亚土著人恶劣的居住条件，所以，他们扭转语言转用的活动实际上并不存在。澳大利亚的土著人一般都居住在远离城镇和城市的地方，从而形成自己的社区。现在澳大利亚有一小部分的土著人社区开始为全国3%—4%的土著人营造更多的支持土著语言的环境。例如，它们现在已经有了几个以社区为本的成人语言扫盲项目。此外，这些社区还建立了几所独立的强调文化(但未必强调语言)的土著人学校以及
207 几所专门教授土著语言的学校。它们还有一些用土著语言广播的电台。费什曼(1991:277)总结说，“几种幸运的土著语言(说幸运是因为它们被政府仁慈地忽略了)”或许可以幸存下来，因为它们还有代际间的母语传承习惯。但是，从根本上讲，澳大利亚曾经是

① 重新安置政策(resettlement policy)是指，从1880年至1960年，澳洲政府以改善土著儿童智力为由，把土著儿童强行安置到抚养机构或白人家庭中，并销毁土著儿童父母的数据，以防止他们寻找原来的亲人。估计有超过10万儿童被强制安置，但确切数字无法统计。这批被重新安置的儿童被称为“被偷走的一代”(the Stolen Generation)。为此，澳大利亚自1998年起将每年的5月26日定为“国家道歉日”(National Sorry Day)，以纪念历史上澳洲政府对土著儿童的伤害。

土著语言丰富的地方，现在却迅速地变成了死亡语言和濒危语言的坟墓。

澳大利亚的移民语言包括意大利语、德语、克罗地亚语、希腊语、马其顿语、汉语、越南语、俄语和希伯来语等。费什曼(1991)通过观察澳大利亚这些移民语言在第二次世界大战以后的状况发现，尽管澳大利亚移民语言的丧失速度稍微放慢了一些，但是其扭转语言转用的管理却依然无济于事。一般说来，移民都定居在城市地带，尽管第一代移民到来时他们有人口集中的优势，但是这种优势效果旋即就被社会迁徙所吞噬。于是，语言维持就再也不能依靠左邻右舍的相互接触来得到实施，而只有通过偶尔造访民族商店、民族学校、民族俱乐部、民族教堂、民族家庭和同族朋友来得到实现。不过，以前澳大利亚有许多获得社区支持的民族学校(ethnic school)，学生及其家长可以在每天放学后或周末相聚在一起。20 世纪 80 年代，澳大利亚有超过 6.5 万的学生在 1200 所这类学校中学习，学生在学校学习不同的语言，其总数达 51 种之多。澳大利亚政府还提供资金用于支持这些学校。但是，当时的人们并不清楚提高学生的移民语言水平除了可以作为民族间的识别标记外还有什么其他的作用。另外，澳大利亚还有大约 50 所由社区主办的全日制学校，这种学校的赞助往往都是来自宗教机构。这些学校的课程都包含了社区语言的教学：在天主教学校有意大利语、德语、波兰语、西班牙语、葡萄牙语和越南语的教学；在东正教学校有希腊语的教学；在犹太教学校有依地语的教学。政府的各种政策使得澳大利亚教授外语和社区语言的势头有增无减。尽管澳大利亚有用社区语言播报的无线广播和电视节目，但是它们的影响力似乎还不大。费什曼(1991:277)总结说,澳大利亚为支持新移民的语言而制定的语言维持政策“积极但无效”。

费什曼在后来的书中把土著语言和移民语言分开来进行处理。楼必安可[①]和莱德文(Lo Bianco and Rhydwen 2001)在赞同费什曼这一做法的同时注意到,在几百上千种不同的土著语言中还存在许多语言变体,要对这些语言做出一个概括性的描述是很难的。他们认为,这些语言的使用者生活在多语言和多方言的复杂社区中,这种语言生态与西方社会的主流生态大相径庭。如果按照费什曼提出的模式,那么这一现象就会带来许多问题。在澳
208 大利亚,大约20种语言还具有很强的生命力,因为它们还有代际间的语言传承,而且,它们是社区的主要语言;50—60种语言的生存受到威胁,因为它们没有了代际间的语言传承;170—180种语言已经没有了流利的使用者,甚至没有稍微流利的使用者。语言流失现象严重,健康语言的数量到了下一代就要减半。在过去的10年里,相关人员做过许多有关语言方面的大众调查,但是,没有一篇调查报告曾经引起政府的注意从而制定一个连贯的或者切实可行的语言政策。

尽管澳大利亚的多数土著语言似乎难以挽救,但是澳大利亚依然还有许多语言维持和语言复活的计划在实施中。在澳大利亚东北部的阿纳姆地区(Arnhem Land),约有6000人使用约尔古—马塔语(Yolngu Matha),这是当地一组方言的总称。尽管这类语

① 楼必安可祖籍意大利,是澳大利亚墨尔本大学教育学院教授,他主要研究语言政策、识字规划(literacy planning)、双语和多语教育。

言在当地属于强势语言，但是，在这一地区的许多地方，约尔古的儿童现在都改说图瓦亚语(Dhuwaya)。图瓦亚语是一种以古玛基语(Gumaji)为基础的通用语(koine)，而古玛基语则被当地人用于翻译《圣经》和进行学校的双语教育项目。在澳大利亚的其他地区，土著语言的使用情况也是大同小异：共同语开始取代部落语，有的时候还出现某些地区学校教授非本地区土著语言的现象。另外，这些土著语言本身也都在不停地变化着：儿童使用的沃尔皮利语(Warlpiri)①和蒂维语(Tiwi)的变体都有受到英语影响的迹象。澳大利亚的两种克里奥尔语——穿越澳大利亚北部的克利奥尔语和横跨托雷斯海峡(Torres Strait)②的克里奥尔语，都被广泛地应用于当地学校的教学，并成为了当地人的共同语。澳大利亚至少有四个语言案例可以说明人们为这些语言的复活而付出的努力在某种程度上说是成功的。楼必安可和莱德文(Lo Bianco and Rhydwen 2001:418)总结了澳大利亚目前的语言状况，他们说这些以及其他旨在加强澳大利亚土著语言的计划都遇到了当前全球竞争和“经济理性主义”(economic rationalism)③语言意识形态的挑战。

通过观察澳大利亚移民语言的发展，克莱恩(Clyne 2001:

① 沃尔皮利语是澳大利亚北部的一种土著语言，使用者约2800人。

② 托雷斯海峡是澳大利亚昆士兰州北端与新几内亚岛之间的海峡，连接阿拉弗拉海与珊瑚海。

③ “经济理性主义”语言意识形态在语言社会学中指重视语言的交际(工具、经济)功能而忽视语言的文化(种族和艺术)功能，如强调语言的统一及标准。这是语言一元(或单元)化主义的典型形态。

364—365)发现,1986 年和 1996 年的两次人口普查都证实了澳大利亚的所有移民族群转用英语的比例与日俱增。过去,澳大利亚还有一些代际语言维持的迹象,但是,现在的总体情况正如费什曼所预言的那样,澳大利亚社会的流动和人口的分散都正在打断"社区—家庭—邻居"之间的连接。尽管澳大利亚民族社区的学校还在继续维持代际语言,但是,这类学校每周只提供 2—3 小时有关这种移民语言的教学。澳大利亚的宗教私立学校继续支持各种社区语言。但是,澳大利亚公立学校的外语教学并不鼓励移民的语言维持:事实上,澳大利亚的国家教育考试委员会想出了多种方法来减少移民学生对家庭语言的了解,所以,这些移民学生在使用自己的家庭语言方面与其他学习该语言的学生相比并没有任何优势。虽然澳大利亚用移民语言进行广播的现象还在继续,而且还有增加的趋势,但是,澳大利亚的语言政策却有所改变。1987 年澳大利亚的国家语言政策就包括了支持社区语言维持和发展的内容。随后的语言政策在本质上把国家对社区语言的支持下放到各个州,每一个州都会支持本州的重点社区语言。1994 年,澳大利
209 亚的一项新的语言政策把重点移民语言转向了日语、印度尼西亚语、汉语和朝鲜语,因为澳大利亚政府认为这些语言对澳大利亚的经济发展非常重要。总而言之,克莱恩(Clyne 2001:388)总结道:"尽管澳大利亚为语言维持和推迟语言转用提供了许多机会,但是,澳大利亚扭转语言转用的范围并不广泛,成果也不明显。"

12.1.3 严重濒危的语言

费什曼在 1991 年的书中研究了 12 种语言。后来,费什曼

(2001)又添加了另外5种语言的研究，它们是墨西哥中部的奥托曼基恩语、南美洲的盖丘亚语、尼日利亚的欧克语、孟加拉湾几个岛屿上使用的安达曼语和日本的阿依努语。由于扭转这些语言转用的努力比起其他语言来说更不为人们所知，因此这些语言的研究为人们提供了了解这些扭转语言转用活动的大概情况，同时，也描述了这些更加濒危的语言目前所处的状况。

首先，我们要恰当地界定什么是濒危语言。当然，假如我们接受美国的唯英语运动的观点，那么，世界上没有哪种语言不处于濒危的状态。此外，按照奈特尔(Nettle 1999)的看法，世界上任何一个在地理上孤立的社区只要能够在经济上自给自足，并在生态上没有危险，社区的人数在150以上，那么这个社区所使用的语言在短期内可能都是安全的。现在世界上有600种语言(这大约是当今世界语言总量的十分之一)的使用者人数不到150人，这些语言可能是最濒危的语言。根据奈特尔的计算，世界上所有语言使用者的中位数(median number)是5000人。假如我们认为语言的使用者达到1万人才足以保证该语言在中期(in the medium term)内的安全，那么，世界上60%的语言都将在这一时期内消失掉。假如按照奈特尔的观点，即保证语言的安全需要一个更加现实的语言使用者数字——10万，那么世界上80%的语言将会消失。如果把语言的安全线设在100万人，那么世界上95%的语言将会消亡，这些语言包括北美、中美、澳大利亚、巴布亚新几内亚、太平洋以及南美洲所有的土著语言。

对盖丘亚语的分析有助于我们检测上文提到的这种推测。据报道，有3个国家的盖丘亚语使用者人数都超过了100万人的安全线。这3个国家是秘鲁(440万人)、厄瓜多尔(220万人)和玻利维亚(160万人)。另外,阿根廷(12万人)、智利(0.4万人)和巴西(几百人)也有盖丘亚语的使用者(Hornberger and King 2001)。所以,从数字的角度来看,盖丘亚语似乎是安全的。但是西班牙征服者和殖民者给予盖丘亚语使用者极低的社会和政治待遇,这些行为降低了盖丘亚语的地位,并促使了盖丘亚语使用者逐渐地向西班牙语转用。例如在南美洲的许多地方,那里的土著人逐渐地被卡斯蒂利亚化了(Castilianized)[1]。当厄瓜多尔、秘鲁和玻利维
210 亚在19世纪初从西班牙的殖民统治中获得独立时,它们都继续认可西班牙语为本国的强势语言,忽略或压制本国的土著语言和土著文化。近年来,南美洲土著人的政治运动有所增加,这些运动迫使当地各国政府采取措施以支持语言维持行为。在秘鲁,盖丘亚语单语使用者的百分比从1940年的31%下降到1982年的11%,而西班牙语单语使用者的百分比从1940年的50%上升到1982年的70%多。由于盖丘亚语的使用领域逐渐被西班牙语所代替,所以盖丘亚语的使用人数也在逐渐但稳定地减少。当然,西班牙语代替盖丘亚语的模式因国家和地区的不同而不同,各地盖丘亚语也存在很大的差异性(《民族语》杂志就认可了47种不同的盖丘亚语)。

霍恩博格和金(Hornberger and King 2001)追溯了各国为扭转语言转用而付出的种种努力:有些国家设立了通过收集"纯洁

---

① 卡斯蒂利亚是西班牙的中部地区,位于伊比利亚半岛的中央高原,旧时为独立的西班牙王国。这里的人说卡斯蒂利亚语。

的”盖丘亚语例子来提高盖丘亚语培育能力的项目；有些国家成立了鼓励年轻人使用盖丘亚语的劝说团；有些国家为了减缓公民在家不用盖丘亚语而使用西班牙语的发展趋势而采取了许多应对措施；许多专业机构为了提高人们盖丘亚语的读写能力而忘我地工作；一些公立学校或社区管辖学校都曾经想方设法保持盖丘亚语及其文化；盖丘亚语偶尔也突破传统的社区使用范围而用于某些工作领域；有些国家的政府服务部门（例如，秘鲁的医疗诊所）也提供盖丘亚语的服务；有些国家的地方大学和国际性大学把盖丘亚语列为学校的一门学术课程来教。此外，有些国家也支持在非盖丘亚族群中举行的盖丘亚语推广运动以及一些跨国的盖丘亚语推广项目。然而，霍恩博格和金对盖丘亚语发展的结论是，现在的环境对盖丘亚语的长期生存不利。

奥托曼基恩语是在墨西哥中部使用的一种语言，该语言在过去的一个世纪里遭受了严重的语言流失，它的使用人数和使用范围都减少了（Lastra 2001：147）。墨西哥 1990 年的人口普查显示，奥托曼基恩语有 28 万使用者，其中包括只使用奥托曼基恩语的单语人和不只使用奥托曼基恩语的双语人。相比之下，墨西哥 1980 年的人口普查结果表明，奥托曼基恩语有 30 万使用者。拉斯特拉（Lastra 2001）认为，用西班牙语进行教育是造成奥托曼基恩语使用者语言转用的主要原因。此外，他认为另一个主要原因是国内人口结构的变化，例如，村民的迁徙、西班牙语使用者的迁入与迁出（迁往城市地带）都影响了奥托曼基恩语的维持。总体而言，奥托米人低下的经济地位减少了他们举行扭转语言转用活动的机会。事实上，奥托曼基恩语在墨西哥的许多地区已经灭绝。墨西哥传统的语言政策是歧视本国的土著语言,尽管自1964年开始,墨西哥政府名义上支持临时性的双语教育,但其重点是放在临时性上。1986年,墨西哥建立了一个旨在扭转语言转用的语言学院,该语言学院为成年人提供奥托曼基恩语的教学,赞助奥托曼基恩语的歌咏比赛,并为一些双语学校提供咨询服务。

211 欧克语是尼日利亚大约500种语言中的一种。尼日利亚有一个村庄使用着该语言,与其相距3公里外的一个邻村也使用着该语言。不过,这个村庄有一个特点:当地村民都非常积极地保护着当地的语言和文化(Adegbija 2001:288)。这个村的村民还使用其他语言,包括艾比拉语(Ebira)[①](该语言用于跨族婚姻的人群)、约鲁巴语(Yoruba)(该语言是牧师语言,所以用于教堂)和英语(该语言用于官方场合、当地的圣公会教堂(Anglican church)和年轻人,但不包括这些年轻人的父母)。在这个村庄里,各个年龄段的人都依然使用着欧克语,但是,从该村迁移到城市的人可能就不再使用欧克语了。掌握了欧克语读写技能的人是罕见的,尽管尼日利亚的官方语言政策要求本国的公立学校在初级教育阶段要使用学生的母语教学,但是,几乎没有任何尼日利亚的学校会遵守这个政策。欧克语只在本社区内使用,其使用者在社区之外的任何工作领域都不使用欧克语。在尼日利亚的所有本土语言中,可能只有豪萨语、约鲁巴语和伊格博语(Igbo)才享有官方语言的地位,它们也只限于尼日利亚最基层的政府部门内使用,而且,也只

① 艾比拉语是尼日利亚的一个部落语言,其英语单词也可拼为"Igbira"或"Igbirra"。

有这三门语言才能成为尼日利亚高等教育中的教学课程。总而言之，阿德基比加(Adegbija)的结论是：尽管该村庄的村民依然使用欧克语，但是对于已经迁移到城市的该村村民来说，欧克语可能意味着已经死亡。

1858 年，英国控制的印度政府在安达曼(Andaman)群岛建立流放地(penal colony)，当时该群岛上的原住民由 10 个不同的部落组成，他们使用着许多彼此有些关联的不同语言①(Annamalai and Gnanasundaram 2001:310)。由于殖民者对当地人口的屠杀以及疾病的原因，原住民的人口数量大幅度地减少。到 1951 年，原住民只剩下 23 人。1971 年，从 5 个不同的民族幸存下来的 20 个人与来自其他地方的人被一起运送到南安达曼的海峡岛(Strait Island)上。到 1998 年，这个混合人群的人口增加到 65 人。安达曼人现在使用的语言似乎是各种已经灭绝的语言变体的综合体。现在该岛上住着 7 户人家，他们形成了一个社区，并选出了自己的酋长。在这里，人们对乱伦关系和婚姻规则的概念都很淡漠。人们建房而居，政府也为他们提供衣服和独木舟。所有的安达曼人

---

① 这 10 个部落使用的 10 种语言是：卡利族语(Aka-Cari)、科拉族语(Aka-Kora)、波族语(Aka-Bo)、杰鲁族语(Aka-Jeru)、凯德族语(Aka-Kede)、科尔族语(Aka-Kol)、欧克—朱瓦依族语(Oko-Juwoi)、阿—普西克瓦族语(A-Pucikwar)、贝尔族语(Akar-Bale)、比阿族语(Aka-Bea)。Aka-是前缀，表示"语言"，其后面就是部落的名字。据英国媒体 2010 年 2 月 6 日报道，印度安达曼群岛上一名叫作波阿(Boa)的 85 岁老妇于 2010 年 1 月 26 日离开了人世，她的离开象征一个古老文明的灭绝。原来她是一个拥有 65000 年历史的古老部落(波族)的最后一个成员，同时她也是地球上最后一个会说该部落语言——波族语的人。她的去世，意味着这门拥有 65000 年历史的古老语言也跟着她一起走向了坟墓。

现在都是双语人，他们懂得母语和印地语，有几个人还会孟加拉语和缅甸语。40 岁以上的人都还能熟练地使用安达曼语。这里的儿童似乎都把印地语作为了自己的主要语言，但是，他们也还使用安达曼语。1996 年以前，这里的学校都用英语教学，但是 1996 年以后，这里的学校就开始改用印地语教学。不过，在初级教育阶段，这里的学校还是使用安达曼语作为教学媒介语。安达曼语除了在学校使用之外，在其他领域则毫无用武之地。总体上说，该社区似乎是支持语言维持的，但是语言代际传承现象正在弱化。

人们一直以来都认为日本没有种族方面的少数民族，也没有语言方面的少数民族，但是，日本近年来接受了文化多样性的概
212 念，对阿依努语重新产生了兴趣。1997 年，日本法院做出裁决，认为根据日本宪法，日本政府有责任保护本国少数民族的文化权利。于是，人们可以把这个裁决的结果应用于阿依努语的保护上 (Mather 2001)。19 世纪中叶以前，日本的语言政策一直都反对同化阿依努语。但是后来，传统的阿依努语社区四分五裂，而且，在 19 世纪末日本政府要求阿依努语社区的所有人都接受以日语为教学媒介语的教育。由于 20 世纪 80 年代中期日本出现了影响广泛的激进主义(activism)思潮，加上《联合国国际民权和政治权公约》的压力，日本政府于 1991 年认可了阿依努语为本国的一种少数民族语言。1997 年，日本废除了一个具有百年历史的法律，该法律曾经要求阿依努语社区的学校用日语作为教学媒介语。同年，日本通过了《阿依努语文化推广法》。现在有多少日本人还能流利地使用阿依努语至今还是一个未知数，也许只有 30 人，而

且，所有这些人的年龄应该都已经在 80 岁以上了。据估计，现在阿依努族的人口在 2.5 万到 5 万之间，也有人认为这个数字也许更大。日本这部新法律的通过促进了阿依努文化的推广，其中包括日本的一些语言中心举办的语言教学项目。但是，在日本的公立和私立学校并没有阿依努语的教学。另外，在学习阿依努语的日本人当中，很多人事实上并不是阿依努本族人，而是其他日本人。

我们在面对各种各样的语言状况时往往会发现其中的复杂性和丰富性，上述补充的有关扭转语言转用的一组语言案例就把这种复杂性和丰富性描述得非常清楚了。语言管理在各个语言案例中都起着不同的作用。从盖丘亚语的案例来看，在几个世纪殖民压迫下形成的社会经济状况，导致政府即使是勉强认可了最小的少数族群语言权，也不可能挽救该语言的丧失。同样，墨西哥政府对本国文化多样性的认可也似乎力度太小，时间太晚，以至于政府行为难以挽救奥托曼基恩语的丧失。尼日利亚学校在基础教育早期使用欧克语的行为对该语言的维持也许有些作用，但是，越来越多的尼日利亚人从农村移居到城市，预示着欧克语的寿命不可能很长。安达曼语案例说明，强迫人们重新定居在一个孤立的社区中也许有助于在短期内保护他们的语言身份，但是，由于这些人尚处在基本的社会经济和文化需求都难以保障的双重困境中，所以，人们难以从正面和肯定的角度来理解语言维持。尽管阿依努语濒临灭绝，但是，围绕这种语言的民族运动以及日本政府对文化多样性的认可给阿依努语的文化复活带来了一些希望，不过，阿依努语的教学依然未进入日本学校。

此外，在世界各地还有许多其他的小型语言教育项目，其中有两个美国原住民小社区就反映了这种项目的发展潜力。在美国新墨西哥州的普韦布洛村落群(Pueblo villages)，人们保持语言身份的传统由来已久，不过在最近几年，他们也面临着严重的语言丧失现象。阿可马—普韦布洛(Acoma Pueblo)村庄使用的语言是凯雷斯语(Keres)的一种变体。该社区有3000人居住在美国印第安人保留地(Reservation)内，另外还有2000人为了寻找工作而迁移
213 到城镇(Sims 2001)。20世纪初，这里的学校开始用英语作为教学媒介语。到20世纪80年代，越来越多的儿童进入了把英语作为第一语言的学校，而且，也有越来越多的儿童来自父母在家里都使用英语的家庭。1997年的一项调查显示，该村庄许多年龄在30至50岁的村民的凯雷斯语水平非常有限。近年来这里为学龄儿童举办了两个短期的凯雷斯语浸没营(immersion camp)，这些活动的举办成功增加了组织者继续以社区为本进行语言维持计划的激情和动力。

科其体—普韦布洛(the Pueblo de Cochiti)村庄是美国新墨西哥州的一个社区，该社区大约有1000人，他们使用凯雷斯语的一种方言。到1993年，只有35岁以上的人还能流利地使用该语言(Pecos and Blum-Martinez 2001)。但是，他们认为该语言是他们宗教生活中的一个重要组成部分，因而他们有强烈的动机要复活该语言。1995年，他们开始在部落的办公室教成年人如何使用该语言。1996年，他们开始为儿童举办了一个为期6个星期的暑假项目。在这些项目成功的基础上，他们制订了更多的相关计划，并把他们的语言教学经验介绍到美国联邦政府的“启蒙计划”项目

和学龄前儿童项目中去。同时，他们继续开设成人语言班，并且为学校儿童提供用该语言进行的各种午后活动。

在所有濒危语言中，哪一种语言更具有代表性呢？在过去的几年里，濒危语言基金会（Endangered Language Fund）（http://www.ling.yale.edu/～elf/grants2002.html）一直在提供小额资金的赞助以支持有关濒危语言的项目。2002 年，全世界共有 55 个申请项目，濒危语言基金会资助了其中的 12 个。尽管每一个申请项目的语言学家都能提出各自理由充足的计划，使得最终遴选出的语言项目显然存在个人的主观偏见，但是，这些申请计划却有助于阻止语言丧失的规划变得更加完善和丰满。

濒危语言基金会资助了南美洲的 5 个语言项目。第一个受资助的语言项目是高基语（Kawki）。高基语是秘鲁佳奎人（Jaqui）使用的一种语言，该语言的使用者大约有 2000 人。其中一位最年轻的能够流利使用高基语的人正在秘鲁的卡楚宜（Cachuy）为大约 40 名儿童提供高基语的教学。资助的资金用于购买他们课堂上所需要的教学材料。第二个受资助的语言项目是扎帕拉语（Zapara）。扎帕拉语是厄瓜多尔东部地处热带雨林的帕斯达扎省（Pastaza）所使用的一种语言。现在该省只有 3 个人能流利地使用扎帕拉语。该语言项目将开发教学材料以便把扎帕拉语重新介绍到帕斯达扎省 5 个社区的学校课程中去。第三个受资助的语言项目是伊基图语（Iquito）。位于亚马孙盆地上的圣安东尼奥（San Antonio）是秘鲁境内剩下的最后一个伊基图语社区。伊基图语现在大约有 150 名使用者。最近，伊基图语社区决定启动一项语言复活项目，该项目将把这些语言使用者作为语言学家来进行培训。

第四个受资助的语言项目是库鲁阿亚语(Kuruaya)[1]。库鲁阿亚语是姆杜鲁库语(Munduruku)[2]中的一个分支,而姆杜鲁库语又属于图皮语(Tupi)[3]语系。现在只有5位年长者还会使用库鲁阿亚语,但他们在自己的日常生活中也不再使用库鲁阿亚语了。该语言项目的内容是收集库鲁阿亚语的词汇和文本。第五个受资助的语言项目是查非基语(Tsafiki)。查非基语(也叫科罗拉多语)[4]是查奇拉人(Tsachila)所使用的语言。查奇拉人共有大约2000人,他们居住在厄瓜多尔安第斯山脉的西侧,分成7个社区。尽管查奇拉人的儿童还在学习查非基语,但是,查奇拉人却面临着来自
214 西班牙强势语言和文化的巨大压力。该语言项目的内容是为支持查非基语的词典编纂工作而收集资料。

除此之外,北美还有4个受资助的语言项目。第一个是马斯科吉语(Muskogee)[5]。有关人员将收集操马斯科吉语的小溪印第安人(Creek Indian)教堂里所使用的歌曲。因为教堂里原先使用的更复杂也更有意思的歌曲正在消失,取而代之的是更易学、更简洁和重复性更强的曲调。第二个是塔尔坦语(Tahltan)。塔尔

① 库鲁阿亚是巴西帕拉省(Para)的一个部落,现在只有大约115人还居住在最初的地方,库鲁阿亚语是一种濒危语言。

② 姆杜鲁库是南美洲的一个部落,是亚马孙河流域最大的部落之一,到2002年,该部落大约有1万人,姆杜鲁库语属于图皮语系,其使用者大约有7000人。

③ 图皮人是散居于亚马孙河流域的美洲印第安人,他们使用的语言叫图皮语。

④ 查非基语也叫科罗拉多语或查奇拉语,是厄瓜多尔境内的查奇拉少数民族所使用的一种语言。

⑤ 马斯科吉人是位于北美东南部的美国印第安人,他们构成了小溪印第安人同盟,他们使用的语言叫马斯科吉语。

坦语是阿萨巴斯卡(Athapaskan)[①]语支中一门严重濒危的语言，该语言在不列颠哥伦比亚(British Columbia)[②]的使用者不足100人(而且都是成人)。用塔尔坦语描述的动物故事以及称谓方式都将被收集起来。第三个是萨利希语(Salishan language)[③]。不列颠哥伦比亚的塞克维派马可(Secwepemc/Shuswap)[④]民族由17个部落组成，斯帕拉特辛部落(Splatsin)是其中的一个。斯帕拉特辛部落只剩下16个人能够流利地使用萨利希语的东部方言，而基本上可以流利地使用萨利希语的人现在只有4个，他们都是由老人培养出来的。该研究项目将开发萨利希语的词汇表。第四个是圣胡安派尤特语(San Juan Paiute)。圣胡安派尤特部落是美国南部10个派尤特部落中地处最东端的一个，它位于美国的亚利桑那州和犹他州。该部落有300名成员，其中大约只有30个人尚能流利地使用派尤特语。在儿童中，只有一个4岁小孩正在学习派尤特语。该部落制订的语言复兴计划将把传统的语言叙述内容用录像带记录下来，其中也包括短期的语言浸没营。

---

① 阿萨巴斯卡语是北美印第安语言的一支，包括南部的纳瓦霍语、阿帕切语以及存在于美洲北部的阿拉斯加和加拿大西北部的几种语言，其中许多已经消失或濒临消失。该单词也可写成“Athabaskan”。

② 不列颠哥伦比亚是加拿大西海岸的一个省，首府维多利亚，1866年建立，由温哥华岛(原英国殖民地)和大陆部分组成，该省还包括夏洛特皇后群岛。

③ 萨利希人(Salish)是居住在美国西北部和加拿大西部的沿海地区的美洲印第安部落，他们使用的语言是萨利希语(Salish)，现已基本消亡。

④ 塞克维派马可人构成了居住在加拿大不列颠哥伦比亚省的第一民族(First Nation)(即加拿大政府承认的作为行政单位而无官方地位的美洲土著印第安人社区)，其英语名称是舒斯瓦普(Shuswap)。

剩下的语言项目资助则分给了欧洲、西伯利亚和巴布亚新几内亚。费塔语(Faetar)是佛朗哥普罗旺斯语(Francoprovencal)[①]的一种语言变体,其使用者大约有700人,他们都居住在意大利南部的两个坐落在山顶上的小山村——费托(Faeto)和塞尔圣维托(Celle St Vito)。该项目将为费塔语开发一种正字法,以便让费塔语在学校获得立足点。当尤皮克—爱斯基摩语(Yupik Eskimo)[②]于20世纪30年代被引进西伯利亚的学校课程表时,该语言还被当地所有儿童作为母语来使用。当时学校的教学任务是教授该语言的读写技能。60年来,由于来自人口、社会和经济等方面的压力,以及由于正规教育和寄宿教育的影响,西伯利亚尤皮克语的使用情况发生了戏剧性的变化。现在,该地区的学龄儿童使用的主要语言是俄语,自己的民族语言尤皮克语被作为第二语言来学。而且,他们的教师自己对该语言的使用也不怎么流利。在白令海峡另一边的美国,尤皮克语的使用状况要好些。居住在圣劳伦斯岛(St. Lawrence Island)的多数尤皮克儿童依然使用尤皮克语。政治形势的变化使得白令海峡两边的尤皮克人现在可以拜访海峡对面的亲戚。虽然他们的共同语言是尤皮克语,但是如果俄罗斯尤皮克人完全用尤皮克语交流就有些结结巴巴。尤皮克语的推广

---

① 这个单词是法语(Franco)和普罗旺斯语(Provencal)的合称,但是,它包含的语言不只是法语和普罗旺斯语,它们各自还有许多变体,这些语言的使用地区主要在瑞士西部、法国中东部、意大利的西北部。

② 尤皮克—爱斯基摩语(简称尤皮克语)是尤皮克—爱斯基摩人(简称尤皮克人)使用的语言,其使用范围主要分布在西伯利亚、阿留申群岛和阿拉斯加。另爱斯基摩人也称因纽特人,爱斯基摩语也称因纽特语。

提升了它的国际语言地位，也有利于该语言名声的树立，并刺激着西伯利亚的尤皮克人学习尤皮克语。该资助的语言项目将利用以前若干年来实地调查所收集的材料编撰一本实用的尤皮克语会话书。乌唐（Wutung）是巴布亚新几内亚山当省（Sandaun）西北边陲的一个海边小村庄，它与印度尼西亚接壤。山当省是巴布亚新几内亚一个语言极其多样的省份，这里大约有 110 种语言。现在，没有任何有关这些语言的详细描述。人们只好把各种相关文本收集起来汇编成书，并将这些书稿运送到澳大利亚印制，然后把印制 215
好的书籍再运回巴布亚新几内亚，供该国的学校和一般社区使用。

从本质上说，在上述每一个语言案例中，促使语言转用的动力都是来自人口、社会经济和政治等非语言因素。我们很难看清语言管理工作除了延缓语言的最终丧失之外还能做些什么。

除了上述资助之外，濒危语言基金会还有其他类似的支持性活动。他们许诺捐赠 2000 万英镑给伦敦大学的东方和非洲研究学院（SOAS），以便建立濒危语言项目。这些项目的重点放在濒危语言的学术保护上。第一个项目的目的是培养语言档案和语言描述专业的文学硕士以及田野语言学（field linguistics）专业的哲学博士。第二个项目是为濒危语言的田野研究和语言档案研究提供资金。第三个项目是在伦敦大学东方和非洲研究学院建立濒危语言档案馆。对于从事保护语言多样性的人来说，这些项目似乎说明：语言保护只需要在档案中详细记录和保护这些濒危语言的语法、词汇和例句就足够了。毫无疑问，其中有些资助活动可以鼓励濒危语言使用者认识到这些语言的价值，但是这些活动的关注焦点是濒危语言，而不是濒危语言的使用者。

12.1.4 扭转语言转用是以语言为中心吗?

费什曼的扭转语言转用理论对于理解旨在帮助濒危语言维持的语言管理来说是意义重大的。扭转语言转用理论的发展趋势是把所有的语言政策问题都看成是一种“二选一”(dyadic choice)的问题,而且,这种“二选一”的问题往往都以弱小的大卫(David)对强大的歌利亚(Goliath)①的形式表现出来。在所有有待回答的问题中,回答扭转语言转用理论的发展趋势是其中的一个(Lambert 2002)。

另一个问题是扭转语言转用理论是否过分强调了语言和语言管理,从而分散了人们对社会因素和经济因素的注意,而这两个因素可能是有关语言转用的语言实践和语言意识形态发生变化的主要源泉。通常,人们在分析扭转语言转用问题时都会把这些关键因素作为背景提出来。但是,当这些因素在某种程度上成为扭转语言转用问题中最重要的因素时,这些因素就会使人们想到在扭转语言转用的过程中语言管理活动所存在的相对不足。

克里斯托(Crystal 2000:130)认为有六个因素是“语言复活理论的先决条件”。当他把这六个因素列出来时,他才认识到扭转语言转用理论没有过分强调语言和语言管理。这六个先决条件是:强势语言社区中濒危语言使用者日益增加的威望、强势语言社区

① 根据《圣经·撒母耳记》(上)17记载,非利士人与以色列人打仗,歌利亚是非利士族的巨人和勇士,结果他却被一个弱小的名叫大卫的以色列人(即后来的大卫王)所杀。

中濒危语言使用者财富的增长、强势语言社区中濒危语言使用者日益增强的"合法权利"、在濒危语言使用者的教育系统中具有"强 216
势的身份"、濒危语言所采纳的书写系统以及通过现代电子技术接触濒危语言的渠道。在上述六个因素中，其中只有一个因素（即所采纳的语言书写系统）通常才被看作是属于语言管理活动的范畴，其他各个因素都属于社会、经济、政治和技术方面的内容。

少数族群社区在适应现代生活的同时，为了保持自己的语言身份而进行了各种各样的成功的语言活动。于是，有人认为，扭转语言转用活动只是这些成功活动中的一部分。

关于扭转语言转用的责任依然是一个问题。有些人认为世界上存在道义责任（moral responsibility），而政府有道义责任保护语言的多样性，就像政府有道义责任保护生物的多样性一样。持有这种观点的人会毫不犹豫地更加赞同语言权的观念。但是，他们的观点现在还难以让民族国家或民族国家所建立的相关机构信服。尽管有扭转语言转用成功的案例，但是语言学家似乎更乐意从职业的角度在语言消亡以前记录下这些语言。我们必须找出语言丧失的最终责任，可是，现在的状况似乎是把这种责任转嫁给了语言的使用者。不论我们如何将语言丧失的原因与语言政策、社会因素、经济因素、宗教因素和政治因素联系起来，事实似乎说明，语言多样性的丧失与其说是语言灭绝的结果，还不如说是语言自杀的结果。

第13章　结论

13.1　模式之一:语言政策成分

语言政策就是对语言做出选择。这种选择可能是对语言中某一具体的语音语调或表达方式的选择,也可能是对语言中某一具体的语言变体的选择;这种选择可能是由个人来做出,也可能是由一个社会指定的群体来做出,还可能是由一个对这种群体有管理权的机构来做出;这种选择可能从个人或群体的语言行为(即语言实践)中找到,也可能从个人或群体的语言意识形态或语言信仰中找到;最后,这种选择可能以显性的方式表现在正式的语言管理中或权威机构所做出的语言规划里。

在语言使用领域的最底层,语言的个体使用者和群体使用者都体现了一种语言信仰:有些语言选择是糟糕的或不理想的,而其他的语言选择则是良好的或有价值的。由于儿童正在成长,并开始接触社会,因此,父母往往都希望自己的孩子学会如何区别规范语言和不良语言。一般来说,儿童的辅导教师和监管人都有责任帮助这些孩子学好语言,他们采用的方法首先是鼓励儿童使用能够被大家所理解的语言,然后是鼓励儿童使用被大家所推崇的语言。以下两种语言信仰对语言管理来说是十分重要的：一是认为语言的某种变体比其他变体更好；二是认为语言信仰可能会影响语言使用者在选择语言时倾向于更好的那种语言变体。

然而，语言实践、语言信仰和语言管理未必都是协调一致的。它们当中任何一个都可以揭示不同的语言政策。人们的说话方式、人们认为他们应该使用的说话方式以及他们认为其他人应该使用的说话方式往往都是各不相同的。从许多独立国家的语言政策来看，我们通常会发现宪法里制定的语言政策与社会中出现的语言实践存在很大的差异。另外，我们还会发现，在社会族群内部，人们对于各种语言选择的价值所表现出来的语言信仰往往是彼此冲突的。所以，我们常常会面临这样一个问题：什么是真正的语言政策？在许多国家，一方面，语言的实际使用是处于复杂的多 218
语生态中，另一方面，宪法中表现出来的语言管理却是简单的单语意识形态，人们要在这两者之间做出选择是很难的。

对于上述问题，最真实的答案存在于语言实践中。我们要观察人们实际所做的，而不是关注人们认为他们应该做的或者是别人要他们做的。语言管理在实施之前只是一个梦想，语言管理的实施在很大程度上取决于语言管理与该语言社区的语言实践和语言意识形态的一致性。

在观察一个国家或其他机构的语言政策时，首先，我们要努力了解这些国家或机构所处的复杂语言状况，包括分析这些国家或机构所使用的确认的和未确认的语言变体的现状、语言变体的性质以及这些语言变体在语言使用的人口结构、属地领域和功能分布三方面的情况。语言政策的生态研究法（ecological approach）

要求我们在研究语言政策时要超越语言本身来拓宽语言政策的研究范围，也就是说，我们要研究与这些国家或机构相关的社会、政治、民族、宗教、经济和文化等因素，我们还要研究这些因素与语言发生建设性影响的途径。经过对上述因素进行初步的分析以后，我们会发现每一种语言变体都具有其交际的价值。其次，我们要尽量地了解与这些语言变体的潜在价值(potential values)、象征价值(symbolic values)和实用价值(pragmatic values)相关的语言信仰。有了这些背景知识后，我们才能去寻找这些国家或机构制定的具体的有关语言管理和语言规划的决定，并能够质疑这些决定对语言信仰或语言实践是否产生过影响。

13.2 模式之二：语言政策环境

从语言生态的角度来看待语言政策具有两重含义：第一，这意味着我们在研究某一社区的社会语言库时，不能仅仅考虑那些被指定为官方语言的方言变体或者那些仅代表了某些具体族群的语言变体，而要考虑到该社区的所有语言变体，因为语言变体是构成社会语言库的成分。例如，大多数比利时人使用的语言既不是法语也不是荷兰语，而是一种既像法语又像荷兰语的方言。如果我们没有认识到这一事实就会对比利时学校语言和家庭语言之间的差异现象产生严重的误解。社会语言库包含了各种语言项、语言变项(linguistic variable)和语言变体。另外，社会语言库还与一些相关的非语言因素(例如，人口结构、地理位置、话题目标和社会功能)密切相关，它们形成了共存的关系。第二，这意味着我们要认识到语言政策存在于一个广泛的人类社会大环境中，这个环境由社会、政治、经济、文化、宗教和意识形态等元素构成。

如果不考虑这些环境因素，任何有关语言政策的描述都会有 219
很大的局限性。

13.3　模式之三：语言政策动力

在分析本书的各种语言案例中，我们发现四大动力（forces）与语言政策休戚相关。使用动力这个词可能给人造成故作惊人之语的印象，因为它具有严重后果的内涵。也许我们把这些动力当作与语言政策同时出现的条件来看待会更好一些。第一个条件是社会语言环境，它包括一个国家的语言数量和种类、每种语言使用者的人口数量和构成以及每种语言在语言社区内外的交际价值。在此，我们要明白一个关键要素，即实际的语言环境与通常感知的语言环境是不一样的。于是，我们会发现社会上存在这样的语言社区：它们忽视了许多被边缘化的语言变体，或者是忽视了许多被边缘化的社区成员所使用的语言变体。如果仔细分析，我们会发现许多想当然的单语社区在语言实践中却是多语的社区。

第二个条件与社区内国家身份、民族身份或其他身份的运作情况有关。在现代民族国家中，人们所感受到的国语的象征价值是语言政策中的一个关键动力，它有助于人们尝试和指导语言管理的工作。人们都期待学校教授国语，公民在公共场合使用国语。然而，同一个国家内有些民族或宗教小团体却使用着与国语不同的语言，而一个人的身份价值是与他或她所使用的语言密切相连的。因此，这些使用不同语言的民族或宗教小团体的身份价值对国语的团结力量具有阻碍作用，他们当中有许多人都想让自己所使用的语言与国语同时得到认可，或者让自己所使用的语言取代国语。以前的少数群体（不管是在数量方面的少数群体还是在影响方面的少数群体）一旦掌握了权力，他们往往就会声称自己所使用的语言具有首要地位。

假如我们按照鲍比特(Bobbit 2002)的分析，世界上可能会出现这样的情形：语言政策在对国家大事的关注方面难以与时俱进，或者语言政策对国家大事的关注会日益减少。鲍比特的研究是以战争的发展为基础的，他提出了立宪国家(constitutional state)在发展中所经过的系列阶段。16 世纪发生的"30 年战争"①导致了君主国家(kingly state)的发展，18 世纪初领土所属国(territorial state)代替君主国家，君主变成了"国家的第一公仆"。18 世纪末法国大革命和拿破仑推动了国家民族(state nation)的发展，而国家民族后来又发展成民族国家(nation state)②。国家认同是我们正在研究的语言政策的基础，它在民族国家中占据了重要地位。尽管在民族国家中，民主人士、法西斯主义者和共产主义者的观点
220 是相互冲突的，但是他们在对于语言选择必须符合国家身份的观

① "30 年战争"(Thirty Years War)指 1618—1648 年间爆发于信仰天主教的神圣罗马帝国皇帝和他的一些德意志新教地区之间的一场欧洲战争，后来演变成争夺欧洲霸权的斗争，主要参与国有法国、瑞典、西班牙和神圣罗马帝国，战争结束时签署了《威斯特伐利亚条约》。

② "国家民族"与"民族国家"的主要区别是：前者介于封建领地和民族国家之间，它没有民主、公民和民权，没有公共教育和国家军队。

点上却似乎是一致的。虽然法西斯主义失败了，半个世纪后一些社会主义国家也解体了，但是历史并没有结束，民族国家变成了鲍比特所说的市场国家(market state)。市场国家现有三种模式：第一是华盛顿模式，该模式不再关注民族主义；第二是东京模式，该模式继续培养公民的国家认同意识并将语言作为文化排他性的手段；第三种是柏林模式，该模式竭力维护民族国家的福利体系，但是，现在该模式不得不面临全球化和移民现象的挑战。鲍比特也认识到"后 9 • 11"(post-September 11)世界的变化，他注意到世界面临着来自市场国家恐怖主义者的威胁，这些市场国家是虚拟的和非领土的国家。尽管鲍比特提出的模式在某些细节方面受到挑战，但是，该模式就语言政策中影响国家利益的变化因素提出的一些问题堪称引人入胜。

第三个动力或条件与当今世界所发生的变化有关。在最近的几十年中，由于全球化和随之而来的英语浪潮，世界发生了很多变化。例如，英语正在进入几乎每一个国家的社会语言库。这种动力与功利价值观有关，因为人们通过提高交际最广泛语言(即英语)的能力便有机会获得更具有经济优势的交际网络。在最近的几十年里，这种动力的影响日益加大，从而导致了人们语言选择的余地逐渐缩小。于是，现在多数感觉到全球化影响的国家也都正在迅速地行动起来提高本国人们的英语水平，并把英语作为一种全球性语言来看待。

这种动力会对各国的语言政策产生各种各样的影响。在有些国家，英语变成了语言管理的目标，因为这些国家要通过语言管理来阻止英语的影响。而在另一些国家，英语成为了它们语言教育政策的自然目标，英语还成为了这些国家潜在的替代语言，替代那些语言培育状况没那么好的本土语言。即使英语没有影响到各国的语言管理，但它肯定影响到了各国的语言实践。

第四个条件与人们对人权和民权日益深刻的认识有关。现在人们逐渐认识到语言选择是人权和民权的一个重要部分。有迹象表明国家的自主权正在逐渐弱化。尽管国际公约和超国家组织依然尊重国家主权和领土完整，但是，国际公约的批准或超国家组织的影响不但促进了语言多元主义的价值日益升高，而且还促使大家接受对个人权和集体权的认可，这样大家都有权继续使用自己的语言。于是，越来越多的国家在宪法或影响到宪法中语言条款的法律和法规中都包含了以下内容：认可本国国语之外语言使用者所享有的语言权利，但是这些权利带有限制性。这种限制性往
221 往是指语言的使用范围：当生活在某一地区使用某种语言的人口达到一定的比例时，该语言就被认可值得拥有这种权利。这种限制性也可能是指语言使用的人口结构：土著群体比移民群体更有可能获得这种权利，但是，移民群体又比被边缘化的人（例如，客籍工人①）更有可能获得这种权利。这种限制性还可能是指语言的功能：国家有责任为本国使用其他语言的人提供获取国家服务的语言渠道，国家也有责任为本国使用其他语言的人提供用他们所使用的语言进行的教育服务。不过，国家接受前者（即提供获取国

① 客籍工人或劳工不同于移民群体是因为他们没有永久居留权，只是暂时工作。西方发达国家一般只有正规移民（技术移民），而不太接收客籍工人；中东和东南亚新兴富裕国家或地区（如中国的香港、台湾）则大量使用客籍劳工。

家服务的语言渠道)的可能性更大。至于后者(即提供用少数族群所使用的语言进行的教育服务),国家最多就是允许本国的少数族群社区为自己的成员提供用本族群语言进行的教育,条件是该社区在教授自己的少数族群语言的同时还要教授国语。

这些动力之间的关系既复杂又相互影响。在第四个动力方面,现在的人们越来越认识到:有些人还没有掌握好国家的强势语言,人权和民权需要关注这些人的语言问题。大家普遍认为,这种关注应该包括:给所有的公民教授强势语言;用少数族群的语言提供获取政府最低服务的渠道;允许语言少数族群维持自己的语言。有人认为国家有维持语言多样性的责任,就像国家有维持生物多样性的责任一样。但是,也有人认为每个人都可以自由地选择自己想使用的语言,也可以自由地选择放弃自己的少数族群语言。

考虑到影响语言政策的相关因素具有复杂性,而且这些因素会确定无疑地成为一种互相干扰的反作用力,那么,对于人们就一个简单的语言政策理论也无法达成共识这一现象也就不足为奇了。

此外,在语言政策制定中还会时时出现其他因素,但是,这些因素一般都可归入上述四大动力或条件中的一种。例如,当语言政策受到经济发展因素的驱动时,一般属于第一种情况;同样,当语言政策受到具体文字资源因素的驱动时,也是属于上述第一个条件;当由于某种恐惧而需要语言政策时,则或者属于前述第二种或第三种情况,具体要依产生恐惧的性质而定。如果是来自内部的恐惧(如担忧语言的纯洁和标准受到威胁)则属于前者,如果恐惧来自外部(如担忧全球化给本国的语言带来威胁)则属于后者。

13.4 模式之四：语言政策预测

构建语言政策理论模式所遇到的挑战是设法预测今后必须研究的各种情形。我们能提出一些假设吗？从本质上说，费什曼(Fishman 1971)所做的概括看上去无懈可击。倘若一个国家具有一种公认的大传统以及与之相关的培育成熟的语言，这个国家很可能是采用单语制的语言政策。倘若一个国家具有几种相互竞争
222 的大传统以及与之相关的培育成熟的语言，这个国家往往是多语制国家，它要尽力地解决好本国语言的使用地域或语言的使用人口问题，它要以实用为原则。倘若一个国家既没有已经建立起来的大传统也没有培育成熟的土著语言，这个国家往往会在本国树立一种国际语言(特别是英语)的地位。由于大多数弱小语言都无法形成强烈的语言意识形态来敦促其使用者保持自己的语言身份，更谈不上要求大家以社会孤立和经济封锁为代价来保持自己的语言身份，所以，大多数弱小语言都无力鼓励自己的使用者不要转用身边更强势的语言。

在上述所有情形中，我们在语言管理方面是否取得成功，将取决于语言管理与以下几个方面的协调性：语言状况、一致的语言意识形态或语言信仰、英语在社会语言库中的渗透程度以及最低的语言权认可程度。

13.5 真正的语言政策会有效吗？

本书的分析表明，人们在语言实践中比在语言管理中更有可

能找到语言社区中真正的语言政策。除非语言管理与语言实践、语言信仰以及其他具有影响力的环境因素保持一致,否则,宪法上和法律上明明白白写着的语言政策很可能就像一代一代的教师徒劳地敦促学生要使用规范语言的活动一样,毫无影响。

还有一种复杂的现象我们需要考虑到:同一个语言社区可能会出现好几个派系,它们各自都有自己的语言政策,而这些语言政策之间可能是相互冲突的。例如,美国有联邦政府制定的语言政策和州政府制定的语言政策,另外,还有由强大的利益集团所制定的属于他们自己的理想语言政策。有鉴于此,我们一般应该观察社会语言实践中所表现出来的语言政策,这样才有实际意义。

语言管理的现状使人不禁想到:连号称语言管理者的人都承认语言政策中理想与实际之间存在着一定的矛盾。大多数国家因为语言的选择问题可能都存在着持续不断的紧张关系,而且,对于那些要改变别人语言实践的人来说,他们也一直要面临着纷至沓来的压力。倘若语言管理工作不只是简单地记录目前的语言状况或一些理想化的却难以实现的语言事态,那么,语言管理就必须使事前的语言表现出在语言意识形态上和语言实践上都行得通的一些变化。不过,这又给我们提出了另一个重大问题——语言政策能成功吗?

13.6 语言政策能成功吗? 223

语言政策的研究者可以自然地分为两派:乐观派和悲观派。乐观派相信语言管理是可行的,而悲观派则认为语言是无法控制的。经验证明，事实似乎更倾向于后者，因为几乎没有什么语言案例能证明语言管理产生了理想的结果。相反，语言管理明显失败的例子却比比皆是。例如，扭转语言转用的活动基本上都无法阻止持续不断的语言流失现象，除非有政府权力和意识形态力量的共同管理。

我们现在来分析以下几个案例。法国人对待语言政策意志坚定，法国的语言政策实施时间很长（已有两个世纪），而且影响深远。但是，法国的语言政策却无法根除境内的边缘语言，也无法取代法国前殖民地国家的土著语言，更无法阻止英语日益强大的威胁。爱尔兰语的复兴运动长达一个世纪，而且是作为政府支持的政治活动进行的。可是，爱尔兰语的复兴运动只是成功地增加了人们对于爱尔兰语的了解，并没有推广爱尔兰语的使用。苏联严厉（甚至野蛮）的语言政策，虽然成功地传播了俄语，提高了人们的俄语读写能力，并削弱了苏联境内许多土著语言的力量，但是，苏维埃联盟的崩溃为许多加盟共和国恢复自己的语言并树立它们在本国的强势地位提供了空间。希伯来语的口语化和活力都达到了其最初的目标，但是，复活后的希伯来语相对原来的希伯来语特性有相当的改变，而且，希伯来语的复活是以丧失其他语言为代价的，这种代价成本很高。许多前殖民地国家曾经努力地把土著语言提升为本国的官方语言，但是，这种努力却越来越成问题。在那些有大规模移民的国家，因未能制定出认可新出现的社会语言状况的语言政策，而导致了许多严重的社会问题。

尽管历史上有关语言政策的记载多数都是负面的，以及人们可以认为由于语言政策的失败而导致的后果并不亚于因为经济政策的失败而导致的后果，但是，本书的目的并不是鼓吹语言政策，而只是试图弄清楚什么是语言政策以及语言政策是如何受到各种因素影响的。本书力图了解语言政策的内容和本质，并探索构成语言政策各种成分之间的相互关系。本书介绍的知识虽然不能为我们如何管理语言指明道路，但是却能帮助我们理解这样的语言管理涉及哪些方面。

参 考 书 目

Adegbija, Efurosibina, 2001, Saving threatened languages in Africa: A case study of Oko, in Fishman (ed.), pp. 284—308.

Ager, Dennis E., 1996, *Language policy in Britain and France: The processes of policy*. London and New York: Cassell.

1999, *Identity, insecurity and image: France and language*. Clevedon, England. Philadelphia and Adelaide: Multilingual Matters Ltd.

2001, *Motivation in language planning and language policy*. Clevedon, England and Buffalo, USA: Multilingual Matters Ltd.

2003, *Ideology and image: Britain and language*. Cleveton, England: Multilingual Matters Ltd.

Aikhenvald, Alexandra Y., 2001, Language awareness and correct speech among the Tariana of Northwest Amazonia. *Anthropological Linguistics 43* (4), 411—30.

Alexandre, Pierre, 1963, Les problemes linguistiques africains vus de Paris, in Spencer (ed.), pp. 53—69.

Amara, Muhammad Hasan, and Mar'i, Abd Al-Rahman, 2002, *Language education policy: The Arab minority in Israel*. Dordrecht, Netherlands: Kluwer Academic Publishing.

Annamalai, E., 1989, The linguistic and social dimensions of purism, in Björn Jernudd and Michael J. Shapiro (eds.), *The politics of language purism* (pp. 225—31). Berlin and New York: Mouton de Gruyter.

Annamalai, E., and Gnanasundaram, V., 2001, Andamanese: Biological challenge for language reversal, in Fishman (ed.), pp. 309—22.

Armstrong, Robert G., 1968, Language policies and language practices in West Africa, in Fishman, Ferguson and Das Gupta (eds.), pp. 227—36.

Arutiunov, Sergei, 1998, Linguistic monorities in the Caucasus, in Paulston and Peckman (eds.), pp. 98—115.

Aunger, Edmund A., 1993, Regional, national and official languages in Belgium. *International Journal of the Sociology of Language 104*, 31—48.

Azurmendi, Maria-Josi, Bachoc, Erramun, and Zabaleta, Francisca, 2001, Reversing language shift: The case of Basque, in Fishman (ed.), pp. 234—59.

Bachman, Ronald D. (ed.), 1989, *Romania: A country study*. Washington, DC: Federal Research Division Library of Congress.

Bamgbose, Ayo, 2000, Language planning in West Africa. *International Journal of the Sociology of Language 141*, 101—18.

Barbour, Stephen, 2000, Britain and Ireland: The varying significance of language for nationalism, in Barbour and Carmichael (eds.), pp. 18—43.

Barbour, Stephen and Carmichael, Cathie (eds.), 2000, *Language and nationalism in Europe*. Oxford: Oxford University Press.

Bartsch, Renate, 1987, *Norms of language: Theoretical and practical aspects*. London and New York: Longman.

Benton, Richard A., 1981, *The flight of the Amokura: Oceanic languages and formal education in the Pacific*. Wellington: New Zealand Council for Educational Research.

Benton, Richard A., and Benton, Nena, 2001, RLS in Aotearoa/New Zealand 1989—1999, in Fishman (ed.), pp. 422—49.

Berry, Jack, 1958, The making of alphabets, in Eva Siversten (ed.), *Proceedings of the VIII International Congress of Linguistics* (pp. 752—64). Oslo: Oslo University Press.

Bilingual Education, United States Senate, 90th Congress, First Sess. 681 (1967).

Bilingual Education Programs, House of Representatives, 90th Congress,

First Sess. 584 (1967).

Blommaert, Jan, 2001, The Asmara Declaration as a sociolinguistic problem: Reflections on scholarship and linguistic rights. *Journal of Sociolinguistics 5* (1), 131—42.

Bloomfield, Leonard, 1935, *Language*, London: George Allen and Unwin.

Bobbitt, Philip, 2002, *The shield of Achilles: War, peace, and the course of history*. London: Allen Lane, the Penguin Press.

Boneva, Bonka, 1998, Ethnicity and the nation: The Bulgarian dilemma, in Paulston and Peckman (eds.), pp. 80—97.

Bourdieu, Pierre, 1981, Structures, strategies, and habitus, in C. C. Lemert (ed.), *French sociology, rupture, and renewal since 1968*. New York: Columbia University Press.

1991, *Language and symbolic power*. Cambridge, UK: Polity Press.

2001, Uniting to better dominate. *Items and Issues 2* (3—4), 1—6.

Bourhis, Richard Y., 2001, Reversing language shift in Quebec, in Fishman (ed.), pp. 101—41.

Branson, Jan, and Miller, Don, 1998, Nationalism and the linguistic rights of deaf communities: Linguistic imperialism and the recognition and development of sign languages. *Journal of Sociolinguistics 2* (1), 3—34.

Brecht, Richard D., and Rivers, William P., 2000, *Language and national security in the 21st century: The role of the Title VI/Fulbright-Hays in supporting national language capacity*. Dubuque, IA: Kendall-Hunt.

Breitborde, Larry B., 1983, Levels of analysis in sociolinguistic explanation: Bilingual code switching, social relations and domain theory. *International Journal of the Sociology of Language 39*, 5—43.

Breton, Roland, 1991, The handicaps of language planning in Africa, in David F. Marshall (ed.), *Language planning (vol. III of Focusschrift in honor of Joshua A. Fishman on the occasion of his 65th birthday*, pp. 153—74). Amsterdam and Philadelphia: John Benjamins.

Brisk, Maria Estela, 1998, *Bilingual education: From compensatory to quality schooling*. Mahwah, NJ: Lawrence Erlbaum.

Brosnahan, L. H., 1963, Some historical cases of language imposition, in Spencer (ed.), pp. 7—24.

Bugarski, Ranko, 2001, Language, nationalism, and war in Yugoslavia. *International Journal of the Sociology of Language 151*, 69—87.

Cabantous, Alain, 2002, *Blasphemy: Impious speech in the West from the 17th to the 19th century*. New York: Columbia University Press.

Caxton, William, 1490, *Here fynyssheth the boke yf Eneydos, compyled by Vyrgyle, Whiche hathe be translated oute of latyne in to frenshe, And oute of frenshe reduced in to Englysshe by me Wyllm Caxton*. Westminster: William Caxton.

Cebollero, Pedro Angel, 1945, *A school language policy for Puerto Rico*. San Juan de Puerto Rico: Impr. Baldrich.

Cenoz, Jasone, 1998, Multilingual education in the Basque country, in Jasone Cenoz and Fred Genesee (eds.), *Beyond bilingualism: Multilingualism and multilingual education* (pp. 175—91). Clevedon, England: Multilingual Matters Ltd.

Chaudenson, Robert, 1993, Research, politics, and ideology: The case of the Comité International des Etudes Créoles. *International Journal of the Sociology of Language 102*, 15—25.

Chomsky, Noam, and Halle, Morris, 1968, *The sound pattern of English*. New York: Harper and Row.

Chumbow, Beban Sammy, and Bobda, Augustin Simo, 1996, The life-cycle of post-imperial English in Cameroon, In Fishman, Rubal-Lopez and Conrad (eds.), pp. 401—30.

2000, French in West Africa: A sociolinguistic perspective. *International Journal of the Sociology of Language 141*, 39—60.

Clayton, Thomas, 1995, Restruction or resistance? Educational development in French colonial Cambodia. *Educational Policy Analysis Archives 3* (19), 1—12.

1998, Building the new Cambodia: educational destruction and construction under the Khmer Rouge. *History of Education Quarterly 18*, 145—57.

2002, Language choice in a nation under transition: The struggle between English and French in Cambodia. *Language Policy 1*(1), 3—25.

Clyne, Michael, 2001, Can the shift from immigrant languages be reversed in Australia? In Fishman (ed.), pp. 364—90.

Coady, Maria, and Ó Laoire, Muiris, 2002, Mismatches in language policy and practice in education: The case of Gaelscoileanna in the Republic of Ireland. *Language Policy 1* (2).

Conrad, Andrew W., 1996, The international role of English: The state of the discussion, in Fishman, Rubal-Lopez and Conrad (eds.), pp. 13—36.

Cooper, Robert L., 1984, The avoidance of androcentric generics. *International Journal of the Sociology of Language 50*, 5—20.

1989, *Language planning and social change*. Cambridge: Cambridge University Press.

1991, Dreams of scripts: writing systems as gift of God, in Cooper and Spolsky (eds.), pp. 219—26.

Cooper, Robert L. (ed.), 1982, *Language spread: Studies in diffusion and social change*. Bloomington, IN: Indiana University Press.

Cooper, Robert L. and Carpenter, S., 1976, Language in the market, in M. L. Bender, J. D. Bowen, R. L. Cooper and C. A. Ferguson (eds.), *Language in Ethiopia*. London: Oxford University Press.

Cooper, Robert L., and Spolsky, Bernard (eds.), 1991, *The influence of language on culture and thought: Essays in honor of Joshua A. Fishman's sixty-fifth birthday*. Berlin: Mouton de Gruyter.

Corvalan, Graziella, 1988, Bilingualism in Paraguay, in Paulston (ed.), pp. 356—77.

Coulmas, Florian, 1990, Language adaptation in Meiji Japan, in Brian Weinstein (ed.), *Language policy and political development* (pp. 69—86). Norwood, NJ: Ablex.

1991, The future of Chinese characters, in Cooper and Spolsky (ed.), pp. 227—43.

2003, *Writing system: An introduction to their linguistic analysis*. Cambridge: Cambridge University Press.

Covell, Maureen, 1993, Political conflict and constitutional engineering in Belgium. *International Journal of the Sociology of Language 104*, 65—86.

Cowan, J. Milton, and Graves, Mortimer, 1944, A statement on intensive language instruction. *Hispania 27*, 65—6.

Crawford, James, 2000a, *At war with diversity: US language policy in an age of anxiety*. Clevedon, England: Multilingual Matters Ltd.

2002b, Comment. *International Journal of the Sociology of Language 155/156*. 93—9.

2002c, Obituary: The Bilingual Education Act: 1968—2002, at http://ourworld. compuserve. com/homepages/JWCrawford/T70bit. htm.

2002d, Section G: Programs for English language learners, in *ESEA Implementation Guide* (pp. G1—G6). Small Axe Educational Communications.

Crowley, Tony, 2000, The language situation in Vanuatu. *Current Issues in Language Planning 1*(1), 47—132.

Crystal, David, 2000, *Language death*. Cambridge: Cambridge University Press.

de Swaan, Abram, 1999, *The language constellation of the European Union*. Paper presented at the International status and use of national languages in Europe: Contributions to a European language policy, Brussels.

2001, *Words of the world: The global language system*. Cambridge, UK and Malden, MA: Polity Press and Blackwell.

Dittmar, Norbert, Spolsky, Bernard, and Walters, Joel, 2002, *Convergence and divergence in second language acquisition and use: An examination of immigrant identities in Germany and Israel* (Final scientific report No. Contract No. G—0500—157. 04/96 GIF). Ramat-Gan and Berlin:

Bar-Ilan University and Free University.

Djité, Paulin G., 1992, The arabization of Algeria: Linguistic and sociopolitical motivations. *International Journal of the Sociology of Language 98*, 15—28.

Dornyei, Zoltan, and Csizer, Kate, 2002, Some dynamics of language attitudes and motivation: Results of a longitudinal nationwide study. *Applied Linguistics 23*(4), 421—62.

Druviete, Ina, 1998, Republic of Latvia, in Paulston and Peckman (eds.), pp. 160—83.

Dua, Hans Raj, 1996, The spread of English in India: Politics of language conflict and language power, in Fishman, Rubal-Lopez and Conrad (eds.), pp. 557—88.

Dunayer, Joan, 2001, *Animal equality: Language and liberation*. Derwood, MD: Ryce.

Eisenstadt, S. N., 2000, The resurgence of religious movements in processes of globalisation-beyond end of history or clash of civilisations. *MOST Journal of Multicultural Studies 2*(1).

Ennaji, Moha, 1997, The sociology of Berber: Change and continuity. *International Journal of the Sociology of Language 123*, 23—40.

European Commission, 2001a, *2001 Regular report on Estonia's progress towards accession* (No. SEC (2001) 1747). Brussels: Commission of the European Communities.

2001b, *2001 Regular report on Latvia's progress towards accession* (No. SEC (2001) 1749). Brussels: Commission of the European Communities.

Eurydice, 2000, *The position of foreign language in European education systems 1999/2000*, from http://www. eurydice. org/Documents/langues.

Evans, Stephen, 2002, Macaulay's Minute revisited: Colonial language policy in nineteenth-century India. *Journal of Multilingual and Multicultural*

Development 23 (4), 260—81.

Fasold, Ralph W., 2002, The importance of community. *International Journal of the Sociology of Language 157*, 85—92.

Ferguson, Charles A., 1959, Diglossia. *Word 15*, 325—40.

1968, St. Stefan of Perm and applied linguistics, in Fishman, Ferguson and Das Gupta (eds.), pp. 253—65.

1977, Sociolinguistic settings of language planning, in Rubin, Jernudd, Das Gupta, Fishman and Ferguson (eds.), pp. 9—29.

1982, Religious factors in language spread, in Cooper (ed.), pp. 95—106.

Fernando, Chitra, 1996, The post-imperial status of English in Sri Lanka 1940—1990: from first to second language, in Fishman, Rubal-Lopez and Conrad (eds.), pp. 485—512.

Fishman, Joshua A., 1967, Bilingualism with and without diglossia; diglossia with and without bilingualism. *Journal of Social Issues 23*(2), 29—38.

1969, National languages and languages of wider communication in the developing nations. *Anthropological linguistics 11*, 111—35.

1971a, National languages and languages of wider communication in the developing nations, in W. H. Whiteley (ed.), *Language use and social change: Problems of multilingualism with special reference to Eastern Africa* (pp. 27—56). London: Oxford University Press for the International African Institute.

1971b, The politics of bilingual education, in James E. Alatis (ed.), *Report of the Twenty-first Annual Georgetown Round Table Meeting of languages and Linguistics* (pp. 47—58). Washington, DC: Georgetown University Press.

1972, Domains and the relationship between micro-and macrosociolinguistics, in John J. Gumperz and Dell Hymes (eds.), *Directions in sociolinguistics* (pp. 435—53). New York: Holt Rinehart and Winston.

1977, Comparative study of language planning: Introducing a survey, in Rubin, Jernudd, Das Gupta, Fishman and Ferguson (eds.), pp. 31—9.

1983, Modeling rationales in corpus planning: Modernity and tradition in images of the Good, in Juan Cobarrubias and Joshua A. Fishman (eds.), *Progress in language planning: International perspectives* (pp. 107—18). The Hague: Mouton.

1989, Cross-polity perspective on the importance of linguistic heterogeneity as a "contributory factor" in civil strife, in Joshua A. Fishman (ed.), *Language and ethnicity in minority sociolinguistic perspective* (pp. 605—26). Cleveton, England: Multilingual Matters Ltd.

1991, *Reversing language shift: Theoretical and empirical foundations of assistance to threatened languages*. Cleveton, England: Multilingual Matters Ltd.

1995, On the limits of ethnolinguistic democracy, in Phillipson, Rannut and Skutnabb-Kangas (eds.), pp. 49—62.

1996, Summary and interpretation: Post-imperial English 1940—1990, in Fishman, Rubal-Lopez and Conrad (eds.), pp. 623—42.

Fishman, Joshua A. (ed.), 1966, *Language loyalty in the United States: The maintenance and perpetuation of non-English mother tongues by American ethnic and religious groups*. The Hague: Mouton.

1977, *Advances in the creation and revision of writing systems*. The Hague and Paris: Mouton.

2001, *Can threatened languages be saved? Reversing language shift, revisited: A 21st century perspective*. Cleveton, England: Multilingual Matters Ltd.

Fishman, Joshua A, Cooper, Robert L., and Conrad, A. W., 1977, *The spread of English: The sociology of English as an additional language*. Rowley, MA: Newbury House.

Fishman, Joshua A., Cooper, Robert L., and Ma, Roxana, 1971, *Bilingualism in the barrio*. Bloomington, IN: Research Center for the Language Sciences, Indiana University.

Fishman, Joshua A., Ferguson, Charles A., and Das Gupta, Jyotirinda, 1968, *Language problems of developing nations*. New York: Wiley.

Fishman, Joshua A., Rubal-Lopez, Alma, and Conrad, Andrew W. (eds.), 1996, *Post-imperial English*. Berlin: Mouton de Gruyter.

Fishman, Joshua A., Solano, Frank R., and McConnell, Grant D., 1991, A methodological check on three cross-polity studies of linguistic homogeneity/ heterogeneity, in Mary E. McGroarty and Christian J. Faltis (eds.), *Languages in school and society: Policy and pedagogy* (pp. 21—30). Berlin and New York: Mouton de Gruyter.

Fourie, David J., 1997, Educational language policy and the indigenous languages of Namibia. *International Journal of the Sociology of Language 125*, 29—42.

Galtung, Johan, 1980, *The true world: A transnational perspective*. New York: Free Press.

Garcia, Eugene E., 2002, Bilingualism and schooling in the United States. *International Journal of the Sociology of Language 155/156*, 1—92.

Garcia, Ofelia, Morin, Jose Luis, and Rivera, Klaudia M., 2001, How threatened is the Spanish of New York Puerto Ricans? Language shift with vaiven, in Fishman (ed.), pp. 44—73.

Garvin, Paul, 1973, Some comments on language planning, in Joan Rubin and Roger Shuy (eds.), *Language planning: Current issues and research* (pp. 24—73). Washington, DC: Georgetown University Press.

Geerts, G., Van den Broeck, J., and Verdoodt, Albert F., 1977, Successes and failures in Dutch spelling reform, in Fishman (ed.), pp. 179—245.

Gibson, Heather, Small, Anita, and Mason, David, 1997, Deaf bilingual bicultural education, in Jim Cummins and David Corson (eds.), *Encyclopedia of Language and Education* (vol. 5, *Bilingual Education*, pp. 231—42). Dordrecht: Kluwer Academic Publishers.

Glinert, Lewis, 1995, Inside the language planner's head: Tactical responses to new immigrants. *Journal of Multilingual and Multicultural Development 16* (5), 351—71.

Goebel, Zane, 2002, Code choice in interethnic interactions in two urban neighbourhoods of Central Java, Indonesia. *International Journal of the Sociology of Language 158*, 69—87.

Gogolin, I., 2001a, Linguistic habitus, in Raj Mesthrie (ed.), *Concise encyclopedia of sociolinguistics* (pp. 650—2). Amsterdam: Elsevier.

2001b, The linguistic marketplace, in Raj Mesthrie (ed.), *Concise encyclopedia of sociolinguistics* (pp. 612—13). Amsterdam: Elsevier.

Gorter, Durk, 2001, A Frisian update of reversing language shift, in Fishman (ed.), pp. 215—34.

Greenwood, J. D., 1994, *Realism, identity, and emotion: Reclaiming social psychology*. London: Sage.

Grenoble, Lenore A., 2003, *Soviet language policy*. Dordrecht: Kluwer Academic Publishers.

Grimes, Barbara A. (ed.), 2000, *Ethnologue: Languages of the world* (14th ed.), Dallas, TX: SIL International.

Grin, Francois, 1995, Combining immigrant and autochthonous language rights: A territorial approach to multilingualism, in Phillipson, Rannut and Skutnabb-Kangas (eds.), pp. 31—49.

2001, English an economic value: Facts and fallacies. *World Englishes 20* (1), 65—78.

Groeneboer, Kees, 1998, *Gateway to the West: The Dutch language in colonial Indonesia 1600—1850: A history of language policy* (Myra Scholz, trans.). Amsterdam: Amsterdam University Press.

Gynan, Shaw N., 2001, Language planning and policy in Paraguay. *Current Issues in Language Planning 2* (1), 1—52.

Hale, Ken, 1991, On endangered languages and the safeguarding of diversity. *Language 68* (1) 1—3.

Hall, Robert A., 1950, *Leave your language alone!* Ithaca, NY: Cornell University Press.

Harris, Judith Rich, 1995, Where is the child's environment? A group socialization theory of development. *Psychological Review 102*, 458—89.

Harshav, Benjamin, 1993, *Language in time of revolution*. Berkeley, CA: University of California Press.

Haugen, Einar, 1966a, *Language conflict and language planning: The case of Modern Norwegian*, Cambridge, MA: Harvard University Press.

1966b, Linguistics and language planning, in William Bright (ed.), *Sociolinguistics* (pp. 50—71). The Hague: Mouton.

1971, The ecology of language. *The Linguistic Reporter Supplement 25*, 19—26.

1987, *Blessings of Babel: bilingualism and language planning: Problems and pleasures*. Berlin, New York and Amsterdam: Mouton de Gruyter.

Heller, Monica, 1999, Alternative ideologies of la francophonie. Journal of Sociolinguistics *3* (3), 336—59.

Hennoste, Tiit, Keevallik, Leelo, and Pajusalu, Karl, 1999, Estonian sociolinguistics: Introduction. *International Journal of the Sociology of Language 139*, 1—16.

Hernandez-Chavez, Eduardo, 1995, Language policy in the United States: A history of cultural genocide, in Phillipson, Rannut and Skutnabb-Kangas (eds.), pp. 135—40.

High Commissioner on National Minorities, 1996, *The Hague Recommendations on the Education Rights of National Minorities*. The Hague: Organization for Security and Cooperation in Europe.

1998, *Oslo Recommendations on Linguistic Rights of National Minorities*. The Hague: Organization for Security and Cooperation in Europe.

1999, *Report on the Linguistic Rights of Persons Belonging to National Minorities in the OSCE Area*. The Hague: Organization for Security and Cooperation in Europe.

Hoffman, Charlotte, 1998, Luxembourg and the European schools, in Jasone Cenoz and Fred Genesee (eds.), *Beyond bilingualism: Multilingualism and multilingual education* (pp. 143—74). Clevedon, England: Multilingual Matters Ltd.

Holm, Wayne, 1972, *Some aspects of Navajo orthography*. Unpublished Ph. D. dissertation, University of New Mexico, Albuquerque, NM.

Holt, Sally, and Packer, John, 2001, OSCE developments and linguistic minorities. *MOST Journal of Multicultural Studies 3*(2).

Hongkai, Sun, 1992, Language recognition and nationality. *International Journal of the Sociology of Language 97*, 9—22.

Hongxu, Huang, and Guisen, Tian, 1990, A sociolinguistic view of linguistic taboo in Chinese. *International Journal of the Sociology of Language 81*, 63—86.

Hornberger, Nancy H., 1999, Language education policy-Latin America, in Bernard Spolsky (ed.), *Concise encyclopedia of educational linguistics* (pp. 133—9). Amsterdam and New York: Elsevier.

Hornberger, Nancy H., and King, Kendall A., 2001, Reversing language shift in South America, in Fishman (ed.), pp. 166—94.

Horowitz, Donald L., 2001, *The deadly ethnic riot*. Berkeley, CA: University of California Press.

Hovens, Mart, 2002, Bilingual education in West Africa: Does it work? *International Journal of Bilingual Education and Bilingualism 5* (5), 249—66.

Howell, Robert B., 2000, The Low Countries: A study in sharply contrasting nationalism, in Barbour and Carmichael (eds.), pp. 130—50.

Hunter, Melvin, 1991, Racist relics: An ugly blight on our botanical nomenclature. *The Scientist 5*(23).

Hymes, Dell, 1967, Models of the interaction of language and social setting. *Journal of Social Issues 23* (2), 8—38.

1974, *Foundations in sociolinguistics: An ethnographic approach*. Philadelphia, PA: University of Pennsylvania Press.

Ivić, Pavle, 2001, Language planning in Serbia today. *International Journal of the Sociology of Language 151*, 7—17.

Jackendoff, Ray, 1983, *Semantics and cognition*. Cambridge, MA: MIT Press.

Jernudd, Björn, 1995, Personal names and human rights, in Phillipson, Rannut and Skutnabb-Kangas (eds.), pp. 121—34.

Jernudd, Björn, and Thuan, Elizabeth, 1983, Control of language through correction in speaking. *International Journal of the Sociology of Language 44*, 71—97.

Jones, John Paul, 2001, *Constitution Finder*, from http://confinder.richmond.edu.

Jones, Mari C., 1998a, Death of a language, birth of an identity: Brittany and the Bretons. *Language Problems and Language Planning 22* (2), 129—42.

1998b, *language obsolescence and revitalization: Linguistic change in two sociolinguistically contrasting Welsh communities*. Oxford: Clarendon Press.

Jordan, Peter, 1998, Romania, in Paulston and Peckman (eds.), pp. 160—83.

Judge, Anne, 2000, France: "One state, one nation, one language"? In Barbour and Carmichael (eds.), pp. 44—84.

Kakava, Christina, 1997, Sociolinguistics and Modern Greek: Past, current, and future directions. *International Journal of the Sociology of Language 126*, 5—32.

Kamwangamalu, Nkonko M., 2000, The new South Africa, language, and ethnicity: A prognosis. *International Journal of the Sociology of Language 144*, 137—8.

Kaplan, Robert B., and Baldauf, Richard B., 1997, *Language planning from practice to theory*. Clevedon, England: Multilingual Matters Ltd.

Keefer, Louis E., 1988, *Scholars in foxholes: The story of the Army Specialized Training Program in World War II*. Jefferson. NC: McFarland.

Kermode, Frank (2002). Zounds. *London Review of Books 24*, 19—20.

Khubchandani, Lachman M., 1997, Language policy and education in the Indian subcontinent, in Ruth Wodak and David Corson (eds.), *Encyclopedia of language and education* (vol. 1: *Language policy and political issues in education*, pp. 179—87). Dordrecht: Kluwer Academic Publishers.

2003, Defining mother tongue in plurilingual contexts.

Kloss, Heinz, 1966, German-American language maintenance efforts, in Fishman (ed.), pp. 206—52.

1969, *Research possibilities on group bilingualism: A report*. Quebec: International Center for Research on Bilingualism.

1977, *The American bilingual tradition*. Rowley, MA: Newbury House Publishers.

Kratz, E. E., 2001, Islam in Southeast Asia, in Sawyer and Simpson (eds), pp. 65—6.

Krauss, Michael, 1991, The world's languages in crisis. *Language 68* (1), 4—10.

Kroskrity, Paul V., 1998, Arizona Tewa Kiva speech as a manifestation of a dominant language ideology, in Bambi B. Schieffelin, Kathryn A. Woolard and Paul V. Kroskrity (eds.), *Language ideologies: Practice and theory* (pp. 103—22). New York and Oxford: Oxford University Press.

Kulick, Don, 1992, *Language shift and cultural reproduction: Socialization, self and syncretism in a Papua New Guinean village*. Cambridge: Cambridge University Press.

Labov, William, 1966, *The social stratification of English in New York City*. Washington, DC: Center for Applied Linguistics.

Lakoff, Robin, 1973, Language and woman's place. *Language in Society 2* (1), 45—80.

Lambert, Richard D., 1994, Problems and processes in US foreign Language planning. *The Annals of the American Academy of Political and Social Sciences 532*, 47—58.

1999, A scaffolding for language policy. *International Journal of the Sociology of Language 137*, 3—25.

2002, Review of Joshua A. Fishman, 'Can threatened languages be saved?' *Language Policy 1* (1), 99—104.

Landau, Jacob, and Kellner-Heinkele, Barbara, 2001, *Politics of language in the Ex-Soviet Muslin states: Azerbaijan, Usbekistan, Kazakhstan, Kyrgyzstan, Turkmenistan and Tajikistan*. London and Ann Arbor, MI: C. Hurst & Co. and the University of Michigan Press.

Lastra, Yolanda, 2001, Otomi language shift and some recent efforts to reverse it, in Fishman (ed.), pp. 142—65.

Laut, Jens Peter, 2000, *Das Türkische als Ursprache? Sprachwissenschaftliche Theorien in der Zeit des erwachenden turkischen Nationalismus*. Wiesbaden: Otto Harrassowitz.

Lee, Tiffany, and McLaughlin, Daniel, 2001, Reversing Navajo language shift, revisited, in Fishman (ed.), pp. 23—43.

Lewis, E. Glyn, 1972, *Multilingualism in the Soviet Union*. The Hague: Mouton.

1980, *Bilingualism and bilingual education: A comparative study*. Albuquerque, NM and Oxford: University of New Mexico Press and Pergamon.

Lewis, Geoffrey, 1999, *The Turkish language reform: A catastrophic success*. Oxford: Oxford University Press.

Lo Bianco, Joseph, 1987, *National policy on languages*. Canberra: Australian Government Publishing Service.

Lo Bianco, Joseph, and Rhydwen, Mari, 2001, Is the extinction of

Australian's indigenous languages inevitable? In Fishman (ed.), pp. 391—422.

Lucas, Ceil (ed.), 2001, *The sociolinguistics of sign language*. Cambridge: Cambridge University Press.

Macias, Reynaldo F., 1997, Bilingual workers and language-use rules in the workplace: A case study of nondiscriminatory language policy. *International Journal of the Sociology of Language 127*, 53—70.

Maher, John C., 2001, Akor Itak-our language, your language: Ainu in Japan, in Fishman (ed.), pp. 323—49.

Malherbe, E. G., 1978, Bilingual education in the Republic of South Africa, in Bernard Spolsky and Robert L. Cooper (eds.), *Case studies in bilingual education* (pp. 167—202). Rowley, MA: Newbury House.

Manase, Bernadette, Luaao, Elisapeta, and Fiamalua, Mataio, 1996, American Samoa Language Arts and Culture Program, in Gina H. Cantoni (ed.), *Stabilizing indigenous languages* (pp. 150—2). Flagstaff, AZ: Center for Excellence in Education, Northern Arizona University.

Marshall, David F., 1986, The question of an official language: Language rights and the English Language Amendment. *International Journal of the Sociology of Language 60*, 7—75.

Marshall, David F., 1990, Introduction: China as a linguistic area. *International Journal of the Sociology of Language 81*, 9—13.

Martin, Terry, 2002, *The affirmative action empire: Nations and nationalism in the Soviet Union 1923—1939*. Ithaca, NY: Cornell University Press.

Matiki, Alfred J., 2001, The social significance of English in Malawi. *World Englishes 20* (2), 201—18.

McCarty, Teresa L., 1998, Schooling, resistance and American Indian Languages. *International Journal of the Sociology of Language 132*, 27—41.

2002, *A place to be Navajo: Rough Rock and the struggle for self-de-*

termination in indigenous schooling. Mahwah, NJ: Lawrence Erlbaum.

Mclean, Daryl, and McCormick, Kay, 1996, English in South Africa 1940—1996, in Fishman, Rubal-Lopez and Conrad (eds.), pp. 303—38.

McRae, K. D., 1975, The principle of territoriality and the principle of personality in multilingual states. *International Journal of the Sociology of Language 4*, 33—54.

Mehrotra, Raja Ram, 1993, The first congress of Hindi, in Joshua A. Fishman (ed.), *The earliest stage of language planning: The "First Congress" phenomenon* (pp. 117—27). Berlin: Mouton de Gruyter.

Metz, Helen Chapin (ed.), 1994, *Madagascar: Country studies*, Washington, DC: Federal Research Division Library of Congress.

Misra, Udayon, 2000, Sub-national challenges to the Indian state: An Assamese perspective. *Economic and Political Weekly*, 1727—30.

Mohanty, Panchanan, 2002, British language policies in 19th century India and the Oriya language movement. *Language policy 1* (1), 57—73.

Mueller, Gerland, 2002, *Rama Indian lands and the protection of Nicaragua's cultural and biological diversity*. Gainesville, FL: University of Florida Levin College of Law.

Mufwene, Salikoko S., 2001, *The ecology of language evolution*. Cambridge: Cambridge University Press.

Murphy, Alexander B., 1993, Linguistic regionalism and the social construction of space in Belgium. *International Journal of the Sociology of Language 104*, 49—64.

Nahir, Moshe, 1988, Language planning and language acquisition: The "Great Leap" in the Hebrew revival, in Paulston (ed.), pp. 275—95.

Nahir, Moshe, 1998, Micro language planning and the revival of Hebrew. *Language in Society 27*, 335—57.

Nekvapil, J., and Neustupny, J. V., 1998, Linguistic minorities in the Czech Republic, in Paulston and Peckman (eds.), pp. 116—35.

Nelde, Peter H., 1996, Language conflict, in Florian Coulmas (ed.), *The handbook of sociolinguistics* (pp. 285—300). Oxford: Blackwell.

Nelde, Peter H., Labrie, Normand, and Williams, C. H., 1992, The principles of territoriality and personality in the solution of linguistic conflicts. *Journal of Multilingual and Multicultural Development 13*, 387—406.

Nettle, Daniel, 1999, *Linguistic diversity*. Oxford: Oxford University Press.

Newman, Stanley, 1955, Vocabulary levels: Zuni sacred and slang usage. *Southwestern Journal of Anthropology 11*, 345—54.

Nic Shuibhne, Niamh, 2001, The European Union and minority language rights. *MOST Journal of Multicultural Studies 3* (2).

Niedzielski, NancyA., and Preston, Dennis R., 2000, *Folk linguistics*. Berlin: Mouton.

Niño-Murcia, Mercedes, 2001, Late-stage standardization and language ideology in the Colombian press. *International Journal of the Sociology of Language 149*, 119—44.

Noro, Hiroko, 1990, Family and language maintenance: an exploratory study of Japanese language maintenance among children of postwar Japanese immigrants in Toronto. *International Journal of the Sociology of Language 86*, 57—68.

Nowak, Martin A., Komarova, Natalia L., and Niyogi, Partha, 2002, Computation and evolutionary aspects of language. *Nature 417*, (6889), 611—17.

Nyati-Ramahobo, Lydia, 2000, The language situation in Botswana. *Current Issues in Language Planning 1* (2), 243—300.

Ó Laoire, Muiris, 1996, An historical perspective of the revival of Irish outside the Gaeltacht, 1880—1930, with reference to the revitalization of Hebrew, in Sue Wright (ed.), *Language and state: Revitalization and revival in Israel and Eire* (pp. 51—75). Clevedon, England: Multilingual Matters Ltd.

1999, *Athbheochan na heabhraise: Ceacht don Ghaeilge?* [*Revival of Hebrew: Example for Irish*]. Baile Atha Cliath: An Clochohar Tta.

Ó Murchú, Mairtin, 1977, Successes and failures in the modernization of Irish spelling, in Fishman (ed.), pp. 267—89.

Ó Riagáin, Padraig, 1997, *Language policy and social reproduction: Ireland 1893—1993*. Oxford: Clarendon Press.

Ochs, ELinor, 1986, Introduction, in Bambi B. Shieffelin and Elinor Ochs (eds.), *Language socialization across cultures* (pp. 2—13). Cambridge: Cambridge University Press.

Olson, Marie L., and Pearson, Frederic S., 2001, Policy-making and connections to violence: A case study of India, *Working paper of the Program on Mediating Theory and Democratic Systems*.

O'Reilly, Camille C. (ed.), 2001, *Ethnicity and state* (vol. 2: *Minority Languages in Eastern Europe Post—1989*). Basingstoke. England: Palgrave.

Oyama, Susan, 2000, *Evolution's eye: A systems view of the biology-culture divide*. Durham. NC and London: Duke University Press.

Ozolins, Uldis, 1996, Language policy and political reality. *International Journal of the Sociology of Language 118*, 181—200.

Pandit, Prabodh B., 1975, The Linguistic Survey of India-perspectives on language use, in Sirarpi Ohannessian, Charles A. Ferguson and Edgar C. Polomé (eds.), *Language surveys in developing nations* (pp. 71—85). Arlington, VA: Center for Applied Linguistics.

Paul, Herman, 1909, *Prinzipien der Sprachgeschichte* (*4th* ed.). Halle: Max Niemeyer.

Paulston, Christian Bratt, 1997, Language policies and language rights. *Annual Review of Anthropology 26*, 72—85.

1998, Linguistic minorities in Central and East Europe: An introduction, in Paulston and Peckman (eds.), pp. 1—18.

Paulston, Christian Bratt (ed.), 1988, *International handbook of bilingual-*

ism and bilingual education. New York: Greenwood Press.

Paulston, Christian Bratt and Donald Peckman (eds.), 1998, *Linguistic minorities in Central and East Europe*. Clevedon, England and Philadelphia, USA: Multilingual Matters Ltd.

Pauwels, Anne, 1998, *Women changing languages*. New York: Addison Wesley Longman.

Pavlenko, Aneta, 2002, "We have room for but one language here": Language and national identity in the US at the turn of the 20th century. *Multilingua 21* (2/3), 163—96.

Pecos, Regis, and Blum-Martinez, Rebecca, 2001, The key to cultural survival: Language planning and revitalization in the Pueblo de Cochiti, in Leanne Hinton and Ken Hale (eds.), *The green book of language revitalization in practice* (pp. 75—82). New York: Academic Press.

Peicheng, Su, 2001, Digraphia: A strategy for Chinese characters for the twenty-first century. *International journal of the sociology of language 150*, 109—24.

Pennycook, Alastair, 1998, *English and the discourses of colonialism*. London and New York: Routledge.

Phillipson, Robert, 1992, *Linguistic imperialism*. Oxford: Oxford University Press.

Phillipson, Robert, Rannut, Mart, and Skutnabb-Kangas, Tove (eds.), 1995, *Linguistic human rights: Overcoming linguistic discrimination*. Berlin and New York: Mouton de Gruyter.

Phillipson, Robert, and Skutnabb-Kangas, Tove, 1995, Language rights in postcolonial Africa, in Phillipson, Rannut and Skutnabb-Kangas (eds.), pp. 335—46.

Pickering, W. S. F., 2001, Blasphemy, in Sawyer and Simpson (2001), p. 240.

Pitman, James, and St. John, John, 1969, *Alphabets and reading*. London: Pitman.

Plaza, Pedro, and Albo, Xavier, 1989, Educacion bilingue y planificación lingüistíca en Bolivia. *International Journal of the Sociology of Language 77*, 69—91.

Poulton, Hugh, 1998, Linguistic minorities in the Balkans (Albania, Greece and the successor states of former Yugoslavia), in Paulston and Peckman (eds.), pp. 37—80.

Pranjković, Ivo, 2001, The Croatian standard language and the Serbian standard language. *International Journal of the Sociology of Language 147*, 31—50.

Quirk, Randolph, and Stern, Gabrielle, 1990, *English in use*. London: Longman.

Raag, Raimo, 1999, One plus one equals one: The forging of Standard Estonian. *International Journal of the Sociology of Language 139*, 17—38.

Rajagopalan, Kannavillill, 2002, National languages as flags of allegiance, or the linguistics that failed us: A close look at emergent linguistic chauvinism in Brazil. *Journal of Language and politics 1*(1), 115—47.

Rannut, Mart, 1995, Beyond linguistic policy: The Soviet Union versus Estonia, in Phillipson, Rannut and Skutnabb-Kangas (eds.), pp. 179—208.

Ricento, Thomas (ed.), 2001, *Ideology, politics and language policies: Focus on English*. Amsterdam and Philadelphia: John Benjamins.

Rodriguez, Cristina M., 2001, Accommodating linguistic difference: Towards a comprehensive theory of language rights in the United States. *Harvard Civil Rights-Civil Liberties Review 36*, 133—223.

Rosier, Paul, and Holm, Wayne, 1980, *The Rock Point experience: A longitudinal study of a Navajo school program*. Washington, DC: Center for Applied Linguistics.

Rubal-Lopez, Alma, 1996, The ongoing spread of English: A comparative analysis of former Anglo-American colonies with non-colonies, in Fishman, Rubal-Lopez and Conrad (eds.), pp. 37—84.

Rubin, Joan, 1968, *National bilingualism in Paraguay*. The Hague: Mouton.

Rubin, Joan, Jernudd, Bjorn H., Das Gupta, Jyotirindra, Fishman, Joshua A. and Ferguson, Charles A. (eds.), 1977, *Language planning processes*. The Hague: Mouton.

Ruiz Vieytez, Eduardo Javier, 2001, The protection of linguistic minorities: A historical approach. *MOST Journal of Multicultural Studies 3* (1).

Sadeghi, Ali Ashraf, 2001, Language planning in Iran: A historical review. *International Journal of the Sociology of Language 148*, 19—30.

Sadiqi, Fatima, 1997, The place of Berber in Morocco. *International Journal of the Sociology of Language 123*, 7—22.

Salmon, Vivian, 1999, Orthography and punctuation, in Roger Lass (ed.), *The Cambridge history of the English language* (vol. III: *1476 to 1776*, pp. 13—55). Cambridge, UK: Cambridge University Press.

Saulson, Scott B. (ed.), 1979, *Institutionalized language planning*. The Hague: Mouton.

Sawyer, John F. A., 2001, General introduction, in Sawyer and Simpson (eds.), pp. 1—3.

Sawyer, John F. A., and Simpson, J. M. Y. (eds.), 2001, *Concise encyclopedia of language and religion*. Amsterdam, New York, Oxford, Shannon, Singapore, Tokyo: Elsevier.

Schegloff, Emanuel, Jefferson, G., and Sacks, Harvey, 1977, The preference for self-correction in the organization of repair in conversation. *Language 53* (2), 361—82.

Schiffman, Harold E., 1996, *Linguistic culture and language policy*. London and New York: Routledge.

Schlyter, Birgit N., 2001, Language policies in present-day Central Asia. *MOST Journal of Multicultural Studies 3* (2).

Sealey, Alison, and Carter, Bob, 2001, Social categories and sociolinguistics: Applying a realist approach. *International Journal of the Sociology of Language 152*, 1—19.

Searle, John R., 1995, *The construction of social reality*. London: Allen Lane.

Shraybom Shivtiel, Shlomit, 1999, Language and political change in modern Egypt. *International Journal of the Sociology of Language 137*, 131—40.

Sibayan, Bonifacio, 1974, Language policy, language engineering and literacy in the Philippines, in Fishman (ed.), pp. 221—54.

Sibayan, Bonifacio, and Gonzales, Andrew, 1996, Post-imperial English in the Philippines, in Fishman, Rubal-Lopez and Conrad (eds.), pp. 139—72.

Sims, Christine P., 2001, Native language planning: A pilot process in the Acoma Pueblo community, in Leanne Hinton and Ken Hale (eds.), *The green book of language revitalization in practice* (pp. 63—73). New York: Academic Press.

Sirles, Graig A., 1999, Politics and Arabization: The evolution of post independence North Africa. *International Journal of the Sociology of Language 137*, 115—30.

Skutnabb-Kangas, Tove, 2002, Comment: (North) American ambiguities and paranoias. *International Journal of The Sociology of Language 155/156*, 179—86.

Skutnabb-Kangas, Tove, and Bucak, Sertal, 1995, Killing a mother tongue: How the Kurds are deprived of linguistic human rights, in Phillipson, Rannut and Skutnabb-Kangas (eds.), pp. 335—46.

Spencer, John (ed.), 1963, *Language in Africa*. Cambridge: Cambridge University Press.

Spolsky, Bernard, 1974a. Linguistics and education: An overview, in Thomas A. Sebeok (ed.), *Current Trends in Linguistics* (vol. 13, pp. 2021—6). The Hague: Mouton.

1974b, Navajo language maintenance: Six-year-olds in 1969, in Frank Pialorsi (ed.), *Teaching the bilingual* (pp. 138—79). Tucson, AZ: University of Arizona Press.

1975, Prospects for the survival of the Navajo language, in M. Dale

Kinkade, Kenneth Hale and Oswald Werner (eds.), *Linguistics and anthropology, in honor of C. F. Voegelin* (pp. 597—606). Lisse: Peter de Ridder.

1989, *Conditions for second language learning: Introduction to a general theory*. Oxford: Oxford University Press.

1995a, The impact of the Army Specialized Training Program: A reconsideration, in Guy Cook and Barbara Seidelhofer (eds.), *For H. G. Widdowson: Principles and practice in the study of language: A Festschrift on the occasion of his sixtieth birthday* (pp. 323—34). Oxford: Oxford University Press.

1995b, *Measured words: The development of objective language testing*. Oxford: Oxford University Press.

2002a, Norms, native speakers and reversing language shift, in Sue Gass, Kathleen Bardovi-Harlig, Sally Sieloff Magnan and Joel Walz (eds.), *Pedagogical norms for second and foreign language and teaching: Studies in honour of Albert Valdman* (pp. 41—58). Amsterdam and Philadelphia: John Benjamins.

2002b, Prospects for the survival of the Navajo language: A reconsideration. *Anthropology and Education Quarterly 33* (2), 1—24.

2003, Reassessing Maori regeneration. *Language in Society 32*(4).

Spolsky, Bernard, and Cooper, Robert L., 1991, *The languages of Jerusalem*. Oxford: Clarendon Press.

Spolsky, Bernard, and Shohamy, Elana, 1999, *The languages of Israel: Policy, ideology and practice*. Clevedon, England: Multilingual Matters Ltd.

2001, Hebrew after a century of RLS efforts, in Fishman (ed.), pp. 349—62.

Spolsky, Ellen, 2001, *Satisfying skepticism: Embodied knowledge in the early modern world*. Aldershot, UK: Ashgate.

Spolsky, Ellen, and Schauber, Ellen, 1986, *The bounds of interpretation*:

Linguistic theory and literary text. Stanford, CA: Stanford University Press.

Srivastava, R. N., 1988, Societal bilingualism and bilingual education: A study of the Indian situation, in Paulston (ed.), pp. 247—74.

Statistics New Zealand, 2001, *Provisional report on the 2001 Survey on the Health of the Maori Language*. Wellington: Statistics New Zealand for Te Puni Kokiri.

Stewart, William, 1968, A sociolinguistic typology for describing national multilingualism, in Joshua A. Fishman (ed.), *Readings in the sociology of language* (pp. 531—45). The Hague: Mouton.

Strubell, Miquel, 2001, Catalan a decade later, in Fishman (ed.), pp. 260—83.

Tabouret-Keller, André, 1968, Sociological factors of language maintenance and language shift: A methodological approach based on European and African examples, in Fishman, Rerguson and Das Gupta (eds.), pp. 107—27.

Thomas, Wayne P., and Collier, Virginia P., *2002*, *A national study of school effectiveness for language minority students' long-term academic achievement*. Santa Cruz, CA: Center for Research on Education, Diversity and Education, University of Santa Cruz.

Tickoo, Makham L., 1996, Fifty years of English in Singapore: All gains, (a) few losses? In Fishman, Rubal-Lopez and Conrad (eds.), pp. 431—56.

Tollefson, James W., 1997, Language policy in independent Slovenia. *International Journal of the Sociology of Language 124*, 29—50.

Trim, John L. M., 1959, Historical, descriptive and dynamic linguistics. *Language and Speech 2*, 9—25.

Trim, John L. M., 2002, Review of Gabriella Hogan-Brun, national varieties of German outside Germany. *Language policy 2* (1).

Tsilevich, Boris, 2001, Development of the language legislation in the Baltic states. *MOST Journal of Multicultural Studies 3*(2).

Tuominen, Anne, 1999, Who decides the home language? A look at multilingual families. *International Journal of the Sociology of Language 140*, 59—76.

Varennes, Fernand de, 1997, *To speak or not to speak: The rights of persons belonging to linguistic minorities.* Working paper: UN Sub-committee on the rights of minorities.

2001, Language rights as an integral part of human rights. *MOST Journal of Multicultural Studies 3* (1).

Vavrus, Frances, 2002, Postcoloniality and English: Exploring language policy and the politics of development in Tanzania. *TESOL Quarterly 36* (3), 373—97.

Venezky, Richard L., 1970, Principles for the design of practical writing systems, *Anthropological Linguitics 12*(7), 256—70.

Vikor, Lars S., 2000, Northern Europe: Languages as prime markers of ethnic and national identity, in Barbour and Carmichael (eds.), pp. 105—29.

Voegelin, Carl F., and Voegelin, Florence M., 1964, Languages of the world: Native American fascicle one. *Anthropological Linguistics 6* (6), 2—45.

Voegelin, Carl F., Voegelin, Florence M., and Schutz, Noel M. Jr, 1967, The language situation in Arizona as part of the South West cultural area, in Dell Hymes and W. E. Bittle (eds.), *Studies in Southweatern ethnolinguisitcs* (pp. 403—51). The Hague: Mouton.

Votruba, Martin, 1998, Linguistic minorities in Slovakia, in Paulston and Peckman (eds.), pp. 224—54.

Wallace, Mike, and Wray, Alison, 2002, The fall and rise of linguists in education policy-making: from "common-sense" to common ground. *Language policy 1* (1) 75—98.

Watson-Gegeo, Katherine Anne, and Gegeo, David W., 1986, Calling out and repeating routines in Kwara'ae children's language socialization, in Bambi B. Shieffelin and Elinor Ochs (eds.), *Language socialization across cultures* (pp. 17—50). Cambridge: Cambridge University Press.

Wee, Lionel, 2002, When English is not a mother tongue: Linguistic ownership and the Eurasian community in Singapore. *Journal of Multilingual and Multicultural Development 23* (4), 282—95.

Weeks, Theodore R., 2002, Religion and russification: Russian language in the Catholic Churches of the "Northwest Provinces" after 1863. *Kritika: Explorations in Russian and Eurasian History 2* (1), 87—110.

Weinstein, Brian, 1982, Noah Webster and the diffusion of linguistic innovations for political purposes. *International Journal of the Sociology of Language 38*, 85—108.

1989, Francophonie: purism at the international level, in Bjorn Jernudd and Michael J. Shapiro (eds.), *The politics of language purism* (pp. 53—80). Berlin and New York: Mouton de Gruyter.

White, Dob, 1997, The position and roles of minority languages and their writing systems in China. *International Journal of the Sociology of Language 97*, 47—57.

Wilcox, Sherman, 1999, Deafness and sign language instruction, in Bernard Spolsky (ed.), *Concise encyclopedia of educational linguistics* (pp. 249—55). Amsterdam and New York: Elsevier.

World Bank, 1993, *Indigenous people in Latin America: Human resources development and operations policy* (HRO Dissemination Notes No. 8, June 7, 1993). Washington, DC: World Bank.

Wright, Sue Ellen, 2001, Language and power: Background to the debate on linguistic rights. *MOST Journal of Multicultural Studies 3* (1).

Yahya-Othman, Saida, and Batibo, Herman, 1996, The swinging pendulum: English in Tanzania 1940—1990, in Fishman, Rubal-Lopez and Conrad (eds.), pp. 377—400.

Yaowen, Zhou, 1992, News from China: Minority languages in perspective. *International Journal of the Sociology of Language 97*, 37—45.

Youguang, Zhou, 1986, The modernization of the Chinese language. *Inter-*

national Journal of the Sociology of Language 59, 7—23.

Young, Catherine, 2002, First language literacy: Literacy education in a multilingual Philippine society. *International Journal of Bilingual Education and Bilingualism* 5 (4), 221—32.

Young, Robert W., 1977, Written Navajo: A brief history, in Fishman (ed.), pp. 459—70.

Zondag, Koen, 1987, "This morning the church present comedy": Some aspects of Frisian in the religious domain. *International Journal of the Sociology of Language* 64, 71—80.

索 引

（本索引为原著索引，术语后的页码为原著页码，即本书边码）

Abkhazia，阿布哈兹，148

Abkhazian，阿布哈兹语、阿布哈兹人，127，148

Aboriginals，原住民、土著人，207

academies of language and language-management agencies，语言学院和语言管理机构

  Académie francaise，法兰西学术院，22，63—5

  Catalan Directorate General of Language Policy，加泰罗尼亚语言政策指导总署，197

  Estonian Academy of Science，爱沙尼亚科学院，117

  Icelandic Language Council，冰岛语言委员会，62

  Indonesian Language Institute，印度尼西亚语言学院，179

  Iranian Academy of Language，伊朗语言学院，37

  Māori Language Commission，毛利语言委员会，200

  Pan South African Language Board，泛南非语言委员会，181

  Real Academia Español，西班牙皇家学院，22

advocacy，提倡、主张，127—30

Afghanistan，阿富汗，12

Africa，非洲，182

Afrikaans，南非荷兰语（或阿非利堪斯语），3，171，181，183

Aimara *see* Aymara，艾马拉语：见“艾马拉”

Ainu，阿依努语，212

Airlie House conference，艾莱国际会议中心，77

Albania，阿尔巴尼亚，12，154

Albanian，阿尔巴尼亚语，2，12，155

Algeria，阿尔及利亚，133

Alsatian，阿尔萨斯，66，69

American English，美国英语，9

americanization，美国化，98

Andamanese，安达曼人、安达曼语，211

Andorra，安道尔，139

androcentric generics，男性中心论，20

Arabic，阿拉伯语

  diffusion，语言传播，49,78，133

  influence，语言影响，10，23

  in Israel，在以色列，192—4

  official，官方语言，12，60，134—5，136，139—40，141

  radio，无线电、电台，3

  script *see* Perso-Arabic script 书写字母：见“波斯语—阿拉伯语的混合

书写字母”
signs，公共标记语言，1
arabization，阿拉伯化，134—5
Aramaic，阿拉米语，50
Armenia，亚美尼亚，148
Armenian，亚美尼亚人、亚美尼亚语，50，148
Assam，阿萨姆，2
Assamese，阿萨姆语，2，173
Auslan，澳大利亚手语，158—9
Austrralia，澳大利亚，206—9
Avestan，阿维斯陀语，51
Aymara，艾马拉语，143
Azerbaijan，阿塞拜疆，149
Azeri，阿泽里，149

bad language *see* obscenity，不良语言：见“猥亵语”
Bahasa Indonesia，印度尼西亚语，12，179
Bahasa Melayu *see* Malay，马来语：见“马来语”
Bahrain，巴林，12，139
Balata，巴拉塔语，138
Balkans，巴尔干半岛国家，116，153—4
Baltic states，波罗的海国家，150—3
Bangla，孟加拉语，139—40
Bangladesh，孟加拉国，139
Basque，巴斯克，68，70，197—8
Basque Autonomous Community，巴斯克自治社区，197—8
Behasa Melayu *see* Malay，马来语：见“马来语”
Belarus，白俄罗斯，12
Belarusian，白俄罗斯语，12
Belgium，比利时，
Constitution，宪法，12
language in church，教堂语言，3
policy，语言政策，122，164—5
Berber，柏柏尔人，60，134，135
Bhutan，不丹，184
Bislama，比斯拉马语，168
blasphemy，亵渎词，18
Bolivia，玻利维亚，143
Bosnia-Herzegovina，波斯尼亚和黑塞哥维那(简称“波黑”)，156
Bosnian，波斯尼亚语，156
Botswana，博茨瓦纳，183
Breton，布列塔尼语，68
British colonial policy，英国殖民政策，83—5
British Council，英国文化委员会，85
Buddhism，佛教，50
Bulgaria，保加利亚，157
Bulgarian，保加利亚语，157

Cambodia，柬埔寨，136
Cameroon，喀麦隆，13，181
Cape Verde，佛得角，137
Catalan，加泰罗尼亚语，69，139，197
Catalonia，加泰罗尼亚，196
Caucasus，高加索，148
causality in language policy，语言政策中的因果关系，7，41
Chichewa，尼扬扎语，169
Chile，智利，146
China，中国
law，法律，2
orthography reform，正字法改革，30
policy，语言政策，180—1
Chinese，汉语
correct，规范的，2
medium of instruction，教学媒介语，3
writing system，书写系统，30—1，50
Christianity，基督教，50
civil rights，民权，105

Classical Arabic，古阿拉伯语，49
codification，标准的制定，6
Colombia，哥伦比亚，23，146—7
colonial policies，殖民政策，78，83—5，87，137，147
communicative pay-off，交际效果，27
conditions (for language policy)，(语言政策的)条件，13—14，15，41，219
conflict theory，冲突论，85
constitutions，宪法，11
constructive interaction，建设性互动，7，41，96
Coptic，科普特语，50，141
corpus planning，本体规划，6，11
correct language，规范语言，16—17
Corsican，科西嘉语，69
Costa Rica，哥斯达黎加，146，147
Côte d'lvoire，科特迪瓦，137
Council of Europe，欧洲委员会，55
creole，克里奥尔语，51
Crioulu，克里欧鲁语，137
Croatia，克罗地亚，156
Croatian，克罗地亚语，10，11，155
cultivation，培育，26
Cyrillic script，西里尔字母，2，29—30，148，149，156
Czech，捷克语，156
Czechoslovakia，捷克斯洛伐克，156
Czech Republic，捷克共和国，156

Danish，丹麦语，61，62
Dari，达里语，12
data for a theory，理论研究的资料，4
deaf，失聪人员，147，158—9
Democratic Republic of Congo，刚果民主共和国，13
Devanagari script，梵文字母，30，177
Dhuwaya，图瓦亚语，208—14
dialects，方言，10
diglossia，双方言，134，153，169
digraphia，双体书写，28
Diwan schools，迪旺学校，69
domains，领域、语言域，42
Dutch，荷兰语
  in Belgium，在比利时，12—13，164—5
  church use，教堂使用，3，51
  orthography，正字法，32
  in South Africa，在南非，170—1
dyadic or bilingual nations，双语制国家，162
Dyula，戴尤拉语，138
Dzongkha，宗卡语，184

ecology，生态，7—8，41，128
Ecuador，厄瓜多尔，146
Egypt，埃及，140—1
elaboration，标准的扩建，6
empires，帝国，76，78
endangered languages，濒危语言，189，209
English，英语
  in Africa，在非洲，182—3
  census，人口普查，4
  colonial policy，殖民政策，82—6
  diffusion，语言传播、语言推广，76—8，79—82，86—8，89—91，136
  English only，"唯英语"政策，105—6；*see also* English First，亦见"英语第一组织"
  in European Union，在欧盟，54
  medium of instruction，教学媒介语，3，6，96，97，98，139，166，177
  official，官方语言，13，51，168，169，170—1，172
  orthography，正字法，31—2，34
  in Philippines，菲律宾，183—4

radio，无线电、电台，3
religion，宗教，51
sexism，性别歧视，20—1
signs，公共标记语言，1，5
teaching，教学，3，15，52，54—5，100，101，141
terminological development，专业术语发展，36
in USA，在美国，93，95，96，97
use，语言使用，6，51，52，61，134—5，166，177
web，网络，3
English First，英语第一组织，106，108
Estonia，爱沙尼亚
policy，语言政策，151，152
vocabulary modernization，词汇现代化，38
Estonian，爱沙尼亚语，24，151
Ethiopia，埃塞俄比亚，52
ethnic cleansing，种族清洗，57
ethnic group，民族、族群，41
European Charter for Regional or Minority Languages，《欧洲地区语言或少数民族语言宪章》，66，122—5，199
European Community，欧共体，53—5
European Parliament，欧洲议会，53
European Union，欧盟
access (expansion)，(欧盟扩大的)准入标准，54，152
language policy，语言政策，53—5，121—2
Faetar，费塔语，214
family language policy，家庭语言政策，43—6
Farsi，法尔西语，139—40
feminism，女性主义、女权主义，20—2
Fiji，斐济，172
Fijian，斐济语，172
Filipino *see* Pilipino，(F 打头的)菲律宾语：见“(P 打头的)菲律宾语”
Finland，芬兰，165
Finnish，芬兰语，123，165
Fishman，Joshua，约书亚·费什曼，188
Flemish，佛兰芒语，69，164；*see also* Dutch，亦见“荷兰语”
foreignisms，外国腔语言
banned in China，在中国受到禁用，2
impure，不纯语言，22—3
foreign language instruction，外语教学，48
Council of Europe，欧洲委员会，55
France，法国
Constitution，宪法，12
diffusion policy，语言传播政策，71—2
effectiveness，有效性，74—5
foreign language teaching，外语教学，70
French Revolution，法国大革命，65
immigrant language，移民语言，71
language agencies，语言管理机构，67
language policy，语言政策，63
motivations，动机，72—4
regional languages，地区性语言，68，70
Toubon Law，《杜蓬法》，66，67
Villers-cortterêt edicts，《维勒斯—考特莱特法令》，66
francophonie，法语国家组织、法语社区，72
French，法语
in Belgium，比利时，164—5
church use，教堂使用，3
colonial policy，殖民政策，71，137
diffusion，语言传播，71—2，134，136

language policy，语言政策，15，63—7，70—5，76
medium of instruction，教学媒介语，136，138
official，官方语言，6，12—13，15，137，138，168，169
purity，语言纯洁性，22，67，72
in Quebec，在魁北克，195—6
signs，公共标记语言，1
teaching，教学，5，70—1
use，语言使用，5，6，54—5，60，134—5，166
web，网络，3
Frisian，弗里斯兰语、弗里西亚语，51，199—200

Gabon，加蓬，12
Gandhi，甘地，177
Gapun，甘帕恩，6，43
Garifuna，加利弗那语，147
gender，性别，20—2
genocide，种族灭绝，79—80，129
Georgia，格鲁吉亚，148
Georgian，格鲁吉亚语，148
German，德语
in Belgium，在比利时，12，164
official，官方语言，138
orthography，正字法，33
proficiency，语言水平，1
status，语言地位，66，98
web，网络，3
Ghana，加纳，3
globalization，全球化
Bourdieu，布迪厄，79—80
as a force，作为语言政策的动力，220
spread of English，英语的传播，89—91
global language system，全球语言系统，88—90
Gothic，哥特语，50
graded intergenerational disruption scale，代际语言差异级别表，188
graphization，语言文字化，28
Great Tradition，大传统，57，59，133
Greece，希腊，153
Greek，希腊语，50，78，153
Guarani，瓜拉尼语，143，169
Guatemala，危地马拉，12，146
Guinea-Bissau，几内亚比绍，138
Gujarati，古吉拉特语，51，173

habitus (Bourdieu)，(布迪厄的)语言习惯，186
Hanyu pinyin，汉语拼音，30
Hausa，豪萨语，138
Hayakawa，早川，106
Hebrew，希伯来语
orthography，正字法，29，32
purity，语言纯洁性，22—3
revival，语言复兴，45，187，192—4
signs，公共标记语言，1
use，语言使用，43，50
Hindi，印地语，10，172，177—8
Hindustani，印度斯坦语，177
home language policy，家庭语言政策，43—6
Honduras，洪都拉斯，147
Hungarian，匈牙利语，154，155，157，1508—9
hypercollective goods，高度集体化商品，89

Iceland，冰岛，61—75
Icelandic，冰岛语，61—3
immersion，浸没法，47
immigration，移民，44，45，207，208—9

imperialism，帝国主义，79—80，86—7
implementation，标准的实施，6
India，印度
British colonial policy，英国的殖民政策，83
language policy，语言政策，173—9
Macaulay，麦考莱，84
Indonesia，印度尼西亚，12，179
Indonesian *see* Bahasa Indonesia，印度尼西亚语：见“印度尼西亚语”
intergenerational transmission，语言代际传承，45
intermarriage，跨族婚姻、通婚，43
International Covenant on Civil and Political Rights，《联合国民权和政权公约》，118，120
International Labor Organization，国际劳工组织，118，119—26
International Research Project on Language Planning Processes，国际语言规划进程研究工程，37
Iquito，伊基图语，213
Ireland，爱尔兰，191，192
Irish，爱尔兰语
orthography，正字法，33
revival，语言复兴，190—5
status，语言地位，121，122
Islam，伊斯兰教，49，60
Israel，以色列
policy，语言政策，*see also* Hebrew，亦见“希伯来语”
Russian immigration，俄罗斯移民，52
Italian，意大利语，135

Japan，日本，211
Japanese，日语，30，51
Javanese，爪哇人，12
Judaism，犹太教，50
Judeo-Moroccan，犹太人和摩洛哥人使用语言的混合体，43

Kazakh，哈萨克语，148，149
Kazakhstan，哈萨克斯坦，149
Kawki，高基语，213
Kemal Atatürk，凯末尔·阿塔图尔克，23—4
Keres，凯雷斯语，212
Khmer，高棉语，136
Kikakui，基卡奎语，28
Kikongo，刚果语，13
Kinyarwanda，齐尼亚卢旺达语，169
Kiribati，基里巴斯语，167
Kiriol，科里奥尔语，138
Kiswahili，斯瓦希里语，3，13，131，168
Kohanga Reo，克汉加·瑞奥语言运动，200
Komi，科米语，28
Kosovo，科索沃，154
Krio，克里奥尔语，51
Kriol，克里奥尔语，208
Kura Kaupapa Māori，库拉·考帕帕毛利语运动，201
Kurdish，库尔德语，2，60，136，141
Kuruaya，库鲁阿亚语，213
Kuwait，科威特，139
Kyrgyzstan，吉尔吉斯斯坦，149

language acquisition policy，语言习得政策，46
language beliefs，语言信仰，5，14，97
language conflict，语言冲突，176
language education policy，语言教育政策，46—8
language engineering *see* language management，语言工程：见“语言管理”
language ideology *see* language beliefs,

语言意识形态:见“语言信仰”
language laws，语言法，13—14，15
language management，语言管理，5，8
language minority，语言少数民族，113
language planning *see* language management，语言规划:见“语言管理”
language policy，语言政策
components，(语言政策)成分，5，39，217—18
contexts，(语言政策)环境，218—19
forces，(语言政策)动力，219—21
success or failure，(语言政策)成败，188，223
theory，(语言政策)理论，39—42，58—9，220—1
language practices，语言实践，5，9，96—7
language problems，语言问题，6
language (linguistic) rights，语言权(或语言权利)
advocacy，提倡、主张，127—30
definitions，定义，113，119
European Community，欧共体，55，121—2
as a force，作为语言政策的动力，188，220—1
history，历史，114—21
indigenous peoples，土著人、原住民，119
legal basis in US，美国的法律基础，109—10
Soviet Union，苏联，116—17
Universal Declaration，《世界语言权宣言》，129
language spread，语言传播，77
language treatment *see* language management，语言治理:见“语言管理”
Lao，老挝语，136
Laos，老挝，136
Latin，拉丁语
Christianity，基督教，50
diffusion，语言传播，78
script，书写文字，30，49，149
Latin America，拉丁美洲，147
indigenous languages，土著语、原住民语，147
Latvia，拉脱维亚，150，151，152
Latvian，拉脱维亚语，150，151，152
League of Nations，国际联盟，115
Lenin，列宁，116
Letzeburgesch，卢森堡，121
levels (of language)，(语言的)使用层面，10—11
lexical elaboration，词汇发展，35—8
Libya，利比亚，135
Liechtenstein，列支敦士登，138
Lingala，林加拉语，13
linguicentrism，语言中心主义，131
linguicism，语言主义，79，81
linguistic diversity，语言多样性，128
Lithuania，立陶宛，151
Lithuanian，立陶宛语，151
local governments，地方政府，53

Macedonia，马其顿，155
Macedonian，马其顿语，153
Madagascar，马达加斯加，136
Madurese，马都拉人，12
Maghreb，马格里布，133
Magyar *see* Hungarian，马扎尔语:见“匈牙利语”
Malagasy，马达加斯加语，137
Malawi，马拉维，169
Malay，马来语，3，170，179
Malaysia，马来西亚，3
Mandarin，汉语，170

Maori，毛利语，1，44—5，200—2
Meakieli，闵基利语，123
medium of instruction，教学媒介语，46
Mexico，墨西哥，146
Middle Aryan，中世纪的雅利安语，50
military conquest，军事征服，76，78
Mirandese，米兰德斯语，140
Miskito，米斯基托语，146—7
missionaries，传教士，49，50
modernization，语言现代化，26
Monglia，蒙古，148
Mongol，蒙古语，148
monolingual nation states，单语制民族国家，60
Montreal，蒙特利尔，5
Morocco，摩洛哥，135
mother-tongue instruction，母语教学，46—7，178
multilingualism，社会多语制，4，173，176
Muskogee Creek，操马斯科吉语的小溪印第安人，214
Mustafa Kemal *see* Kemal Atatürk，穆斯塔法·凯末尔：见“凯末尔·阿塔图尔克”

names，名字，20
Namibia，纳米比亚，183
nationalism，民族主义，57，114，219
national language，国语，26
Navajo，纳瓦霍语，14，29，35，203—4
Ndebele，恩德贝勒语，3
Netherlands，荷兰，199—200，202
New Zealand，新西兰，44，83，199—200，202
Nicaragua，尼加拉瓜，146—7
Nigeria，尼日利亚，211
norms，标准、规范，26
Norway，挪威
  language reform，语言改革，33
Norwegian，挪威语，33

obscenity，猥亵语，17—18
Occitan，奥克西坦语，69，70
official language，官方语言，26
Oko，欧克语，211
Oman，阿曼，140
Organization of American States，美洲国家组织，170
Organization for Security and Cooperation in Europe，欧洲安全合作组织（欧安组织），125—7
  Hague recommendations，《海牙建议书》，126
  Oslo recommendation，《奥斯陆建议》，126
orthography *see* spelling reform，正字法：见“语言拼写改革”
Otomí，奥托曼基恩语，210
Ottoman (language)，奥托曼土耳其语，23

Pahlavi，钵罗钵语，51
Papua New Guinea，巴布亚新几内亚，5，208—14
Paraguay，巴拉圭，169
Pashtu，Pashtun，普什图语，12
peer group influence，同龄群体的影响，45
Persian，波斯语，10，23，37，51，60
Perso-Arabic script，波斯语—阿拉伯语的混合书写字母，29，49，50，51
Philippines，菲律宾，183
Pilipino，菲律宾语，24，183
plurilingualism，个人语言多元化，4
plurilingual proficiency，多语能力，161，

162, 176
Polish，波兰语，52
political correctness，政治的正确性，19
Portugal，葡萄牙，140—1
Portuguese，葡萄牙语，23，137，138，139—40
power，权力，40
Prakrit，普拉克利特语，50
public signs，公共标记、公共标牌，1，5
purism，语言的纯粹主义，22—5，38
Putonghua，普通话，2，30，180；*see also* Mandarin，亦见“汉语”

Quebec，魁北克，6，195—6
Quechua，盖丘亚语，143，155，209—10
Qur'an，《古兰经》，49
Q-value (de Swaan)，Q值，89，186

racist terms，种族歧视术语，19—20
Real Academia Español *see* academies，西班牙皇家学院：见“语言学院”
religion，宗教
  church in Belgium，比利时的教堂，3
  influence on policy，对语言政策的影响，48—52
  writing system，语言书写系统，48
Republic of Central Africa，中非共和国
revitalization，语言复兴，188
Richelieu，Cardinal，枢机主教黎塞留，63—4
Roma，罗姆语，122，125
Romania，罗马尼亚，157
Romanian，罗马尼亚语，157
Romanization，拉丁化、罗马化，30；*see also* Latin script，亦可见“拉丁文字”
Romansh，罗曼什语，166
Romany，罗姆语，123，125，155
Russia，俄罗斯
  law，法律，2
Russian，俄语
  diffusion，语言传播，15，37，52，117
  in Israel，在以色列，52
  official，官方语言，12，24，127
  purism，语言纯洁性，24
  status，语言地位，148—52
Rwanda，卢旺达，169

sacred texts，宗教文本、宗教经文，31
Sami，萨米语，123，166
Samoa，萨摩亚，167—8
Samoan，萨摩亚语，167
San Juan Paiute，圣胡安派尤特语，214
Sanskrit，梵语，10，49，51，51，173，177
Saudi Arabia，沙特阿拉伯，140
Scanian，斯堪尼亚语，123
school，学校
  classroom，课堂，10
  as domain for policy，作为语言政策的一个使用领域，46—8
Scottish Gaelic，苏格兰盖尔语，15
Secwepemc，塞克维派马可，214
Serbia，Republic of，塞尔维亚共和国，154
Serbian，塞尔维亚语，10，155
Serbo-Croatian，塞尔维亚—克罗地亚语，10，154，155
Setswana，塞茨瓦纳语，183
sexism in language，语言中的性别歧视，20—2
Shinto，神道，51
Shona，绍纳语，3
Siberia，西伯利亚，214
SIL International，美国国际语言暑期学院，28

Singapore，新加坡，170
Sinhala，僧伽罗语，166
Slavonic，斯拉夫语，50
Slovak，斯洛伐克语，156
Slovak Republic，斯洛伐克共和国，156
Slovene，斯洛文尼亚语，155
Slovenia，斯洛文尼亚，155
South Africa，南非，171，181—2
South America，南美洲，213
Soviet Union，苏联
former republics，苏联加盟共和国，148—53
language rights，语言权，116—17
modernization，语言现代化，37
spelling policy，语言拼写政策，33
Spain，西班牙，197—8
Spanish，西班牙语
official，官方语言，12，139，143，147，169
purism，语言纯洁性，22，23
in USA，在美国，202—3
use，语言使用，3
speech community，言语社区，40
spelling reform，语言拼写改革，31—4
Sprachkultur *see* cultivation，语言文化：见“培育”
Sri Lanka，斯里兰卡，166
Stalin，斯大林，117
standardization，标准化，26
standard language，标准语，26—7
standard language initial instruction *see* immersion，标准语言计划：见“浸没法教学”
status planning，地位规划，6，11
Stefan of Perm，彼尔姆的斯蒂芬，28
St. Lawrence Island，圣劳伦斯岛，214
Sudanese，苏丹语，12
Summer Institute of Linguistics *see* SIL International，暑期语言学院：见“美国国际语言暑期学院”
supra-national organizations，超国家组织，53
Swahili *see* Kiswahili，斯瓦希里语：见另一个“斯瓦希里语”
Swedish，瑞典语，165
Switzerland，瑞士，166
Syria，叙利亚，136
Syriac，古叙利亚语，50

taboo，禁忌语，18
Tagalog *see* Pilipino，他加禄语：见“菲律宾语”
Tahltan，塔尔坦语，214
Taiap，泰艾普语，5，43
Tajik，塔吉克语，127，149
Tajikistan，塔吉克坦，149
Tamil，泰米尔语，24，166，170，173
Tanzania，坦桑尼亚，168，182
Tariana，塔里阿那语，22
Te Aatarangi，特·阿塔浪伊语言运动，214
terminological innovation，术语使用革新 35
territoriality，属地(原则)，164
three-language formula (India)，(印度的)三语方案，178
Tibetan，西藏语，50
Tiwi，蒂维语，208
Tok Pisin，托克皮辛语，5，43
Toubon，杜蓬，66
Treaty of Waitang (New Zealand)，(新西兰)《怀唐伊条约》，200
Tsafiki，查非基语，208—13
Tshiluba，奇卢伯语，13
Tsonga，聪加语，51
Turkey，土耳其

language reform，语言改革，23—4，30
policy，语言政策，141
Turkish，土耳其语，23—4，30，153，157
Turkmen，土库曼语，30
Turkmenistan，土库曼斯坦，148
types (typology) of nation states，民族国家的类型(或类型学)，58—9

UNESCO，联合国教科文组织，118
United Kingdom，英国，81
United Nations，联合国
language rights，语言权，117，119，120，129
role of English，英语的角色，77
United States，美国
bilingual education，双语教育，97—8，99—101，104
Bilingual Education Act (1968—2002)，《双语教育法》(1968—2002)，99—101，107—8
Civil Rights Act，《民权法》，99
Constitution，宪法，92，94
cultural pluralism，文化多元主义，95
English teaching，英语教学，95
Executive Order 13166，《13166 号总统行政命令》，108—9
foreign language teaching，外语教学，102—3
heritage language loyalty，对祖裔语言的忠诚，95
ideology，语言意识形态，93，95，97
immigrants，移民，93—5
language policy，语言政策，92—8，112
language practices，语言实践，96—7
Lau v. Nichols，"刘氏对尼科尔斯"案，99
linguistic diversity，语言多样性，93
linguistic minorities，语言少数民族，202—6
medium of instruction，教学媒介语，98
Meyer v. Nebraska，"梅耶对内布拉斯加"案，98
Office of Civil Rights，民权办公室，99，108
Office of English language Acquisition，美国英语习得办公室，100
tests for foreign students，外国学生的测试，102
Universal Declaration of Linguistic Rights，《世界语言权宣言》，129
Urdu，乌尔都语，10，173
USA *see* united states，美国：见另一个"美国"
US English，美国英语组织，106
US Supreme Court，美国最高法院，98
Uzbek，乌兹别克语，127

Vai，崴语，28
Vanuatu，瓦努阿图，167—8
varieties (of language)，语言变体，40
vitality，活力，206
Vojvodina，伏伊伏丁那，154—5

Wales，威尔斯
language shift，语言转用，81
Wallachian，瓦拉几亚语，153
Warlpiri，沃尔皮利语，208
Welsh，威尔士语，1，15，53，81
workplace，工作单位，52
writing system，文字书写系统，27—31，48

Yiddish，依地语，123，204—5

Yolngu Matha，约尔古—马塔语，208—13
Yugoslavia，南斯拉夫，154
Yupik Eskimo，尤皮克—爱斯基摩语，214
Zambia，赞比亚，182
Zapara，扎帕拉语，213
Zimbabwe，津巴布韦，3
Zoroastrianism，琐罗亚斯德教，5

专有名词及术语翻译表

（本翻译表为译者所做，专有名词和术语后面的页码为译著页码）

1. 人名索引(Person Index)

A

Adegbija 阿德基比加 371

Ager 艾哲 28,128,131—133,146,186

Andrew Winnard 安德鲁·维纳德 xvii

Azurmendi,Bachoc and Zabaleta 阿宙门迪、巴乔克和乍巴莱塔 126

B

Baldauf 小巴尔道夫 v,22,89,275

Barbour 巴波 334

Betty Friedan 贝蒂·弗里丹 38

Bismarck 俾斯麦 114

Blommaert 布罗马特 229,231

Bloomfield 布龙菲尔德 13

Bobbit 鲍比特 386,387

Bobda 鲍勃达 129,134

Boneva 博尼瓦 273

Bourhis 博尔希斯 343

Breton 布莱顿 130

Brosnahan 布洛斯纳翰 140,141

C

Canute 克努特 33

Catherine Ingold 凯瑟琳·英格尔德 viii

Cenoz 岑诺兹 157

Chomsky and Halle 乔姆斯基和霍尔 55

Christina Bratt Paulston 克里斯蒂娜·B.波尔斯顿 xvi

Chumbow 羌堡 129,134

Clayton 克雷顿 239

Clyne 克莱恩 365,366

Coady 克迪 334,335

Condorcet 孔多塞 117

Conrad 康拉德 153,154

Cooper and Carpenter 库帕和卡朋特 96

Crawford 克劳福德 173,185,190

Crystal 克里斯托 226,227,380

D

Das Gupta 达斯—顾普塔 69

David Blunkett 戴维·布兰凯特 32

DeFrancis 德范克 58

de Swaan 德斯万 98—100,158—161,317,325
Dua 杜阿 311

E

Eisenstadt 艾森斯达特 88
Elana Shohamy 伊兰娜·肖哈米 viii,xvi
Ellen Spolsky 艾伦·斯波斯基 xvi
Evans 艾文斯 151

F

Fasold 法索德 294
Ferguson 弗格森 28,88—90,235,266,280,288
Fishman 费什曼 xvi,13,50,67—69,79,105—107,126,138—141,143,154,156,162,167,172,180,185,233,235,280,306,328,330—332,334—336,343,345—347,349,352—355,358—364,366,380,390
Fourie 弗瑞 319

G

Galtung 高尔唐 144
Gandhi 甘地 300,308
Gapun 甘帕恩 12
Garcia 加西亚 189,190
Garvin 加文 49
Geerts,Van den Broeck and Verdoodt 基尔兹、范德博和弗都特 62
Gella Fishman 吉拉·费什曼 xvi
Glinert 格里纳特 96
Gogolin 高哥林 324
Gorter 高特 348,349
Greenwood 格林伍德 77
Grierson 格里尔森 305
Grimes 格莱姆斯 18
Grin 格林 227
Gynan 基南 296

H

Hall 霍尔 35
Harris 哈里斯 84
Haugen 豪根 11,13,63,103
Helen Barton 海伦·巴顿 xvii
Heller 海勒 347
Hernandez-Chavez 赫尔南德斯—查韦斯 165
Hoffman 霍夫曼 157
Holm 霍尔姆 56
Holt and Packer 霍尔特和派克 223
Horace Kallen 贺拉斯·凯伦 170
Hornberger and King 霍恩博格和金 368,369
Horowitz 霍洛维茨 3,306,307
Hunter 亨特 37
Hymes 海姆斯 17

J

Jernudd 颜诺 38,70
John Trim 约翰·特瑞姆 230
Judge 加奇 117,122—125
Judge and Jones 加奇和琼斯 124

K

Kamwangamalu 卡姆旺加马鲁 317
Kaplan & Baldauf 开普兰和巴尔道夫 22,89,275
Kemal Atatürk 凯末尔·阿塔图尔克 45,248
Kenneth Prewitt 肯尼斯·普莱维特 xiv
Khubchandani 库博羌丹尼 310
Kloss 克洛斯 11,167,174
Kulick 库里克 10

L

Lakoff 莱考夫 39
Lastra 拉斯特拉 369
Lee and McLaughlin 李和麦克劳林 356
Lewis 刘易斯 29,46,47,170,177,178,180
Lo Bianco and Rhydwen 楼必安可和莱德文 365

M

Macaulay 麦考莱 151,307
Macias 马西亚斯 96
Marshall 马歇尔 165,189,313
Martin 马丁 205,206
Matiki 马第基 293
Mauro E. Mujica 毛罗·缪吉卡 188
Mc Connell 麦克康耐尔 13
McRae 麦克瑞 285
Michael Halliday 迈克尔·韩礼德 13
Mohanty 莫翰迪 151
Morin 莫林 355
Mufwene 马福威 15

N

N. Benton 本顿 352
Nekvapil 奈科瓦皮尔 vi
Nelde 耐尔德 285
Nettle 奈特尔 14,21,230,367
Nic Shuibhne 尼克—休伯恩 214,215
Nowak, Komarova and Niyogi 诺瓦克、科马洛瓦和尼尧基 51

O

Ó Laoire 欧劳艾尔 334,335
Oliver Wendell Holmes 奥利弗·温戴尔·霍尔姆斯 170
Olson and Pearson 奥尔森和佩尔森 306
O'Reilly 欧雷利 268
Ó Riagain 欧瑞阿该因 333,334
Ozolins 奥佐林斯 71,207

P

Paul 保罗 13
Paul Fannin 保罗·范尼 179
Paulston 波尔斯顿 200,210,211,225
Pauwels 鲍威尔斯 39,40
Pavlenko 帕福连柯 168,169
Pierre Bourdieu 皮埃尔·布迪厄 127,324
Pompidou 蓬皮杜 120
Poulton 波尔顿 204
Pranjkovic 普拉基克维奇 21,270

R

R. Benton 本顿 300,352
Rannut 冉那特 206
Richard Brecht 理查德·布莱希特 viii,xvi
Richard Lambert 查德·兰博特 viii,xvi
Richelieu 黎塞留 29,76,115—117
Rivera 里弗拉 355
Robert Cooper 罗伯特·库帕 xvi
Robert Phillipson 罗伯特·菲利普森 xv
Rodriguez 罗德瑞古兹 194,195
Ronald Walton 罗纳德·沃尔顿 viii,xvi
Ron Unz 罗恩·翁兹 185,189
Rubal-Lopez 鲁博尔—洛培兹 154
Rubin 鲁宾 70,294
Ruiz Vieytez 瑞兹·维尔泰兹 201,203,209

S

Salman Rushdie 萨尔曼·拉什迪 34

Samuel Ichiye Hayakawa 塞缪尔·早川一会 187,189
Schiffman 希夫曼 89
Schutz 舒兹 13
Sealey and Carter 西利和卡特 77
Searle 塞尔 77
Shah 沙 71
Sibayan 史巴杨 319,320
Sibayan and Gonzales 史巴杨和冈萨雷斯 321
Sirles 索利斯 235,236
Sisyphus 西绪福斯 134
Solano 索拉诺 13
Spolsky 斯波斯基 28,175,337
Srivastava 斯瑞瓦斯特瓦 307
Stewart 斯图尔特 329
Strubell 斯特鲁贝尔 126,344
St Stefan 斯蒂芬 53,54
Sun Hongkai 孙宏开 313

T

Tabouret-Keller 塔布雷—凯勒 127,134
Thomas and Collier 托马斯和考利尔 191
Thomas Dewey 托马斯·杜威 170
Thomas Gallaudet 托马斯·高乐戴 275
Thomas Kuhn 托马斯·库恩 xiii
Thomas Macaulay 托马斯·麦考莱 151
Tickoo 迪库 297
Tollefson 托尔夫森 270
Tove Skutnabb-Kangas 朵芙·斯古纳伯—康格斯 211
Trim 特瑞姆 13,14
Tuominen 托米奈恩 84

U

Ulrich Ammon 乌尔里克·阿蒙 113

V

Varennes 威尔尼斯 200,211,221
Vikor 维克 110,111,286
Voegelin,C. C.弗格林
Voegelin,M. M.弗格林

W

Weinstein 维因斯坦 131
White 怀特 315
Wood 伍德 151
Wright 莱特 229

Y

Yarborough 雅巴罗 179
Young 杨 56,321

Z

Zhao Shouhui 赵守辉 v,458,459
Zhou Minglang 周明朗 v
Zhou Youguang 周有光 313

2. 地名索引(Place Index)

A

Abkhazia 阿布哈兹(格鲁吉亚) 257
Alsace 阿尔萨斯(法国) 119,127,132
Andamanese 安达曼群岛(印度) 371
Assam 阿萨姆(印度) 3

B

Bangalore 班加罗尔(印度) 3
Basque 巴斯克(欧洲) 121,123—126,255,309,327,331,341,345—347
Brazzaville 布拉柴维尔(刚果共和国) 242
British Columbia 不列颠哥伦比亚(加拿大) 377

C

Carmarthenshire 卡马森郡(英国) 2
Catalonia 加泰罗尼亚(西班牙) 327,343,344,347
Caucasus 高加索(俄罗斯一带) 258
Copt 科普特(人)(埃及) 93,247
Cornwall 康沃尔郡(英国) 148

F

Flanders 佛兰德斯(比利时) 284,285
Friesland 弗里斯兰(荷兰) 347—349

G

Gaeltacht 盖尔特克司特(爱尔兰) 333,334
Gilbert Islands 吉尔伯特群岛(基里巴斯) 290

H

Haifa 海法(以色列) 339
Hanover 汉诺威(德国) 1,220
Hutu 胡图(人)(卢旺达) 294
Hyderabad 海得拉巴(巴基斯坦) 3

I

Islands of Aland 奥兰群岛(芬兰) 287

K

Kandy 康堤(斯里兰卡) 289
kibbutz 基布兹(以色列) 338
Komi 科米(人)(俄罗斯) 53
Kosovo 科索沃(塞尔维亚) 221,267—269

L

Levant 黎凡特(地中海) 238
Livonia 利沃尼亚(拉脱维亚和爱沙尼亚) 201

M

Maghreb 马格里布(北非) 234,237,239,247
Melanesian 美拉尼西亚(人)(斐济) 299
Midi 米迪(法国) 127

N

Navarre 纳瓦拉省(西班牙) 345

P

Perm 彼尔姆(俄罗斯) 53

Q

Quebec 魁北克(加拿大) 2,11,12,44,81,131,132,146,149,156,327,342—344,347

R

Ranchi 兰契(印度) 3

S

Sami 萨米(人)(芬兰) 217
Sandaun 山当(巴布亚新几内亚) 379
Schleswig-Holstein 石勒苏益格-荷尔

斯泰因(德国) 64
Shona 绍纳(人)(津巴布韦) 7,93
Sub-Saharan Africa 撒哈拉沙漠以南的非洲地区 91
Swansea 斯旺西市(英国) 2

T

Thrace 色雷斯(欧洲) 266
Transylvania 特兰西瓦尼亚(罗马尼亚) 273,274
Turkestan 土耳其斯坦(中亚) 206
Tutsi 图西(人)(卢旺达) 294

V

Vojvodina 伏伊伏丁那(塞尔维亚) 268

W

Wallonia 瓦龙地区(比利时) 285

Y

Yerevan 埃里温(亚美尼亚) 257

3. 语言名索引(Language Index)

A

Abkhazian 阿布哈兹语(格鲁吉亚等) 224,257
Afrikaans 南非荷兰语、阿非利堪斯语 6,146,283,297—299,316—319
Ainu 阿依努语(日本) 331,367,372,373
Albanian 阿尔巴尼亚语 3,23,266,267,269
Alsace 阿尔萨斯语(法国) 119,121,123,125
Andaman 安达曼语(印度) 331,367,372,373
Arabic 阿拉伯语 2,5,21,23,44—46,54,56,57,70,71,81,88—91,93,94,101,108,109,122,123,138—140,159,182,183,234—239,241,245—248,252,255,258,282,300,316,321,338,340,341
Aramaic 阿拉米语(中东) 92,138,238,359
Armenian 亚美尼亚语 70,93,238,251,257,273
Aryan 雅利安语(印度等) 92
Assamese 阿萨姆语(印度) 3,4,305
Avestan 阿维斯陀语(波斯) 94
Aymara 艾马拉语(玻利维亚、秘鲁) 139,252,253,255
Azeri 阿塞拜疆语 251,259,260

B

Bahasa Indonesia 印度尼西亚语 见“Indonesian”
Bantu 班图语(中非、南非等国) 6,7,24,294,319
Basque 巴斯克语(西班牙、法国) 121,123—126,255,309,327,331,341,345—347
Belarusian 白俄罗斯语 24,282
Bengali/Bangla 孟加拉语 108,182,183,244,305,372
Bislama 比斯拉马语(瓦努阿图) 283,291,292
Bokmal 博克马尔语(挪威) 63
Bosbian 波斯尼亚语 270
Brabantish 布拉班特语(比利时) 284

Breton 布列塔尼语(法国) 109,121,123—127,309
Bulgarian 保加利亚语 5,50,108,251,266,272,273
Burmese 缅甸语 372

C

Catalan 加泰罗尼亚语、加泰隆语(西班牙、法国) 122,123,125—127,243,244,255,327,331,341,343—345
Chhokey 乔其语(不丹) 322
Chichewa 尼扬扎语(马拉维) 293
Circassian 切尔克斯语(保加利亚) 273
Classical Arabic 古阿拉伯语 50,90,91,234,235,247
Coptic 科普特语(埃及) 93,247
Corsican 科西嘉语(法国) 109,122,123,125,126
Creole 克里奥尔语 10,44,95,122,123,135,183,235,241,255,282,283,365
Croatian 克罗地亚语 21,22,251,270,272,363
Czech 捷克语 174,271,272

D

Danish 丹麦语 63,99,110—112,123,174
Dari 达里语(阿富汗) 24,245,282
Dhivehi 马尔代夫语 108
Dhuwaya 图瓦亚语(澳大利亚) 365
Dyula 戴尤拉语(科特迪瓦) 242
Dzongkha 宗卡语(不丹) 322

E

Ebira 艾比拉语(尼日利亚) 370
Esperanto 世界语(世界各地) 162
Estonian 爱沙尼亚语 47,72,222,251,262,263

F

Faetar 费塔语(意大利) 378
Fijian 斐济语 282,300
Finnish 芬兰语 99,207,217,282,287
Flemish 佛兰芒语(比利时) 123,125,207,283,284
Francoprovencal 佛朗哥普罗旺斯语 378
Frisian 弗里斯兰语、弗里西亚语(荷兰) 95,160,220,331,347—349

G

Gaelic 盖尔语(英国) 29,220
Gagauz 盖高兹语(保加利亚) 273
Garifuna 加利弗那语(中美洲) 256
Gascon 加斯科尼语(法国) 122
Georgian 格鲁吉亚语 251,257
Greek 希腊语 56,69,88,92,93,99,140,235,266,282,316,363
Guarani 瓜拉尼语(巴拉圭) 235,253,281,282,294—296
Gujarati 古吉拉特语(印度) 94,305,316
Gumaji 古玛基语(澳大利亚) 365

H

Hausa 豪萨语(中非洲国家) 243,370
Hawaiian 夏威夷语 123,349
Hebrew 希伯来语(以色列) 2,40,43,50,56,62,68,81—84,90,92,96,235,280,282,316,326,327,331,332,335—340,359,363,392,457
Hindi 印地语(印度) 21,57,90,138,139,159,182,300,305,306,308—311,316,327,372

Hindustani 印度斯坦语(斐济) 282,300,308

I

Icelandic 冰岛语 110—112
Igbo 伊格博语(尼日利亚等非洲国家) 370
Indonesian 印度尼西亚语 23,50,91,252,312,313,366
Irish 爱尔兰语 64,109,124,148,207,214,215,220,282,331—336,339,392

J

joual 若阿尔语(加拿大) 44,81

K

Kaboverde 卡布佛得语(佛得角) 241
Kabyle 卡拜尔语(法国) 122
Kanak 卡纳克语(法国) 123
Kannada 卡纳达语(印度) 305
Kashmiri 克什米尔语(印度、巴基斯坦) 305
Kawki 高基语(秘鲁) 375
Kazakh 哈萨克语 252,257—260,282,315
Keres 凯雷斯语(美国) 374
Khmer 高棉语(柬埔寨) 108,239
Khoi 科伊语(南非) 316
Kikakui 基卡奎语(西非) 54
Kikongo 刚果语 24,319
Kinyarwanda 齐尼亚卢旺达语(卢旺达) 283,294
Kiribati 基里巴斯语 290
Kiswahili 斯瓦希里语 见"Swahili"
Kurdish 库尔德语 4,5,56,108,238,239,248,249,252,282
Kuruaya 库鲁阿亚语(巴西) 376
Kyrgyz 吉尔吉斯语(吉尔吉斯斯坦) 252,260

L

Ladino 拉地诺语(地中海一带) 56,89
langue d'oïl 奥依语(法国) 123
Lao 老挝语 108,239,240
Latin 拉丁语 50,54,57,63,69,88,89,93,109,119,130,138,140,143,147,201,457
Latvian 拉脱维亚语 204,252,261,262,264
Limburgish 林堡语(比利时) 220,284
Lingala 林加拉语(刚果) 24
Lithuanian 立陶宛语 108,262
Loma 洛马语(塞拉利昂) 54
Lorrain 洛林语(比利时) 284
Luxemburgish 卢森堡语 214,284

M

Macedonian 马其顿语 50,252,266,273,363
Malagasy 马达加斯加语 108,240
Malay 马来语(马来西亚) 5,6,50,86,91,139,159,253,283,296,312
Malayalam 马拉雅拉姆语(印度) 305
Maltese 马耳他语 252,282
Mandingo 曼丁哥语(西非、南非) 139
Maori 毛利语(新西兰) 2,82,83,123,146,149,282,331,347,349—353
Marathi 马拉地语(印度) 305
Mayan 玛雅语(南美洲) 138
Meankieli 闵基利语(瑞典) 217
Mirandese 米兰德斯语(葡萄牙) 246,247
Miskito 米斯基托语(尼加拉瓜、洪都拉

斯） 255
Mongol 蒙古语 252,257,315
Munduruku 姆杜鲁库语（南美） 376
Muskogee 马斯科吉语（美国） 376

N

Nama 纳马语 316
Navajo 纳瓦霍语（美国） 18,28,56,67,331,353,355—357,377
Ndebele 恩德贝勒语（南非等） 7,316
Niuean 纽埃岛语（纽埃岛） 282
Nynorsk 尼诺斯克语（挪威） 63

O

Occitan 奥克西坦语（法国） 122,123,125—127,309
Oko 欧克语（尼日利亚） 331,367,370,371,373
Old Norse 古诺尔斯语、古挪威语 111
Oriya 奥里雅语（印度） 305
Otomí/Otomanguean 奥托曼基恩语（墨西哥）331,367,369,370,373

P

Pahlavi 钵罗钵语（波斯） 94
Paiute 派尤特语（美国） 377
Pashtu/Pashto 普什图语（阿富汗） 24,183,282
Picard 皮卡第语（法国、比利时） 123,284
Pilipino/Filipino 菲律宾语 47,245,252,282,319—321
Polish 波兰语 95,174,201,253,271,272,363
Portuguese 葡萄牙语 42,44,99,108,109,122,157,159,160,241,243,246,250—252,255,316,319,363
Poular 普洛语（西非） 252
Prakrit 普拉克利特语（印度） 92
Provencal 普罗旺斯语（法国） 122,378
Punjabi 旁遮普语（印度） 182,305

Q

Quechua 盖丘亚语、奇楚亚语（南美洲） 138,139,252—255,331,367—369,373

R

Roma/Romany 罗姆语（欧洲） 217,220,222,265,269,272,273
Romance 罗曼语（欧洲） 246,266,284
Romanian 罗马尼亚语 108,109,253,268,274
Romansh 罗曼什语（瑞士） 283,288
Ruthenian 鲁塞尼亚语（斯洛伐克） 268,272

S

Salish 萨利希语（美国） 377
Sami 萨米语（瑞典） 217,287
Samoan 萨摩亚语 283,291,349
San 桑语（南非） 316
San Juan Paiute 圣胡安派尤特语 377
Sanskrit 梵语（印度） 21,50,57,60,68,88,90,92,94,300,305,307,309,311,316
Scanian 斯堪尼亚语（瑞典） 218,349
Sepedi 塞皮迪语（南非） 316
Serbian 塞尔维亚语 5,21,22,81,253,268—270
Serbo-Croatian 塞尔维亚—克罗地亚语 21,253,268,270
Sesotho 塞索托语（南非） 316

Setswana 塞茨瓦纳语(南非) 316,318
Shona 绍纳语(非洲南部) 7
Sindhi 信德语(印度) 305
Sinhala 僧伽罗语(斯里兰卡) 283,288,289
Skanian 斯堪尼亚语(瑞典) 218,349
Slovak 斯洛伐克语 253,268,271,272
Slovene 斯洛文尼亚语 253,269,270,283
Soninke 索宁克语(西非) 252
Spanish 西班牙语 23,40,43,44,56,79,99,101,108,109,137,138,140,157,159,165,166,172—175,178—180,184,187,189,192,193,196,207,235,243,244,250—256,281,282,294—296,320,321,327,331,343—346,353—355,357,358,363,368,369,457
Sranan 苏里南语(南美洲) 160
Swahili 斯瓦希里语(坦桑尼亚、肯尼亚等印度洋岸的非洲国家) 6,24,106,159,231,282,283,292—294,318
Swati 斯威士语(南非) 316
Swedish 瑞典语 99,123,174,207,218,275,282,287,358
Syriac 古叙利亚语 93,238

T

Tagalog 他加禄语(菲律宾) 320
Tahitian 塔希提语(太平洋岛国) 123
Tahltan 塔尔坦语(美国) 376,377
Taiap 泰艾普语(巴布亚新几内亚) 10,81
Tajik 塔吉克语 224,245,253,259,283
Tamil 泰米尔语(印度、斯里兰卡) 47,86,253,283,289,296,305,316
Tariana 塔里阿那语(巴西) 42
Tartar 鞑靼语(保加利亚) 273
Telugu 泰卢固语(印度) 305,316
Tiwi 蒂维语(澳大利亚) 365
Tok Pisin 托克皮辛语(巴布亚新几内亚) 10,81
Tongan 汤加语 349
Tshiluba 奇卢伯语(刚果) 24
Tsonga 聪加语(南非) 93,94
Tupi 图皮语(美洲) 376
Turkish 土耳其语 45—47,56,57,70,71,108,182,201,238,248,260,266,273,282
Turkmen 土库曼语(土库曼斯坦) 57,108,258

U

Urdu 乌尔都语(巴基斯坦、印度) 21,56,57,91,182,244,245,252,300,305,306,308,316
Uzbek 乌兹别克语 224,253,258,260

V

Vai 崴语(利比里亚) 54
Vietnamese 越南语 193,239,363

W

Wallachian 瓦拉几亚语(希腊) 266
Walloon 瓦龙语(比利时) 109,284
Warlpiri 沃尔皮利语(澳大利亚) 365
Wolof 沃洛夫语(西非) 252

X

Xhosa 科萨语(南非) 316
Xitsonga 齐聪加语(南非) 316

Y

Yiddish 依地语(以色列、美国) 43,56,68,89,217,220,235,331,337,353,358—360,363

Yolngu Matha 约尔古—马塔语(澳大利亚) 364
Yoruba 约鲁巴语(尼日利亚等非洲国家) 370
Yupik 尤皮克语(俄罗斯、美国) 378, 379

Z

Zapara 扎帕拉语(厄瓜多尔) 375
Zulu 祖鲁语(南非) 316

4. 术语索引(Terminology Index)

A

aboriginal language 土著语言 见"autochthonous language"
absolutism of nationalism 民族绝对主义 277
abusive language 骂詈语 32,47
accommodation 顺应 195
acquisition planning 习得规划 85, 107
additional language 补充语,附加语 140
americanization 美国化 113,144,167, 174,187
androcentric 男性中心论 38,39,41
Anglican church 圣公会教堂 370
anglophone 英语使用者 35,69,131, 148,175,178,200,333,342,343,349, 350,357
area studies 区域研究 183
assimilationist 同化主义者 194
associate official language 副官方语言 305
Auslan 澳大利亚手语 276
autochthonous language 原住民语言、土著语言 23,81,135,166,173,210, 232, 234, 243, 251, 254—256, 277, 290,291,293,294,296,310,315,317, 319, 331, 349, 355, 360—365, 367, 368,370,390,392
autonomous language 自立语言 75, 76
auxiliary language 辅助语 100,104, 162,240,291,321

B

bad language 不良语言 17,29—33, 35,41,44,47—49,75,264,382
banned language 禁忌语言 30
Berber minority 柏柏尔少数民族 109
biodiversity 生物多样性 14,227,389
biosystem 生物系统 226
blasphemy 亵渎词 30,33,34
board of education 教育局 356
Brahman 婆罗门 307

C

case law 判例法 194
central language 中心语言 136,158—161,295
centrifugal symbolic force 象征离心力 162
centripetal pragmatic force 实用向心力 161
church school 教会学校 108
circulating school 巡回学校 147
civil servant 公务员 4,120,143,147, 264
clan language 部落语言 252,365,

370,371
Classical Arabic 古阿拉伯语 50,90,91,234,235,247
classical language 古典语言 69,88
code switching 语码转换 10,456
codification 标准的制定 11,67,185,276,298
collective right/group right 集体权 118,200,209,228,388
colonial language 殖民语言 107,135,143,150,152,154,230,233,237,241,242,249,255,260,289,290,297,317,318
communicative pay-off 交际效果 51
community language 社区语言 18,27,92,170,252,301,316,363,366
competing language 竞争语言 26,111,135,323
conflict theory 冲突理论 153,154
Conspiracy Theory 阴谋理论 141,142,144,161
constitutional state 立宪国家 386
corpus planning 本体规划 11,21,22,66,85,88,107,112
country of origin 母国 16,128,133,174,192,353
Crown Colony 皇家殖民地 288
cui bono 奎堡那(论证法) 143
cultivate 培育 29,42,49,72,103,104,106,115,131,155,167,249,308,311,323,344,353,369,388,390
cultural language 文化语言 300
cultural pluralism 文化多元主义 189
cultural right 文化权 267,326
cultural system 文化体系 14
Cyrillic alphabet/script 西里尔字母、西里尔文、斯拉夫字母 5,54,57,248,251,253,257,258,270

D

dead language 死亡语言 363
de-ethnization 去民族化 167
design features 设计特征 14
devanagari script 梵文字母 57,252,308
diacritics 变音符号 53,56,62
dialect geography 方言地理 280
diglossia 双方言、双言制 234,235,243,247,266,280,281,288,294
digraph 双字母单音 63
dominant language 强势语言 见“strong language”
dual language program 双语教学项目 355
dyadic 双语的 10,279,280
dying language/endangered languages/threa-tened language 濒危语言 226,254,328,330,360,363,367,375,376,379—381

E

ecological approach 生态研究法 383
ecological risk 生态风险 15
educational right 教育权 175,222,267
elaboration 标准的扩建 11
English First 英语第一组织 188,192
English for the Children 儿童英语组织 189
English Language Learner 英语学习者 191,196
ethnic cleansing 种族清洗 104,209,268,271,274,299
ethnic minority/national minority 少数民族 23,24,64,69,88,101,104,105,109,118,121,123,135,136,142,

174, 199, 200, 203—208, 210—219, 221—224, 226, 227, 230, 232, 238, 239, 243, 244, 246, 248, 250—254, 256, 257, 259—265, 267—269, 271—274, 286—288, 292, 313—318, 323, 326, 340, 341, 347—349, 372, 376
ethnic mobilazation 民族运动 335,373
ethnic school 民族学校 363
ethnocentrism 民族中心论 xv
ethnocultural entity 民族文化体 354
ethnographies 民族志研究 81
ethnography of communication 交际民族学 17
ethnography of speaking 言语民族学 17
Ethnologue 《民族语》杂志 110,121, 217,218,256,301,304,321,368
European Charter for Regional or Minority Languages 《欧洲地区语言或少数民族语言宪章》 118,212,216—221,272,348
Executive Order 总统行政命令 192, 193

F

false dawn 假曙光 191
feminist activism 女权行动主义 38
field linguistics 田野语言学 379
fluid civic identity 动态的公民身份 194
foreignisms 外语腔语言 48
foul words 下流词汇 19,32
Francophones 法语使用者 7, 12, 130,131,165,186,236,342,343
francophonie 法语国家组织、全球法语社区 121,130,135,240

G

gender noun 性别名词 40
Genesis 《创世记》 7,34
genetic classification 谱系分类法 89
global language 全球性语言 112,140, 163,232,233,249,309,317,323,341, 387
graded intergenerational disruption scale 代际语言差异级别表 328,330, 335,336
Grand Apartheid 大种族隔离政策 298
Great Tradition 大传统 50,103,106, 233,234,390

H

Head Start program 启蒙计划 357, 374
heritage language 祖裔语言 16,84, 85,170,191,320
heritage language school 祖裔语言学校 84
Hispanic caucus 西班牙裔立法秘密会议 190
Hispanics 西班牙裔 176,353,354
home language 家庭语言 80—82, 84—87,126,170,172,191,249,296, 307,310,316,366,384
home rule 地方自治 5,29,327
H variety 高级语体 235,243
hypercentral language 超核心语言 161
hypercollective goods 高度集体化商品 158,159

I

identity value 身份价值 385,386
immersion camp 语言浸没营 377
immersion English education 英语浸没法教育 5

immortal 院士 116,117
implementation 标准的实施 11,63
indigenous language 土著语言 见"autochthonous language"
individual right 个人权 171,200,209,228,231,232,272,388
integrationist 整合主义者 194
intelligibility 可理解性 32
interethnic language 族际语言 313
intergenerational community 代际社区 362
intergenerational maintenance 代际语言维持 366

K

kingly state 君主国家 386
koine 通用语(这是一个希腊语单词) 4,29,94,100,135,139—141,157,162,201,206,229,230,242,258,291,294,300,312,317,321,365

L

language access policies 语言渠道政策 97
language acquisition policy 语言习得政策 85,87,88,97,133
language activism 语言行动主义 351
language at risk 濒危语言 见"dying language"
language attrition 语言流失、语言磨蚀、语言损耗、语言磨损 149,359,364,369,392
language choice 语言选择 10,19,66,79—81,96,97,138,154,171,243,325,326,337,382,383,386—388
language community 语言社区 14,158,200,228,265,289,294,300,329,383,385,391
language constellation 语言星座(体) 159—161
language diversity 语言多样性 14,15,141,165,166,168,169,180,184,202,225,227,229,230,247,271,299,310,316,322,328,379,381,389
language education policy 语言教育政策 26,85,86,88,150,249,295,388
language ideology 语言意识形态 1,11,26,27,31,35,41,47,66—69,72,74,80,81,83,84,93,96,101,107—109,112,113,118,121,129,132,135,136,145,146,152,154,165,167—169,171,195,216,221,246,248,255,256,274,277—279,323,324,337,339,347,359,360,365,380,382,383,390,391
language independence 语言独立 164
language interests 语言利益 361
language laws 语言法 4,16,22,25,224,259,262,282,343,349,351
language loss 语言丧失、语言消亡 20,101,134,147,167,226,355,374,381
language loyalty 语言忠诚 360
language maintenance 语言维持、语言维护 28,178,180,200,227,333,336,346,348,354,358,360,363,364,366,368,372—374
language management 语言管理 1,11,12,15,16,19—22,26,27,33,36,39,42,47,65—67,70,74,75,77,80,81,83,96,103—105,109,112,113,119,121,133—135,137,138,143,145,146,148,153,154,157,161—163,171—173,177,181,184,186,193,196,197,215,221,230,235,249,256,274,277,286,296,307,311,312,

319,323—325,328—330,332—334,336,337,340,344,346,349,350,357,373,379—385,387,388,390—393
language movement 语言运动 3,46,126,130,168,327,341,347,351,360
language of diplomacy 外交语言 140
language of instruction 教学语言 5,24,150,151,169,170,191,204,242,249,285,315
language of medium 教学媒介语 5,6,85,86,119,124,141,150—152,158,169,170,173—175,204,206,208,210,211,213,214,222,231,237—241,243,244,247,248,255—258,261,265,270,273,275,276,288—290,292—294,297—300,308,310,311,314,318—321,338—340,342,350—352,357,359,372,374
language of wider communication/LWC 交际广泛语言 138,186,243,310
language practices 语言实践 1,9—14,16—19,25—28,37,47,50,51,54,60,65,74,75,77,80—82,89,94,96,108—110,112,113,121,135,145,165,166,170—172,181,184,186,195,196,235,243,244,249,256,274,277—279,286,306,323—326,330,336,339,341,350,380,382—385,388,390,391
language rights 语言权 98,104,177,189,191,192,194,196,221—226,228,247,249,250,256,261,263,264,267,272,276,277,280,287,317,318,323,326,328,373,381,390
language shift 语言转用 28,85,127,196,292,326,327,336,348,350,355,356,366,367,369,379,380
language space 语言空间 279—282,296
language spread 语言推广、语言扩散、语言传播 27,88,107,128,132,138,140,141,145,153,154,157,164
language variable/linguistic variable 语言变项 14,15,27,167,384
language variety 语言变体 11,16,18—21,26,27,31,44,51,74—76,78,80,86,87,122,201,217,237,280,284,308,324,325,328,364,371,378,382—385
language war 语言战争 3
Lau v. Nichols “刘氏对尼科尔斯”案 176
LEP 英语水平欠缺者 176,190—193,196,197
lexical item 词项 20
lingua franca 通用语、共同语 4,29,94,100,135,139—141,157,162,194,201,206,229,230,242,258,291,294,300,312,317,321,365,378
linguicentrism/linguacentrism 语言中心主义、语言中心论 144,152,185,231,360
linguicism 语言主义 142,154
linguistic behavior 语言行为 75,325,382
linguistic diversity 语言多样性 见“language diversity”
linguistic ecology 语言生态 13,14,77,142,323,326,364,384
linguistic genocide 语言灭绝 见“language extinction”
linguistic habitus 语言习惯 20,324,325
linguistic heterogeneity 语言异质性 156,306
linguistic homogeneity 语言同质性

105,110,276
linguistic identity 语言身份 133,334,373,374,381,390
linguistic imperialism 语言帝国主义 89,142—145,151,152,154,155,157
linguistic item/language item 语言项、语言项目 11,19,21,48,71,74,78,80,190—192,197,216,254,255,375,376,378,379,384
linguistic marketplace 语言市场 324
linguistic minority/language minority 语言少数族群、语言少数民族 54,57,104,118,190,194,199,203,209,210,215,227,228,232,233,239,250,251,253,255,257,259,262,265,269,272,310,327,328,358,389
linguistic pluralism 语言多元主义 388
linguistic region 语言区 24,282,285,334,346
linguistic right 语言权 见“language rights”
linguistic riots 语言暴乱 3
linguistic space 语言空间 见“language space”
linguistic unit 语言单位 19,20,29
literacy 读写能力、读写技能 54,55,86,134,147,208,236,237,291,295,296,336,337,344,352,354,360,369,370,378,392
literary languages 书面语言 16,45,47,49,55,63,75,86,125,272
local language 当地语言、地方语言 5,10,23,26,29,92,104,117—120,123,126—128,130,132—135,137,138,150,162,166,186,199,207,217,229,232,241,242,247,292,308,311—313,318,323
L variety 低级语体 235,243

M

machine translation 机器翻译 162,163
major language 主要语言 88,92,137,152,261,279,287,297,301,306,323,338,354,362,364,372,378
mantras 曼特罗 90
market state 市场国家 387
mass education 大众教育 见“popular education”
medium of instruction 教学媒介语 见“language of medium”
member nation 成员国 98—101,130,135,140,162,209,213—215,217—219,221—224,232,240,246,249,263,265,272
metropolitan colonial language 殖民宗主国语言 310
metropolitan language 宗主国语言 152,241
Meyer v. Nebraska “梅耶对内布拉斯加”案 175
minority language/ethnic language 少数民族语言、少数族裔语言、少数族群语言、少数者语言 178,180,186,191,202,275,328,353,355,360,361,373,389
monolingual society 单语制社会 31
moral responsibility 道义责任、道德责任 381
morpheme 词素 19,58,61,65
multilingualism 社会多语制 307

N

national churches/national religion 国教 34,108,201,202,274
national identity 国家身份、国家认同

86,232,233,257,260,277,286,296,322,325,326,385—387
national language 国语 5,16,22—25,47,50,54,55,63,71,86,90,98,99,101,103,104,106,108,109,119,121,150,151,155,158,164,165,172,199,202,204,213,222—225,231,233,234,239,242,244,249—254,258—265,269,277,282—284,289,291,294—296,300,309,312—314,319—321,323,327,334,340,348,385,386,389
national/nationalistic mobilization 全国总动员、国家总动员 295,326
national/origin of nation 来源国、母国 16,128,133,174,192,353
natural intergenerational transmission 自然的(语言)代际传承 83
nature and nurture 天性与教养 14
No Child Left Behind Act 《不让一个孩子掉队法》 178,190,196
non-autonomous varieties of language 非自立语言 75
non-genetic information 非遗传性信息 52
non-linguistic factors 非语言因素 12,148,379,384
notion of perception 感知概念 299

O

obscenity 猥亵话、猥亵语 30,32,33,44,45,72,74,80,97,197
official language 官方语言 3—7,10,16,22—24,46,49,55,84,86,87,95,97,99,104,106—108,123—125,130,139,146,147,155,156,158,160,165,168,172,183,187—189,199,204,208,211,214,216,217,219,232,234,238—243,245,247,249—254,256,257,262,268,269,272,274,277,279,282—284,287—306,309,310,315—322,327,336,338—340,342,344,346,348,349,351,370,384,392
orthography 正字法 51,55—58,60,61,63,64,69,246,270,319,378

P

parallel education 平行教育 269
parliamentary language 国会语言 282,283
parochial school 教区学校 169,170,174
peripheral languages 边缘语言、外围语 136,158,159,186,309,392
phonology 音位 53,67,69,84,340
pidgins 洋泾浜语、皮钦语 255,291
plurilingualism 个人语言多元化 8
plurilingual proficiency 多语能力 100,158,265,280,281,326
policy of language diffusion 语言推广政策 128,145,157,164
political mobilization 政治活动 256,332,349,392
popular education 大众教育 150,152
post-Franco 后佛朗哥 29,109
post-genome 后基因组 14
potential values 潜在价值 182,384
pragmatic values 实用价值 384
pre-Franco 前佛朗哥 207
prevance 普及率 160
principle of decentralization 权力下放原则 269
principle of personality 属人原则 285
principle of territoriality 属地原则 285
priori assumption 先验知识 33

probability relation 概率关系 78
profanity 辱骂语 30,33
public authorities 公共事务机构 213,214
public company 上市公司 5
public law 公共法 219
public office 公共事务办公室 358
public servants 公务员 见"civil servant"
public signs 公共标记、公共标牌 1,2,9,16,340

Q

Q-value Q值 160,161,325,326

R

racist language 种族歧视语言 35,41,75
redundancy 语言冗余现象 55,59
regional language 地区语言、地方语言 5,10,23,26,29,92,104,106,109,117—120,123,124,126—128,130,132—135,137,138,150,162,166,186,199,207,216—219,229,232,241,242,246,247,252,281—283,292,308,309,311—313,318,321,323,327
regression study 回归分析 141
religious mobilization 宗教运动 202,360
repertoire/language repertoire/linguistic repertoire 语库、语言库、语言技能库 11,165
Reservation 美国印第安人的保留地或保护区 374
resettlement policy 重新安置政策 362
resist language loss 阻止语言丧失 375
resisting language shift 阻止语言转用 324
reversing language shift/RLS 扭转语言转用 77,85,124,126,162,327,328,330,332,336,337,346,347,349,357,359,362,363,366—370,373,380,381,392
Russophones 俄语使用者 259

S

sacred texts 宗教文本、宗教经文 34,50,52,54,60,89,90,92,94,234,359
school language 学校语言 86,87,149,307,384
Second Temple 犹太教第二古神殿时期 92
selection of a norm 标准的选择 11
self-concept 自我认识 179
self-determination right 自决权 205,210
Septuagint 七十子希腊文本圣经 92
sexist language 性别歧视语言 38—40
sexual orientation 性别倾向 40
sexual preference 性别偏好 40
Sharia 伊斯兰教教法 23
sign language 手语 110,254,275,276,316
social aggregates 社会群体 74,75,77,78
social collectives 社会集体 77,78
social mobility 社会流动、社会迁徙 167,363
sociolinguistic repertoire 社会语言库 11,249,307,384
sociolinguistic situation/sociolinguistic setting 社会语言情景、社会语言环境、社会语言状况 28,56,107,136,195,198,232,233,296,299,385,392

speech community 言语社区 11,18,19,26,27,31,49,74—76,283
state church 国教 见"national churches/national religion"
state language 国语 见"national language"
state school/public school 公立学校 119,147,169,170,173,176,189,240,248,273,291,310,311,329,351,356,366,369,370
status planning 地位规划 11,21,22,85,88,107,112
street language 街头语言 80
strong language 强势语言 93,112,135,137,138,142,143,149,162,232,240,247,257,265,277,284,307,330,335,336,346,355,356,360,365,368,376,380,381,389
strong version/strong form 强式派、强式论 154,328
structural features 结构特征 14
Sun-Language theory 太阳语言理论 46
super-central languages 核心语言 159,161
supra-national groupings/supra-national organizations 超国家组织 98,101,137,225,263,264,271,273,275,323,388
swearing language 诅咒语 32
syllabary 字音表 54
symbolic value 象征价值 112,384,385

T

taxonomy 语言分类法 27
Ten Commandments 《十诫》 34
territorial state 领土所属国 386
the British Council 英国文化委员会 152
the English Only movement "唯英语"运动 26
the Federal 10th Circuit Court of Appeal 美国联邦第10巡回诉讼法庭 176
The French Academy/Academie Francaise 法兰西学术院 29,42,76,113—117,119—121,131—134
the Holocaust 大屠杀 209,227,294,358
the League of Nations 国际联盟 203
the Organization of African Unity 非洲统一组织 317
the Organization of American States 美洲国家组织 296
the Peace Corp 和平队 153
The Talmud 《塔木德经》 8,34
The Universal Rights of Man 普遍人权 132
titular language 名义语言、有名无实的语言 104,232,256,257,260,326
Toubon Act 《杜蓬法》 118,120,128,134
transformational-generative grammar 转换—生成语法 55
triadic 三语制 105
typological classification 类型分类法 89

U

unilingualism 单语制 75,80,83,103,105, 107—113, 116, 121, 135, 136, 169—172, 199, 216, 229, 233, 234, 241, 244, 246, 249—251, 256, 261, 265, 273, 274, 277—279, 285, 305, 322,323,341,347,390
United Nations International Covenant on Civil and Political Rights 《联合国

民权和政权公约》 212
Universal Declaration of Human Rights 《世界人权宣言》 207
Universal Declaration of Linguistic Rights 《世界语言权宣言》 228
US English Inc. 美国英语组织 187, 188

V

validity 效度 31
variable/language variable 语言变项 14,15,27,167,384
variation 语言变异 14,17,61,65,66, 76,272
variety/variety of language 语言变体 见“language variety”
vernacular/vernacular language 本地语 86,150,251,293,310,311,320,336
violent language 暴力语言 41

W

weak language 弱小语言、弱势语言 142,214,390
World Commission on Linguistic Rights 世界语言权委员会 228
world language 世界性语言 139,161, 162,196,269,326
written resources 文字资源 389

X

xenophobia 仇外现象、恐外症、仇外症 174

Y

yeshiva 犹太教的高等学校 339

Z

zero-sum game 零和游戏、零和博弈 61
Zionism 犹太复国主义 339
Zionist movement 犹太复国主义运动 337
Zoroastrianism 琐罗亚斯德教 94

译 后 记

本人想把此书翻译成中文最初是受到《2007 年度国家社会科学基金项目课题指南》的启发，该《指南》指出我国“语言政策与语言规划研究一直是语言学中的薄弱环节”。了解和借鉴别人的研究成果是开展创新研究的前提。为此，本人就想把 Spolsky 最近的研究成果——《语言政策》一书介绍给大家。

虽然本人以前翻译过一些学术文章，但是翻译学术专著还是头一次。在翻译完本书后，我想起了鲁迅在《新的世故》中的一句话：“创作难，翻译也不易”。在某些时候，翻译甚至还要难于创作，因为创作时作者可以“绕道而行”，把自己不熟悉的内容或表达方式避开，可是，在翻译时，译者在内容和表达上都没有选择的空间，只能“人云亦云”。我在两种语言间的语码转换中寻找最佳的桥梁时常常遇到以下问题：原文的理解、专业术语的翻译、词汇的空缺、长句的处理和语篇的衔接。《语言政策》一书的语言特点是：长句特别多，有的一个大段落就是一句话（例如，英文版第 190—191 页，中文版 12.1.1.1）；专业术语多，本书使用了许多社会语言学和语言政策等方面的专业术语；语言内容涉及面广，它包含了政策学、语言学以及历史、法律、文化、宗教和地理等方面的知识；语种多，该书在论述某国的语言政策时，时常会用到一些该国语言的词汇，例如，法语、西班牙语、德语、拉丁语、汉语、希伯来语、挪威语等。因此，译完《语言政策》一书，感觉知识增长不少。我认为，对于语言学和比较教育学专业的师生来说，这是一本很好的参考书。

在《语言政策》一书译完并将付梓成书之时，我想简要地回忆我翻译此书的历程，并借此机会感谢在此历程中帮助过我的人。

早在2006年，当我知道Spolsky的这本《语言政策》专著时就非常想知道该书的内容。由于我在国内没有找到这本书，于是，就委托美国的Grace Lee女士帮我购买。粗略地看完此书后，我觉得可以把该书推荐给更多对这方面感兴趣的人，翻译是最好的方法，而且可以通过我个人的劳作让更多的人更快更彻底地了解语言政策方面的知识。于是，我就开始寻找作者，正好我即将去美国马里兰大学国家外语研究中心访学，就开始与该中心的主任兼我的指导教师Catherine Ingold博士联系，很快她就把我介绍给了本书作者Spolsky教授，因为Spolsky以前也曾在该中心做过研究员。从此，我便与Spolsky开始了联系，彼此有种校友或同事的感觉。由于该书的版权在剑桥大学出版社，于是，Spolsky帮助我联系剑桥大学出版社。剑桥大学出版社的人通知我去联系剑桥大学出版社北京办事处的Frank Zhu先生，他告诉我购买外国书籍翻译版权的细节：出版社不与私人签约，他们只能与国内的出版社商谈。于是，我找了几家出版社毛遂自荐，结果都吃了闭门羹。正在我一筹莫展之时，我的同事蔡永良教授把我介绍给南京大学中国语言战略研究中心的主任徐大明教授，正好该中心有一个翻译外国语言政策经典丛书的项目。经过他们的试译遴选后，本人很荣幸地成为《语言政策》一书的译者。2009年5月与商务印书馆签署了翻译合同。此后，我便开始了本书的正式翻译过程。在译完书稿后，商务印书馆的蔡长虹编辑多次与我联系就译稿有关问题进行协商和指导，她的细心和好心让我感动和敬佩。在翻译结束后，我请 Spolsky 教授为译本写个前言，他欣然同意。在他抽空写完后把中文版前言交给我时，问我有哪些不足。我从中国的情况提出了几点小小的建议，他表示赞同。过了一周，他重新写了一个前言（即现在的）。Spolsky 教授作为一个国际知名教授，却表现得如此谦虚和大度，令人钦佩和折服。

在此，我要衷心地感谢（按时间顺序）美国的 Grace Lee 女士，美国马里兰大学国家外语研究中心主任 Catherine Ingold 博士，《语言政策》一书的作者 Bernard Spolsky 教授，上海海事大学的蔡永良教授，南京大学中国语言战略研究中心主任徐大明教授、王玲博士以及商务印书馆的周洪波副总编辑和蔡长虹编辑。此外，我还要感谢我太太薛冬青女士，她帮助我整理装订翻译初稿，为我做好后勤工作。我十分感谢他们的无私帮助！如果没有他们的援助，我就不可能把这本书翻译成中文。另外，本人在此译本中做了不少译者注以方便读者的阅读。在做脚注时查阅了大量的词典、百科全书、Wikipedia（维基百科）、《圣经》以及相关的专业书籍，在此不逐一列出它们的名字，但是本人要感谢这些资料的作者、编者和译者。

还有，我要感谢商务印书馆的两位匿名审稿人，他们为我的译稿指出了一些不足之处，提出了诚恳的修改意见。我还要借此机会特别感谢本书的审订者——新加坡南洋理工大学国家教育学院著名语言政策与语言规划研究学者澳大利亚籍华人赵守辉博士，他是我所遇到的审订者中最认真的一个。他几乎逐词逐句地核对译文和原文，指出译文中的不足和错误，并增加了一些译者注。赵守辉博士长期生活和工作在国外，师从语言政策与语言规划研究大师——澳大利亚巴尔道夫（Baldauf）教授。赵守辉博士不但在英语和汉语方面，而且在语言政策与语言规划方面的功底都非常深厚，他作为审订者对本书的翻译功不可没。

此外，我还要感谢全国哲学社会科学规划办公室，以及国家社科基金后期资助项目的评审专家！

最后，译本中漏译、误译或专业术语不地道之处在所难免。在此，敬祈诸位专家、读者原谅和斧正。

张治国

2011 年 5 月于上海

本译著自 2011 年出版以来得到我国语言学界较多的关注，也在一定程度上助推了我国语言学界对语言政策和语言规划的学习和研究。2018 年第 2 次印刷之际，我修改了书中几个不足之处。近日，本书被选入商务印书馆的“汉译世界学术名著丛书”。语言学译著在出版界属于小众群体的书籍，而语言政策译著又属于语言学领域的小众群体书籍，该译著能获此殊荣，实属不易，我也感到很欣慰。此次再版，本人根据自己多年的使用和读者的反馈又做了一些修改。

张治国

2024 年 11 月于上海

图书在版编目（CIP）数据

语言政策：社会语言学中的重要论题 /（以）博纳德·斯波斯基著；张治国译. -- 北京：商务印书馆，2025. --（汉译世界学术名著丛书）. -- ISBN 978-7-100-25091-7

Ⅰ. H002

中国国家版本馆CIP数据核字第2025U9G865号

汉译世界学术名著丛书

语言政策

——社会语言学中的重要论题

〔以〕博纳德·斯波斯基 著

张治国 译

赵守辉 审订

商 务 印 书 馆 出 版

（北京王府井大街36号 邮政编码100710）

商 务 印 书 馆 发 行

北京盛通印刷股份有限公司印刷

ISBN 978-7-100-25091-7

2025年8月第1版 开本 850×1168 1/32

2025年8月北京第1次印刷 印张 15

定价：76.00元